21世纪高等院校国际经济与贸易专业规划教材

国家级一流本科专业建设点教材
省级名牌专业

International Marketing
Theory & Cases
3rd edition

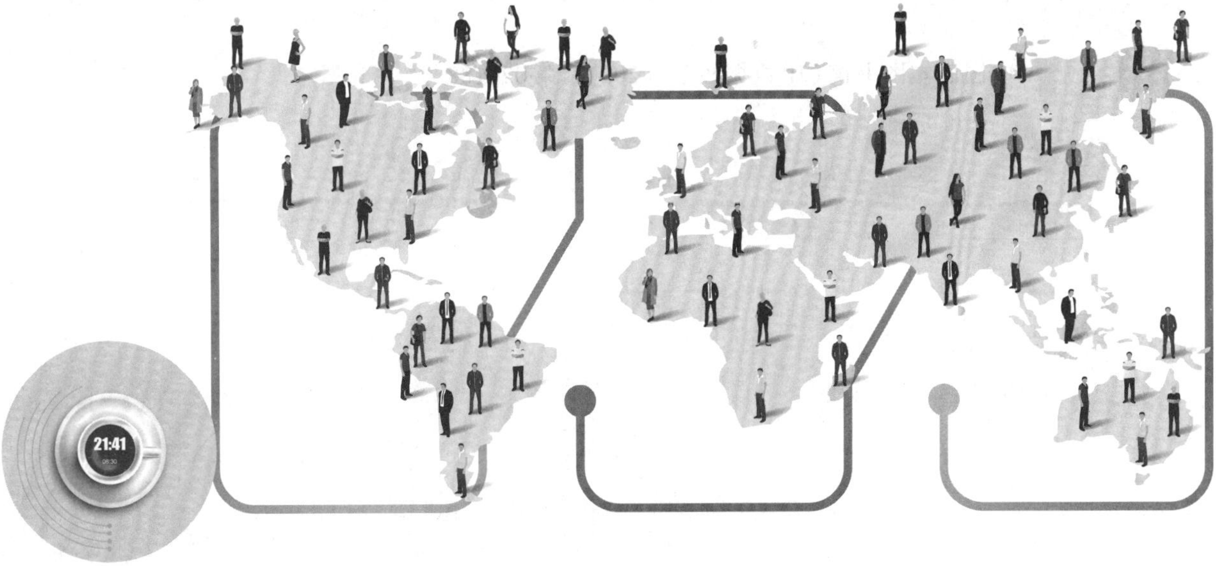

国际市场营销学
原理与案例

（第三版）

王朝辉 主编 | 吕瑛 张倩男 副主编

东北财经大学出版社
Dongbei University of Finance & Economics Press | 大连

图书在版编目（CIP）数据

国际市场营销学：原理与案例 / 王朝辉主编. —3版. —大连：东北财经大学出版社，2021.2（2022.2重印）
（21世纪高等院校国际经济与贸易专业规划教材）
ISBN 978-7-5654-4077-9

Ⅰ. 国… Ⅱ. 王… Ⅲ. 国际营销-高等学校-教材 Ⅳ. F740.2

中国版本图书馆CIP数据核字（2021）第029188号

东北财经大学出版社出版
（大连市黑石礁尖山街217号 邮政编码 116025）
网 址：http://www.dufep.cn
读者信箱：dufep@dufe.edu.cn
大连天骄彩色印刷有限公司印刷 东北财经大学出版社发行

幅面尺寸：185mm×260mm 字数：403千字 印张：18
2021年2月第3版 2022年2月第2次印刷
责任编辑：蔡 丽 责任校对：蓝 海
封面设计：冀贵收 版式设计：钟福建

定价：42.00元

教学支持 售后服务 联系电话：（0411）84710309

如有印装质量问题，请联系营销部：（0411）84710711

↘第三版前言

“国际市场营销学”是一门主要以国外消费者为中心，研究企业国际市场营销活动及其规律的学科。它具有综合性、实践性、全球性等特点。在当今全球经济一体化、数字化的背景下，“国际市场营销学”不仅是一门严谨的学科，更是一种具有创造性的思维方式，我们可以运用它去解决数字化时代经济全球化过程中遇到的诸多难题。

传统的国际市场营销学教材通常从管理学角度规划结构体系及内容，而按照国际标准学科分类，国际市场营销学是国际经济与贸易专业课程中的主要组成内容。在当今学科研究中，管理学与经济学融合的趋势进一步加强，但不可否认，两者都形成了不同的学术范式。经济学以其严密的逻辑体系解释现象“是什么”，管理学的重心在于解决“怎么办”的问题；经济学是解释现象，管理学直接提供工具。因此，在管理学领域里研究的全球营销管理与在经济学领域里研究的国际市场营销学，应该有着不同的研究角度、内容和体系。本书从经济学的视角全面介绍每一种国际市场营销现象，阐释现象背后的国际市场营销学观念和原理的内涵，注重培养学生技能，通过丰富的教学案例，实现教学原理与社会实践相结合的教学目的。具体而言，本书以数字化时代的国际市场竞争为背景，共分九章，着重介绍国际市场营销的战略和策略及提高营销效率的办法，其中对国际市场营销环境、调研、市场细分、目标市场选择、市场定位、产品策略、价格策略、渠道策略、促销策略及营销过程运营等营销要素作了较详细的阐述。

本书在编写中力求做到视角独特、观点新颖、结构严谨、务实求新、行文流畅。本书的创新之处主要体现在如下几方面：

（1）在结构和内容安排上角度新颖，从经济学视角对国际市场营销现象进行解释。因此，每章内容都与相关的经济学原理作了对应联系。

（2）在结构和内容安排上体系完备，体现了研究对象与营销活动的实用性和复杂性，又突出了经济学科的系统性和结构的严谨性，对营销现象的描述与理论阐述力图呈现当代国际市场营销发展的前沿动态。

（3）在编写模式上将国际市场营销的基本原理与大量的案例有机结合，每章由引例引入，以激发学生的学习兴趣，正文中设置“案例窗”栏目以引发学生独立思考，章末安排了案例分析题以强化学生的技能培养，力图突破传统教材生动性不足的问题。大部分“案例窗”以二维码的方式展现给读者，为本书增加了互联网阅读的特色。

（4）在第二章设置了“思政窗”小栏目，为读者介绍了习近平生态文明思想，在“国际市场营销学”课程的教学中融入了思想政治教育的元素。

本书第三版更新了部分数据和案例，包括引例、案例窗、案例分析题等。

本书的编者大多讲授过“国际市场营销学”这门课程，且拥有国内外名校博士学位，教学经验和理论水平兼具。本书的主编为广东财经大学经济学院“国际市场营销学”课程负责人王朝辉教授，副主编为吕瑛、张倩男（按姓氏笔画排序）。全书的编写分工情况为：王朝辉（第一和七章）、张倩男（第二章）、邓路（第三章）、陈燕（第四章）、李莉（第五章）、邬滋（第六章）、吕瑛（第八章）、晏宗新（第九章），刘颖参与了资料搜集整理工作；最后由王朝辉教授统稿、审订。

本书可作为国际经济与贸易、国际商务、国际金融、工商管理、市场营销或其他相关专业的大学本科、在职研究生的专业教材，也可用作企业国际市场营销管理者培训用书或企业国际市场营销人员的参考书。

在本书的编写过程中，编者引用了本学科领域里的大量研究成果，可能在“主要参考文献”中没有列全，请相关作者谅解；若相关作者与编者联系，编者愿意为引用部分支付合理的报酬。在此，编者向所有的相关作者表示衷心的感谢。由于本书编者水平有限，书中出现的错漏之处在所难免，对此，真诚地欢迎读者批评指正。

编　者

2020年12月

↘目 录

[第一章]
国际市场营销概论

学习目标

◆ 重点掌握国际市场营销的基本概念；掌握国际市场营销观念的发展过程；了解企业参与国际市场营销的驱动力与制约力。

引　例

法国人头马白兰地差别化策略与M&M巧克力糖果标准化策略孰优孰劣

“地球村”使得世界变得越来越小，全球市场将地球上的人们紧密联系在一起。当全球企业竞相开展国际市场营销活动时，它们不仅面临着众多竞争对手的挑战，而且面临着理解和尊重进口国当地的文化差异的挑战。因此，国际市场营销策略需要具备多元化。

一、法国人头马白兰地的营销策略

法国人头马白兰地的营销策略尤为注重区分基于不同地区的不同文化、风俗和习惯的不同诉求。

在欧美国家，人头马白兰地采用“干邑艺术，似火浓情”的广告语，运用了比喻和拟人相结合的手法，融商业推销和艺术审美于一体，给消费者以明确的信息：白兰地制造商对顾客浓情似火，奉献的酒品必定质量上乘；白兰地热烈浓郁，回味悠长，本身包含似火浓情；白兰地可使恋人燃起爱的火花，可使夫妇沉浸于热烈的爱，可使朋友迸发出感人的信心……“似火浓情”会使顾客产生感情上的共鸣，也符合欧美的文化习俗。

而对东方，特别是华人市场，人头马白兰地采用“人头马一开，好事自然来”的吉祥广告语，抓住了东方人的“喜庆”心理，迅速打开销路。

二、M&M巧克力糖果的营销策略

广告大师R.雷斯为M&M巧克力糖果创作的“只溶在口，不溶在手”广告，在几十个国家和地区传播，具有极大的时空跨越性。

该营销策略从人的生理角度出发，在各种广告中始终贯穿着一条主线——用一种“世界性语言”与不同国家、种族、文化的消费者沟通，而这种“只溶在口，不溶在手”的美妙感觉正是全世界消费者所需要的。

除了在生理方面表现出人类的共性以外，世界上不同地区的文化差异的背后存在许多共性的东西，如对健康、安全、环保、荣誉等方面的需要是超越国界的，勤劳、勇敢、真诚、善良等也是世界上许多民族的优良传统。这些内容在广告中作为信息的载体或表现的手段，较容易在更广的范围内得到认可，从而增强了广告传播在不同文化区域的适应性。

这两则广告案例说明了国际广告传播中的差异化策略和标准化策略及其选择问题。国际市场营销寻找的是市场，传播的是信息，宣传的是产品，其目标对象是处于与本国文化环境迥异的、特定文化环境中的国际消费者。

资料来源 [1] 汪涛."全球化思考，本土化行动"——谈国际广告及其翻译 [J]. 中国科技翻译，2004 (2)：36-38. [2] 吕吉瑛. 中西文化差异对跨文化广告传播的影响 [J]. 商场现代化，2007 (2S)：240-241.

第一节 国际市场营销概述

一、国际市场营销的定义

随着市场的日益国际化，一个公司可能发现即便在本土也不可避免地要与国外客户、竞争对手和供应商打交道，既面临国内市场的竞争，也面临国际市场的竞争。例如，在国际化水平最高的美国市场出售的大部分音像产品、成衣和餐具等是在外国制造的，索尼、三星、丰田在美国都是人们熟知的国际品牌。对国际市场营销原理的充分理解是国际市场营销成功的基础。什么是国际市场营销？它与一般的国内市场营销有什么不同？它与国际贸易又有什么关系？

（一）市场营销与国际市场营销的界定

市场营销（marketing）是一个组织将其资源集中于市场环境中的机会及需求的过程。企业通过促销、定价和分销有销路的产品获取利润。美国市场营销协会（AMA）于1985年对市场营销下了定义：市场营销是对思想、产品及服务进行设计、定价、促销及分销的计划和实施的过程，从而产生满足个人和组织目标的交换。市场营销的概念、过程和原则具有普遍性，它包括一系列的概念、工具、理论、实践、程序以及经验，所有这些元素构成了一门可学也可教的知识。市场营销原理不仅适用于美国，也适用于欧洲，既适用于中国的广州，也适用于坦桑尼亚的桑给巴尔。

国际市场营销（international marketing）是市场营销主题内容的延伸，是指商品和服务流入一个以上国家的消费者手中的过程。换而言之，国际市场营销是一种跨国界的经营和管理过程，是企业通过计划、定价、促销和引导，创造产品和价值，并在国际市场上进行交换，以满足多国消费者的需求和获取利润的活动。美国著名营销学家菲利普·科特勒（Philip Kotler）在《国际市场营销学》中指出：国际市场营销是指在一国以上把企业生产的商品或服务引导到消费者中去的经营活动。虽然市场营销原理是普遍的，市场营销实践却因国家的不同而有着差异。这种差异的现实存在意味着我们往往不能直接将一个国家的经验应用于另一个国家。如果消费者、竞争者、分销渠道和可应用的媒体不同，那么营销策略就必须有所变化。因此，国际市场营销将重点放在市场营销原理在跨国经营中的应用上，强调市场营销策略由国内环境走向国际环境的适应性变化。也就是说，"国际市场营销是国内市场营销的延伸与扩展”[①]。开展国际市场营销就是将组织的资源集中于全球市场所带来的机会和威胁的过程，是跨国界的市场营销活动，是企业为了谋取利润，将商品和服务销售给一个以上国家的消费者的行为。

（二）市场营销、国际贸易与国际市场营销的关系

1.市场营销与国际市场营销的区别

市场营销一般指国内市场营销。国际市场营销与国内市场营销并无本质区别，只是特指超越国境的市场营销活动。许多国内市场营销的原理和方法，诸如市场营销调研、消费者行为分析、选择目标市场、市场营销组合策略、市场营销战略计划、市场营销管理等，均可指导国际市场营销活动。也就是说，国际市场营销是企业超越本国国境而进行的经营和销售活动，与国内市场营销一样，要摸清目标市场的需求，然后制定适当的市场营销组合策略，以通过满足国际市场的需求来实现企业的利润。无论是在世界何地的市场，市场营销人员的任务都是一样的。

虽然市场营销的原则和概念具有普遍适用性，市场营销一般原理的应用可以跨越疆界，但不能就此将国际市场营销与一般市场营销简单地等同起来。国内市场营销和国际市场营销的区别不在于市场营销概念的不同，而在于实施市场营销计划的环境不同。一般认为，国内市场营销和国际市场营销的主要区别在于国际市场营销活动涉及一个以上的国家，国际市场营销活动具有更多的复杂性和多样性。[②]国内市场营销和国际市场营销的主要区别是：

（1）两者的营销环境不同。国内市场营销是在企业熟悉的市场营销环境中开展，国际市场营销则要在不熟悉的几个国家的市场营销环境中开展，还要受国内宏观环境的影响。国外市场的不确定因素（如竞争、法律限制、政府管制、天气、多变的消费者需求以及其他一些不可控制因素）常常会影响市场营销计划的实施效果。一个企业所涉及的国外市场越多，要应付的不可控因素也就越多。因此，国际市场营销需要协调统一和控制。

（2）两者的营销组合策略不同。国际市场营销活动的双重环境使营销组合策略难度比较大。在产品策略方面，国际市场营销面临着产品标准化与差异化策略的选择。在价格策略方面，国际市场定价不仅要考虑成本，成本包含运费、关税、外汇汇率差额、保险费等，还要考虑不同国家的市场需求及竞争状况，也要考虑各国政府对价格调控的法规。在渠道策略方面，各国营销环境的差异造成了不同的分销系统与分销渠道，各国的分销机构的形式、规模也不同，从而增加了管理的难度。在促销策略方面，各国文化、政治、法律、语言、媒体、生产成本等的差异使企业选择促销策略的难度更大。

（3）两者的营销管理过程不同。各国的营销环境和消费者需求存在差异，使得国际市场营销管理过程复杂化。例如，制订国际市场营销战略计划及进行营销控制，既要考虑国际市场需求，又要考虑企业决策中心对计划和控制承担的风险应当达到的程度等。[③]国际市场营销人员的管理任务要比国内市场营销人员更艰巨。

---

① 甘碧群．国际市场营销学［M］．2版．北京：高等教育出版社，2006：5.
② 基根．全球营销管理［M］．段志蓉，钱君，译．6版．北京：清华大学出版社，2004：4.
③ 甘碧群．国际市场营销学［M］．2版．北京：高等教育出版社，2006：6.

2.国际贸易与国际市场营销的区别

国际贸易（international trade）是指不同国家（或地区）之间的商品和服务的交换活动。国际贸易是商品和服务的国际转移，也称世界贸易。国际贸易由进口贸易（import trade）和出口贸易（export trade）两部分组成，故有时也被称为进出口贸易。从一个国家的角度来看国际贸易就是对外贸易（foreign trade）。国际贸易的诞生已有数千年的历史，而国际市场营销则与国际贸易的产生和发展相伴生。国际贸易与国际市场营销都是以商品和服务作为交换对象，都是以营利为目的的跨国经营活动，都面对更加复杂的国际市场环境。两者借助国际市场的大舞台相得益彰，共同促进了世界经济的发展。

但两者又是有区别的，具体表现在：

（1）两者的理论立足点不同。两者理论产生的时间不同。英国的古典政治经济学家亚当·斯密（Adam Smith）创立的绝对优势理论以及大卫·李嘉图（David Ricardo）所创立的比较优势理论是现代国际贸易的理论基础，这些理论都诞生在200余年前。而市场营销理论的问世仅仅是20世纪初的事，而把国际市场营销学作为一门专门的学科从市场营销学中分离出来，只是近几十年的事。国际贸易所立足的理论是比较利益，只要存在比较利益，就可将货物从一个国家或地区运到另一个国家或地区。国际市场营销则是站在企业的角度，所考虑的问题是如何使企业利润最大化。虽然比较利益与利润最大化之间也存在内在联系，但不存在绝对的、必然的联系。

（2）两者的交换主体不同。国际贸易是国与国之间的商品与服务的交换，是各国生产的拓展和生产在流通领域的对外延伸，它的交换主体是国家。国际市场营销作为跨越国界的经营活动，执行这项职能的主体是企业，是从企业的角度研究如何生产来满足国外目标市场的需求、如何制定合适的价格，以及如何选择对企业最为有利的分销渠道与促销手段。相对国际贸易，国际市场营销更强调企业层面的产品和服务的销售。

（3）两者的流通形态不同。就国际贸易而言，产品和服务流通必须是跨越国界的交换，即参加交换的产品和服务必须从一个国家转移到另一个国家；国际市场营销的流通形态多样化，可能有不跨越国界的产品交换，有些营销活动如组装业务、合同制造、许可证贸易、海外设厂生产等都没有产品和服务从一个国家到另一个国家的转移。国际贸易强调购进和售出两个方面，国际市场营销则更强调售出方面。国际贸易的进出口业务讲述了进出口贸易中的具体业务规范，如信用证的种类、如何开具信用证、信用证如何议付、如何报关、如何投保、如何制造单证等。这些都是开展对外业务不可缺少的知识，属于具体业务中的程序性的操作知识。国际市场营销则是从战略高度出发，运用自己的资源在复杂的国际市场中制定出能击败竞争对手、获得对外经营成功的战略与策略。当然，国际市场营销人员也应了解进出口实务，以便更好地开展营销活动。国际市场营销活动比国际贸易活动更有主动性和创造性。①

（三）国际市场营销学及其任务

市场营销学是建立在经济科学、行为科学、现代管理理论基础上的应用学科。国际市场营销学是研究以国外消费者需求为中心的应用学科。国际市场营销学的产生是市场营销

① 吴泗宗，罗婉容．国际市场营销［M］．太原：山西经济出版社，1994：11.

学发展的结果。20世纪初市场营销学的问世大大促进了各国工商业的发展。第二次世界大战后，国与国之间的贸易交往日益扩大和深入，各个国家的商品和服务通过互换而成为国际市场的一部分。同时，国际贸易领域中错综复杂、瞬息万变的形势，给企业进入国际市场带来一系列新问题，而这些问题不是简单沿用市场营销学的原理就能解决的，现实的需要呼唤着市场营销学的发展。如此，从全球的视角来理解消费者的行为作为一个学术性研究课题在20世纪60年代产生了。[①]于是，一门能应付国际市场新挑战的有效应用学科——国际市场营销学应运而生了。进入21世纪，网络的出现使国际市场营销学的理论与实践更上一层楼。

如今技术、投资、生产、营销、分配和通信网络都具有全球性。大多数经营活动都是在全球市场范围内开展的，每一个企业都必须准备在一个相互依存度越来越高的经济环境中竞争，因为经营业绩至少有一部分会受到国外所发生事件的制约。市场营销是企业最基本的功能，国际市场营销的任务在于为竞争日益激烈的全球市场制定具有竞争性的营销战略和计划。在这个总任务下，国际市场营销一般有下列四项基本任务：

（1）分析国际市场机会，即通过对国际市场营销环境的分析、国外消费者需求的估计、国际市场竞争的分析等，发现并确立企业的营销目标。

（2）决定进入国际市场的方式，即在分析企业自身营销能力的基础上，决定采取何种方式进入目标市场。

（3）制定企业国际市场营销的战略和策略，即从事国际市场营销的企业必须确定在目标市场上的总体营销战略与计划，并在此基础上制定产品价格、分销渠道、促销手段以及公共关系与权力机构的沟通等一系列营销组合策略和相应的竞争策略。

（4）管理和协调国际企业各国外分支机构、附属公司的营销活动。其主要工作是通过计划、组织、控制、协调和监督等管理手段，将国外分支机构与附属公司的营销活动纳入企业的整体国际市场营销体系中，以保证整体效率的提高。

二、国际市场营销的原则

对国际市场营销概念的理解是一个不断完善的过程，但国际市场营销的本质是基本固定不变的。国际市场营销可以归纳出三个极为重要的原则，构成国际市场营销的基础；（1）国际市场营销的目的；（2）国际市场营销的竞争实质；（3）国际市场营销的主要方法。[②]

（一）顾客价值和价值等式

顾客价值（customer value）是指顾客通过购买商品所得到的收益和顾客花费的代价（购买成本和购后成本）的差额，它包括产品组合、价格、服务、关系和形象。美国田纳西大学的Robert B. Woodruff教授将顾客价值定义为：顾客在一定的使用环境中对产品性能、产品属性的表现以及使用结果达成（或阻碍）其购买意图的感知偏好和评价。

---

① 20世纪60年代，随着国际市场营销的发展，学者们开始强调理解不同国家之间的消费者的共性和差异的重要性，这些学者有Dichter、Elinder、Fournis、Margulies、Sommer、Kerman、Wadia和Wind。

② 改编自：基根．全球营销管理［M］．段志蓉，钱君，译．6版．北京：清华大学出版社，2004：6-7.

国际市场营销的实质是要创造超过国际市场上竞争者所能提供的顾客价值。所谓顾客价值实际就是顾客从某一个特定产品或服务中获得的一组利益与他们在评价、获得和使用该产品或服务所引起的预期代价进行比较后的差额。价值等式为：

$$V=B/P$$

式中：V为价值（value）；B为可获得的利益（perceived benefits）；P为价格（price）。

价值等式告诉我们，要增加提供给顾客的价值，可以扩充产品类型和功能，提高产品或服务的质量，还可以削减价格，也可以采用这些方式的任意组合。用价格作为竞争武器的国际市场营销企业必须具有成本优势。这种价格优势可能来自廉价的劳动力或原材料，也可能来自生产规模、生产效率或更有效的管理。对国际市场上顾客的了解再加上革新与创造力，也会带来产品或服务质量的提高。如果这种提高所产生的价值和利益足以获得顾客的青睐，公司就不一定非要用低价战术去赢得顾客。国际市场营销的第一条原则就是创造超过竞争者所能提供的顾客价值。

（二）竞争优势或差别化优势

国际市场营销的第二条原则是维持竞争优势。所谓竞争优势是指在国际市场上的某一种竞争状况下，能够对顾客具有更大吸引力的一种总体优势。优势可能存在于任何地方：产品、价格、广告、零售点促销以及产品的分销等，但要形成竞争优势必须从整体上强过竞争对手。假设某企业有一个质量与竞争者差不多的产品，如果它以明显较低的价格出售此产品，并且令顾客相信其质量不比其竞争者的差，价格优势就变成企业的竞争优势。竞争优势必定是相对特定区域的竞争者而存在的。地方性的企业面临的是地方上的竞争者，全国性行业的竞争者是全国性的，而在一个全球性的行业中，竞争者也必将是全球性的。

（三）集中优势

国际市场营销的第三条原则是企业“聚焦”（focus）或者集中精力。为了在某一个竞争优势上成功地实现顾客价值的创造，必须集中精力。例如IBM公司早年在国际市场上获得了巨大成功，其原因是它十分明确地将注意力集中在顾客的需求上，在数据处理行业正处于上升阶段时，这一点做得比其他公司要好。20世纪90年代初，IBM公司一度陷入经营危机之中，原因之一就是它的竞争者加强了对市场上顾客需求的关注。与戴尔（Dell）公司和惠普（HP）公司的低价相比，IBM公司的产品价格较高。也许早期IBM公司的名声使这种价格差距物有所值，但今天，在一个渐趋成熟的计算机市场中，IBM这个品牌相对戴尔和惠普来说，价值已经不是那么大了，更不要说苹果（Apple）公司针对消费者需求千变万化的系列产品。

在国际市场上获得差别化的竞争优势需要经过一定的努力，其关键在于满足顾客的需求以及提供有竞争力的产品，为此必须将资源与努力集中在顾客的需求和如何提供能满足需求的产品上。

三、国际市场营销组合

企业在国际市场的营销活动从某种意义上看就是国际市场上一系列营销策略的总和。

企业国际市场营销活动的基本策略有哪些呢？

（一）营销组合及其基本要素4P划分法

营销组合的概念最早是由美国营销学家内尔·伯顿（Neil Borden）在1953年就任美国营销协会主席时提出的，指在企业营销活动中最有效的要素的“混合体”。此后，美国许多营销学家都从各自的研究出发总结营销组合的基本要素，但影响最大的是E. J. 麦卡锡的4P划分法。麦卡锡认为，营销组合的最基本要素有：

（1）产品（product），即企业营销活动为市场提供合适的、为顾客所需要的产品。

（2）价格（price），即企业必须以顾客能接受的价格销售产品。

（3）分销渠道（distribution channel），即企业必须以适当的路径将产品转移到顾客手中，也就是企业要在适当的地点把产品销售给顾客，考虑到分销渠道的第一个字母不是p，故以地点（place）来代替。

（4）促销（promotion），指企业要运用广告、人员促销和销售推广等各种手段将产品尽可能多、尽快地转移到顾客手中。

由于上述4个要素英译第一个字母都是p，故称4P划分法。如果加上探测（probe，即市场调研），可以把4P扩展成5P。

（二）营销组合及其基本要素6P划分法

麦卡锡的4P划分法虽然得到了最为广泛的接受，但营销学家们一刻也未停止对它的批评，只是责难者们并未提出更具优点的“营销组合”模型。直到1986年，科特勒在《哈佛商业评论》（Harvard Business Review）上发表《大市场营销》一文，提出了6P划分法。科特勒认为，传统的4P划分法难以解释营销活动的全部，因而在前述麦卡锡的4P之外，还应加上两个P：一是公共关系（public relation）；二是政治权力（political power）。由此，营销组合的4个要素扩展为6个要素，被称为“大市场营销”（macro marketing）。应当指出的是，6P划分法是4P划分法的丰富与发展。

综上所述，所谓营销组合是指在特定时间、特定地点和特定环境下企业营销所涉及的产品策略、价格策略、分销渠道策略、促销策略、公共关系策略和政治权力策略的有机组合。

国际市场营销与国内市场营销相比，主要的变化在于营销环境的改变，而企业营销策略的基本方面并未改变，亦即国际市场营销组合的基本框架没有改变。但是，正是由于营销环境的变化，国际市场营销策略即营销组合的内容与国内市场营销相比发生了相应的变化。

四、国际市场营销的管理取向

第二次世界大战结束后的半个多世纪中，在国际经济显著增长的背后，管理取向是战前未曾出现过的一个基本因素，理解这一基本因素有助于更深入地明辨当前国际经济的基础。取向（orientation）通常是一种无意识的关于世界本质的假定或者信仰。美国宾夕法尼亚大学的霍华德·佩尔马特博士最先发现引导国际经理们经营行动的有3种基本取向：母国（ethnocentric）取向、东道国（polycentric）取向、世界（geocentric）取向。其后又加上一种区域（regiocentric）取向，就变成所谓EPRG规则，即母国中心主义（ethnocentrism）、东道国中心主义（polycentrism）、区域中心主义（regiocentrism）和世界中心主义（geocentrism）（如图1-1所示）。①

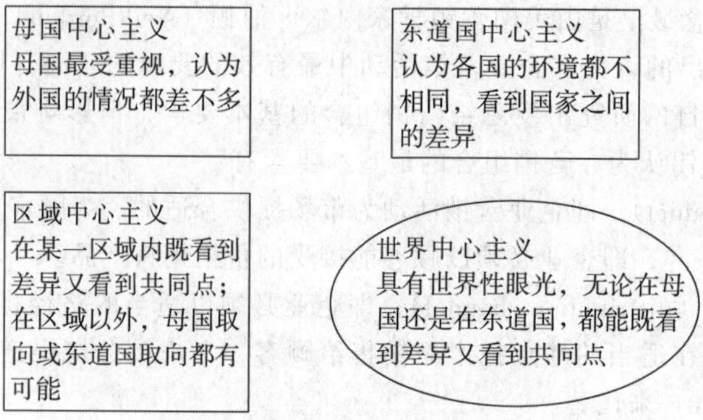

图1-1 国际市场营销的管理取向

资料来源 基根. 全球营销管理［M］. 段志蓉，钱君，译. 6版. 北京：清华大学出版社，2004：14.

1.母国中心主义

母国取向的心态认为母国的一切都是最好的。持有母国中心主义态度的企业将国际经营放在次于其国内经营的位置，它们从事国际经营的动机是处理其国内产品的过剩部分。通常持这种观念的企业将其绝大多数的营销计划制订权集中于国内总公司，国外经营所采取的政策和程序常与国内相同，其没有对国外市场进行系统调研，没有对产品进行重大修改，也没有对外国市场中的消费者需求形成真正的关注。

2.东道国中心主义

与母国取向的心态正好相反，东道国中心主义者在潜意识里认为每一个东道国都是独一无二的，与其他国家存在差异，并且认为获得成功的途径是调整适应每一个国家的特殊环境。处于这一阶段的企业允许其海外公司独立经营，确立自己的营销目标和计划，以适应市场的具体情况。营销活动是按不同国家的情况来组织的，每一个国家都有自己独特的营销政策。

3.区域中心主义

区域取向是母国取向和东道国取向的合成。其是指在特定的国家和市场之间既看到差异又看到共同点，并寻求建立一种能够充分反映各地需求的全球性战略。区域中心主义的出现标志着国际经营观念的成熟，其国际市场营销战略往往是标准化和地方化的结合。

4.世界中心主义

这是一种最彻底的国际化经营观念。在这一阶段，国际企业将以整个世界作为市场制订营销战略计划，以世界范围为基准开展营销活动，营销策略制定的国际标准化受到重视。世界中心主义的实施要求具备国际企业管理经验和大量的承诺。

在这些取向之间有一个重要的差异存在于每个取向的基本假设中。

母国取向建立在某种对母国的绝对认同基础上，母国的产品、政策以及方案因而得到

① 改编自：基根. 全球营销管理［M］. 段志蓉，钱君，译. 6版. 北京：清华大学出版社，2004：14-16.

延伸。

东道国取向的基本假设是，由于世界各国的文化、经济以及市场条件中存在诸多差异，试图从一个国家外部引入任何产品、政策、方案，以及在世界或者某一区域中将各国的方案协调统一起来是不可能的。

区域取向与世界取向的假设认为，无论差异还是共同点，都可以分辨出来。在区域取向或者世界取向状态下，企业将某一个区域或者整个世界看作一个市场，试图形成统一区域或者世界市场战略。区域取向与世界取向类似，只是范围狭窄一些，限制在某一区域内，至于区域外的世界，它可能采取母国取向，也可能采取东道国取向，或是两种取向的混合。

在营销管理上，母国取向企业的营销管理高度集中，东道国取向则极端分散，唯有区域取向和世界取向的企业采取的是协调统一的方式。经验有限的企业先暂时采取集中或分散的战略，等到经验积累起来之后开始设计和实施一体化的营销方案也许更为明智。

五、国际市场营销的标准化与差别化

国际市场营销过程要求营销经理识别许多基本问题，以便计划和执行国际市场营销策略。营销经理必须识别出国际市场的机会和威胁，并且必须知道当今国际市场的所在地及将来所在的位置，因为机会是在世界范围内不断转移的。国际市场营销者需要识别相似点和不同点，以便知道要改变什么和不改变什么。为了做到这一点，企业必须能对各国市场独特的方面作出反应，同时能跨国界转移相关的经验，能决定制订的营销计划应该是标准化的还是差异化的。

1983年西奥多·李维特的《市场全球化》一文提出了营销活动的许多新概念：全球营销、全球经营、全球广告和全球品牌等。李维特研究的前提是世界市场是一个“具有同质特质的全球村”。任何地方的任何人都渴望获得听到、看到或经历过的新东西。李维特认为，按照政治边界细分国际市场，按照国别市场或者民族、地区偏好来定制产品、指定营销计划在成本上是不经济的。他认为不同的细分市场具有共同的需求，即需求质量高、价格合理、标准化的世界性产品。“全球公司在世界各地以同样的方式销售同样的商品。”在李维特的眼里，未来的公司将是全球公司，它们把世界看作一个市场，销售全球产品。他建议以标准化的广告、价格和分销方式在全球范围内进行市场推广。李维特的观点引起了许多公司和营销学者重新审视业已流行了数十年的基本营销思想——在国际市场营销过程中，必须调整产品和战略，适应每个国家的文化需要。这一态度与李维特全球标准化导向形成了对照，而一些商业报纸经常引用实践中广为人知的失败对李维特的观点进行批驳。

尽管在不同的国际市场上，许多产品有进行文化调整的必要性，但是不得不承认当今世界大众通信的影响力及对消费者需求的影响。卫星和有线电视、互联网通过包罗万象的电视节目、网站、应用程序等传递信息给世界各地千百万的潜在客户。大众通信的同化效应已经消除了过去存在的许多地区差别。人们有理由相信受同样影响的其他文化中的人们将会作出类似的反应，世界需求和欲望会趋同。在大多数国家都有对同一产品有相似需求的细分市场。丰田、福特、麦当劳和可口可乐都是在世界上向细分市场出售相对标准化产品的公司，谋求以相同的产品满足市场需求和欲望。全球导向强调需求的普遍性，因而一种标准化产品可以在全球销售。

对有些产品来说，文化调整没有必要；但是对其他一些对文化价值敏感的产品来说，进行差别化文化调整还是有必要的。营销策略的标准化和差别化调整的问题不能简单地用“是”还是“不是”来回答。精明的营销者总是努力发现消费者需求，并提供产品满足他们的需求。一些在一种文化中成功的产品会在另一种文化中受到同样的欢迎，可口可乐饮品世界性的成功就是一个好的例子。另一些产品在不同市场上的受欢迎程度则表现出巨大的差异。牛杂、鸡翅在中国台湾是美味佳肴，但要成为西方国家感恩节桌上的一道菜，恐怕需要一些富有创造力的烹饪。

国际市场营销可能是标准化和差别化方法的组合。日本学者健吉将可口可乐在日本的成功归结为“全球本土化”（global localization）能力，它是指一个国际市场营销者必须具备“全球化思考并且本土化行动”的能力。国际市场营销要求营销人员对世界市场的共性和差异作出反应，而后表现出既是全球化又是本土化的行为方式。

图1-2说明了标准化和差别化势力（unifying and differentiating influences）概念在国际环境和市场分析中的应用。[①]这一概念的基础是国际市场在任何情况下都有特有的方面和相似的方面。特有的方面是差别化势力，相似的方面是标准化势力。如果对国际市场的分析只集中在特有（或相似）的方面，这种片面的分析将导致所制订的营销计划不是太标准化，就是太差别化。例如，一个仅基于标准化势力分析的完全标准化的计划，可能会对同一产品采用全球统一的定价，而不考虑世界不同市场的支付能力和竞争情况。这样虽然设计和管理很简便，但对因没能执行更差别化的定价政策而损失的业务和利润来说可能得不偿失。另一种极端情况是对每个国家都以不同的价格计算，则可能出现严重的转手倒卖问题，因为代理商和经销商会为其供货寻求尽可能低的价格。

国际市场营销需要寻找具有相似需求的细分市场，以同样的产品满足这种需求，将可以标准化的营销组合因素标准化。如果存在重大的文化差异，营销组合就需要作部分差别化调整。有关差别化调整与标准化的营销策略的讨论将贯穿国际市场营销的始终。

六、自我参照标准

国际市场营销成功的关键在于适应不同市场环境之间的差异。适应环境，特别是适应文化是国际市场营销者所面临的最富有挑战性的、最重要的任务。当营销者在他国文化环境中经营时，营销努力的失败往往是由于无意识的反应，这种反应是基于在自身文化中可以接受而在不同的文化环境中不可接受的参照系统作出的判断。参照系统一经建立，便成为决定或改变营销者对社会的和非社会的情景反应的重要因素。

影响国际市场营销成功的一个主要障碍是个人在决策过程中以自我参照标准（self-reference criterion，SRC，即无意识地参照本国文化的价值观、经验和知识）作为决策的依据。自我参照标准妨碍了真实评价国外市场的能力。面对一系列事实，我们总是根据生活中所积累的知识自发地作出反应，很少停下来对某个反应加以思考。这样，我们在另一

① 基根．全球营销管理［M］．段志蓉，译．5版．北京：清华大学出版社，1998：28.

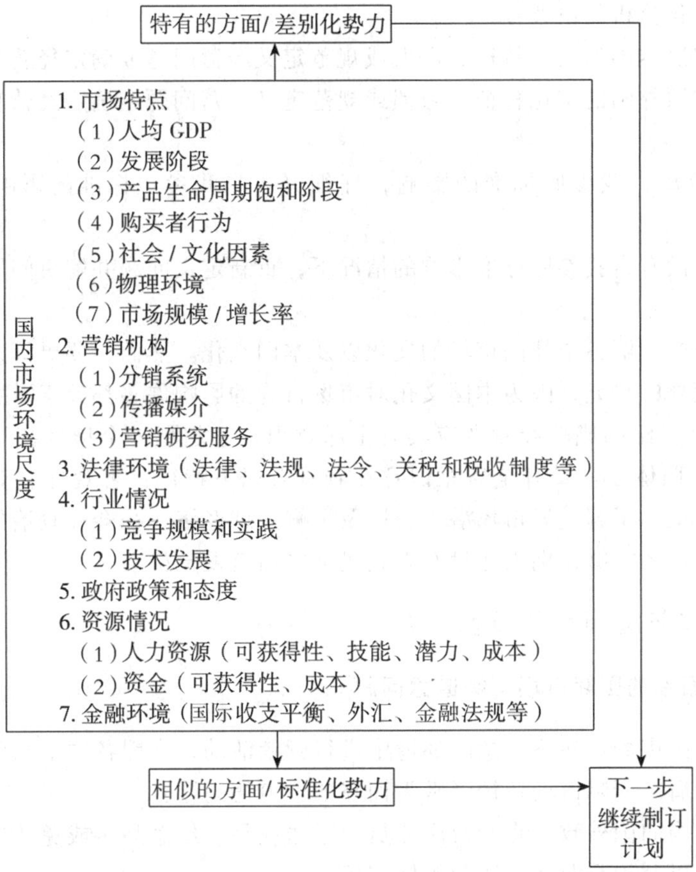

图1-2　标准化和差别化势力在国际环境和市场分析中的应用

资料来源　基根. 全球营销管理［M］. 段志蓉，译. 5版. 北京：清华大学出版社，1998：28.

种文化环境中遇到问题的时候，往往是本能地作出反应，并根据自我参照标准寻求解决问题的办法。然而，我们的反应是以与自身文化相关的意义、价值观、符号和行为为基础的，这些意义、价值观、符号和行为在外国文化中是不适用的，因而采取这样的决策往往不能达到预期的效果。自我参照标准可能使你意识不到文化差异的存在，我行我素，惹恼对方，或者认识不到这些差异的重要性，小看不同国家之间的文化差异。在国际市场营销中，如果依据一个人的自我参照标准形成营销组合方案，就会因文化调适不够而告失败。如果营销者花时间超越自我参照标准去进行分析与决策，则会产生更好的效果。

控制自我参照标准的影响的最有效的方法是承认自我参照标准存在于我们的行为之中。尽管对一个人来说，几乎不可能深入了解每种文化，意识到所有重要的差异，但是如果在另一种文化环境中经营，意识到识别文化差异的必要性，不耻下问，就可以避免国际市场营销过程中的许多错误。还必须注意，并非营销方案中的每个活动都因国而异，事实上，相似性要多于差异性。然而，诸如此类的相似性可能会使营销者错误地形成一种明显的相同感；伴随着自我参照标准，这种明显的相同感常常是国际市场营销问题的起因。

在经营决策中，要避免犯错误，就必须克服自我参照标准的影响，进行跨文化分析。

以下步骤是跨文化分析的框架：

第一步：按照本国的文化特征、习惯或规范定义经营问题或确定经营目标。

第二步：按照外国的文化特征、习惯或规范定义经营问题或确定经营目标，但不进行价值判断。

第三步：分离自我参照标准的影响，仔细分析自我参照标准的影响如何使问题复杂化。

第四步：在没有自我参照标准影响的情况下，重新定义问题并解决问题，谋求最佳经营目标。

这种方法需要理解各个外国市场的文化以及本国文化。然而，要更深入地理解本国文化，同样需要额外的研究，因为本国文化对市场行为的影响许多都处于潜意识状态，没有明确的说法。21世纪的成功经营者应具有全球意识，它超越一个地区甚至一个国家，包含整个世界的参照体系。具有全球意识意味着具有以下特征：客观性、对文化差异的宽容、了解文化历史、了解世界市场潜力，以及了解全球经济、社会和政治的发展趋势。富有全球意识的营销者能够在别人还没有看到机会之前就发觉机会。

七、国际市场营销中的道德问题

（一）企业面临的国际市场营销道德问题

企业进入国际市场，在不熟悉的环境中进行营销活动，常因各国不同的文化而引起营销道德差异及矛盾。国际市场营销者常常面临如下道德问题：

（1）是否应当向国外政府官员及企业员工赠送礼品、纪念品，或免费邀请他们参加会议或考察活动，以利于企业在东道国扩展市场；

（2）企业如何面对国际倾销价格、合法定价或非法定价，以及价格控制的问题；

（3）是否应当将国内禁止的技术和产品销往国外，而不管东道国的利益；

（4）是否应当进行税收逃避（如某些跨国公司为了逃税而实行母子公司之间价格和利息的转移）；

（5）应当如何对待员工权利（如对员工提供何种工作条件，对不同种族、宗教及性别的员工应采取何种政策）；

（6）如何对待专利以及商标的保护权，以避免产品和技术的仿制到处泛滥。

（二）不同国家对市场营销道德态度的差异

不同国家对营销道德的重视程度不同，这是企业进行跨国营销决策必须考虑的重要因素。一般而言，发达国家比较重视营销道德建设，不少大公司已建立起道德研究机构，制定了供广大员工遵循的道德标准。1986年美国《财富》杂志介绍的500家大公司中有75%已建立了道德标准。到20世纪90年代中期，《财富》杂志排名前500家的企业中，已有90%以上的企业通过成文的道德守则来规范员工的行为。美国约有60%的大企业设有专门的企业道德机构，负责有关企业道德工作，并有30%~40%的美国企业对员工进行过某种形式的道德培训。在日本有90%以上的企业设有专门的企业道德机构。在韩国，企业界的民间组织（全国经济人联合会）于1996年2月向政府和社会公布了《企业伦理宪章》。

不同国家的企业营销道德的侧重点各有差异。美国企业将道德作为企业的社会责任、经营行为、外部环境及企业责任来看待；德国及瑞士企业重视研究经济与社会关系的道德；法国企业将道德理解为责任和义务；拉丁美洲企业则从消极方面来理解道德，将道德问题与“腐败”等同。

各国企业营销道德标准的内容存在差异。欧洲国家的企业道德标准主要涉及企业内部员工的行为。美国企业的道德标准只有55%涉及员工行为，80%以上的道德标准涉及顾客利益。英国及德国企业的道德标准涉及顾客利益的为67%。法国企业的道德标准考虑顾客利益的达93%。大部分美国企业营销道德标准涉及同政府的关系。德国企业的道德标准较多涉及革新及改进技术的道德责任，而法国只有20%的企业、英国只有6%的企业、美国只有15%的企业考虑这些道德标准问题。

虽然各国企业营销道德标准的差异是主要的，但各国营销道德规范的相似性也不容忽视，这些企业的营销道德规范大都涉及员工行为、团体行为、环境、顾客、股东、供应商、合作者、政治利益者、革新与技术等。在制定跨国营销决策中必须避免将本国道德观念及道德标准强加于东道国的做法，同时要注意跨国经营决策不能只以一种道德标准作为营销决策依据，而要善于解决国际市场营销中的道德矛盾，有针对性地制定出不同的跨国营销决策。

第二节 国际市场营销观念的演进

国际企业营销活动随着企业介入国际化经营程度的日益加深而不断发展。经验表明，企业从国际市场参与的第一阶段到最高阶段，其国际市场营销活动的复杂性不断加剧。处于不同阶段的企业对国外经营模式有着不同的态度，而且随着企业从一个阶段演变到另一个阶段，其国际经营导向和态度也会发生变化。

一、国际市场营销的发展变化模式

一般说来，国际企业市场营销活动可分为5个互相联系的发展阶段：国内营销、出口营销、国际营销、多国营销以及全球营销。上述5个可能重叠的阶段可以描述一个企业的国际市场营销参与程度。尽管国际市场营销阶段是按照线性顺序排列的，但不应由此认为一个企业总是从一个阶段发展到另一个阶段；相反，一个企业可以从任何阶段开始，或者同时处于几个阶段。

1.国内营销

国内营销（domestic marketing）是指目标在且仅在本国市场上的营销活动。在这一阶段，企业并不积极地培植国外客户，然而，该企业的产品可能销售给贸易公司以及其他找上门来的国外客户，或者产品通过国内的批发商或分销商，在生产商并未明确鼓励甚至并不知晓的情况下，销到国外市场。现在，许多企业通过官网或电商平台获取订单。外国购买者不请自来的订单常常会激起一个企业对国际销售的兴趣。今天，能让只从事国内营销的企业繁荣发展的产业无疑越来越少。

2.出口营销

出口营销（export marketing）是非经常性对外销售阶段，是跨出国门寻找外部市场机会的第一步。出口营销者对国外的目标市场进行选择，并依赖国内生产供货。生产水平和需求的变化所产生的暂时过剩产品会导致非经常性的对外销售。由于这种过剩产品是暂时的，因此，只是在有货的时候才对外销售，很少打算或者没有打算不断地维持市场；当国内需求增加，吸收了过剩产品时，企业就会撤回对外销售活动。我国外贸体制改革以后，少数企业取得了外贸自营出口权，它们中大多数主要还是面向国内市场，但也积极争取国外产品订单，进行产品出口营销，但是企业的经营活动并未完全以国际市场为导向，此类企业可以说就处在出口营销这一阶段。

3.国际营销

国际营销（international marketing）是经常性对外营销阶段，企业有永久的生产能力，从事货物生产，在国外市场连续销售，对其业务所在国的营销环境参与得更深。国际市场营销者较少依赖中间商，而更倾向设立直接的业务代表来组织目标市场中的营销活动。更进一步的是，国际市场营销者可以通过在某国设立企业的分支机构而建立起能在该国内充分发挥企业能力的本地化组织。从事国际市场营销的组织一般将其在本国的宣传和广告方案直接运用于国外。企业最初的生产和经营中心是服务于国内市场需求；随着海外需求的增加，加强针对外国市场的生产能力，并调整产品以满足国外市场的需求。海外利润不再被视为对国内利润的奖励，企业依赖对外销售额和利润来实现企业目标。

4.多国营销

在多国营销（multinational marketing）阶段，企业全面参与国际营销活动。企业在全球范围内寻求市场，有计划地将产品销往许多国家的市场。在实现全面参与的过程中，企业逐渐意识到差异和特殊情况在东道国的存在，从而担当起一种新的任务：使企业的营销适应东道国顾客的独特口味。为东道国市场创建专门的宣传与广告方案的多国营销组织在此阶段应运而生。此时，企业不仅需要营销，而且需要在国内市场以外生产货物，成为国际的或跨国的营销企业。

5.全球营销

在全球营销（global marketing）阶段，最深刻的变化是企业的市场导向及计划。人们经常使用全球公司和全球营销这两个术语来描述在这个阶段的企业经营范围和营销管理导向。可口可乐前总裁罗伯托·戈佐塔说："可口可乐已经从一家美国公司在国际上开展业务变为一家总部碰巧在亚特兰大的全球公司。"在这一阶段，企业将世界（包括国内市场在内）视为一个市场。跨国公司或国际公司把包括国内市场在内的世界看作一系列国家市场，这些国家市场具有各自的特征，需要为每个国家市场制定不同的营销策略。全球公司则不同，它们根据国家间市场需求的共性制定策略，通过经营活动的全球标准化使利润最大化。整个经营、组织结构、资金来源、生产和营销等都从全球角度出发。全球营销并不意味着要进入所有国家的市场，是否打入某个国外市场，必须根据企业自身的资源、机会和威胁的实质来决定。

二、国际市场营销观念的演进

国际市场营销作为一种主要的企业行为总有一定的指导思想。在营销学里，我们把这种指导思想称为营销观念，或者称经营哲学、经营思想、营销导向。营销观念是企业营销活动的灵魂，决定着企业营销活动的性质、内容、形式和效率，从而对企业发展有着根本性的决定作用。营销观念目前已出现了生产观念、产品观念、推销观念、市场营销观念、社会市场营销观念、大市场营销观念、全球营销观念等。每一种观念所表达的内容都反映了与企业国际经营演变过程有关的经营思想。

1.生产观念

生产观念（production concept）是一种最早期的经营哲学，产生于20世纪20年代初。当时，资本主义社会生产力相对落后，市场趋势是求大于供的卖方市场，产品的价值实现不成问题。因而，企业经营哲学不是从消费者需求出发，而是从企业生产出发。企业经营管理的主要任务是改善生产技术，改进劳动组织，提高劳动生产率，降低成本，增加销售量。消费者没有任何选择商品的余地，只能被动地接受商品。生产观念十分适合于这样两种情况：一是产品在市场上供不应求，企业必须增加生产；二是产品的成本偏高，企业必须提高生产效率以降低成本。美国福特公司的创始人亨利·福特（Henry Ford）是生产观念的倡导者和成功者。显然，生产观念是一种重生产、轻市场营销的经营哲学。

2.产品观念

产品观念（product concept）也是一种较早的企业经营哲学，产生于生产观念之后，是与生产观念相类似的经营思想。由于市场商品供应的增加、市场结构的变化，商品存在一定程度的竞争，消费者开始有一定的选择权，他们能选择质量和功能较好的商品。为此，企业经营的中心开始转向产品的质量和功能改进。但产品观念仍然是以卖者为中心的，因为此时企业经营的目的是向市场提供自己能够生产的高质量的产品，而不管这一产品能否为消费者所需要。产品观念易导致一种“营销近视症”，即不适当地把注意力放在产品上，而不是放在市场需求上，在市场营销管理中缺乏远见，只看到自己的产品质量好，看不到市场需求在变化，致使企业经营陷入困境。除了物资短缺、产品供不应求的情况之外，有些企业在产品成本高的条件下，其市场营销管理也受产品观念支配。

3.推销观念

推销观念（selling concept）产生于20世纪20年代末至50年代初——资本主义国家由“卖方市场”向“买方市场”过渡的阶段。推销观念认为消费者通常表现出一种购买惰性或抗衡心理，如果听其自然，消费者一般不会足量购买某一个企业的产品，企业必须不遗余力地将企业已经生产或能够生产出来的产品推销给消费者。推销观念的产生是由于卖方市场开始向买方市场转变，消费者选择商品的余地越来越大，从而企业销售商品的竞争也越来越激烈。因此，企业不得不花大力气将产品推销出去。推销观念导致了独立的销售部门开始在企业中出现。推销观念仍存在于当今的企业营销活动中，如对顾客不愿购买的产品，往往采用强行的推销手段。这种观念虽然比前两种观念前进了一步，但其实质仍然是以生产为中心的。

4.市场营销观念

市场营销观念（marketing concept）认为，要达到企业目标，关键在于确定目标市场的需求，并比竞争者更有效率和效能地满足消费者需求。可见，市场营销观念是以满足消费者需求为出发点的，是以消费者为中心。这种观念产生于20世纪60年代以后。当时，社会生产力迅速发展，市场趋势表现为供过于求的买方市场，同时广大居民个人收入迅速提高，有可能对产品进行选择，企业之间销售产品的竞争加剧。许多企业开始认识到，必须转变经营哲学，才能求得生存和发展。市场营销观念的出现，使企业经营哲学发生了根本性变化，是企业经营指导思想上的一次革命。美国营销学家李维特指出了市场营销观念同推销观念的区别之处：市场营销观念是以市场为出发点的，推销观念则以工厂为出发点；市场营销观念以消费者需求为中心，推销观念则以产品为中心；市场营销观念以协调市场营销策略为手段，推销观念则以推销术和促销术为手段；市场营销观念是通过满足消费者需求来创造利润，推销观念则通过扩大消费者需求来创造利润。

5.社会市场营销观念

社会市场营销观念（social marketing concept）认为，企业的任务是确定目标市场需求和利益，并且在保持和增进消费者和社会福利的情况下，比竞争者更有效率地使目标顾客满意。这种观念产生于20世纪70年代，当时西方社会出现了能源短缺、通货膨胀、失业增加、环境污染严重、消费者保护运动盛行的新形势。因为市场营销观念回避了消费者需求、消费者利益和长期社会福利之间隐含着冲突的现实，所以，伴随着市场营销的发展，企业一方面给社会及广大消费者带来了巨大的利益，另一方面造成了环境污染，破坏了社会生态平衡，出现了假冒伪劣产品及欺骗性广告等，从而引起了广大消费者不满，并掀起了保护消费者权益运动及保护生态平衡运动，迫使企业营销活动考虑消费者及社会的长远利益。

1971年杰拉尔德·蔡尔曼和菲利普·科特勒最早提出了“社会市场营销”的概念，促使人们将市场营销原理运用于环境保护、计划生育、改善营养等具有重大推广意义的社会目标。这个概念提出后，得到了世界各国和有关组织的广泛重视。一些国际组织，如美国国际开发署、世界卫生组织和世界银行等也开始承认这一理论的运用是推广具有重大意义的社会目标的最佳途径。1989年科特勒在《社会营销》一书中进一步提出，营销与社会和谐共存，需要关注其良性互动关系。因此，社会市场营销观念要求企业满足目标消费者的需求，还要考虑消费者及社会的长远利益，即将企业利益、消费者利益与社会利益有机地结合起来。

6.大市场营销观念

大市场营销观念（megmarketing concept）是20世纪80年代以来市场营销观念的新发展，是指导企业在封闭市场上开展市场营销的一种新的营销战略思想。其核心内容是强调企业的市场营销既要适应外部环境，又要在某些方面发挥主观能动作用，使外部环境朝着有利于企业的方向发展。它从以产品或顾客为中心转移到关注更广阔的外部环境及其中的顾客。为了获取成功，市场营销人员必须置身于一个包括竞争、政府的法规与政策，或者更广一点，还包括经济、社会、政治等影响市场演变的宏观因素在内的环境中去了解顾客。大市场营销观念转移的另一个革命性变化是其目标的变迁——从单纯的利润转移到利益相关者的权益。利益相关者指的是与企业的行为有着利益关系的个人和群体，其中最为常见的有员工、经理、顾客、社会和政府。从20世纪80年代开始，企业经营理念从营销新观念转向战略性观念，是营销思想史上一次重大的革新。

7.全球营销观念

全球营销观念（global marketing concept）是20世纪90年代以后市场营销观念的新发展，它是指导企业在全球市场进行营销活动的一种崭新的营销思想。全球营销观念在某种程度上完全抛弃了本国企业与外国企业、本国市场与外国市场的概念，而是把整个世界作为一个经济单位来处理。全球营销观念强调营销效益的国际比较，即按照最优化的原则，把不同国家中的企业组织起来，以最低的成本、最优化的营销去满足全球市场的需求。在21世纪信息技术趋于成熟、经济全球化进程进一步加速的时候，2004年美国的L. G.希夫曼和L. L.卡纽克教授在《消费者行为学》的写作中考察了信息技术与全球化环境对消费者行为的影响。数字化革命深刻地影响消费者行为的变化，而这一切也影响着市场营销观念。营销工具的数字化革命使得更多的定制化产品、服务和促销信息得以实现，这就使得市场营销者可以在全球市场上真正建立和维持与顾客的关系。

总之，在过去的几十年里，营销概念发生了巨大的变化，大致可以分为3个阶段：

（1）最初营销是一个以产品为中心的概念，其用以判断产品生产“好坏”的是内部的标准和价值，其目标是盈利，并通过推销说服潜在顾客将他们的钱换成企业的产品来达到目标；

（2）大约在1960年提出的营销“新”概念，将营销的中心从产品转移到顾客，其目标仍然是利润，但实现目标的方法扩展为整个营销组合及社会营销；

（3）发展到20世纪80年代，时代要求一种战略性营销概念的提出，大市场营销观念及全球营销观念必须以顾客及其所处的全球性环境为中心，在兼顾顾客、员工及其他相关者利益的同时实现价值。

上述7种企业经营观念的产生和存在都有历史背景和必然性，都是与一定的条件相联系、相适应的。为了便于比较，我们将上述主要内容总结成表1-1，供读者参考。

表1-1　**国际市场营销的观念**

	旧概念	“新”概念	战略的概念
年代	1960年以前	1960—1980年	1980年至今
关注核心	产品	顾客	经营方式
方法	推销	一体化的营销组合	知识与经验
终点	利润	价值	互利的关系
职责	售卖	一项功能	一切
观念	生产观念	市场营销观念	大市场营销观念
	产品观念	社会市场营销观念	全球营销观念
	推销观念		

资料来源　基根．全球营销管理［M］．段志蓉，译．5版．北京：清华大学出版社，1998：28.

案例窗 1-1

第三节 国际市场营销的驱动力与约束力

对越来越多的企业来说，国际市场营销已不再是一种奢求，而是一个事关兴衰存亡的大问题。对企业来说，要避开经济国际化、世界市场全球化和新兴大市场的影响已越来越不可能了。世界经济取得巨大发展的原因是驱动力与约束力之间的平衡向驱动力方向发生了显著转移。①了解和界定这些因素有利于深入洞察当今或者未来的国际经济与国际市场。

一、驱动力

（一）市场需求

一般认为，文化既有共性也有差别。人的本性与心理有一种普遍的组成元素，它是形成、开创和服务国际市场机遇的重要基础。国际市场大多数并非自然形成，它们必须通过营销行动来“开创”。一些优秀的全球企业发现，成功的全球战略必须建立在实施全球化功能和满足全球化需求的基础上，任何满足这些共性的行业都可能成为全球化的行业。在选择产品市场时，与上述元素相应的基本需求可以通过某种全球化的行动来满足。为全球性产品所做的广告一般具有某种普遍的吸引力，适用于各国文化。全球性产品的广告方案可以是单一的。统一的广告方案之所以可行是因为存在一些普遍的需求和能够引起普遍兴趣的诱饵。可以看出，如果发掘需求是一种共性，那么广告和市场定位的基本着眼点和着手点能够放之四海而皆准。

（二）技术

哈佛商学院的西奥多·李维特是在全球营销方面最有声望的学者之一，他在《哈佛商业评论》上发表的一篇著名论文中提出“标准化消费品的全球市场正以从未料及的规模崛起”。李维特认为：“一种强大的力量正在将世界推向集中一致，这种力量就是技术。几乎每一处、每一个人都想得到他们通过新技术听到过、见到过或经历过的所有东西。”技术因素不受国界和文化的限制。文化的边界无法限制技术的应用。技术一经成熟，就会马上广泛地应用于世界各地。如果企业了解如何在一个国家管理技术，就获得了一种在其他各国也相应有价值的经验。

（三）成本

企业正承受着不得不走向全球化的压力，全球化可以降低业务中工程化、制造、营销

① 改编自：基根．全球营销管理［M］．段志蓉，钱君，译．6版．北京：清华大学出版社，2004：17-23.

和管理等功能的研究、设计、创造和生产的成本，这在新产品需要大量投资且开发期较长时表现得尤为深切。一个比较典型的例子是制药业，其新产品一般开发期为6年到10年，需投入5 000万美元到几亿美元。巨大的开发成本和风险只有在国际市场上才能得到弥补，仅凭一个国家的市场无疑无法支撑如此巨额的投资。

（四）质量

企业进行全球生产能提高产量，可以产生更多的营业收入和利润来支持产品设计和制造的质量。同样是将销售收入的5%投入研发，全球性企业因此所获得的总营业收入可能2倍、3倍甚至10倍于地方企业。虽然投入比例一样，但投入金额总量相差甚大。在制造和营销方面同样存在这种情况。统一的营销战略相对在各国自立门户发展其营销的效率和效益都较高，所产生的消费者价值也较大。

（五）通信与运输

信息革命是全球市场的推动力。通信与运输从时间、地理、文化上缩短了人们之间的距离，人们希望获得最好的、最新的、最现代的产品的愿望在短时间内就能实现。在一些区域性市场，在一个国家看到另一个国家的广告是很经常的事。人们总是看到重复的广告，同时由于消费者具有流动性，营销人员不得不将一些相邻国家市场的产品定位和战略联系起来运作。国际市场营销突破了时空限制，如果顾客频频受到来自其他国家的信息的影响，那么要想将同一品牌在国家之间作不同定位无疑越来越难。

（六）杠杆作用

全球性公司的一个无可比拟的优势就是能够有机会发挥杠杆（leverage）效应，也就是同时运作于不同国家而产生的优势。杠杆效应有以下几种类型：

1.经验的移植

全球性公司可以在任何国际市场上利用自己已有的经验。这种经验可以来自经营的各个方面，如战略、产品、有吸引力的广告宣传、销售管理实践、促销点子等，凡经国际实际市场检验过的，都可以运用于相似的市场环境中。这种潜在的可利用的世界性经验是全球性公司杠杆优势的一部分。同时，管理模式可能成为经验移植的对象。全球性公司也可以根据经验不断修正计划、分析报告、调研结果、控制系统等，然后推广至全世界。改进的系统的推广使得公司成员能够彼此沟通，但切莫以为能机械照搬，在不相关的市场之间错误运用“经验”的情形时有发生。

2.规模经济

规模经济是企业追求的目标之一。全球性公司可以通过整体上产量的增大来获得以前单个工厂所寻求的规模优势，也可以通过将产业链分布在不同国家中，进行高效的大规模零部件生产，在全球范围内通过集中职能而获得经济效应。较大规模的全球性公司甚至因此创造出提高竞争力和公司员工素质的良机，而不仅止于传统意义上的规模经济的收获。

3.资源利用

全球性公司的主要优势之一就是它有能力在全世界范围搜索和配置劳动力、资金和原材料，从而能在国际市场竞争中占据有利地位。对全球性公司来说，运用国际金融体系的特殊性可使母国货币突然大幅升值而不造成很大危害，因为对它们而言实际上并不存在所谓的“本币”。在世界所有主要的金融市场上都有重要的投资和运作时，全球性公司在融资时自然会选择最有利的条件，并将所获资金用于盈利机会最大的地方。

4.全球性战略

全球性战略建立在了解整个世界经营环境，并确定其中的机会、威胁、趋势和资源的基础上。全球性公司最重要的一项优势是其全球性战略。全球性公司在世界范围内搜索的目的是寻找能让其运用自身的技能和资源，创造出较其竞争者更高的顾客价值的市场。全球性战略就是为在全球范围内创造出必胜“竞价”而进行的设计，需要严格的原则、极大的创造力和持续的努力。

二、约束力

（一）市场差异

在每一种产品类别中，国家之间、文化之间的差别都很大，所以营销组合中产品、价格、促销、分销渠道至少部分需要修改。一些企业就是因为忽视这些差别，在实施其全球品牌战略时未将这些差别考虑进去而遇到了很大的麻烦。国际市场营销并不能脱离各个能使产品适应本地条件的强有力的当地特性。事实上，外国产品若不修改以适应当地的环境，肯定无法成功。派克制笔（Parker Pen）公司曾试图实施一种倒置的全球营销战略，完全不考虑当地市场的输入信息，最后全盘失败，不得不将公司出卖给原属其英国子公司的经理们。

即使产品本身很适合实行全球化，不需多作修改即可用于全球市场，品牌的历史可能也会要求在每一个国家使用区别于他国的差异化市场战略和定位，甚至像以形象驱动的这类具有高潜质的产品品牌也是如此。一种品牌如果在国内市场上已经建立起某种独特的形象，也许就无法再实行单一的全球定位和战略。

（二）组织文化与管理短视

全球性公司在组织文化上采取不同策略就会有不同的国际化结果，完全将管理权限下放到各子公司的公司里，高层影响力会明显减弱，而在完全集权管理的企业里，来自各地的关于当地需求及条件的原始材料和深层信息则会被排斥在外。成功的全球性公司营销者都已经学会怎样将全球的眼光与各地的具体市场情况相结合。在一些最成功的全球营销公司中，最有趣的一点就是这些公司的总部经理和各地经理对相互信息和意见的尊重。

在很多情况下，许多企业的产品与类别都适合进行全球化，只是因为管理的因素而失去了开展国际市场营销的机遇。管理短视是导致企业市场失败的直接原因。某些行业出现了衰退或停滞的状况，其原因不是市场饱和了，而是管理失败了。例如，铁路行业停止增长，并不是因为客运和货物运输的需求萎缩了，而是因为铁路公司的管理者错误地定义了自己的行业，他们只以产品为导向，而没有以客户为导向。

（三）国家控制和进入壁垒

当今世界各国都通过对市场参与和准入加以控制来达到保护当地企业和利益的目的。从低技术含量的烟草市场，到信息、机电设备和数据传输市场等高技术领域，都在政府的控制范围内。今天大多数国家的关税壁垒已经得到大幅削减，那些使外国公司难以进入国内市场的非关税壁垒变得重要起来。一些国家通过政府和企业分离以减弱管制，是封闭的市场走向开放的一个世界性的趋势。如一些处于国家垄断状态的企业或部门，鼓励或者要求其采用国产货要容易得多，而一家独立的私营企业可能更倾向寻找最好的供货来源，而不会去理会供应商的国籍。

第四节 国际市场营销活动的经济学解读

国际市场营销是一种国际化经营行为，是将一个企业的资源和目标集中于全球市场的跨国界营销活动。与国内市场营销相比，其影响因素更多，经营决策也更难。如何运用正确的理论来更全面、更根本地理解国际市场营销活动十分重要。菲利普·科特勒曾用非常形象的语言概括了营销学和经济学之间的关系："经济学是营销学之父。"实际上应用经济学的重要组成部分——国际贸易理论和国际直接投资理论，广义上都属于国际企业营销理论。而与国际企业营销组合策略直接相关的一些理论，包括雷蒙德·弗农的国际产品生命周期理论、彼得·德鲁克的国际合作生产理论和迈克尔·波特的竞争优势理论等在经济学界影响深远。国际市场营销学是一门综合性的学科，所以不能拒绝去融合和应用经济学的思想。

现代企业的国际市场营销活动一开始就有理论的指导。自亚当·斯密开始，经济学家们就开始以科学的态度来揭示国际贸易活动的原因与规律，同样可用于早期国际市场活动，形成了诸如亚当·斯密的绝对优势理论、大卫·李嘉图的比较优势理论、保罗·克鲁格曼的规模经济理论和斯戴芬·林德的需求相似理论等许多著名理论。

国际企业的市场营销活动是以国际直接投资为基础和前提的，没有国际投资活动就很难谈得上国际企业市场营销。事实上，国际直接投资的一些理论与国际市场营销活动是紧密联系的，甚至就可以称为国际市场营销理论。从20世纪60年代到70年代中期，经济学界开始形成各种不同的学说与学派，其中以海默和金德尔伯格的市场不完善理论、尼克博克的寡头垄断行为理论和沃特·艾萨德的区位优势理论最为著名。自20世纪70年代中期至今，国际直接投资的理论研究随着国际直接投资活动进入新的高潮而空前繁荣，主要的学说有巴克利、卡森和克鲁格曼的市场内部化理论和邓宁的国际生产折中理论。

罗宾斯认为，经济学研究的是人类行为目的与满足目的的稀缺手段之间的关系。在国际市场营销学中，我们更应该主动地借鉴经济学的原理与结论。经济学提供了在使用稀缺资源中寻找最佳结果的基本概念和方法。在本书中我们可以看到：

在第二章"国际市场营销环境"中，国际自然资源的稀缺性是经济学研究的前提；国际市场营销环境处于特定的制度环境中，而制度又时常处于相对变动之中，制度经济学中的有关理论为我们理解国际环境提供依据。

在第三章"国际市场营销调研"中，国际市场营销活动对市场的综合研究可作为企业行动的一个参考系数，可运用计量经济学决策模型等概念和理论。

在第四章“国际市场营销战略的制定”中，可以用地租理论解释国际市场营销的位置和布局，也可利用微观经济学中的垄断竞争理论分析在不同国际市场中的消费者偏好、收入水平和消费状况的差别，对国际市场进行细分。

一般认为，营销组合是从20世纪30年代罗宾逊和张伯伦的不完全竞争理论直接延伸而来的。在第五章“国际市场营销的产品策略”中，可以将产品看成一系列属性的特定集合来分析，所以不同消费者对各种产品的偏好程度会有所差异；再者，在产品策略中，有关生产线、包装、品牌等内容可用到经济学中互补品、替代品的概念。

在第六章“国际市场营销的价格策略”中，微观经济学中消费者需求价格弹性、收入价格弹性、交叉价格弹性等经济学概念，以及信息经济学中的价格-质量效应等在价格策略中被广泛运用；现代经济学的基本分析工具——博弈论，为企业价格竞争决策提供了重要的分析工具。

在第七章“国际市场营销的渠道策略”中，可运用经济学的劳动分工原理对国际市场营销渠道进行讨论。例如，通过分工可获得规模经济效应和范围经济效应，而交易成本理论是营销渠道决策及公共关系决策的重要依据。

在第八章“国际市场营销的促销策略”中，促销这种非价格竞争方式一直是经济学家关注较多的现象。不好、不正当的促销是一种浪费并影响社会经济福利的行为。促销组合里的经济关系是一种制度关系。促销也能起到节约交易成本的功能。

在第九章“国际市场营销的计划、组织与控制”中，由于选择是有目的的，国际市场营销管理被认为主要是为了获得最大的效用。同时，可利用产业组织理论解释国际市场营销战略及国际市场营销组织。国际市场营销组织需要掌握多种信息，建立高效的组织结构，在短时间内决定资源配置，占领市场，这样才不至于惨遭国际市场淘汰。

总之，经济学为国际市场营销学提供了很多概念和理论，通过向经济学的回归，国际市场营销学将拥有一个深厚有力的理论来源，进行深层次的理论挖掘，并最终增强它对现实的理论解释能力。

关键术语

国际市场营销（international marketing） 顾客价值（customer value） 自我参照标准（self-reference criterion，SRC） 母国中心主义（ethnocentrism） 东道国中心主义（polycentrism） 区域中心主义（regiocentrism） 世界中心主义（geocentrism） 生产观念（production concept） 产品观念（product concept） 市场营销观念（marketing concept） 社会市场营销观念（social marketing concept）

主要观点

◆ 国际市场营销是指商品和服务流入一个以上国家的消费者手中的过程。

◆ 国际企业营销组合必须依据国际市场营销环境的变化作出相应的调整，而这正是国际企业营销活动的中心环节。

◆ 营销观念是企业营销活动的灵魂，决定着企业营销活动的性质、内容、形式和效率，从而对企业发展有着根本性的决定作用。

◆ 国际市场营销成功的一个主要障碍是个人在决策过程中的自我参照标准，即无意识地参照本国文化的价值观、经验和知识，并以此作为决策的依据。

◆ 全球本土化是指一个国际市场营销者必须具备全球化思考并且本土化行动的能力。

基本训练

一、思考题

1.如何解释中国企业对国际市场营销产生的越来越浓厚的兴趣?

2.试区分国内市场营销、国际贸易与国际市场营销。

3.简述国际市场营销的基本原则。

4.简述国际市场营销的发展阶段。

5.简述几种国际市场营销观念的区别。

6.简述国际市场营销管理取向之间的区别。

7.简述自我参照标准对国际市场营销的影响。

8.简述全球本土化的含义。

9.简述国际市场营销的驱动力与约束力。

10.访问中国国家统计局的网站。选择外商投资部分，寻找有关对中国直接投资的最新信息。思考下列问题：哪些国家在中国的投资金额最高?在中国的投资金额处于前10位的国家主要来自哪些地区?

二、案例分析题

中国多媒体音响行业第一品牌“漫步者”的海外“漫步”

作为中国多媒体音响行业的第一品牌，“漫步者”（Edifier）在中国市场上已经得到了消费者的深度认同，产品系列中的R1000TC型号更是畅销十几年不衰，销量累计达百万套，至今仍在生产并为市场所欢迎，成了多媒体音响市场的一个奇迹，其销量与盈利能力更是傲视同行，并于2010年在A股市场成功进行了IPO，成为行业内第一家上市公司。漫步者在欧洲、北美洲、南美洲、大洋洲、亚洲、非洲等六大洲建立了销售渠道，组建了来自不同国家的产品研发、销售团队，搭建了一个将产品成功销售到全球的营销网络，产品销售已跻身全球同行业前列。

漫步者1996年创立于北京，多年来专注于音频技术的研发与产品应用，目前已发展成为以多媒体音响和家用音响为核心产品的在国内多媒体音响行业有着极高知名度的企业。2012年，漫步者全资收购日本STAX公司，将知名静电耳机品牌STAX揽入麾下。2016年，漫步者入股美国知名平板耳机品牌Audeze LLC，强强携手共同实施全球市场战略。漫步者股份公司现有5家全资子公司（北京爱德发科技有限公司、北京漫步者科技有限公司、东莞市漫步者科技有限公司、海外的爱德发国际有限公司、STAX有限会社）以及1家控股公司（加拿大爱德发企业），有深圳、东莞、北京3个生产基地。公司拥有从产品创意到工业设计、产品研发、规模化生产、自主营销的专业团队，旗下有“漫步者”和“声迈”（Xemal）两个品牌，涵盖多媒体及家用音响、汽车音响、耳机在内的三大品类20

多个产品系列上百种型号产品。

漫步者虽然在国内取得了成功，但在国外的市场是一个“小”品牌，国际市场是奥特蓝星、哈曼卡顿、Bose、JBL、B&O等欧美品牌的天下。如何才能让漫步者“漫步”在更广阔的世界，为企业和投资者带来更丰厚的回报，同时将中国的又一个民族品牌在海外市场上塑造出来呢？一般说来，企业在国际化进程中对市场的营造会经过3个阶段：依靠目标市场进口商、寻求目标市场代理、组建目标市场的自有销售网络。但是漫步者跳过了第一步，因为在企业看来，接受海外订单、出口海外不代表打开了海外市场，拥有自主品牌但只在海外走低端路线的企业也和低价倾销没有区别，真正走向海外市场，就是要占据当地的主流渠道和市场，与国际主流品牌同台竞争。漫步者于1997年开始拓展海外市场，以中国自主品牌的形象走向世界。

要与欧美多媒体音响行业的一线品牌同台竞技，就需要找到一流的代理商。通过艰难的摸索和尝试，漫步者在寻求代理商的过程中形成了自己独特的风格。虽然国内很多厂家也有海外的代理商，但漫步者对代理商的取舍之道与其他企业完全不同。和国内企业去海外参展主要找订单的目的不同，漫步者到海外参展的唯一目的是寻找海外的代理商。很多代理商在展会上看到漫步者的自有品牌“Edifier”的产品那种代表着未来的独特设计和优质的工艺，都表现出合作的兴趣，但漫步者董事长并不马上答应对方的条件，而是记下对方的详细信息。接下来，漫步者派人到该国详细考察每个代理商的实际情况，最终通过综合评估选择一家代理商成为当地的独家代理商。漫步者选择独家代理商的标准比较苛刻，但一旦选定对方就会充分信任对方，更多地依靠独家代理商在当地的资源和关系来开拓本地渠道。

在对代理商进行严格甄别的同时，漫步者对自己的外派人员也有严格要求。其要求每个到海外的员工首先学会吃当地的饭菜，这是感受国外文化的第一步。漫步者董事长觉得只有充分尊重对方，善于倾听，站在对方的立场上想问题，才会激发他们的动力。例如，有些走量不大也不赚钱的产品，但当地有需求，漫步者还是会支持，这样的做法让当地的代理商很满意。为了保证代理商的利益，漫步者在一个国家和地区一般只设一家代理商。在一些市场消费能力巨大、幅员辽阔的地方，如北美市场，漫步者也会在同一国家设两家代理商。不过漫步者会对两家代理商提供不同的产品线。比如，让代理商A销售应用在电脑桌面的有源多媒体音响系统，而代理商B就只负责销售独立的、可以摆放在房间或客厅的悠闲系列音响。

除了发自内心地尊重对方，漫步者还给予对方更多的信任和空间。必须让每一级渠道都赚到应有的利润才可以维持渠道的稳定，这也是海外渠道的明显特征之一。漫步者在当地的市场可以卖到比较高的价格，而且可以被消费者接受，这样每一级渠道都可以赚到利润，渠道商才会更卖力地去卖漫步者的产品。如果企业妄图越过很多渠道直供终端，就会打破当地的渠道价值链，损害很多链条上的利益。漫步者是不会这样做的，其吸取了当年西班牙烧温州鞋城的教训。

虽然在全球铺开了这么大的一个摊子，漫步者对国际化一直都坚持自己的原则，该舍弃的渠道坚决舍弃。例如美国这个全球最大的音响市场令很多品牌垂涎，但美国是个一体化的市场，渠道被几个大的零售商垄断，像沃尔玛、百思买这样的巨头零售商往往会跟供货商签订非常苛刻的合同，一旦不能及时供货就要遭受巨额罚款，有些供货商甚至可以被罚款到倒闭。此外，供货商要能忍受3个月的账期，这是一般的中小供货商很难坚持的。看到中国台湾企业一浪一浪地倒在这些零售巨头面前，漫步者评估了自身的实力后决定放弃这些大的零售商，找到了像Ingram Micro这样与漫步者的条件和规模相匹配的零售商。但在欧洲、东南亚这样的多元化市场上，由于零售商比较分散，漫步者得以借助代理商的力量进入这些市场的主流渠道中，在欧洲的意大利、丹麦、法国甚至可以和顶尖的音响品牌放在一起展示。

漫步者构建了一个国际化的营销团队，让使用同样语言、具有同样文化背景和思维模式的本地招聘的营销人员在当地负责沟通。2006年漫步者引入一个国际销售团队，在中国香港成立国际销售中心，由英国人组建团队，招聘国际化的销售经理，负责除中国、美国、韩国和南美洲国家之外区域的市场推广、物流监控、渠道拓展等职能，以中国香港为中心直接操作全球各个地方的市场。用外国人拓展国际市场，这个经验是从日本人和韩国人身上学到的。在渠道管理、市场开拓和谈判中，海外人员具有天生的优势。漫步者用本地化的团队去运作当地市场，能够以尊重、学习、融合的态度去面对不同地域、不同文化背景、不同需求的全球用户，减少很多麻烦。漫步者董事长一年中起码有一半的时间在海外市场考察和出差。有一段时间，东南亚的代理商反馈，产品质量不稳定，容易出故障。于是董事长亲自到当地考察，参加当地人的聚会。经过调查发现，当地的消费者普遍喜欢把音箱开到失真的程度，声音很大，加上当地湿度大、温度高，对音箱的破坏程度很大。漫步者对出口东南亚的音箱进行重新设计，增加特殊的散热设计，抗损伤能力大大增强，产品推出后深受当地市场欢迎。漫步者以最合适的方式推出符合当地市场需求的产品，也是最优化的营销方式。

经过多年的海外市场开拓，漫步者已经在德国、英国、法国、意大利、美国、加拿大、日本、澳大利亚、俄罗斯、墨西哥等全球80多个国家和地区注册了国际商标“漫步者”“Edifier”。漫步者多款产品荣获多项国际荣誉，如“红点设计奖”（Red Dot Design Awards）、“IF产品设计奖”（IF Design Award）、“CES设计与工程创新奖”（CES Design and Engineering Award）、“日本工业设计协会优良设计奖”（JIDPO Good Design Award）等多项国际大奖，为中国品牌赢得国际声誉。2020年5月22日，漫步者获评艾媒金榜（iiMedia Ranking）发布的“2020Q1中国十大智能音箱品牌排行榜单”第10名。

资料来源　王朝辉. 国际市场营销案例集［M］. 北京：北京邮电大学出版社，2011.（有改编）

讨论：

（1）漫步者在国际市场建设与管理过程中有哪些特色和经验值得国内其他企业借鉴？

（2）为何漫步者在国际化进程中会跳过第一阶段（依靠目标市场进口商阶段）？

（3）讨论漫步者在国际市场营销中的驱动力与约束力。

［第二章］

国际市场营销环境

学习目标

◆ 重点掌握文化的构成要素、文化环境对国际市场营销活动的影响、国际经济环境的构成要素、绿色营销战略的内容；掌握霍夫斯泰德的文化类型理论、经济体制和经济发展阶段与国际营销的关系、政治和法律环境的构成要素、解决国际贸易争端的途径、各国自然环境与营销的关系；了解跨文化问题的解决方法、东道国法律对营销的影响以及减少政治风险的策略。

引　例

还敢小看小米手机？成功击败苹果和三星，问鼎“印度之王”

2014年，小米手机正式进入印度市场，当时小米还借排灯节打广告。在印度，排灯节是很神圣的节日，广告将小米与节日结合在一起，就像可口可乐喜欢将自己和圣诞节联系在一起。2020年小米将流行文化、印地语说唱歌手Baba Sehgal、小米全球副总裁兼印度总经理Manu Kumar Jain融合在一起，制作几段广告视频，视频与印度消费者形成了共鸣。最受欢迎的一段视频在YouTube获得600多万次点击量。在1个月的促销期间，小米卖出了900万台智能手机。在印度，小米一个季度的手机销量一般只有1 200万台。

一、成为第一名

到2020年小米只有10岁，但它已经在印度具有很强的影响力。小米在印度建厂，开了几千家零售店，努力研发印度人喜欢的手机和设备，甚至包括智能净水器。全球增长最快的市场就在印度，每天有30万新人加入智能手机用户群。小米连续3年成为印度最畅销的手机品牌。

10年前小米创建时，科技媒体称它是“中国苹果”。到今天，小米已成手机巨头，2019年营收达300亿美元，市值为784亿美元；印度营收占小米总营收的20%。小米品牌已经走出苹果阴影。2020年第三季度，小米全球手机出货量冲到第三位，暂时领先于苹果。

闯入印度标志着小米首次大举进攻国际市场。它在印度推行相同的“限时特卖”策略，4年之后便成为印度第一大手机制造商。小米与印度电商创业公司Flipkart合作，让它帮忙销售手机。2014年7月，第一批1万台MI 3手机只用了不到半小时就销售一空。就在同一个月月末，MI 3再次促销，5秒就卖光了；8月时再促销，2秒售罄。

2015年，风云突变，印度因为要推行“印度制造”战略，将手机进口关税增加1倍，达到12.5%。当时小米的供应链几乎全部放在中国。在关税的压力下，小米被迫调高印度手机售价，竞争力被削弱。为了寻求突破，小米与富士康合作在印度设立制造基地。新工厂生产的小米手机属于“印度制造”，可以避开关税。有了低价作保障，小米手机在印度的市场份额迅速攀升，从2015年的3.3%猛增到2016年的13.3%。小米比苹果提前5年将供应链转移到印度，直到2019年苹果才在印度制造iPhone。

二、零售店与物联网

在实体店方面，小米也比苹果走得更快。2017年小米在印度抛弃了“只有线上销售”的策略，当时它已经意识到夺取市场份额需要实体店。2017年小米获得许可，在印度设立自己的零售店。现在小米在印度有3 000多家品牌零售店。2019年，印度政府又推行新政策，外国企业如果想在印度设立自己的零售店，必须将制造的30%放在印度。苹果游说印度政府，希望改变规定，而小米迎合印度政府。2019年印度政府放宽要求，苹果于2020年在印度开设第一家专卖店。

小米专卖店销售手机，也展示其他设备，如联网设备。当你走进小米专卖店，你会看到电饭煲、电动平衡车、磅秤、机器人吸尘器等，所有这些产品组成一个联网智能设备生态系统，它们通过无线网络与小米手机相联结。2019年，小米物联网设备的营收已经达到95亿美元，同比增长41.7%，占公司总营收的30%。

在印度，小米将智能手机作为跳板，向智能电视、穿戴产品挺进。物联网产品的生命周期比智能手机长很多，可以帮助小米抵抗竞争对手，不让它们进入该市场。不过小米也有压力，它要不断开发新产品。2019年小米在印度推出新智能手表、智能灯、智能音箱，目的就是巩固根基。

但印度的反华态度给小米带来麻烦。流散在社交媒体上的“暴徒心理”威胁到公司的销售。在一些小米店铺内，可以看到窗上贴有“印度制造”标志，它试图告诉大家小米在印度建有供应链。

三星手机已经潮水般涌向印度，功能、价格都可以与小米一较高下。2020年前两个季度，三星手机在印度的份额增长10个百分点。到了第三季度，三星已经超越小米成为第一名，在此前的12个季度小米一直占据第一位。如果印度人不反华，如果三星没有扩充产品线，小米可以在印度手机市场拿下30%的份额，甚至更多。

资料来源　佚名. 小米加冕“印度之王”! 中国制造是如何让外国人顶礼膜拜的? [EB/OL]. (2020-12-07) [2021-01-04]. https://www.sohu.com/a/436758623_120873246.

第一节　国际社会文化环境

按照菲利普·科特勒的观点，营销环境（marketing environment）是指在营销活动之外，能够影响营销部门建立并保持与目标顾客良好关系的能力的各种因素和力量。[①]要适应环境就要了解环境。不同的社会和文化背景下，人们的生活方式、消费需求和购买行为会呈现出不同的特征，这必然会对企业的国际市场营销活动提出不同的要求。实际上，社会和文化环境的影响遍及国际市场营销的各个环节，因此，企业必须认真分析东道国的社会和文化环境，并在营销计划的制订和实施过程中充分考虑不同文化的差异。

一、社会文化的构成要素

（一）文化的含义与特征

文化是一种沟通体系，是生活方式的总和，提供了许多标准和规则，促进了社会成员的生存和发展。"人类学之父"爱德华·B.泰勒（Edward B. Tylor）指出，文化是一个包含知识、信仰、艺术、道德、法规、风俗习惯，以及人作为一个社会成员所必需的各种能力和习惯的综合的整体。依据泰勒的定义，"文化"这个术语可以分别用于一个民族、一个国家、一个年龄层次、一个职业阶层等不同层面。个人的文化行为总是受其所归属的文化群体的影响。各种具体的文化表现依不同层面而有所差异。如饮食习惯可能因国家而异，服饰习惯可能因职业而异，而性别角色可能因国家和社会阶层而异。[②]

文化源于错综复杂的社会关系，最终由群体成员内化为一定的形式。人类学家在文化的3种特性上达成了一致意见：

第一，文化源自后天的学习，而非天生。与先天的生理特征不同，文化是后天习得的。人们从小就从社会环境中获得了一系列的信念、价值观和风俗，也正是这些信念、价值观和风俗构成了人们的文化。

第二，文化是规范性的。文化主要是通过为个体设置规范，影响诸如家庭、大众媒体的功能而发挥作用。

第三，文化被某一个群体中的成员共享并且由此界定出该群体与其他群体之间的界限。[③]特殊的信念、价值观和风俗必须被社会中大部分成员所共享才能被认为是文化的特征，因此，文化常被看作社会成员联系在一起的群体习俗。由于文化具有共享性，因此，同一文化下的人们会具有相同的信念、价值观与生活方式。

（二）文化的构成要素

1.教育水平

一国教育水平的高低与其经济发展水平基本一致，而且直接影响一国的经济发展。从国际市场营销的角度看，受教育水平高低直接影响消费者的生活态度、购买行为特点、具体的消费方式、对商品的价值取向、对广告促销的反应等众多方面，因此教育水平是构成一个社会生活方式的决定因素。一国教育的发达程度可以用识字率、入学率等指标来衡量。

---

① 科特勒，阿姆斯特朗．市场营销原理［M］．郭国庆，等译．11版．北京：清华大学出版社，2007：62-63.

② 泰勒．原始文化——神话、哲学、宗教、语言、艺术和习俗发展之研究［M］．连树声，译．桂林：广西师范大学出版社，2005：11-15.

③ HALL E T. Beyond culture［M］. New York：Anchor Books，1977：16.

（1）识字率。传统上，“识字”是指读书和写字的能力水平达到可以沟通的能力。识字率是指一个国家当中，15岁以上“成年人”能读写文字的人的比率。目前，全球平均识字率在增加，但是世界上依然有不少失学的人口。各国识字率差别很大。识字率能反映出一个国家教育普及的程度，也可反映出一个国家的发展水平。此外，识字率的增加和国民义务教育的实施以及印刷术的普及等也有很大的关系。一般来说，经济愈发达的国家，识字率越高。在发展中国家，识字率呈现上升趋势，发达国家的识字率基本上保持稳定，但是近些年来，许多发达国家反倒开始出现识字率倒退的现象。按照联合国开发计划署公布的各个国家和地区的识字率，格鲁吉亚的识字率是100%，美国、日本、德国、法国等大部分发达国家的识字率是99%，而乍得、尼日尔等世界上最贫穷的国家，识字率不到30%。

（2）入学率。根据发达国家教育现代化进程的历史经验和联合国在近些年发布的《全球人类发展报告》中提出的教育指标，教育水平最重要的数量指标是“教育综合入学率”（指初等、中等和高等教育三级综合入学率）和“劳动年龄人口平均受教育年限”。从初等教育入学率的角度看，韩国、瑞典、英国、法国、加拿大、阿根廷、意大利、日本等国为100%；从大学入学率的角度看，美国、芬兰、新西兰、挪威、法国等国在50%以上，荷兰、韩国、俄罗斯、阿根廷、西班牙、丹麦、澳大利亚等国在40%~50%之间，其余发达国家都在30%以上。我国城乡免费九年义务教育全面实现，确保了所有义务教育阶段适龄儿童和少年都能有学上。义务教育普及巩固水平进一步提高。根据《2019年全国教育事业发展统计公报》，我国高等教育毛入学率由2016年的42.7%提高到2019年的51.6%，我国高等教育进入普及化阶段。

教育水平与国际市场营销活动有着极大的关联性。

（1）教育水平影响着人们的消费行为，决定当地消费者和用户对产品的不同需求。一般说来，在教育水平高的国家，市场需要的商品一般都具有先进、精密、复杂、多功能等方面的特点。而在教育水平低的国家，人们对产品质量要求较低，高技术、高性能的产品因缺乏一定的知识基础而难以掌握，因此市场需要的商品应具有操作使用简便、保养维修容易、功能单一等方面的特点。

（2）教育水平制约着国际市场营销活动的开展。受目标市场国教育水平的影响，最终的营销效果可能差别很大。一般来说，教育水平高低和市场营销水平成正比。一些教育发达国家的跨国公司，在教育水平落后的国家很难找到理想的代理商来经销自己的产品；在教育水平落后的国家搞市场调查时，问卷回收率、有效率常常较低。

（3）教育水平影响国际市场促销策略和方式。促销方式多种多样，但在教育水平低的国家进行商品促销时，一般不宜采用手册、传单等印刷品，因为文字形式比较抽象、深刻、概括，难以理解，易遭排斥和拒绝，而图像广告、电视、广播、现场演示等形式，因具有直观、形象、口授、包教包会等优点，比较易于接受，能够达到促进销售的目的。①

2.语言

语言是区分人与动物的重要特征，人们使用语言交流思想、解读环境。世界各国的语言非常复杂。使用人数超过5 000万的语言有汉语、英语、印地语、俄罗斯语、西班牙语、德语、日语、法语、马来语及印尼语、葡萄牙语、孟加拉语、意大利语和阿拉伯语。另

① 改编自：寇小萱，王永萍. 国际市场营销学［M］. 北京：首都经济贸易大学出版社，2002：106-107.

外，有些国家还使用几种语言文字，如加拿大有英、法两种语言，瑞士有3种语言，南美国家虽通行西班牙语，但土著语言有十几种。英语是世界最流行的商业文字。但法国、德国分别提倡使用法文和德文，以示民族尊严。日本商人不喜欢用日语草拟合同，因为日语太含混，不能精确地表达意思，他们宁可用英语草拟合同，因为英语词汇具有具体、确切的意义。

语言文字的差异对企业营销活动的影响很大。企业在开展市场营销尤其是国际市场营销时，应尽量了解市场国的文化背景，掌握其语言文字的差异，这样才能使营销活动顺利进行。语言与国际市场营销的关系主要表现在以下几个方面：①

（1）语言是国际市场上各国通商的钥匙。语言是国际市场营销中人们相互沟通的主要工具。通信联系、洽谈合同、产品介绍、广告宣传等都离不开语言。要想搞好国际营销必须灵活运用当地的语言。掌握当地语言不仅能表达思想、相互交往，而且使人感到一种亲切感，令营销活动容易进行。

（2）通过研究出口市场的语言来掌握目标市场国或地区的信息，有利于制定相应的营销对策。语言是一个国家或地区社会文化的缩影，是人们思想、观念的直接体现。因此，通过对当地语言的深入研究，可从中获得某些有价值的信息。例如，英语中描述商业和工业活动的词汇非常丰富，这说明英国商业和工业活动很发达；因纽特人的词汇不多，但描述雪的词汇有很多，达到12个。一般来说，只使用一种语言的国家，政治上统一，经济上稳定；使用多种语言的国家，政治上往往不统一，经济发展容易波动。由此可见，从一个国家所使用的语言及语言数目，可以了解到这个国家的政治、经济、自然等方面的重要信息。

（3）语言是产品的一个重要组成部分。任何一种产品都有品名、商标、内包装和外包装，也都必须附有最基本的产品说明，即通过一种或一种以上的语言对产品的品名、规格、性能（用途）、质量（成分）、操作规范、使用方法、注意事项等内容作必要的注释。显然，语言无疑是产品的一个完整的组成部分。为了更好地满足国外用户的要求，微软的各种产品定位于30多种语言。产品的品牌、市场推广等也都离不开语言。有些企业由于公司名称在国外的含义有问题而给企业造成损失。

3.宗教

宗教是文化的一个重要方面。世界有三大宗教，即基督教、伊斯兰教、佛教，其中基督教有3个分支：天主教、东正教、新教。它们为不同文化下共享信仰和行为奠定了基础，对国际市场营销的影响也不可低估。宗教信仰与社会价值观念的形成密切相关，对人们的生活习惯、生活态度、需求偏好及购物方式等都有重要影响。宗教与国际市场营销活动的联系是：

（1）宗教戒律和文化倾向影响人们的消费行为。在印度教徒的心目中，等级观念、家庭观念以及因循守旧观念等都是根深蒂固的。因此，他们对新产品接受慢，需要耐心宣传。佛教主张四大皆空，甘受清贫，人生充满苦难，只有皈依佛门，才能得到解脱，进入极乐世界。因此，在信奉佛教的国家销售高档消费品、奢侈品等必须小心翼翼。在天主教盛行的国家里进行营销活动，要把握教民绝对依从教会、传教士以及教物的特点，首先与

① 改编自：寇小萱，王永萍．国际市场营销学［M］．北京：首都经济贸易大学出版社，2002：108-109.

当地教会、传教士建立良好关系，取得他们的支持和信任，这样，其他消费者就会支持和信任企业及其产品，营销效果就可事半功倍。同时，对天主教的教会、传教士、教物等要特别尊重，产品设计、包装、广告等方面都不要与之冲突，若引起误会、民愤就注定要失败。基督教新教徒的伦理主张是努力工作、节俭、储蓄，认为工作是值得尊敬的，是一种美德。因此，他们的生活、消费不奢侈，选择商品讲究物美价廉、经久耐用。伊斯兰教的主要经典是《古兰经》，凡是《古兰经》未提到的事情，都有可能被教徒所放弃。伊斯兰教信徒禁食猪肉、禁饮酒，所以猪肉食品和烈性酒的制造厂商在开拓国际市场时，不能选择伊斯兰国家。①

（2）宗教节假日是最好的消费品销售时期。宗教节假日在各国之间变化很大，企业要注意把握推销产品的大好时机。圣诞节是信奉基督教国家的重要节日，在此期间，许多商品的销量会急剧上升。在东方，中国、朝鲜、越南等在春节前也习惯于大量购买各种商品。在中东国家，朝圣季节是消费品生意最好的时期，因为当地人习惯于在前往麦加朝拜时购买家庭用品或衣服等。

（3）宗教是国际市场细分的一个重要变量。宗教不仅把世界统一的大市场划分为若干细分市场，而且可能把一个国家分成好几个细分市场。国际营销人员必须根据各个细分市场的需求、禁忌和特点，在产品的制造、包装、设计、广告、销售等方面制定相应的营销策略，以满足各细分市场的不同需要。

4.风俗习惯

世界上不同国家的风俗习惯千差万别，甚至在同一个国家里，不同地区也有极不相同的习俗，从而对国际市场营销产生不同的影响。一个社会、一个民族的饮食起居、婚丧仪式、劳动分工、社团活动等都与人们的文化素质和传统习惯分不开，对其消费偏好、消费方式起着决定性的作用。

各国或地区的饮食习惯不同，相应地对一些商品的需求就不同。中国人做米饭、馒头一般用电饭煲、蒸锅等，而西方人制作主食主要用电烤箱、微波炉等。饮食习惯的差别，决定了购买商品的品种结构的不同。风俗习惯还可以体现在对事物的评价上。如中国人喜欢荷花，认为它出淤泥而不染，但日本人只是在丧事上使用它；希腊人和泰国人视黄色为吉祥色，而中东人视黄色为死亡之意。因此，不同文化背景、不同地区的消费需求、市场规模明显不同。企业在选择目标市场进行国际市场营销活动时，应注意这些差别，灵活调整营销策略和营销规划。

5.价值观念与态度

价值观念是人们对生活、工作和社会实践的一种评价标准，即区分客观事物的好与坏、对与错、美与丑、可行与不可行等的观念。

美国人类学家爱德华·豪尔（Edward T. Hall）提出了以高和低背景文化的概念来理解不同文化取向的方式。②低背景文化（low-context culture）是指信息的表达比较直接明确，语言是沟通中大部分信息的载体。高背景文化（high-context culture）是指一条信息的语言所包含的信息量低于低背景文化的语言所包含的信息量，大部分的信息隐含在沟通接

---

①　改编自：寇小萱，王永萍．国际市场营销学［M］．北京：首都经济贸易大学出版社，2002：110-111.

②　［1］HALL E T. Beyond culture［M］. New York：Anchor Books，1977.［2］HALL E T. How cultures collide［J］. Psychology Today，1976（7）：66-76，97.

触的过程中，涉及参与沟通人员的背景、所属社团及基本价值观。

高背景文化的代表地区是日本和中东等以“理”为重的地区。低背景文化的代表地区是以“法”为重的美国和北欧地区。高背景文化注重道德与集体利益，在该文化下的企业员工视企业为自家，集体利益高于个人利益；人与人之间的交往重视互相了解，讲信誉。正因为如此，在谈判桌上，他们很少会带律师，他们更看重对方的信誉度，谈判过程是为了让双方相互了解；这也使得他们喜欢与对方靠得很近。低背景文化与高背景文化相反，该文化下的人们只相信法律的作用，因此律师是他们必不可少的。更不要说口头承诺，他们认为只有书面的承诺才有法律效应。在谈判桌上，他们不会花时间在相互了解上，他们唯一做的就是尽快达成协议，时间就是金钱。高背景文化与低背景文化的主要区别见表2–1。

表2–1 **高背景文化与低背景文化的主要区别**

因素/度量尺度	高背景文化	低背景文化
律师	不太重要	非常重要
一个人的口头承诺	是信誉保证	不足以依赖，应“把它写下来”
个人对组织所犯错误的责任	取其最高水平	尽量降到最低水平
空间	人们之间保持很近的距离	人们希望始终保有私人空间，并厌恶受到侵犯
时间	多元时间观念——事物都有自己的时间规律	单一时间观念——时间就是金钱
谈判	冗长——主要目的是让各方相互了解	迅速
公开招标	不常有	常见
代表性的国家/地区	日本、中东	美国、北欧

资料来源 改编自：基根. 全球营销管理［M］. 段志蓉，钱君，译. 6版. 北京：清华大学出版社，2004：17–23.

另外，世界不同民族对客观事物的评价标准不同，人们的价值观念与态度有较大的差异。态度与价值观念差异的内容主要包括对时间、财富、冒险和新事物的态度，民族自尊心，对古老文化和现代文明的珍视态度等。

（1）人们对时间观念的态度。在发达国家，人们的生活节奏普遍较快，时间价值观念很强，守时是一种美德，也是必须做到的。这点在美国、日本及西欧等发达国家和地区表现得极为突出，所以其对节省劳动、时间的商品和服务的需求强烈，如邮购、网上购物、快餐、速溶咖啡、家务劳动社会化和机械化等。而在发展中国家，人们的时间观念通常较弱。

（2）人们对财富和物质享受的态度。有些地区的人们提倡“节俭观”，有的则推崇“享受观”；有的人喜欢张扬个人的财富，有的人则隐藏个人财富。提倡“节俭观”的人们对高消费商品和服务（包括信用消费）等会起抑制作用；崇尚“享受观”的人们会直接影响到新产品和新的消费潮流的更替速度、奢侈商品和高档名牌商品的销售规模等。

（3）人们对冒险和新事物的态度。各国和地区受其特定传统文化的影响，消费者对冒险和新事物的态度也有所不同。一些国家的人富有冒险精神，如美国人，他们对冒险性娱乐活动有大量需求，喜欢探险、蹦极、攀岩等玩乐活动，从而刺激了与冒险相关的产业的发展；同时，在消费观念上，对新产品和新的消费方式等好奇，敢于尝试。东方有些国家则相反，如印度，消费观念比较保守，对原使用的商品忠诚度很高，消费者很少会冒险放弃原使用的商品去尝试新的替代产品或新的品牌。西欧国家和地区也比较保守，如德国、英国等，对所使用品牌的感情一般很深厚、忠诚，对新的替代产品具有强烈的排斥心理，也不愿意去尝试使用。因此，新的替代产品或新升级的产品在不具备冒险精神的国家和地区很难打开市场。[①]

案例窗2-1

二、文化因素的分析方法

文化因素之所以是对全球营销者的一个挑战，是因为它们总隐藏于事物的背后。为了克服文化近视，了解文化差异的存在并将其与你自己的经验相结合非常重要。

（一）马斯洛需要层次理论[②]

马斯洛认为，人类价值体系存在两类不同的需要：一类是沿生物谱系上升方向逐渐变弱的本能或冲动，称低级需要或生理需要；一类是随生物进化而逐渐显现的潜能或需要，称高级需要。马斯洛假设人们的欲望可以归入5种相关能力需要的层次结构中，由低到高依次为：

（1）生理需要，是人类维持自身生存的最基本要求，包括饥、渴、衣、住、性等方面的需要。如果这些需要得不到满足，那么人类的生存就成问题。

（2）安全需要，是人类要求保障自身安全、摆脱事业失败和丧失财产的威胁、避免职业病的侵袭、接受监督等方面的需要。

（3）社交需要，包括两方面的内容：一是友爱需要，即人人都需要伙伴之间、同事之间的关系融洽或保持友谊和忠诚；二是归属需要，即人们都有一种归属于一个群体的感情，希望成为群体中的一员，并相互关心和照顾。

（4）尊重需要，是指人人都希望自己有稳定的社会地位，要求个人的能力和成就得到社会的承认。尊重需要得到满足，能使人对自己充满信心，对社会满腔热情，体验到自己生存的价值。

（5）自我实现需要，是最高层次的需要，是指实现个人理想、抱负，发挥个人能力到最大限度，完成与自己的能力相称的一切事情的需要。满足自我实现需要的途径是因人而异的。自我实现需要促使人努力发掘自己的潜力，成为自己所期望的人物。

---

① 改编自：寇小萱，王永萍．国际市场营销学［M］．北京：首都经济贸易大学出版社，2002：113-114.

② MASLOW A H. A theory of human motivation［M］//LEVITT H J，PONDY L R. Readings in managerial psychology. Chicago：University of Chicago Press，1964：6-24.

后来赫尔穆特·舒特根据亚洲地区的文化特点，发展出需要层次理论的亚洲改进版，模型最高的3个层次有所不同，强调在亚洲社会需要的复杂性与地位的重要性。①

（二）霍夫斯泰德的文化维度理论②

当代著名的心理学家、管理学家霍夫斯泰德（Geert Hofstede）教授发现，尽管IBM公司有深厚的企业文化，但其遍布世界各地的分支机构的员工的文化价值观差异很大。1968年和1972年，他在IBM员工中作了两次研究，调查了11.6万名员工，这是当时针对员工态度的最大规模的研究。霍夫斯泰德试图找出能够解释导致大范围内文化行为差异的因素。他从以下方面分析文化对组织的影响：

1.权力距离

权力距离（power distance）被用来判断权力在社会或组织中不平等分配的程度，其强弱是通过权力距离指数（power distance index，PDI）来衡量的。由于各国对权力赋予的意义不完全相同，所以权力距离指数也存在很大的差异。比如，美国对权力的看法跟阿拉伯国家的看法就存在很大的差异，美国人不是很看重权力，更注重个人能力的发挥；阿拉伯国家由于国家体制的关系，注重权力的约束，其政府部门或者企业都多多少少带有权力的色彩。

2.不确定性规避

不确定性规避（uncertainty avoidance）是指一个社会考虑自己利益时受到不确定性的事件和模棱两可的环境威胁的程度。其强弱是通过不确定性规避指数（uncertainty avoidance index，UAI）来衡量的。不同民族文化之间在不确定性规避倾向上有很大的不同，有的民族把生活中的不确定性视为大敌，千方百计加以避免，而有的民族采取坦然接受的态度，“是福不是祸，是祸躲不过”。

3.个人主义/集体主义

个人主义/集体主义是指社会关注个人利益还是集体利益。一个社会的个人主义/集体主义倾向是通过个人主义/集体主义指数（individualism index，IDI）来衡量的。该指数越大，说明社会的个人主义倾向越明显，如美国；反之，该指数越小，说明社会的集体主义倾向越明显，如亚洲大多数国家。

4.男性化/女性化

霍夫斯泰德把以社会性别角色的分工为基础的“男性化”倾向称为男性或男子气概所代表的维度，即指社会中两性的社会性别角色差别清楚，男人应表现得自信、坚强，注重物质成就，女人应表现得谦逊、温柔，关注生活质量；与此相对立的“女性化”倾向则被称为女性或女性气质所代表的维度，是指社会中两性的社会性别角色互相重叠，男人与女人都表现得谦逊、温柔，关注生活质量。

男性化/女性化倾向用男性化/女性化指数（masculinity dimension index，MDI）来衡量。该指数越大，说明社会的男性化倾向越明显，男性气质越突出（最典型的代表是日本）；反之，该指数越小，说明社会的男性化倾向越不明显，男性气质弱化，而女性气质

---

① SCHÜTTE H. Asian culture and the glogal consumer [J]. Financial Times-Mastering Marketing：Part Ⅱ，1998（21）：2.

② HOFSTEDE G，BOND M H. The confucius connection：from cultural roots to economic growth [J]. Organizational Dynamics，1988，16（4）：5-21.

突出。

瑞士是欧洲最为保守的国家之一，1971年妇女首次获得全国选举投票权，1984年产生第一位女性部长。2010年9月22日瑞士联邦议会就内阁改组举行投票。这次改组使得瑞士迎来历史上首次女性占多数的内阁，内阁中出现4位女性部长、3位男性部长。

三、跨文化问题与解决方法

跨文化问题一般主要是指文化偏见（culture prejudice）和文化冲突（culture shock），而跨文化问题产生的根源是文化差异。

（一）文化差异对跨文化营销的影响

1.文化差异为跨文化营销进入设置障碍

文化环境的差异造就了各地公众在语言文字、审美情趣、价值取向、思维方式、国民性格、道德习俗等方面的不同特点，因而也造成消费者需求导向和消费习惯不同。尽管企业知道其必须清楚地了解消费者需求，并且提供能够满足这些需求的产品，但是不同文化背景下的消费者有着截然不同的想法。需求的文化差异大大增加了跨文化营销进入的复杂性和难度。

跨文化沟通障碍不利于跨文化营销进入。沟通包括与企业外部群体、企业内部营销组织的沟通。企业在进行跨文化营销时，要与具有不同文化背景的消费者、分销商、媒体、政府部门等群体保持良好的关系，而良好关系是建立在有效沟通的基础上的。

2.从文化差异中获得跨文化营销进入的竞争优势

一个真正的跨文化营销企业，应该能够利用并且明确估计出文化多样性的价值，而不仅仅是包容这种多样性。文化差异既是跨文化营销进入的障碍，也是竞争优势的源泉。

（1）文化差异有利于公司对市场进行细分。通过文化间的仔细比较，营销人员能够识别地方市场上的文化偏好，更准确地开发和提供与之相适应的产品，满足更多的需求，从而增强企业对市场的应变能力。例如，坎贝尔汤制品（Campbell Soup）公司根据独特的文化、种族品味及偏好，将美国分为22个不同的市场；该公司根据其研究，已经创立了特别的品牌来满足特定地区的需要。

（2）文化差异使公司营销人员的结构更丰富。文化差异促使公司从不同国家或地区、不同文化中聘用员工，充实当地公司的营销机构。公司之间的竞争最终是公司文化和人才的竞争。聘用熟悉目标市场文化的人才，有助于企业准确识别当地市场的需求，理顺地方市场的营销渠道，提高公众对企业的认同感。公司内来自不同文化背景的人相互沟通、比较，能够促使地方营销人员对本地市场有更深入的认识。

（3）文化差异有助于营销创新。

第一，将公司原有的营销文化与当地市场文化相结合，是跨文化营销的一个基本要求，也是一种营销创新。比如，在美国麦当劳只是快餐而已，而在中国，尽管汉堡是快餐食品的基本特性没有改变，但其畅销的原因在很大程度上是因为部分人将它当作了“美食”。

第二，在一种文化环境下的成功营销也会给在另一种文化环境下的经营提供许多启示。

第三，多样性的文化环境本质上要求减少营销的一致性，要求具体问题具体分析，促使企业不断创新。

（二）跨文化问题的解决方法

1.树立正确的文化差异态度

文化差异源于文化产生的背景和历史，有其必然性和合理性，对其我们应以互相尊重为前提。文化差异是区分不同民族、国家的主要标志。不同文化都有各自的优势和不足，跨文化营销人员要勇于正视文化差异，采取客观的态度认知、理解、接受和尊敬他人的文化和文化差异，尽可能地发挥不同文化的优势。

2.培养文化适应能力

文化适应简单来讲就是人们常说的“入乡随俗”。观察其他国家人们的行事方式并使企业与之协调、适应的过程就是文化适应。要实现有效的跨文化营销，就应该学习共享文化，并很好地了解东道国的文化背景。

3.加强跨文化管理能力

企业国际市场营销的成功很大程度上取决于跨文化管理能力的加强。跨文化管理实质上就是本土化营销，善于把当地文化理念融于营销管理中，使企业跨国经营的资源整合、产品创新、品牌创立、市场营销等方面更加符合本土化。通过跨文化管理，达到相互间的沟通和互融，消除文化障碍，在跨文化背景、地域下进行成功营销。

4.充分认识跨文化消费者的特征

跨文化消费者的特征体现在以下方面：（1）消费者的文化背景呈现多元化；（2）文化的碰撞和融合改变消费者的消费行为；（3）传统文化深层次控制消费意识等。文化差异导致不同的消费态度和消费行为，充分认识跨文化消费者的特征是跨文化营销取胜的基础。在跨文化营销中，需要满足不同文化背景消费者的需求，迎合和适应当地文化背景，进行本土化营销，具体来说要做到产品本土化、定价本土化、分销渠道本土化及促销本土化。

5.培养高素质的跨文化营销人员

通过跨文化管理培训，培养一批高素质的跨文化营销人员。跨国营销中，企业在东道国的文化环境中要面临两种不同的适应策略：一是被人改变——追随文化策略；二是改变人——创新文化策略。比较友好的策略当数第一种，使企业的跨国营销成为东道国的“本土化营销”。在这一过程中，最重要的环节是学习，即对东道国文化的学习。跨文化管理培训就是让营销人员对东道国的民族文化加深认识和了解，进行敏感性训练、语言学习、跨文化沟通及冲突处理、地区环境模拟等培训。这样可以减少国际市场营销人员可能遇到的文化冲突，维持企业良好的人际关系，保障有效沟通，实现更好的营销效果。

第二节　国际经济与技术环境

一国的经济和技术水平决定了该国的市场规模和消费水平，也在很大程度上决定了企业在该国的营销战略和方式。深入了解和掌握东道国与国际经济和技术的发展现状和趋势，对制定企业的生产和营销战略有着至关重要的作用。

一、国际经济环境

经济环境（economic environment）是企业在进行国际市场营销活动中，确定目标市场和制定营销决策首先要考虑的因素，也是影响企业不同国际市场营销决策的最重要因素。国际市场营销的经济环境包括两个层次：

其一，世界经济环境，主要是指国际贸易体系（贸易方向、商品结构、国际收支、贸易政策、区域性经济和贸易联盟）和国际金融体系（汇率、国际金融机构、国际支付制度和储备体系等）；

其二，国别经济环境，主要是指各国的市场规模和经济特性。

总的来说，经济环境可以从以下几个方面来进行分析：

（一）经济体制

经济体制是指在一定区域（通常为一个国家）内制定并执行经济决策的各种机制的总和，通常是一国国民经济的管理制度及运行方式，是一定经济制度下国家组织生产、流通和分配的具体形式或者一个国家经济制度的具体形式。不同经济体制下，社会资源的配置方式是不同的。目前，世界上存在以下几种经济体制：

1.计划经济体制

计划经济体制是指对生产、资源分配以及产品消费事先进行计划的经济体制。由于几乎所有的计划经济体制都依赖指令性计划，因此计划经济也被称为指令性经济。

在计划经济体制下，生产资料和土地完全归国家所有。土地、工厂、银行等都是国家的，甚至个人本身也没有什么自主权，一切由国家安排。计划经济基本上是生产经济，贸易处在无足轻重的地位。我国从20世纪90年代初开始逐步从计划经济体制走向社会主义市场经济体制。目前，世界上仍实行计划经济体制的国家有朝鲜等。

2.市场经济体制

市场经济体制是一种经济体系，在这种体系下产品和服务的生产及销售完全由自由市场的自由价格机制所引导，而不是像计划经济体制下那样由国家来引导。世界上的市场经济体制是多样化的，但共同特点都是通过市场来配置资源。美国、日本和西欧国家是市场配置资源的代表国家。

美国市场经济模式的主要特征是：

（1）具有强大的垄断资本，包括遍布全世界的实力雄厚的跨国公司、高度发达的现代化生产力；

（2）多功能的国家机器对市场实行经济干预；

（3）市场调节与国家干预相结合，是垄断主导型的现代市场经济体制。

日本实行以自由市场制度为基础、充分发挥政府作用的政府主导型市场经济体制。这种体制也主张充分自由地竞争，但又总是处在政府和大公司的专制结构指导之下。一方面，市场竞争是充分的，市场机制是完善的；另一方面，政府的力量是十分强大的，政府通过计划、产业政策、发展战略等各种手段，强有力地引导市场机制的运作方向。这种模式又被称为亚洲模式或东方模式。

3.混合经济体制

在混合经济体制下，产品和服务的生产及销售既有市场因素又有计划因素。第二次世界大战后，西方工业化国家在资源配置上已放弃了单一市场手段，而是计划手段与市场手段并用。

实际上，现实中并不存在完全的市场经济和完全的计划经济。所有的市场经济都有计划成分，而所有的计划经济也都可以看到市场的影子。以市场化程度较高的美国为例，尽管大多数经济决策都由市场机制进行，但是政府在监管市场运行方面仍然扮演着重要的角色。

（二）经济发展阶段

一国的经济发展阶段影响着该国对外国经营活动的态度、对商品的需求、分销体系，以及整个营销过程。经济发展提出了两个方面的挑战：其一，为了深切了解发展中国家内部的经济气候，必须对这些国家经济发展的总体情况进行研究。其二，应当从市场潜力的角度研究经济发展状况，包括现行经济发展水平和经济增长潜力。经济发展的现有水平决定了市场潜力的性质和大小，而对一国经济的动态了解有助于营销者对经济形势的变化及新兴市场的出现做好准备。经济发展阶段的划分存在多种方法，下面主要介绍美国著名发展经济学家罗斯托的划分方法和联合国的划分方法。

1.罗斯托的经济发展六阶段模型

罗斯托（Walt Whitman Rostow）在1960年出版了《经济成长的阶段》，提出世界各国经济发展要经历5个阶段，1971年他在《政治和成长阶段》中增加了第六阶段。

（1）传统社会阶段。传统社会是在生产功能有限的情况下发展起来的，是围绕生存而展开的经济，而且通常是封闭或者孤立的经济，生产活动中采用的技术是牛顿时代以前的技术，看待物质世界的方式也是牛顿时代以前的方式，社会似乎对现代化毫无兴趣。非洲撒哈拉沙漠地区的一些国家至今还处在这一发展阶段。

（2）准备起飞阶段。这一阶段是摆脱贫穷落后走向繁荣富强的准备阶段，它的特征是社会开始考虑经济改革的问题，希望通过现代化来增强国力并改善人民的生活。这一阶段的一个重要任务是经济体制改革，为发展创造条件。这一阶段的主导产业通常是第一产业或者劳动密集型的制造业，要解决的关键难题是获得发展所需要的资金。

（3）起飞阶段。这是经济由落后阶段向先进阶段过渡的时期。罗斯托认为，经济起飞必须具备4个条件：

① 生产性投资率提高，占国民收入的比例提高到10%以上；

② 经济中出现一个或几个具有很高成长率的领先部门；

③ 发明和革新十分活跃，生产过程吸收了技术所蕴藏的力量；

④ 适宜的政治、社会以及文化风俗环境。

在起飞阶段，随着农业劳动生产率的提高，大量的劳动力从第一产业转移到制造业，外国投资明显增加，以一些快速成长的产业为基础，国家出现了若干区域性的增长极。起飞阶段完成的标志是国家在国际贸易中的比较优势从农产品出口转向了劳动密集型产品的出口，开始出口大量的服装、鞋、玩具、小工艺品和标准化的家电产品等。一些主要资本主义国家经历起飞阶段的时期如下：英国为1783—1802年，法国为1830—1860年，美国为1843—1860年，德国为1850—1873年，日本为1878—1900年。中国在1977—1987年实现了经济起飞。

（4）走向成熟阶段。在该阶段，一个社会已把现代化的技术有效地应用到了它的大部分产业之中。国家的产业以及出口的产品开始多样化，高附加值的出口产业不断增多，厂家和消费者热衷于新的技术和产品，投资的重点从劳动密集型产业转向了资本密集型产业，国民福利、交通和通信设施显著改善，经济增长惠及整个社会，企业开始向国外投资，一些经济增长极开始转变为技术创新极。几个主要的资本主义国家进入成熟阶段的时间如下：英国为1850年，美国为1900年，德国为1910年，日本为1940年。中国目前已经进入了这一发展阶段。

（5）大众消费阶段。在这一阶段，主要的经济部门从制造业转向服务业，奢侈品消费向上攀升，生产者和消费者都开始大量利用高技术的成果。人们在休闲、教育、保健、国家安全、社会保障项目上的花费增加，而且开始欢迎外国产品的进入。目前主要的发达国家都已进入这一发展阶段。

（6）超越大众消费阶段。罗斯托对超越大众消费阶段以后的社会并没有一个清晰的概念，不过他认为该阶段的主要目标是提高生活质量。随着这个阶段的到来，一些长期困扰社会的问题有望逐步得到解决。

罗斯托对经济发展水平与分销渠道中间的关系也作了研究，其结论是：经济发展阶段越高的国家，其分销渠道越复杂和广泛，专门商店、超级市场、百货公司等十分发达，乡间的商店数目也迅速增加；进口代理商的地位随着经济发展水平的提高而下降；制造商、批发商与零售商等的职能随经济发展水平的提高而逐渐独立，不再由某一分销渠道中的成员单独承担；批发商的职能随经济发展水平的提高而增加；小型商店数目随经济发展水平的提高而下降，商店的平均规模在扩大；零售商的加成随经济发展水平的提高而上升。

2.联合国的三类国家划分方法

联合国按人均国民总收入划分一个国家所处的经济发展阶段。这种方法把国家划分为低收入国家、中等收入国家和高收入国家（如表2-2所示）。

表2-2 **不同国家所处的经济发展水平**

人均国民总收入分组		划分标准
低收入国家		1 035美元及以下
中等收入国家	中等偏下收入国家	1 036~4 085美元
	中等偏上收入国家	4 086~12 615美元
高收入国家		12 616美元及以上

3.经济发展阶段与企业的国际市场营销的关系①

一般而言，发展中国家的市场发育程度较低，非货币化的生产活动所占比重较大；处于经济起飞阶段的发展中国家往往走工业化道路，第二产业发展迅速，第三产业也逐渐得到孕育、发展；发达国家以第三产业为主，物质产业大量转移到海外，产业“空心化”明

① 改编自：寇小萱，王永萍. 国际市场营销学［M］. 北京：首都经济贸易大学出版社，2002：72.

显。此外，农村人口与城市人口比重的进一步变化和教育水平的提高也体现出一国从不发达向发达转变的进程。这一切无疑也对市场产生深刻的影响。总之，一个国家的经济发展所处的阶段不同，居民收入水平明显不同，消费者对产品的需求也就不一样，因此会直接或间接地影响到企业的国际市场营销活动。

从市场分销制度看，经济发展水平高的国家，其市场分销制度偏重大规模的自助性零售业，如超级市场及购物中心等；经济发展水平低的国家，其市场仍着重于家庭式及小规模经营的零售业。

从消费品市场看，经济发展水平高的国家，在市场营销方面强调产品的款式、性能及特色；强调运用大量广告及销售推广活动；品质竞争多于价格竞争。而经济发展水平低的国家则较侧重产品的功能及实用性；产品推广着重于顾客的口头传播介绍；价格因素比产品品质因素更为重要。

从工业品市场看，在经济发展水平高的国家，一般劳动者的教育水平与技术水平较高，复杂的机器维修工作比较容易进行，着重于投资较大而且能大量节省劳动力的生产设备。在经济发展水平低的国家，生产设备应偏重多用劳动力而节省资金，以符合该国劳动力对资本的合理比率，因此，经济发展水平低的国家往往会变成经济发展阶段较高的国家旧设备与机器的输出市场。

从产品的生命周期看，由于收入与技术的差别，某些消费品在发达国家的市场上早已大量推销，产品的生命周期已经进入成熟阶段，市场也接近饱和；在发展中国家的市场上却处于初期推销阶段，可能刚进入成长期，如轿车、空调等。经济发展水平不同，各国市场上同种产品所处的生命周期的阶段也不可能相同。

（三）人口分布

1. 人口总量和增长率

《2019年世界人口展望》报告指出，全球人口预计从2019年的77亿增加至2050年的97亿；到21世纪末，全球人口将达到110亿左右；但与此同时全球人口增长率持续下降。

人口数量同一国的国民收入一样，是决定市场容量的重要因素。在人均国民收入相同的情况下，一国的人口越多，市场就越大。世界上大部分商品的需求都是与人口数量直接相关的，如食品、药品、服装、交通工具等。2020年，中国内地有14.0005亿人口，不包括中国香港、澳门和台湾地区的人口。目前世界上有200多个国家和地区，其中人口1亿以上的有13个国家：中国、印度、美国、印度尼西亚、巴西、巴基斯坦、尼日利亚、孟加拉国、俄罗斯、日本、墨西哥、埃塞俄比亚和菲律宾。

2. 人口密度和地理分布

人口密度是反映人口分布状况的重要指标。人口的地理分布往往不均匀，各区域的人口密度不一。人口密度越大，意味着该地区人口越稠密、市场需求越集中。企业在国外生产和销售商品，必须考虑到东道国人口的密度和地理分布，因为人口密度和地理分布直接影响企业的厂址选择、土地使用、仓储方式和营销手段等。

一般把人口密度分为几个等级：第一级为人口密集区（大于100人/平方千米）；第二级为人口中等区（25~100人/平方千米）；第三级为人口稀少区（1~24人/平方千米）；第四

级为人口极稀区（小于1人/平方千米）。各大洲人口密度高的区域为：亚洲的日本、朝鲜、中国东部、中南半岛、南亚次大陆、伊拉克南部、黎巴嫩、以色列、土耳其沿海地带；非洲的尼罗河下游，非洲西北、西南以及几内亚湾的沿海地区；欧洲除北欧与俄罗斯的欧洲部分的东部地区以外；美洲的美国东北部、巴西东南部，以及阿根廷和乌拉圭之间的拉普拉塔河口地区。人口密集区的总面积约占世界陆地的1/6，而人口占世界总人口的4/6。这些人口密集的地区也是世界工农业比较发达的地区。

从营销的角度讲，一般来说，人口密集区的市场集中，容易促销，市场效益就相对较好；否则，效益就较差。但在人口密度过大的城市，交通又极为拥挤。人口密度影响着人们的消费和其他生活方式。日本人口密度大，因而人们的住房一般都比较小，家具和家用电器等的尺寸也较小。美国过去制造的汽车较大，除了美国人一般身材高大和当时汽油价格便宜等原因，土地广袤、道路宽阔、停车场地充裕等也是美国人生产大体积汽车的重要原因。

3.人口结构

人口结构往往决定市场产品结构、消费结构和产品需求类型。人口结构主要包括年龄结构、性别结构、家庭结构和受教育程度，它们是最终购买行为的重要影响因素。

（1）年龄结构。

人口结构首先表现为不同年龄人口的比例，即人口年龄结构。不同的年龄层次对商品有不同的需求，从而形成了儿童市场、青年人市场和老年人市场等。人类群体划分为三大年龄组：0~14岁（幼年和少年）、15~64岁（青壮年）和65岁及以上（老年）。

目前，世界人口年龄结构正出现一个明显的趋势，即人口老龄化（aging of population）。世界人口的平均寿命在延长，许多国家的人口趋于老龄化。国际上通常看法是，当一个国家或地区60岁及以上老年人占人口总数的10%，或65岁及以上老年人占人口总数的7%时，这个国家或地区的人口就处于老龄化状态。根据《2019年世界人口展望》，预计到2050年，全球65岁及以上老年人占比将从11%上升到16%。

适应这一市场需求的变化，企业可以在老年人食品、服装、保健品和健身器材、娱乐休闲用品和场所、社会服务机构和设施等方面发现新的市场机会。对以老年消费者为目标顾客群的企业来说，美国、瑞士等国是大有前途的市场。墨西哥的老年人很少，同样的老年产品在墨西哥的销售量就不会很高。

案例窗2-2

（2）性别结构。

人口性别结构是指男性人口和女性人口在总人口中所占的比重。其有两种表示方法：一是分别计算男性和女性人数在人口总数中的百分比；二是计算男性人数与女性人数的百分比。性别结构指标可按全体人口计算，也可按各年龄组人口计算。一般来说，在低年龄组人口中往往男性人口比例高，在高年龄组人口中往往女性人口比例高。

男性和女性在生理、心理和社会角色上的差异决定了他们不同的消费内容和特点。一些产品有明显的性别属性，只为男性或女性专用。男女不同的性别心理和社会角色对消费行为有直接影响。企业可以针对不同性别的不同需求，生产适销对路的产品，制定有效的营销策略，开发更大的市场。

(3) 家庭结构。

家庭是社会的细胞，也是某些商品的基本消费单位，如住房、家具、电视机和厨房用品等的消费数量就和家庭单位的数量密切相关。一个国家或地区家庭单位的数量、家庭成员平均数量、家庭成员结构和家庭决策方式，对市场需求的影响很大。目前，家庭规模缩小已经是世界趋势。家庭规模小型化，一方面导致家庭总户数增加，进而引起对家庭用品总需求的增加；另一方面意味着家庭结构简单化，从而引起家庭需求结构的变化，如单人户、双人户、三人户和四人户的增加使这些家庭对产品本身的规格和结构有不同于多世同堂的大家庭的要求。营销者应在产品设计、包装和促销上作出相应的调整。

二、国际技术环境

国际技术环境是指跨国企业所处的社会环境中的科技要素及与该要素直接相关的各种社会现象的集合。企业的科技环境大体包括以下基本要素：社会科技水平、社会科技力量、国家科技体制、国家科技政策和法规。

技术的发展对社会进步、经济增长和人类社会生活方式的变革都起着巨大的推动作用。现代技术是社会生产力中最活跃的决定性因素，它作为重要的营销环境因素，不仅直接影响企业内部的生产和经营，而且同时与其他环境因素相互依赖、作用，影响企业的营销活动。

（一）传统技术发展对国际市场营销的影响

科学技术的发展对某些企业可能是有利的，而对另一些企业可能是不利的，对企业国际市场营销的影响是一把“双刃剑”，是一种“创造性的破坏”力量。企业要密切关注与本企业的产品有关的科学技术的现有水平、发展趋势及发展速度，对新材料、新工艺、新设备等，必须随时跟踪掌握，同时要特别重视现代管理思想、管理方法、管理技术等。

(1) 技术的发展直接影响企业的国际市场营销活动。在现代，提高生产率主要依靠设备的技术开发（包括原有设备的革新、改装，以及设计、研制效率更高的现代化设备），创造新的生产工艺、生产流程。同时，技术开发扩大了劳动对象的利用广度和深度，不断创造新的原材料和能源。这些不可避免地影响到企业的管理程序和市场营销活动。技术既为市场营销提供了科学理论和方法，又为市场营销提供了物质手段。

(2) 技术的发展和应用影响企业的国际市场营销决策。技术的发展使得每天都有新品种、新款式、新功能、新材料的商品在市场上推出，因此，技术进步所产生的效果，往往借助消费者和市场环境的变化而间接影响企业市场营销活动的组织。营销人员在进行决策时，必须考虑技术环境带来的影响。

(3) 技术的发明和应用可以造就国际上一些新的行业、市场，同时使一些旧的行业与市场走向衰落。太阳能、核能等技术的发明应用使传统的水力和火力发电受到冲击。太阳能、核能行业的兴起给掌握这些技术的企业带来新的机会，又给水力、火力发电行业带来较大的威胁。晶体管影响了真空管产业，静电复印影响了铅印业，汽车影响了铁路产业，高密光盘影响了卡式磁带。

(4) 技术的发展使产品更新换代速度加快，国际产品的市场寿命缩短。今天，技术突飞猛进，新工艺、新材料等不断涌现，刚刚炙手可热的技术和产品转瞬间已被替代。这种情况要求企业不断进行技术革新，赶上技术进步的浪潮；否则，企业的产品跟不上更新换代的步伐，跟不上技术发展和消费需求的变化，会被市场无情淘汰。

(5) 技术的进步使世界上人们的生活方式、消费模式和消费需求结构发生深刻的变化。一种新技术的应用必然导致新的产业部门和市场出现，使消费对象的品种不断增加、范围不断扩大，消费结构发生变化。例如，由于汽车工业的迅速发展，美国成了一个“装在车轮上的国家”，现代美国人的生活方式无时无刻不依赖汽车。所以，企业在组织市场营销时，必须深刻认识和把握技术发展引起的社会生活和消费的变化，看准营销机会，积极采取行动，并且尽量避免技术发展给企业造成的威胁。

(6) 技术的发展为提高国际市场营销效率提供了更新、更好的物质条件。

首先，技术的发展为企业提高营销效率提供了物质条件。例如，新的交通运输工具的发明使运输效率大大提高；信息、通信设备的改善更便于企业组织营销。现代商业中自动售货、邮购、电话订货、电视购物、网络购物等方式的发展，既满足了消费者需求，又使企业的营销效率更高。

其次，技术的发展可使促销措施更有效。例如，广播、电视、传真、网络等现代信息技术的发展，可使企业的商品和服务信息及时、准确地传送到全国乃至世界各地，有利于世界各国消费者了解这方面的信息，并起到刺激消费、促进销售的作用。

最后，现代计算技术和手段的发明运用，可使企业及时对消费者需求及其动向进行有效的了解，从而使企业营销活动更加切合消费者的实际需求。技术的发展推动消费者需求向高档次、多样化方向变化，消费内容更加纷繁复杂。

（二）信息技术发展对国际市场营销的影响

20世纪90年代后，新技术革命具有的低成本、即时性、跨地域性、互动性以及多媒体等特性，一方面对传统产业的商业活动产生重大的变革，另一方面促使网络营销、通信产业或其他e时代活动愈来愈普及。全年无休、不受地域和国界限制的网络市场，更是为买卖双方创造了可观的商机。

互联网的迅猛发展为信息双向传递的实现提供了技术支持，使点对点的信息沟通成为现实，并提供了丰富的市场调研工具：网上调查、电子公告板、远距离数据检索、广告效果测试、消费者识别系统等。

在此条件下，消费者可以不去传统的有形市场如商场、超市，而是通过网络完成发出求购信息、搜集相关信息、分析比较、购买决策、购买行动、购后评价等整个购买过程，由信息的消费者转变为信息的积极提供者，主动促成交易的实现，在一定程度上扮演了营销者的角色。这一角色转变促进了制造商与消费者的双向沟通，制造商可通过互联网获知消费者的偏好，更好地实现营销的最终目标——满足消费者需求。美国通用汽车公司就提供了一个很好的例证。该公司从“土星计划”开始，让用户“自己组装”汽车，即用户通过互联网将所选汽车的款式、颜色、发动机排量、变速器、座椅面料及颜色、玻璃、音响和其他配置输入公司信息中心，由电脑对信息进行处理，并控制汽车生产线，使同一生产线源源不断地生产出不同颜色、式样、排气量的汽车，既提高了生产率，降低了成本，又满足了消费者的个性化需求。

案例窗 2-3

第三节　国际政治与法律环境

政治与法律是影响企业市场营销活动的重要的宏观环境因素。政治因素像一只有形之手，调节着企业市场营销活动的方向，法律则为企业规定商贸活动的行为准则。政治与法律相互联系，共同对企业的市场营销活动发挥作用。

一、国际政治环境

国际政治环境是指东道国的政治体制、对重大国际问题的政治立场、政局的稳定性、政策与法规的连续性等因素。任何公司，不论大小，也不论是国内的还是跨国的，在经营中都不可能不考虑其经营所在国或地区的政治环境的影响。政治环境是企业在国际市场营销中面临的一个重要而复杂的问题。企业必须对政治环境中的各种因素给予足够的重视。

国际政治环境的构成要素主要包括以下几个方面：

（一）国家主权

国家主权既指在国际关系中一国所行使的权力，也指其对自己国民所行使的至高无上的权力。国家的主权是国际关系中的一个基本原则，是跨国公司所处政治环境的重要组成部分。

主权国家是独立的，且不受任何外来控制；它与其他国家享有完全平等的法律地位；它统治自己的国土，选择自己的政治、经济与社会制度；它有权与其他国家签订协议。主权国家规定公民的权利与义务，确定地理疆界，并控制贸易以及人员与货物的跨境流动。另外，即使在境外，公民也应遵守本国的法律。国际经营中的许多冲突就是由一国法律的作用延伸至国外而造成的。如果另一国家因此认为其主权受到损害，情形便尤为如此。

世界上共有主权国家190多个、地区30多个。为了与其他国家和平共处，一国确实也能够对主权的某些具体方面作出让步。例如，加入欧盟、北美自由贸易区的国家，为了与成员方一起争取共同互利的目标，自愿放弃本国的一些权利。

跨国公司必须关心母国、东道国及产品原产地所在国之间的关系。跨国公司理想的政治气候应该是一个稳定友好的政府。遗憾的是，政府并非总是友好、稳定的；即使一时友好、稳定，也不会永远不变。一旦一国政府的态度与目标发生改变，就会产生风险，而这种改变可能由某个或多个事件引起。

（二）国际关系

国际关系是指国家之间的政治、经济、文化和军事等关系。发展国际经济合作和贸易关系是人类社会发展的必然趋势，企业在其生产经营过程中，都可能或多或少地与其他国家发生往来，开展国际市场营销的企业更是如此。因此，国家间的关系也就必然影响企业的市场营销活动。这种国际关系主要包括两个方面的内容：

1.企业所在国与营销对象国之间的关系

例如，中国在国外经营的企业要受到市场国对中国外交政策的影响。如果该国与我国的关系良好，则对企业在该国经营有利；反之，中国的企业就会遭到不利的对待，甚至受攻击或抵制。

2.国际企业的营销对象国与其他国家之间的关系

国际企业的市场营销活动要受到市场国与其他国家关系的影响。例如，中国与伊拉克很早就有贸易往来，后者曾是我国钟表和精密仪器的较大客户；海湾战争后，由于联合国对伊拉克的经济制裁，我国企业不能与其进行很多贸易往来。

（三）政府对外商投资的态度

由于一国政府用以实现国家目标的方针不同，对外商投资的基本政策和态度有很大差别。各国对国际投资和国际贸易的态度，因各国的经济发展水平等具体情况不同而各异，具体表现为鼓励、限制和禁止等。

1.鼓励

在一些国家政府的有关政策中，鼓励外商投资者的政策与措施是其重要的组成部分。鼓励外商投资的最重要的原因是它能加速一国经济的发展。鼓励外商投资的手法主要有减免企业所得税、免征进口所得税、出口退税、限制进口、允许资本和利润转移等。墨西哥多年来一直对外商投资给予鼓励，提供投资场所的便利和相关的服务，大量外资的涌进有力地促进了墨西哥的经济发展。印度放弃市场准入的先决条件以及放宽要求，以鼓励进一步的投资。我国于1986年颁布施行了《国务院关于鼓励外商投资的规定》，明确表明，国家鼓励外国企业和其他经济组织或者个人在中国境内举办中外合资经营企业、中外合作经营企业和外资企业，并对一些外商投资企业给予特别优惠。

2.限制

许多国家为了保护民族工业，对国际投资和国际贸易采取较严格的限制措施或规定，明令禁止或限制外国企业进入某些行业，或者只允许成立合资企业，而不能拥有或兼并东道国的企业等，如有线电视、通信、电气设备、广播电视、白酒零售，以及铁路、航运等政府直接管理的行业。为了保护欧洲的芯片生产商免受亚洲低成本芯片的竞争，欧洲各国纷纷制订了严格的计算机存储芯片底价的计算方案。一国政府对国际投资和国际贸易限制的手法主要有关税控制、价格控制、劳工问题、进口限制、外汇控制、行政干预等。

3.禁止

世界上仍有少数国家对外采取闭关锁国的封闭政策，倡导自力更生、独立自主，坚决不允许外国资本进入。整个世界经济相互依赖程度越来越高，韩国、新加坡等一些国家和地区的经济成功都与外国投资紧密相联，它们将外国投资看作经济增长的手段，这一点已十分明显。世界上一些国家以前限制或禁止外国投资，现在纷纷将外国投资者作为资本与技术的来源而努力争取。另外，它们开始对电信、电台、航空、银行及其他国有公司进行私有化改造。

（四）政治风险

政治风险是指从事国际市场营销的企业由于受东道国各种政治因素的影响而遭受损失的可能性。一般说来，一国的政治风险与经济发展程度成反比：国家越不发达，政治风险越高。政治风险产生的直接根源在于东道国政体的改变、社会动荡与混乱、政治上的独立、武装冲突与战争、国际政治同盟关系的形成等。一般说来，政治风险较低的国家比较受投资者的青睐。中国美国商会发布的2019年《中国商务环境调查报告》显示，2018年69%的受访企业在中国实现盈利，62%的企业仍视中国为全球首要或前三大投资目的地。

一般说来，政治风险主要包括以下方面：

1.国有化

国有化（nationalization）是指东道国通过制定一系列的政府法令逐步将外国投资归为国家控制、国家所有。当政府的态度、政策、经济计划或者它对外国投资在国家经济、社会目标中所起作用的看法发生变化时，政府会将现有的外国资产没收或征用。国有化是企业在国际市场营销中面临的最严重的政治风险。

国有化包括两种形式：（1）无偿国有化，即没收（confiscation）；（2）有偿国有化，即征用（expropriation）。征用的风险虽比不上没收，但也相当严重。征用要求政府对占有的投资作出一定的补偿，但并不像国际标准要求的那样“迅速、有效、适当”。据世界银行1981年统计，20世纪60和70年代，总计有22个国家的1 535家公司，在76个国家的511次行动中被征用。另外一项研究报告显示，1960年至1976年发生的国有化事件中，有49%发生在拉丁美洲，27%发生在阿拉伯国家，13%发生在非洲，亚洲也有11%。但是，近些年来，没收与征用的风险已大大降低，这是因为经验表明政府在接管后很少能成功地获得它所希望得到的利益。没收与征用不仅不能迅速促进经济的发展，反而造就效率低下、技术薄弱、在国际市场上缺乏竞争力的国有企业。

2.政治制裁

在全球商业贸易中，一个或几个国家也许会拒绝与另一个国家进行贸易往来，因而阻止这些国家之间的一切贸易，或者对特定商品的贸易实行制裁。例如美国长期拒绝与古巴和伊朗通商。对特定产品贸易的制裁则没有如此严厉，也常得到采用。

社会问题也可能成为限制与一国进行贸易的起因。一些国家曾经为了迫使南非废除种族隔离制度而拒绝与之通商；一旦种族隔离制度被废止，就撤销抵制，恢复贸易往来。但是在实行抵制期间，跨国公司被剥夺了在南非市场的经营权。

3.政策风险

跨国公司经常会在几乎没有任何警告的情况下遇到各种各样的政策风险。一国也许会为了保护本国的幼稚工业、储存短缺的外汇、增加财政收入、报复不公平的贸易行为、实行自给自足及许多其他真实的或假想的目的，而以维护国家安全为名义对经营活动实行限制。这些政策风险也是政治环境的主要部分，而且会不断出现。

（1）外汇管制，是指如果外汇短缺，政府可能会对那些政治上脆弱的公司的所有资本流动或有所选择地对其资本流动实行管理，以保存外汇。将盈利及投资兑换成自己国家的货币是一个外国投资者经常会碰到的问题；也可以使用多元化汇率体系对产品实行外汇管制，以调节某种必需品或奢侈品的贸易，其方法是对必需品采用最优（低）汇率，对奢侈品则采用不利的高汇率。由于许多国家对货币仍然实行管制，所以存在货币可兑换性问题。如果一国的经济遭受挫折或外汇储备出现严重问题，就会迅速对货币的兑换进行管理。

（2）贸易壁垒，是指对国际商品和服务贸易所设置的人为限制，主要是指一国对外国商品和服务进口所实行的各种限制措施。其一般分关税壁垒和非关税壁垒两类。就广义而言，凡是正常贸易受到阻碍、市场竞争机制作用受到干扰的各种人为措施，均属贸易壁垒的范畴，如进口税或起同等作用的其他税种，商品流通的各种数量限制，在生产者之间、购买者之间或使用者之间实行的各种歧视措施或做法（特别是关于价格或交易条件和运费方面），国家给予的各种补贴或强加的各种特殊负担，以及为划分市场范围或谋取额外利润而实行的各种限制性做法等。世界贸易组织所推行的关税自由化、商品贸易自由化与服务贸易壁垒消除措施，尽管在关税方面取得较大进展，在其他方面却收效甚微。某种形式的贸易壁垒削弱了，其他形式的贸易壁垒却加强了，各种新的贸易壁垒层出不穷。

（3）国产化率，是指产品必须使用本地生产的部件的比率。东道国为了促进本国产业发展，通过规定产品的国产化率来迫使人们购买本地产品。使用外国生产部件组装产品的公司常常会遇到这一限制。例如，泰国要求所有的奶制品使用当地奶的比例不能低于50%，而《北美自由贸易协定》要求来自其成员国的汽车的国产化率为62%。

（4）价格管制。东道国经常会对与公众有相当利害关系的基本产品如药品、食物、汽油及汽车实行价格管制。通货膨胀时期采用这一方法可以控制生活费用。但是价格管制也可能对本地经济产生副作用，使资本投资减慢甚至停止。

除了力求与东道国的社会、经济目标相协调以及努力做一个良好的企业公民外，跨国公司可以通过以下策略将政治脆弱性与政治风险降至最低程度：

（1）建立合资企业。与当地或某第三国的跨国公司合资办企业，是一种减少政治干扰的典型做法。在这两种情况下，公司的财务均不必全部公开。一家与当地合资的企业有助于使反跨国公司情绪降至最低。与另一跨国公司合资的企业则由于第三国的加入而增强了讨价还价的能力。

（2）扩大投资基础。数个投资者与银行一起参与在东道国的投资，这样做的优点是不管何时受到何种政府接管或干扰的威胁，都会有银行的力量加入。如果这些银行已贷款给东道国，那么这一策略尤其具有力量。因为如果政府以征用或其他形式的接管相威胁，参与投资、融资的银行便有足够的力量与东道国政府抗衡。

（3）控制市场销售。如果东道国征用跨国公司在东道国的分公司或子公司，一个有效的应对办法是控制产品在非东道国市场的销售，东道国会因此失去世界市场。事实已证明，这对从事开采业的跨国公司尤为有用，因为铁矿、铜等的世界市场对该领域中投资的成功至关重要。秘鲁发现，征用马尔科纳（Marcona）矿业公司后，国家便无法打入世界各地的市场，最后不得不在比原来所想远为不利的基础上与马尔科纳公司打交道。

（4）颁发许可证。有些厂商感到通过颁发许可证将技术有偿转让可以消除所有的风险。如果该技术独一无二且风险很高，这种许可证贸易将会非常有效。当然，颁发许可证也有一定的风险，因为许可证获得者可能虽继续使用该技术，但拒绝支付应付费用。

（5）有计划地本国化。以上讨论的策略可以有效地预先阻止完全接管或使其影响降至最低程度，但是如果东道国对投资实行本国化，那么最有效的长期解决方法就是自己有计划地本国化。这种做法并不为人乐于采用，但是如果由政府对投资实行本国化，那么其灾难性会不亚于对资产的没收。作为对可能发生的本国化的合理反应，有计划地本国化可能会对投资者有益且易于操作。实质上，这种策略是让东道国国民逐渐参与公司经营的各个环节。这一策略意味着投资的重要股权（甚至控制股权）最终会卖给东道国，也意味着公司应尽快使公司业务符合东道国的经济要求，并让东道国的管理人才参与公司经营。如果在企业投资早期非常重要的政府特许与鼓励在经济上已变得不再必不可少，那么企业的政治脆弱性就会大大降低。

二、国际法律环境

法律是国际市场营销环境中一个重要又复杂的因素。迄今为止，世界范围内还没有一个能够解决国际商事争端的统一的国际司法机构，也没有一个适用于解决一切争端的超国家的法律制度。因此，国际市场营销企业进入多少个国家，就要面临多少种不同的法律环境。不了解企业所面临的具体法律环境，不掌握目标市场国具体的法律内容和规定，国际市场营销活动就会面临很大的困难，甚至遭受巨大的损失。

国际市场营销的法律环境是由国际市场营销企业母国法律、国际经济法律和目标国法律相互作用而形成的（如图2-1所示）。

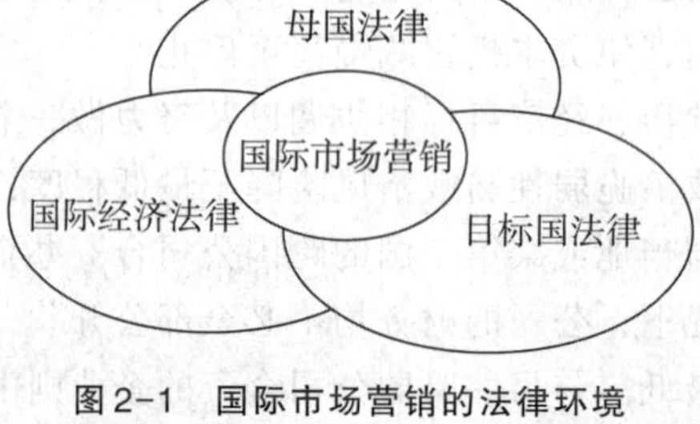

图2-1　国际市场营销的法律环境

（一）母国法律

许多国家为了保护国内市场，增加国内就业机会，以及更好地与国际惯例接轨，都制定了明确的法律规定，内容大体如下：

1.进出口立法管制

各国一般对进口管制（import control）较严，即通过国内立法，采取各种关税和非关税手段，限制外国产品进入本国市场。尤其是那些贸易收支逆差以及基础设施问题严重的国家，几乎所有的进口或者某些特定产品的进口都要受到关税、自愿限制协定或配额制的管制。有时，为了鼓励本国工业化的发展，一些国家会完全砍掉某种产品的进口。国际市场营销企业对此一般只能遵守和服从。

出口立法管制主要可分为市场、产品和价格方面：

（1）市场管制主要是限定产品出口的目标市场。例如，美国的《与敌对国贸易法案》规定，美国公司向海外市场销售时，目标市场国不得是其敌对国。

（2）产品管制从短期看主要是政府针对国内市场需求大的消费品和生产所需的原材料、中间产品等实行管制，以满足国内生活和生产方面的需求；从长期看，主要是管制那些被认为具有战略性或敏感性的产品出口，或国家稀缺的资源，如通信设备、宇航技术、武器等军用设备及其相关产品出口。此外，政府对一些古董文物、艺术品等也实行出口管制。在某些特定情况下，政府甚至会对一般生活必需品进行出口管制，即出于某些政治目的的所谓“经济制裁”。

（3）价格管制是对出口产品定价的约束。许多国家的政府要求企业将出口产品的价格上报备案或接受审批。如美国的国内收入局有权审查出口产品价格，并在跨国公司给国外子公司的出口产品定价方面拥有发言权。

2.技术进出口贸易立法管制

技术进出口贸易立法管制正日益引起各国的重视。许多国家特别是发展中国家，都设立专门机构对技术进出口贸易进行管理，并制定了有关技术转让的法律。发展中国家的企业从国外引进技术一般都受到较严格的法律管制。比如，一般货物交易只要双方签订合同即可生效，而技术进出口合同往往须经有关管理当局批准方能生效。这样做的目的是保证能够引进先进、适用的技术。

（1）对技术输出的立法管制，主要是管制技术输出的方向和技术本身的性质。例如，许多发达资本主义国家立法禁止高技术向社会主义国家输出。

（2）对输出技术性质的管制，主要是禁止出口那些对国家经济技术发展具有战略意义的技术，以及与国防安全有关的技术，对一般成熟技术的输出则采取鼓励措施。

3.投资立法管制

投资立法管制分为以下两个方面：

（1）资本输入法律制度，主要是确定外国在本国投资的范围和形式，外国投资者的权利与义务及法律地位，对外国投资的鼓励、保护、监督、限制等法律规范。资本输入的有关法律规范必然影响到与国外企业合作或合资经营的本国企业，如《中华人民共和国外商投资法》《国务院关于鼓励外商投资的规定》等。

（2）资本输出法律制度，主要是鼓励本国企业向海外投资，以及为保证其投资的安全与利益而采取的一系列政策措施和法律制度。其主要有：①投资鼓励，即从政策和具体措施上对本国海外投资者提供各种优惠和鼓励。②投资保证。政府针对本国海外投资者在国外可能遇到的政治风险提供保证或保险，海外投资者可向本国投资保险机构投保，一旦承保的政治风险发生，致使其遭受损失，可由国内保险机构补偿其损失。

参与国际市场营销活动的中国企业对母国法律环境的分析，首先是要了解本国对产品出口和国际市场营销方面的法律和法规，以指导和规范企业的跨国营销行为。

（二）国际经济法律

国际法是调整国家之间的关系并规定彼此权利和义务的原则和制度。国际法的主体，即权利和义务的承担者一般是国家，而不是个人。国际法的主要依据是国际条约、国际惯例、国际组织的决议，以及有关国际问题的判例等。这些条约或惯例可能适用于两国间的双边关系，也可能适用于许多国家间的多边关系。虽然国际上没有相当于各国立法机构的国际法制定和执行机构，也没有实际的法官去裁判国际法，但是国际法依然在国际商务中扮演了重要的角色。

目前世界上对国际市场营销活动影响较大的国际经济法主要有以下几方面：保护消费者利益的立法、保护生产者和销售者的立法、保护公平竞争的立法和调整国际经济贸易行为的立法。

1.国际私法

国际经济法的现状使得企业的国际市场营销面临着一个多重的法律环境。因为与企业国际市场营销有关的当事人分别居于不同的国家，而不同国家的有关法律又各不相同，一旦发生纠纷或争议，究竟按照哪个国家的法律作为判断是非或处理问题的依据，是一个困难的问题，即存在法律适用和司法管辖权的问题。在这种情况下，国际市场营销企业就要求助于国际私法。国际私法又称法律冲突法、法律适用法或国际民法，是调整涉外民事法律关系的规范的总称。一般来讲，目前国际上主要运用以下几种原则来确定国际商事争端的司法管辖权：

（1）属地管辖原则，是指除享有司法豁免权外，一国对该国领土范围内的一切人、物、法律行为都具有司法管辖权。

（2）属人管辖原则，是指根据当事人的国籍来确定管辖权，只要诉讼当事人一方具有某国国籍，该国的法院就可主张对诉讼案件具有管辖权。大陆法系的国家一般规定当事人国籍所属法即为属人法，这样当事人所属国籍的国家法律即为适用法律。

（3）协议管辖原则，又称约定管辖原则，是指双方当事人经过协商选定某一国的某一法院对该项争端具有管辖权，但这种双方协议必须在法律允许的范围内；各国法律明文规定属于专属管辖的案件，不在协议管辖之列。

（4）专属管辖原则，是指为了保护本国当事人的利益，维护本国的法律原则，一国主张它的法院对一定范围内的争议案件具有独占的管辖权，排除了他国法院对这类案件的管辖。

在大多数情况下，只要国际市场营销人员在合同中写明了有关司法管辖权的条款，就能在将来发生法律冲突时很容易地确定司法管辖权。但是，有时即使有专门条款规定司法管辖权，如果合同不是在该条款指定的国家内履行，有些国家的法院也会视条款为无效。因此，国际市场营销人员必须在合同草拟和签约前，对这一问题作深入、细致的研究，并采取相应的对策。

2.国际条约、公约或协定

国际条约、公约或协定一般是指两个或两个以上的主权国家为确定彼此间的经济、贸易关系所缔结的书面协议。签订了国际条约、公约或协定的国家，彼此间的贸易就要按有关条约、公约或协定进行。而企业的国际市场营销必须符合当事人所在国缔结或参加的有关国家或国际经济贸易组织所作出的有关国际经济问题的决议。

目前，世界上著名的有关国际货物买卖和交往的国际条约、公约或协定主要有以下几个方面：

（1）有关产品责任的立法，即保护消费者利益的立法，或称国际产品责任法。其主要是确定生产者和销售者对其生产或出售的产品所应承担的责任，以保护使用者的合法权益。在世界各国中，美国的产品责任法出现得比较早。第二次世界大战后，西欧一些国家也开始重视产品责任问题，并拟定了一些有关产品责任的国际公约，如1973年10月2日，在海牙国际私法会议上，为了统一各国关于产品责任的法律冲突规则而通过的《产品责任法律适用公约》，另有《关于人身伤亡产品责任的欧洲公约》《使成员国产品责任法互相接近的指示草案》等。

（2）有关保护工业产权的立法。这类立法又称保护生产者和销售者的立法，即工业产权法，主要包括专利法和商标法。其目的是确认专利与商标的所有人对其创造性劳动成果享有的专有权，保护其利用专利和商标从事制造和销售产品、巩固和扩大销售市场的权利，保证其利益不受侵害。世界上保护工业产权方面的公约主要有《保护工业产权巴黎公约》《商标国际注册马德里协定》《建立世界知识产权组织公约》《商标注册条约》《欧洲专利公约》《专利合作条约》《世界版权公约》《伯尔尼公约》等。

（3）调整国际经济贸易行为的立法。这类立法调整的对象和范围十分广泛，几乎涉及有关国际经济贸易具体行为的各个方面，包括各种国际条约、公约、协定、议定书、规则等，除有100多个国家参加的最有影响力的世界贸易组织的规则外，还有《联合国国际货物销售合同公约》《关于解决国家与他国国民之间投资争端公约》《统一提单的若干法律规定国际公约》《修改统一提单的若干法律规则的国际公约的议定书》《1978年联合国海上货物运输公约》等。

（4）保护公平竞争的立法。其目的是创造或保护国际经济活动公平竞争的经营环境。有关这方面的立法，除各国的国内法之外，迄今尚未有具有法律约束性的完整的国际立法。保护公平竞争的立法主要有《关于控制限制性商业惯例的公平原则和规则的多边协议》，其有较大影响力，是由联合国有关组织和会议制定的；还有《国际技术转让行动守则》《跨国公司行动守则》中的有关条款。

（5）反垄断法。该法的发展情况如下：

① 发达国家反垄断法的建立。1879年美孚石油公司（美国石油业第一个托拉斯）的建立，标志着美国历史上第一次企业兼并浪潮的开始。美国在19世纪80年代爆发了抵制托拉斯的大规模群众运动，导致1890年《谢尔曼法》（Sherman Act）诞生，该法是世界上最早的反垄断法。1914年，美国又颁布了《克莱顿法》《联邦贸易委员会法》，作为对《谢尔曼法》的补充。日本在1947年颁布了《禁止私人垄断及确保公正交易法》。德国于1957年颁布了《反对限制竞争法》。1958年生效的《欧洲经济共同体条约》第85条至第90条是欧共体重要的竞争规则。此外，欧共体理事会1989年颁布了《欧共体企业合并控制条例》，把控制企业合并作为欧共体竞争法的重要内容。意大利在1990年颁布了反垄断法，是发达市场经济国家中颁布反垄断法最晚的国家。欧盟的反垄断法被称为欧盟竞争法，其渊源是《里斯本条约》的第101条至109条（2009年12月以前是《欧洲经济欧盟条约》中的第81至89条），是保证欧盟内部大市场中竞争不被扭曲的重要体系。其主要目的有二：一是保持欧盟内部市场上的公平竞争，以促进经济发展；二是促进欧盟单一市场的进一步发展。2002年11月底，欧盟通过了更为严厉的反垄断法。该反垄断法规定，只要得到地方法院的允许，调查人员就可以对存在违规定价协议的企业进行调查，搜查公司负责人的住所和车辆，并对企业员工进行审问。现在，经济合作与发展组织（OECD）的所有成员都有反垄断法。

② 发展中国家反垄断法的建立。发展中国家反垄断立法的步伐比较缓慢。到20世纪80年代后期，颁布了反垄断法的发展中国家不足12个，包括亚洲的韩国、印度、巴基斯坦和斯里兰卡。这些国家的许多产业部门是由国有企业经营的，为了维护国有企业的利益，国家自然就会在这些部门排除竞争。20世纪80年代后期以来，世界各国经济政策总的导向是民营化、减少政府行政干预和反垄断，各国反垄断立法的步伐大大加快了。到1991年，中欧和东欧地区的绝大多数国家，包括保加利亚、罗马尼亚、克罗地亚、爱沙尼亚、哈萨克斯坦、立陶宛、波兰、俄罗斯、匈牙利等，都颁布了反垄断法。发展中国家现在积极制定和颁布反垄断法，主要原因是国有垄断企业的经济效益普遍不能令人满意。

《中华人民共和国反垄断法》自1994年起草，2008年8月1日起施行。该法共分为8章57条，包括：总则、垄断协议、滥用市场支配地位、经营者集中、滥用行政权力排除、限制竞争、对涉嫌垄断行为的调查、法律责任和附则。《中华人民共和国反垄断法》明确规定，禁止大型国企借控制地位损害消费者利益。国有经济占控制地位的关系国民经济命脉和国家安全的行业以及依法实行专营专卖的行业，国家对其经营者的合法经营活动予以保护，并对经营者的经营行为及商品和服务的价格依法实施监管和调控，维护消费者利益。

3.国际惯例

作为国际经济法主要渊源之一的国际惯例，也是调整和约束企业国际市场营销行为的重要法律规范。国际惯例是通过各国的反复实践逐渐形成的某种特定行为和习惯，如《跟单信用证统一惯例》。其虽然不是法律，不具有普遍的约束力，但是按照各国的法律，在国际经济交往中双方当事人有选择使用的权利。一旦当事人在合同中采用了某项惯例，该惯例对双方当事人就具有约束力。随着现代市场经济的发展，国际惯例的作用越来越重要。在现行的国际惯例中，有些内容已被国际条约所采用，即出现惯例条约化的趋势，如贸易术语。

（三）目标国法律

影响国际市场营销活动最经常、最直接的因素是目标市场国（即东道国）有关国外企业在该国活动的法律规范。它涉及的范围十分广泛，包括企业产品开发、商标运用、定价、促销、分销渠道等所有的商业活动，如用于规范国际贸易活动的买卖法、合同法，用于国际贸易结算的票据法，用于规范广告宣传活动的广告法，用于处理远洋运输问题的海商法、海上保险法，用于商品注册的商标法，用于处理国际技术转让、许可证贸易、国际工程承包、国际租赁等方面的单行法规等。这些法律规范受各国不同国情的影响，同一法律的具体内容不尽相同。尽管世界各国的法律、法规各不相同，但基本上可以归结为英美法系和大陆法系两大法律体系，而且各国具体法律、法规的制定主要取决于本国所采用的法律体系。

1.英美法系

英美法系（Anglo-American law system）又称普通法系，是以英国普通法为基础发展起来的法律的总称。它首先产生于英国，后扩大到曾经是英国殖民地、附属国的许多国家和地区，包括美国、加拿大、印度、巴基斯坦、孟加拉国、马来西亚、新加坡、澳大利亚、新西兰以及非洲的个别国家和地区。英美法系中也存在两大支流，即英国法和美国法。

在法律的思维方式和运作方式上，英美法系运用的是区别技术。这一方法的模式可以归纳为：

第一，运用归纳方法对前例中的法律事实进行归纳；

第二，运用归纳方法对待判案例的法律事实进行归纳；

第三，将两个案例中的法律事实划分为实质性事实和非实质性事实；

第四，运用比较的方法分析两个案例中的实质性事实是否相同或相似；

第五，找出前例中所包含的规则或原则；

第六，如果两个案例中的实质性要件相同或相似，则根据遵循先例的原则，前例中包含的规则或原则可以适用于待判案例。

从传统上讲，英美法系的判例法占主导地位，但从19世纪到现在，其制定法也不断增加，但是制定法仍然受判例法解释的制约。判例法一般是指高级法院的判决中所确立的法律原则或规则，其对以后的判决具有约束力或影响力。判例法也是成文法，由于这些规则是法官在审理案件时创立的，因此又被称为法官法（judge-made law）。除了判例法之外，英美法系国家还有一定数量的制定法，同时有一些法典，如美国的《统一商法典》《美利坚合众国宪法》等。但和大陆法系比较起来，英美法系的制定法和法典还是很少的，而且对法律制度的影响远没有判例法大。判例法和制定法之间是相互作用、相互制约的关系。制定法可以改变判例法。在使用制定法的过程中，通过法官的解释，判例法又可以修正制定法。如果这种解释过分偏离了立法者的意图，又会被立法者以制定法的形式予以改变。英美法系没有严格的部门法概念，即没有系统性、逻辑性很强的法律分类，其法律分类比较偏重实用。在英美法系中，法律职业流动性大，法官尤其是联邦法院的法官一般都来自律师，律师在政治上非常活跃，法官和律师的社会地位比大陆法系中的高。

2.大陆法系

大陆法系（continental law system）又称民法法系（civil law system）、罗马-日耳曼法系或成文法系，是指欧洲大陆大部分国家在19世纪初以罗马法为基础建立起来的，以1804年《法国民法典》和1896年《德国民法典》为代表的法律制度，以及其他国家或地区仿效这种制度而建立的法律制度。

大陆法系是在罗马法的直接影响下发展起来的，不仅继承了罗马法成文法典的传统，而且采纳了罗马法的体系、概念和术语。例如，《法国民法典》以《法学阶梯》为蓝本，《德国民法典》以《学说汇纂》为模式。

大陆法系国家一般不存在判例法，对重要的部门法制定了法典，并辅之以单行法规，构成较为完整的成文法体系。资产阶级启蒙思想家提倡的自然法思想和理性主义是大陆法系国家实行法典化的原因之一。1791年法国宪法中的《人权宣言》明确宣布，每个人的自然权利只有成文法才能加以确定。以法国大革命为代表的欧洲大陆国家的资产阶级革命的彻底性，在法律上的表现就是开展大规模的法典化运动。立法与司法严格区分，要求法典必须完整、清晰、逻辑严密。法典一经颁行，法官必须忠实执行，同类问题的旧法即丧失效力。法典化的成文法体系包括宪法、行政法、民法、商法、刑法、民事诉讼法、刑事诉讼法。

大陆法系要求法官遵从法律明文办理案件，没有立法权。大陆法系在法律推理形式和方法上采取演绎法。由于司法权受到重大限制，法律只能由代议制的立法机关制定，法官只能运用既定的法律判案。因此，在大陆法系国家，法官的作用在于从现存的法律规定中找到适用的法律条款，将其与事实相联系，得出必然的结果。

3.目标国法律对国际市场营销的影响

各国法律体系极其复杂，与企业国际市场营销有关的法律主要涉及以下几个方面：其一，保护消费者利益的立法；其二，保护企业利益和规范企业行为的立法；其三，保护公平竞争的立法和调整国际经济贸易行为的立法。一般说来，目标国法律对国际市场营销组合的影响主要体现在以下几个方面：

（1）对产品策略的影响。由于产品的物理和化学特性事关消费者的安全，所以各国都对产品的纯度、安全性能有详细的法律规定。各国法律对包装也有不同规定。例如，比利时规定只能用八边形的黄褐色玻璃瓶盛装药剂，以其他容器盛装的药剂不得进入该国市场。有关标签的法律要求更严格。一般来说，标签上须注明的项目包括：产品的名字、生产商或分销商的名字、产品的成分或使用说明、重量（净重或毛重）、产地。英美法系国家一般对保修单的要求较严格，而大陆法系国家对此要求相对宽松。

关于品牌和商标的法律要求也不一致。世界许多主要大国都是巴黎同盟或其他国际商标公约的成员，因此，这方面的要求比较统一。可是，大陆法系国家与英美法系国家关于品牌或商标所有权的法律处理截然不同。前者实行“注册在先”，而后者则实行“使用在先”。因此，必须了解在什么地方和什么情况下会发生侵权问题。

（2）对价格策略的影响。如何控制价格是世界各国普遍遇到的问题。许多国家对“维持转售价格”（resale price maintenance，RPM）都有法律规定，但是“维持转售价格”的范围和方式因国而异。许多国家通过政府价格控制部门来制定法律和法规。它们中有的对所有产品都实行价格控制，而有的只对极个别产品实行价格控制。例如，法国政府冻结若干产品的价格，而日本只对一种消费品——大米实行价格控制。

（3）对分销渠道策略的影响。各国法律关于分销渠道的规定比较少，所以企业在选择目标国分销渠道时自由度比较大。当然，某些分销渠道对有些目标国也并不一定适用。例如，法国法律特别禁止挨门挨户推销。事实上，各国最强硬的法律限制也不会从根本上影响国际企业在目标国的分销，但是通过分销商或代理商销售的出口企业不得不受到目标国有关法律的限制。出口企业必须知晓目标国关于分销商合同的法律条文，以避免造成损失。

（4）对促销策略的影响。在国际市场营销中，关于广告的争议最多，而且广告也最易受到控制。世界上大多数国家都制定了关于广告的法律规定，许多国家的广告组织也有自己的约束准则。例如，新西兰关于广告的法律条令不少于33个。世界各国的广告规则有如下几种形式：

一是关于“广告词”的可信度。例如，德国不允许使用比较性广告和“较好”“最好”的广告词；中国不允许使用“国家级”“最高级”“最佳”等用语。

二是限制为某些产品做广告。例如，英国不允许在电视上做烟草或酒类广告。

三是限制促销技巧。例如，佣金的规模、价值和种类也被许多国家明确限定，佣金只能占产品销售额的有限部分，佣金的使用只能与该项产品有关。

（四）解决国际商事争端的途径

在国际商务中，难免要发生争议。一般发生法律纠纷的双方有三种情况：一是政府之间；二是公司与政府之间；三是公司之间。政府之间的争议可诉诸国际法庭，而后两种争议则必须由有关双方中的一方所属国家的法院进行审理或仲裁。企业在发生国际商事争端时往往愿意通过较为和平的方式（如调解和仲裁）解决问题。[①]

1.调解

商业交易的大多数争端可通过非正式的途径解决，但是一旦解决无望，便可首先进行重要的第一步——调解（mediation）。调解是争端双方要求第三方调解分歧并达成一份协议，该协议不具法律约束力。为了使双方就解决方法取得一致意见，调解人应仔细听取双方意见，并探索、理清、讨论各种可行的选择及问题得到最终解决的可能性。不同于仲裁与诉讼，调解会议属私人性质，内容保密，双方所作的声明也不许公开或者不用作任何随后的诉讼或仲裁的证据。有记载表明，调解所取得的成效极佳，大多数争端通过调解得到解决，而且使争端双方恢复业务往来。

2.仲裁

如果没有进行调解或者调解失败，那么经常采用的下一步是仲裁（arbitration）。仲裁一般可以避免诉讼的缺点，裁决快，费用省。由于仲裁过程秘密并且不存在敌意行为，所以对商誉没有破坏性影响。正是由于仲裁具有调解特点，所以国际商务中大约有1/3的案件在裁决之前就通过当事人直接对话解决了。由于仲裁者不以法官面目出现并且经验丰富，所以仲裁结果比较公正，也易于被当事人所接受。仲裁期间，允许当事双方一面争议一面继续做生意，所以避免了更大的损失。仲裁的依据不是法律条文，而是基于对事实的公正处理，争执双方也因此不必诉诸对方国家的法庭，所以感到满意。正因如此，仲裁在解决国际商事争端中的作用越来越大，甚至在斯德哥尔摩成立了解决东西方贸易争端的仲裁机关。

仲裁的通常程序是由有关双方选择公正知情的一方或几方作为仲裁人，然后由仲裁人判定事情的是非曲直并作出双方同意执行的裁决。尽管可采用非正式仲裁，但大多数仲裁是在更正式的国内及国外仲裁小组的主持下进行。仲裁小组是专门为了给商事争端的调解提供方便而组建的。仲裁小组中经验丰富的仲裁人制定了有关仲裁程序的正式规则。仲裁成功与否取决于双方是否愿意接受仲裁人作出的裁决。合同及其他法律文件应包含明确指定采用仲裁解决争端的条款。在大多数国家，法庭承认仲裁条款，而且这些条款具有法律效力。

3.诉讼

如果其他所有的努力均告失败，争端解决的最后一步便是诉讼（litigation）。但是，出于众多原因，人们都尽量避免进行法庭诉讼。这些原因包括：

（1）担心会给人留下不良印象并损坏公共关系；

（2）担心在外国法庭上受到不公正对待；

（3）难以收取判处的罚金，而如果双方同意通过仲裁解决，则可以收取到罚款；

---

① 改编自：孙国辉，崔新健. 国际市场营销［M］. 北京：中国人民大学出版社，2007：177-179.

（4）采取法律行动需要较高的费用与较多的时间；

（5）缺乏保密性。

第四节 国际自然环境与绿色营销

自然环境决定着一个地区人们的生存状态和质量。企业作为社会系统中的一个组成部分，其生存和发展与所处的自然环境息息相关。保护自然环境、促进经济与自然的协调发展，既是企业自身生存和发展的需要，又是企业不可推卸的社会责任。以降低消费品污染和保护环境为主要特征的绿色消费观念代表了当今世界公众消费观念的新潮流，引起了生产领域和消费领域的一场彻底的革命，绿色营销观念也随之产生。

一、国际自然环境

自然环境（natural environment）是指能够影响社会生产过程的自然因素，包括自然资源、企业所处的地理位置、生态环境等。世界上不同区域的自然环境相差很大，同一国家的不同地区的自然环境也存在很大的差别。

（一）自然环境对国际市场营销的影响

1.影响国际市场营销产品选择

气候、地形和资源这些自然条件体现了一个国家的物质特点，其影响范围很广。资源分布不均对国与国之间的贸易及企业的国际市场营销产生广泛的影响。不同国家的资源种类和数量差异较大，生产的产品也呈现出很大的差异性，特别是与资源密切相关的产品。如加拿大森林资源丰富，生产的纸张原料好、质量高、价格廉，具有很强的竞争力，在加拿大进行国际市场营销活动时应选择其薄弱方面，如以棉花作为原料的产品。因此，在开展国际市场营销活动时，选择的产品应是销售目标国所缺乏的或缺乏竞争力的，以提高产品国际市场营销的成功率。

2.影响国际市场营销产品改进

一个国家的地形、地势和气候等地理因素是企业进入该国市场必须考虑的重要因素。例如，一个国家的海拔高度、湿度和温度变化可能影响产品和设备的使用要求和性能，在温带地区运转良好的产品到了热带地区性能有可能急剧恶化。即使是在同一国家内，各地气候也可能有很大的差异，需要对产品或设备进行重大改造。

3.影响国际市场营销时机选择

由于地理位置不同，不同国家在同一时期的气候表现出很大的差异，甚至截然相反，如分处南北半球的国家。因此，企业对时令产品的国际市场营销要特别注意销售目标国的气候情况。如在中国很畅销的冬季服装，就不能同时在澳大利亚销售。

（二）国际自然资源的发展趋势

全世界的人们越来越关注环境问题。在全球许多城市中，空气污染和水污染达到了危险的水平。全世界也日益关注地球变暖的危险。因此，寻求市场机会的企业营销人员应当关注自然资源的几个发展趋势。

1.原材料短缺

地球上的自然资源可分为三大类：（1）无限资源，如空气等；（2）有限但可再生资源，如森林和农产品等；（3）不可再生资源，如石油、煤、锌、金、银等。

几千年来，人类对水资源的不合理利用导致全球性缺水问题越来越严重，缺水成为危及世界粮食安全、人类健康和自然生态系统的最大问题。世界各国和地区由于地理环境不同，拥有水资源的数量差别很大。

联合国发布的《2019年联合国世界水资源发展报告》指出，自20世纪80年代开始，由于人口增长、社会经济发展和消费模式变化等因素，全球用水量每年增长1%。随着工业和社会用水的增加，到2050年全球需水量预计将保持同样的增速，相比目前用水量将增加20%~30%；将有超过20亿人生活在水资源严重短缺的国家，约40亿人每年至少有1个月的时间遭受严重缺水的困扰，并且将会有22个国家面临严重的水压力风险。随着需水量不断增长以及气候变化影响愈加显著，水资源面临的压力还将持续升高，将会影响水资源的可持续利用，并增加使用者之间的潜在风险冲突。

有限但可再生资源在短期内不会有太大问题，但必须防止过量采伐和侵占耕地。《2017—2022年中国森林资源行业发展趋势分析及“十三五”规划研究报告》指出，全球超过50%的森林资源集中分布在5个国家：俄罗斯、巴西、加拿大、美国和中国；全世界的平均森林覆盖率为22%，北美洲为34%，南美洲和欧洲均为30%左右，亚洲为15%，太平洋地区为10%，非洲仅6%。森林最多的洲是拉丁美洲，占世界森林面积的24%，森林覆盖率达到44%。森林覆盖率最高的国家是南美的圭亚那，达到97%；森林覆盖率最低的国家是非洲的埃及，仅十万分之一；森林覆盖率增长最快的国家是法国。2018年，世界各国的森林面积排名为：（1）俄罗斯，814.9万平方千米，森林覆盖率约为49.8%；（2）巴西，约为492.55万平方千米，森林覆盖率约为58.9%；（3）加拿大，约为347万平方千米，森林覆盖率约为38.2%；（4）美国，310.37万平方千米，森林覆盖率约为33.9%；（5）中国，220万平方千米，森林覆盖率为23.0%。

在人类所使用的自然资源中，70%是不可再生的矿物资源，可分为能源、金属资源、非金属资源3种。从20世纪末算起，世界上39种重要的矿产资源中（按“静态储量”计算），50年内走向耗竭的有16种，100年内走向耗竭的有21种，200年内走向耗竭的有26种，300年内走向耗竭的有33种，其中，石油40年，天然气64年，铀110年，煤炭226年，储量最大的天然碱也不过到2189年。

由于原材料短缺，能源成本提高是世界范围内的事情，只有合理开发和利用矿产资源和生物资源，才能使企业在资源运用中进入良性循环；反之，如果掠夺性地开发资源，必将人为地造成对企业的威胁，其后果将会使可供企业利用的资源越来越枯竭。对资源短缺产品的经营，企业营销人员寻找替代品，节约能源，降低消耗，综合利用，这是企业兴盛的关键。

2.环境污染增加

环境污染（environment pollution）是指人类直接或间接地向环境排放超过其自净能力的物质或能量，从而使环境的质量下降，对人类的生存与发展、生态系统和财产造成不利影响的现象。其具体包括水污染、大气污染、噪声污染、放射性污染等。随着科学技术水平的发展和人民生活水平的提高，环境污染也在增加，特别是在发展中国家。环境污染会降低生物生产量，加剧环境破坏。

西方发达国家自20世纪60年代以来在环境保护方面陆续采取了大量措施，已经收到一定成效，但仍有大量问题亟待解决。1970年4月22日，美国人为了解决环境污染问题，自发地掀起了一场声势浩大的群众性的环境保护运动。从此，美国民间组织提议把4月22日定为“世界地球日”。1990年4月22日，全世界有100多个国家举行了各种各样的环境保护宣传活动，参加人数达几亿人。中国从20世纪90年代起，在每年4月22日都举办“世界地球日”活动。

公众及政府对环境保护的关心，一方面限制了某些行业的发展，另一方面形成了营销机会，如为治理污染的技术和设备提供了一个大市场，同时为不破坏生态环境的新的生产技术和包装方法创造了营销机会。特别是环境保护主义的兴起，使消费者和生产经营者增强了生态意识，企业社会营销观念与绿色营销观念的增强都将促进企业与整个社会的全面进步。

3.政府对自然资源的管理加强

公众对自然环境日益关心，促使许多国家的政府加强了环境保护工作，也加强了对自然资源的管理。1970年，美国成立了环境保护署（EPA），以设立环境保护标准并监督执行，以及进行对污染的研究。企业不仅是生产经营单位，而且是环境的制造者与受益者，营销人员应该协助寻求解决世界面临的原材料和能源问题的方法，注意有关法令的限制，严格守法；同时，注意环境保护所提供的营销机会，如食品工业以“天然”“绿色”食品为主要产品，汽车工业开发耗能少、噪声低的新能源汽车，包装工业注意环境卫生等。这些行业的发展趋向为生产这些行业设备的企业带来开发市场的机会。

4.提出可持续发展观

目前，得到广泛接受和认可的可持续发展（sustainable development）概念是挪威前首相布伦特兰夫人提出的“既满足当代人的需求，又不损害子孙后代满足其需求能力的发展”。该定义强调了可持续发展的公平性、持续性、共同性，具体包括以下方面的内容：

第一，生态持续。这要求改变单纯追求经济增长、忽视生态环境保护的传统发展方式，切实保持整个生命支持系统的完整性，保持生物多样化，保护人类赖以生存的大气、淡水、海洋、土地、森林等自然资源不受污染和肆意侵害，积极治理和恢复已遭到破坏和污染的环境。

第二，经济持续。这要求通过产业结构调整和开发应用高新技术，转变经济增长方式，改善质量，优化配置，节约能源，降低损耗，增加效益，实行清洁生产和文明消费，减少有害废弃物的排放，使经济和发展既能满足当代人需要，又不致对后代人构成危害。

第三，社会持续。这要求以提高人类生活质量为目的，积极促进社会向文明、公正、安全、健康的方向发展。为此，必须控制人口数量，提高人口质量；合理调节社会分配关系，消除贫富不均和两极分化；大力发展教育、文化、卫生事业，提高全体人民的科学文化素质和健康水平；建立和完善各种社会保障体系，保持社会政治稳定。

由此可知，可持续发展是生态-经济-社会三维复合系统的可持续。在这个系统中，生态可持续性是基础，经济可持续性是主导，社会可持续性是根本目的。[①]

思政窗2-1

以习近平生态文明思想引领美丽中国建设

习近平总书记指出："生态环境是关系党的使命宗旨的重大政治问题，也是关系民生的重大社会问题。"必须不断提高政治站位，增强"四个意识"、坚定"四个自信"、做到"两个维护"，坚决扛起生态文明建设的政治责任，确保党中央关于生态环境保护的决策部署落到实处。绿水青山就是金山银山。贯彻落实新发展理念，协同推进经济高质量发展与生态环境高水平保护。坚持走生态优先、绿色发展之路不动摇，推动形成人与自然和谐发展的现代化建设新格局。

习近平生态文明思想作为习近平新时代中国特色社会主义思想的重要组成部分，是生态价值观、认识论、实践论和方法论的总集成，是指导生态文明建设的总方针、总依据和总要求。要把深入学习宣传贯彻习近平生态文明思想作为长期重要政治任务，做到学思用贯通、知信行统一，不断增强学习宣传贯彻的政治自觉、思想自觉、行动自觉，勇做习近平生态文明思想的坚定信仰者、忠实践行者和不懈奋斗者。

坚定不移贯彻新发展理念。保持加强生态文明建设的战略定力，处理好发展与保护的关系，在环境效益、经济效益、社会效益等多重目标中寻求动态平衡，以生态环境高水平保护推动经济高质量发展。发挥生态环境保护的倒逼、引导、优化和促进作用，加快形成绿色发展方式和生活方式。支持服务长江经济带发展、黄河流域生态保护和高质量发展等重大国家战略实施。推动生态环境保护产业与5G、人工智能、区块链等产业融合，加快形成新业态、新动能，拉动绿色新基建。

资料来源 生态环境部党组．以习近平生态文明思想引领美丽中国建设［N］．人民日报，2020-08-14（9）．

二、绿色营销

（一）绿色营销的内涵

20世纪90年代，资本主义经济经过几十年的高速增长，逐渐暴露出新的问题：资源短缺，生态环境恶化，严重影响了人类的生存和发展。人类要寻求新的发展道路，提出了可持续发展思路，寻求"生态与经济协调""人与自然和谐"，绿色营销观念就产生了。因此，绿色营销是可持续发展理论和循环经济理论与市场营销观念相结合的新的营销观。

英国威尔士大学肯·毕提（Ken Peattie）教授在其所著的《绿色营销——化危机为商机的经营趋势》中指出："绿色营销是一种能辨识、预期及符合消费的社会需求，并且可带来利润及永续经营的管理过程。"我国学者也指出："所谓绿色营销，是指企业在营销中要重视保护地球资源环境，防治污染以保护生态，充分利用并回收再生资源以造福后代。"从这些界定中可知，绿色营销是以满足消费者和经营者的共同利益为目的的社会需求管理、以保护生态环境为宗旨的市场营销方式。

---

① 改编自：刘思华．可持续发展经济学［M］．武汉：湖北人民出版社，1997：87-89.

（二）绿色营销战略的内容

1.开发绿色产品

（1）绿色产品的内涵。

绿色产品（green product）或称为环境协调产品（environment conscious product, ECP），是相对传统产品而言的。绿色产品是指在产品生命周期全过程中，符合特定的环境保护要求、对生态环境无害或危害极小、资源利用率高、能源消耗低的产品。[①]绿色产品的开发是保证企业实施绿色营销、塑造绿色企业形象的关键性及战略性问题。

（2）绿色产品的类型。

① 可回收利用型产品，如经过翻新的轮胎、回收的玻璃容器、再生纸、可重复使用的运输周转箱（袋）、可再生塑料和废橡胶生产的产品等。例如，德国宝马汽车公司推出全塑外壳轿车，报废时可100%回收处理。

② 低毒、低害物质，如低污染油漆和涂料、不含农药的室内驱虫剂、低污染灭火剂、不含汞和镉的锂电池等。日本松下电池工业公司生产低汞、无汞的“绿色电池”，含汞量已从百万分之二百五十降至百万分之一。

③ 低排放型产品，如低排放雾化燃烧炉、低污染节约型燃气炉等。例如，美国通用汽车公司在汽车上安装的催化转换器，能减少96%的一氧化碳和76%的氧化物的排放。

④ 低噪声型产品，如低噪声割草机、低噪声摩托车、低噪声建筑机械等。

⑤ 节水型产品，如节水型清洗槽、节水型水流控制器、节水型清洗机等。

⑥ 节能型产品，如燃气多段锅炉和循环水锅炉、太阳能产品及机械表等。

⑦ 可生物降解型产品，如以土壤营养物和调节剂合成的混合肥料、易生物降解的润滑油和润滑脂等。

（3）绿色产品的整体策略。

① 以产品的整体概念考虑产品的设计，产品形体及售后服务要节约资源及保护环境。

② 企业在选择生产何种产品及应用何种技术时，必须考虑到尽可能减少对环境的不利影响。

③ 在设计产品时，应使产品尽可能短小轻薄，节省材料；选用无毒、无害、易分解处理的材料；要使产品在使用过程中安全和节能。

④ 生产绿色产品要选择绿色资源（green resource），使用无公害、养护型的新能源和资源。

⑤ 产品在生产过程中要考虑安全性，进行完善的管理。

⑥ 生产中应采用少废、无废的工艺和高效的设备，物料应再循环使用，包括企业内和企业外。

⑦ 产品的包装应采用无毒害或少公害、易分解处理的材料，尽可能单纯化、简单化，降低原材料消耗，避免过度包装。在包装上还应作说明，增加消费者使用和处理包装物的知识。

⑧ 售后服务也是产品概念的组成部分。应考虑产品的功能延伸和再利用、废弃物的回收和处理的方便。此外，应积极地诱导消费者自觉地进行绿色消费，增进普遍的环保意识，使自己的生存空间洁净。

---

① 万后芬．绿色营销［M］．2版．北京：高等教育出版社，2006：174.

2.绿色产品的定价策略

价格是市场的敏感因素，定价是市场营销的重要策略，实施绿色营销不能不研究绿色产品价格的制定。企业在定价时要考虑的因素主要包括成本、竞争者、竞争手段和需求情况等。所以，绿色产品的定价方法主要也是成本导向法、需求导向法和竞争导向法，其定价策略主要包括以下内容：

（1）心理定价策略。消费者对绿色产品的需求或效用的需求离不开两个方面：一是物质需求；二是精神需求。绿色产品及其价值往往在满足消费者物质需求的同时能满足其精神或心理需求，如保护环境、与自然和谐相处、安全、时尚和潮流等，这些都为绿色产品定价提供了心理依据。这种定价策略也是“高精神消费”价格策略的一种具体表现，有利于培养消费者的绿色意识，增强环保责任心和信心，对社会精神文明建设具有一定的促进作用。

（2）认知价值定价策略，是指根据“绿色营销组合”策略中的非价格变量及其因素、在购买者心目中建立起来的（认知）价值来确定绿色产品的价格。这种定价策略比较适合于绿色产品价格的确定，因为绿色产品相当部分是深加工产品，这种定价方法能很好地适应绿色产品的定位思想，同时给营销方带来最大化的利润。

（3）目标定价策略，是指根据企业预期的目标利润，兼顾绿色产品成本以及绿色产品的市场需求量，综合确定绿色产品的价格。

（4）原产品新定价策略，是指一些传统性产品本来就具有很多或一些绿色特性，但以前没有意识到绿色价值的存在，或没有发掘出来，现可通过强调其产品的绿色特性推出新的绿色产品价格。

3.绿色产品的渠道策略

绿色营销渠道是绿色产品从生产者转移到消费者手中所经过的由众多执行不同职能、具有不同名称的各中间商连接起来的通道。绿色产品及其价值能否得到及时、有效和持续的传递，取决于绿色营销渠道是否顺利或畅通，关系到绿色市场营销活动的顺利开展与进一步发展。因此，无论是对原有一般营销渠道进行绿色化改造，还是重新选择或建立可控性高的新型绿色营销渠道，都应遵循经济合理性原则、可控性原则和适应性原则。

选择绿色营销渠道应注意的问题是：

（1）选择那些关心环保、热心服务社会、在消费者心中具有良好绿色信誉的中间商。

（2）根据绿色产品特点及企业自身情况，尽量缩短营销渠道的长度，降低传递成本。

（3）使用绿色产品标志，建立绿色产品专柜，推出系列绿色产品，或建立绿色产品专营网络，通过产生群体效应，方便消费者识别与购买。

（4）简化或优化供应配送系统及环节。设置合理、有效的供应配送中心，使用既污染少又节能的运输工具。

（5）建立有效、合理的绿色产品销售网络，不断提高市场占有率，增强绿色产品的市场辐射力。企业应尽可能建立自己的绿色分销系统，以最大限度地减少分销过程中的污染和社会资源的损失。

（6）注意中间商所经营的非绿色产品与绿色产品之间的相互补充与排斥或竞争性，引导和激励中间商增强绿色产品意识，提高绿色产品责任心，自发、诚心地营销绿色产品。

（7）重视绿色产品销售人员的绿色意识培训。只有热爱本职工作并具有绿色营销意识的员工，才能尽心去熟悉环保有关问题；只有对本企业绿色形象及绿色产品有较全面的了解，才能在传递绿色产品价值过程中尽心尽力。

（8）重视有形绿色产品形象的展示，以吸引消费者。

（9）积极开展网络绿色营销，顺应时代发展新趋势。

4.绿色产品的促销策略

绿色促销是通过绿色促销媒体，传递绿色信息，指导绿色消费，启发引导消费者的绿色需求，最终促成购买行为。绿色促销是宣传绿色产品价值的有效手段，是消费者了解和认知绿色产品及其价值的重要环节，也是传达绿色信息、传播绿色生活方式的有效手段。绿色促销的主要手段有：

（1）绿色广告。通过广告对产品的绿色功能定位，引导消费者理解并接受广告诉求。在绿色产品的市场投入期和成长期，通过量大、面广的绿色广告，营造市场营销的绿色氛围，激发消费者的购买欲望。由于绿色产品的促销应遵循“绿色原则”，节约和充分利用资源，所以广告的使用幅度比一般商品要小。

（2）绿色推广。通过绿色营销人员的绿色推销和营业推广，从销售现场到推销实地，直接向消费者宣传、推广产品的绿色信息，讲解、示范产品的绿色功能，回答消费者的绿色咨询，宣讲绿色营销的各种环境现状和发展趋势，激励消费者的消费欲望。绿色消费者大多数文化层次较高，购买商品时充满理性，所以一般的营业推广，如购买折扣、优惠券、有奖销售等对其吸引力不是很大，所以采用的推广力度应比一般商品小。

（3）绿色公关。通过企业的公关人员参与一系列公关活动，诸如发表文章、演讲、播放影视资料、社交联谊、参与环保公益活动、赞助等，广泛与社会公众进行接触，增强公众的绿色意识，树立企业的绿色形象，为绿色营销建立广泛的社会基础。

关键术语

文化环境（cultural environment） 高背景文化（high-context culture） 低背景文化（low-context culture） 经济环境（economic environment） 技术环境（technological environment） 法律环境（legal environment） 政治环境（political environment） 可持续发展（sustainable development） 绿色营销（green marketing）

主要观点

◆ 国际市场营销成功的关键在于适应不断变化的营销环境。

◆ 社会所固有的特性的根源在于社会文化，因此，社会文化影响着消费者的决策过程和营销活动的各个环节。

◆ 经济环境是企业在进行国际市场营销活动中确定目标市场和制定营销决策首先要考虑的因素，也是影响企业不同国际市场营销决策之间差异性的最重要因素。

◆ 进入一国市场时，国际营销人员必须分析其政治和法律环境，了解潜在的政治和法律风险，最大限度地保证市场营销活动的顺利开展。

◆ 针对日益短缺的自然资源，企业的生产经营活动必须走可持续发展的道路，开展绿色营销。

基本训练

一、思考题

1.什么是文化？文化的基本特征和基本要素是什么？

2.爱德华·豪尔的高背景文化和低背景文化分别是什么？请分别举出高背景文化和低背景文化的国家或地区的例子来说明两者的不同之处。

3.一个国家的人口是如何影响国际市场营销活动的？

4.国际市场营销活动为什么要了解一个国家所处的经济发展阶段？

5.技术的发展变化是如何影响国际市场营销活动的？

6.企业的国际市场营销活动会面临哪些政治风险？减少政治风险的策略主要有哪些？

7.目标国的法律对国际市场营销活动的影响主要有哪些？

8.什么是绿色营销？绿色营销战略的内容主要有哪些？

二、案例分析题

案例1　　**中国人口结构变迁中的营销机会**

作为7Ps的重要一环，人员（people）一直是影响市场营销的重要因素，特别是对于中国这个人口大国而言，其人口规模、人口结构的变化会影响甚至决定消费规模、消费结构、市场定位、营销计划等。中国是世界上最大的消费市场。企业以客户需求为出发点，要在中国市场上立足和长久发展，则需要从人口结构的变迁中抓住营销机会。目前，中国90后、00后群体消费最为活跃，而80后和老龄群体的商机也有待再挖掘。

1.80后群体（1980—1989年出生的群体）

80后是国家执行计划生育政策后所出生的一代人。他们大多是独生子女，生活在中国社会大变革和大发展时期，从计划经济转型为市场经济。80后的物质生活和精神生活相对于上一代人来说更加富足，耳濡目染地接受了变革带来的新事物、新思想，并接受一定的素质教育。在20世纪90年代初，全球经济化浪潮、信息时代等带来的新鲜事物，让80后群体在消费上更重视自我，基于主观的喜好，追求个性化产品。他们崇尚“我有我风格”“我的地盘我做主”的理念。

很多企业敏锐地嗅到这个群体的商机并获得了成功。例如，在20世纪90年代，美国职业篮球联赛开始在中国直播，80后受到美国运动时尚的影响，喜欢牛仔服饰和运动鞋。以“李宁”为首的中国各大运动品牌为了得到消费者的青睐，不断深入对产品进行研发和提高制作工艺，迅速在市场上占领份额。为迎合80后消费者的个性化需求，很多其他运动品牌推出了个性定制服务或体验消费的营销手段。

2.90后群体（1990—1999年出生的群体）

90后出生时，我国改革开放已经显现出明显成效，同时是中国信息经济飞速发展的年代，可以说这个群体是信息时代的优先体验者。90后普遍为独生子女。和70后、80后一代非常不同的是，由于整个变革中的社会的影响，90后普遍早熟，从一开始就乐意成为消费社会、技术时代的宠儿。90后消费观念超前，欲望更强，背后支持消费的能力也更强。

很多企业开拓了这个比80后更加个性化的市场。央视财经发布的《2019—2020中国青年消费报告》显示，与80后相比，90后消费群体的生活观和消费观更具个性，展现出兴趣优先、注重体验等多元特征。他们买东西会更关注产品外貌，喜欢新款。比如为了在工艺上和设计上带给90后美感，华为公司专为年轻乐活族推出了新款手机。华为手机最初主打的是商务机型，但成熟稳重的外观设计不符合年轻人的审美。后来，华为手机想发展年轻群体用户，就推出了一款专为90后乐活族打造的潮流轻旗舰款手机，即nova手机。该款手机将技术和美感相结合，有着5英寸超高清弧面屏以及超高屏占比，机身灵动清秀而不失顺滑手感，视觉上也更加突出手机的超薄质感，达到了视觉与手感的微妙平衡。同时，针对90后注重自己形象和喜欢潮流文化的特点，华为手机改进了拍照和美颜功能，产品一经推出迅速受到了消费者的喜爱。除了照片，音乐也是90后的最爱。华为nova与知名音乐App合作来实现超高品质音质输出，专门对音效进行了针对性设置，对不同耳机作出优化，进行各种细节上的产品设计和改进，使得华为成为颇受90后欢迎的手机品牌之一。

3.00后群体（2000—2009年出生的群体）

00后当前以学生居多，以独生子女为主，父母则以70后为主，以60后、80后为辅。00后成长于中国移动网络时代，前几代人的努力为他们创造出了良好的物质条件。在信息科技发达的时代，00后与80后、90后相比，更大胆拥抱AI等先进科技的产品。根据《2019腾讯00后研究报告》，77%的00后更愿意为有自己喜欢元素的产品付费，包括动漫、学习、游戏等元素相结合的产品。在“产品中加入哪些元素更容易引起00后的注意”这个调查中发现，“动漫/漫画”占比最高，达到53.9%。

据《中国青年报》，在2018年“创青春”浙大双创杯全国大学生创业大赛的决赛现场，一批直接指向00后市场的创业项目格外引人注目，特别是二次元产品吸引了众多00后。来自福建农林大学的尤达带着自己的“二次元‘+’——二次元数字资产运营商”项目一路闯进决赛。大学期间，他创办自己的公司，制作《二次元看管所》自媒体矩阵，还打造了全国首个虚拟一人团体《十二星座》形象IP。尤达的《十二星座》女团形象是由网友投票选出的，并且由网友去赋予她们不同的性格特征。她们有着自己的粉丝群体，而尤达的公司管理着《十二星座》虚拟女团的几十个粉丝社群，粉丝们热衷于购买虚拟偶像的周边。尤达之所以能成功，就是因为他抓住了00后的兴趣所在。

随着互联网的发展，00后是中国新的流量红利，谁能抢得00后市场，谁便抢占了移动互联网的前沿高地。

资料来源 ［1］肖明超．中国人口结构变迁中的营销机会［EB/OL］．［2017-07-26］．https://blog.sina.com.cn/s/blog_4b70fc620100jb22.html.［2］佚名．70后、80后、90后的消费观区别［EB/OL］．（2020-11-04）［2022-01-13］．https://baijiahao.baidu.com/s?id=1682440876057183894&wfr=spider&for=pc.［3］加琳玮．80后和90后太能买，消费占全球一半指日可待［EB/OL］．（2019-04-27）［2022-01-13］．https://baijiahao.baidu.com/s?id=1631923392500648263&wfr=spider&for=pc.［4］梦幻天堂YY.为何越来越多90后喜欢华为？看完这些终于明白了！［EB/OL］．（2017-02-22）［2022-01-13］．https://www.sohu.com/a/126946666_591531.［5］苏葆燕．苏葆燕：80后成为正在崛起的服装消费新主力［EB/OL］．（2011-01-20）［2022-01-13］．http://www.sjfzxm.com/news/caijing/20110120/210515.html.［6］李翀．00后兴趣市场成为创业风口［N］．中国青年报，2018-11-05（T02）．［7］i黑马．瞄准00后消费市场　聚美厚积薄发［EB/OL］．（2019-06-26）［2022-01-13］．https://baijiahao. baidu. com/s? id=1637381705268265331&wfr=spider&for=pc.

讨论：

（1）年龄结构如何影响消费行为？

（2）中国90后有哪些消费特点？商家如何把握商机？

（3）中国00后有哪些消费特点？商家如何把握商机？

案例2　**格力和美的疫情下的半年报：格力电器优势指标失守**

2020年8月30日，A股市场上两家家电巨头格力电器（000651.SZ）和美的集团（000333.SZ）双双发布2020年半年度报告。受疫情影响，两家家电巨头的营收、净利润和经营性现金流净额均同比下滑，但对比来看，家电品类多元化和线上渠道更为强劲的美的集团在疫情销售战中优势凸显，营收和净利润的下滑幅度维持在10%以内，经营性现金流净额下滑15.52%，而格力电器营收下滑近三成，净利润下滑53.73%，经营性现金流净额下滑127.45%。

在格力电器和美的集团多年的竞争中，虽然美的集团的营收和市值已经长时间超越格力电器，但在净利润、净利率、空调市场份额方面，格力电器一直比美的集团表现得更好。但在疫情后交出的半年度成绩单中，这三点优势，格力电器失守了。

1.疫情下的业绩

2020年上半年，家电行业整体受疫情冲击。据中国家用电器研究院和全国家用电器工业信息中心发布的数据，2020年上半年家电行业国内市场零售规模为3 365.2亿元，同比下降18.4%。

分品类来看，空调由于强安装、多走线下销售等特性，零售额在疫情期间下滑较为严重。2020年上半年，据中国电子信息产业发展研究院发布的数据，空调市场零售额为921亿元，同比下降22.5%。

据全国家用电器工业信息中心发布的数据，2020年上半年，洗衣机市场零售额达到299.4亿元，同比下降16.4%；厨卫家电零售额为651.5亿元，同比下降15.1%；生活家电整体市场规模为1 532.1亿元，同比下降6.1%。

在上述行业背景之下，空调品类销售额贡献突出的格力电器，业绩自然受到较大冲击。2020年上半年格力电器营收为695.02亿元，同比下滑28.57%；归属上市公司净利润为63.62亿元，同比下滑53.73%，经营性现金流量净额为-45.17亿元，同比下滑127.45%。

2020年上半年的营收结构中，空调品类创下的营收大概占到格力电器总营收的六成，生活电器创下的营收仅占总营收的3.19%。相对来说，美的集团在家电多元化方面做得更为出色。2020年上半年，美的集团来自暖通空调的营收占到总营收的46.04%，来自消费电器的营收占总营收的38.14%。

美的集团2020年半年报显示，其无论是在线上渠道还是线下渠道，家用空调、洗衣机、冰箱、电饭煲、电压力锅、电热水器的零售额、市场份额均保持在业内前二。

美的集团的线上渠道一直以来在业内表现强劲。美的集团称，2020年上半年，美的全网销售规模超过430亿元，同比增幅达到30%以上，占内销比例的49%，全网排名第一，并在京东、天猫、苏宁易购等主流电商平台连续8年保持家电全品类第一的行业地位。

疫情之下，过往在线上销售渠道有所积累的家电企业或能受益。全国家用电器工业信息中心的数据显示，2020年上半年国内家电行业线上市场零售额为1 523.5亿元，同比增长3.7%，线下市场零售额为1 841.7亿元，同比下降30.6%。

2020年上半年，美的集团实现营收1 390亿元，同比下滑9.56%，营收规模几乎是格力电器的2倍；归属上市公司净利润为139.28亿元，同比下滑8.29%，经营性现金流净额为184.05亿元，同比下滑15.52%。

2.格力电器优势指标失守

无论是跟自己的过往比，还是跟多年的老对手比，格力电器2020年上半年的成绩表现都黯淡。

格力电器和美的集团的2020年半年报中有两个数字相当刺眼：格力电器空调品类营收为413.33亿元，但是美的集团暖通空调的营收为640.3亿元，雄踞“空调老大”地位多年的格力电器，失守了空调市场份额第一的宝座。

2020年上半年美的集团的主要家电品类在中国市场的份额占比均实现不同程度的提升，其中家用空调产品的全渠道份额提升明显，线上市场份额达到36.5%，全网排名第一；线下市场份额为33%，排名第二。

2020年上半年，美的集团的净利率为10%，格力电器为9.1%，略低于美的集团。而在2019年、2018年，格力电器的净利率分别为12.4%、13.2%，美的集团的净利率分别为8.69%、7.79%。

2020年上半年，格力电器的净利率下滑幅度较大，跟它在全国范围内推广新零售模式有关，直播带货期间促销降价幅度较大。而美的集团在“全面数字化、全面智能化”的战略改造下，再叠加家电全品类、全球经营的协同效应，经营效率有所提升。

资料来源　李华清．格力美的疫情下的半年报：格力电器优势指标失守［EB/OL］.（2020-08-31）［2021-01-04］．https://new.qq.com/omn/20200831/20200831A094BW00.html.

讨论：

（1）新冠肺炎疫情下，中国家电企业的海外市场受到哪些影响？

（2）通过2020年上半年度报告看，格力电器优势指标失守的主要原因有哪些？

（3）格力电器、美的集团如何实现最佳竞合关系？

[第三章]
国际市场营销调研

学习目标

◆ 重点掌握国际市场营销调研的定义、内容、类型、原始数据和二手数据的获取方式；掌握国际市场营销调研的类型、态度测量、数据处理方法和抽样方法；了解国际市场营销调研中常用的数据处理技术和市场需求估计方法。

引　例

雀巢公司如何进行本土消费者调研

雀巢公司由亨利·内斯特莱于1867年创建于瑞士日内瓦湖畔的沃韦，是世界最大的食品制造商。早在1908年，雀巢公司就在上海开设了它在中国的第一家销售办事处；1990年，雀巢在中国内地的第一家合资厂开始运营，随后又建了多家工厂，是最早进入中国的跨国公司之一。

一、建立中国研发中心开展消费者调研

中国幅员辽阔，地区文化差异极大，各地市场的情况有所不同。雀巢要在中国市场不断发展，就必须清楚地把握不同地域消费者的消费理念、消费者行为背后的深层原因。为此，2001年11月，雀巢在上海成立了1家研发中心；2008年，雀巢又投资7 000万元在北京设立了1家研发中心。这两家研发中心对消费者健康有益的3个关键方面——生长发育、健康老龄和体重管理进行深入研究，以便洞察中国消费者特殊的营养需求，生产出安全、营养、物有所值的产品。多年来，雀巢完成了许多消费者调研项目，涉及奶品、营养品、咖啡、水、冰淇淋等，调研的事实和数据帮助其各个业务单位作出了正确的商业决策。

二、保证调研结果的准确性

通常情况下，雀巢了解消费者主要通过3个步骤：搜集与消费者相关的各类资料，形成消费者群体认知；通过当面访问、小组访谈等方式与消费者接触和沟通，完成一些无法量化的调查指标，了解消费者的真实想法；与第三方调研公司合作进行市场调研，以获得更多、更为全面的数据。

在与第三方调研公司共同开发制订调研方案时，为了确保准确性，要经过一个循环往复的讨论过程。步骤如下：第一，由雀巢产品业务单元提出调研需求，在与公司负责调研的部门讨论完善之后，将调研需求提报给第三方调研公司；第二，由第三方调研公司拟订方案，提交给雀巢；第三，收到调研方案后，雀巢组织相关人员讨论确定调研方案；第四，第三方调研公司根据调研方案进行调研设计，将调研设计再次提交雀巢进行分析确认，在雀巢对调研设计进行讨论并确认后，由第三方调研公司负责调研项目的执行工作。调研结束之后，由第三方调研公司撰写调研报告，雀巢针对调研报告进行探讨，并制定相关的策略和计划，指导产品研发等部门开展工作。

为了确保调研结果的准确性，雀巢特别关注以下几个方面：对调研需求是否准确地理解，调研设计是否合理，是否选择了合适的调研公司，执行过程中怎样进行质量控制，数据分析是否精确，是否对调研结果进行了正确的解读等。

三、将准确的调研结果应用于新产品研发

在确保各个环节准确运行的前提下，如何将调研结果应用到产品研发中呢？雀巢将调研结果产生的想法付诸实践一般要经过以下几个阶段：（1）新产品想法产生阶段，进行消费者行为与态度、消费习惯等调研，了解消费者对产品的需求；（2）新产品想法的探索和发展阶段，进行消费者概念测试等；（3）产品研制阶段，对产品进行测试等；（4）产品上市阶段，进行广告测试、效果评估等。

在第三个产品研制阶段，雀巢坚持在开发新产品时必须通过“60/40+”测试后才可以推向市场。“60/40”的意思是：把雀巢和主要竞争对手的产品放在一起进行对比盲测，必须有超过60%的消费者选择雀巢的产品，以确保雀巢的产品上市后能够较快地为消费者所认可。“+”的意思是不仅让消费者认可雀巢产品的口味，还要为消费者提供营养和健康附加价值。可见，消费者调研的结果渗透在雀巢产品研发的每一个步骤中。

目前中国市场上销售的雀巢咖啡都经过了消费者口味喜好测试，以满足不同消费者对咖啡口味的偏好。例如，雀巢1+2原味咖啡的目标人群是喜爱香醇原味咖啡的消费者，1+2特浓咖啡的目标人群是喜爱浓郁咖啡口味的消费者，而采用专利低温萃取技术生产的雀巢醇品咖啡是针对喜欢进行个性化调配的消费者推出的。基于对大量年轻消费者进行的口味测试，雀巢推出的1+2奶香咖啡有着诱人的奶香和柔顺的口感，是对上百个配方进行测试后最终胜出的。雀巢表示，未来对消费者调研的投入力度将加大，增加更多的预算，而且整体趋势是继续加大投入。

资料来源 周再宇. 雀巢的本土化消费者调研 [J]. 新营销，2011（5）：70-71.

引例告诉我们，企业在开拓海外市场时，准确把握消费者偏好、理念和行为背后的深层原因是非常重要的。为了达到这一目的，企业相关决策人员必须设计恰当、严谨的调研方案，采用准确的调研方法来分析消费者行为，从而开发适合本地市场的产品，并制订行之有效的营销方案。

第一节　国际市场营销调研概述

一、国际市场营销调研的内涵

（一）市场营销调研

市场营销调研（marketing research）的定义为：在市场营销观念指导下，以满足顾客需求为中心，通过系统地搜集、记录资料把消费者、大众和市场人员联系起来，并借助这些资料发现和确定营销机会和问题，为企业营销管理者制定正确的营销决策提供依据。

（二）国际市场营销调研

国际市场营销调研（international marketing research，IMR）是指企业以国际市场和国外消费者为对象，以掌握国际市场营销环境中各种因素的变化及相互关系为目的，运用科学的手段和方法，系统、客观地搜集、记录、整理、分析与企业国际市场营销有关的各种信息，为企业的国际市场营销决策提供科学依据。

（三）国际市场营销调研与国内市场营销调研的区别

总体来说，国际市场营销调研面对的环境的多样性、决策的特殊性和复杂性，要求调研者必须具备充分的灵活性和智慧，以克服在全球环境中所遇到的困难。两者的主要区别为：

（1）国际市场营销调研的范围比国内市场营销调研更广泛。从国别上看，国际市场营销调研要涉及190多个国家，每个国家都有不同的营销环境和市场特色。此外，国际市场营销调研中需要记录的因素和变量也比国内市场多，包括政治、法律制度、分销渠道、国际政治局势、经济环境、国际汇率等。

（2）国际市场营销比国内市场营销需要作更多的决策。国际市场营销调研必须跨越国界，会遇到许多国内市场营销中不曾遇到的新问题和风险，所以国际市场营销决策与国内市场营销决策差别很大，主要包括：企业是否要进入国际市场？如果是，企业应采取何种方式进入国际市场？企业应首先进入哪个或哪些国家或地区？企业国际市场营销的策略和策略组合是什么？企业的国际市场营销组织和机构应如何设置、管理和控制？从以上决策的内容来看，国际市场营销调研的内容应明显不同于国内市场营销调研。

（3）国际市场营销调研比国内市场营销调研更为复杂和困难。由于世界各国的现实情况存在较大差异，因此，国际市场营销信息的搜集很难做到准确、及时，尤其是在一些发展中国家，搜集和获取信息的成本非常高。由于统计口径、统计时间等方面的不一致，从其他国家获取的信息不能直接使用，有些需要经过复杂的换算、加工后才能使用，有些则因为不具有可比性而只能放弃。由于各国的经济发展水平不一致，所以进行国际市场营销调研在调研方法、手段的选择上会受到限制，组织起来更加困难和复杂。

（四）国际市场营销调研的意义

国际市场营销调研的意义重大，其在营销决策执行过程中，为调整国际市场营销计划、改进和评估各种海外营销策略提供依据，并起着检验与矫正的作用。

（1）有利于企业发现国际市场机会，开拓海外新市场。通过市场调研，可以确定企业在该国的潜在需求和销售量，了解当地消费者的意见、态度、消费倾向、购买行为等，据此可以进行市场细分，进而确定目标市场，分析市场的销售形势和竞争态势，并将这作为发现市场机会、确定企业在该国发展方向的依据。如瑞士雀巢公司在进入中国市场之前进行了大量的市场调查，由此认识到中国是一个重感情的礼仪之邦，于是广告宣传重在表达家庭的温馨、朋友的情谊，开发出了“滴滴香浓，意犹未尽，味道好极了！”的广告语，为中国消费者广为认同。

（2）为制定国际市场营销组合策略提供依据。国际市场的情况错综复杂，企业通过市场营销调研，可以及时掌握各个海外市场上产品的价格态势，灵活调整价格策略。产品如何打入市场，能否制定出切实有效的促销策略，销售渠道是否畅通无阻，这一切都需要通过市场营销调研来提供市场信息，为企业制定营销组合策略提供依据。

（3）有利于企业提高经济效益。通过大量的市场营销调研，企业可以及时了解产品的发展变化趋势，掌握国际市场相关产品的供求情况和顾客的需求等，而据此制订适当的营销计划，组织生产适销对路的产品，使企业的竞争力得到提高，企业经济效益也不断提高。

二、国际市场营销调研的内容

国际市场营销调研的范围比国内市场营销调研的范围更广。从广义上讲，国际市场营销调研的范围包括任何与国际市场营销有关的信息，上至天文地理、社会人文，下至企业内部；从狭义上看，则包括那些能反映国际市场发展变化规律、对企业的国际市场营销决策起直接作用的信息。

（一）国际市场营销的宏观环境

宏观市场营销环境是指那些作用于微观市场营销环境，给企业造成市场机会和环境威胁的主要社会力量，包括人口、经济、自然、科学技术、政治、法律及社会文化等因素。这些主要社会力量代表企业不可控制的变量，企业及其微观环境的参与者无不处于这些宏观环境力量的影响与制约之中，如本书第二章所述。

国际市场营销的宏观环境决定着企业是否应该进入国际市场，应该进入哪个或哪些国家的市场，应该以何种方式进入国际市场，应该如何制定营销策略等，而获取这些信息都依赖国际市场宏观环境因素分析。

（二）国际市场营销的微观环境

国际市场营销的微观环境是那些为了达到企业某一特定的国际市场营销目标所需的某些方面的信息，这种信息比国际市场营销宏观环境的范围要小，目的更明确。

1.市场机会调查

市场机会调查包括：

（1）国外目标市场人均收入情况；

（2）国外目标市场的人口数量、人口结构、消费者类别、消费习惯、需求特点等；

（3）国外目标市场的供求情况、行业竞争情况；

（4）本企业产品在国外目标市场的销售量及占有率；

（5）国外目标市场销售发展方向；

（6）国外同行业的营销策略、销售量及市场占有率等。

2.海外消费者行为调查

海外消费者行为调查包括国外目标市场消费者的性别、性格、收入、年龄、职业、文化层次、价值取向等。其主要是两大方面：

（1）购买动机调查，包括生理动机、心理动机及社会心理动机；

（2）购买行为调查，主要研究5W1H，即目的（why）、对象（what）、时间（when）、地点（where）、购买者（who）、方式（how），购买行为将受到环境因素、经济因素、组织因素、人际因素和个人因素等多方面影响。

3.产品调查

产品调查包括：

（1）国外目标市场上同类产品的效用、形态、大小、规格、色彩、包装、款式、使用的方便性和耐用性等的具体情况；

（2）有关产品生命周期的变化，如新技术、新设计、新工艺、替代品、关联产品、消费者对产品的改进意见等；

（3）产品的商标和包装；

（4）有关国家在产品的质量、检验、标准、包装、商标方面的法律、法规，产品的售前、售后服务情况等。

4.价格调查

价格调查包括：

（1）国外目标市场上的产品生产成本；

（2）产品的国际市场价格，如进口价、进口批发价、零售价等；

（3）国外目标市场的产品供求弹性；

（4）商品的替代品价格；

（5）汇率变化；

（6）不同价格策略对产品销售量的影响等。

5.产品销售渠道调查

产品销售渠道调查包括：

（1）产品进入国际市场的各种方式及其利弊；

（2）产品的国际销售方式，如包销、代理、当地采购等；

（3）进口国的销售渠道特点和习惯做法；

（4）客户基本资料、信用情况；

（5）主要中间商（代理商、经销商、批发商、零售商等）的销售情况；

（6）国外市场零售分布网点；

（7）国外市场运输、仓储、通信等基础设施建设。

6.出口业务调查

出口业务调查包括：

（1）各种关税、国内税的征收标准；

（2）国际贸易的流程，包括国际货运、保险、仓储、结算方式、报关手续、检验标准、合同签订、商务纠纷相关的国际惯例。

7.促销调查

促销调查包括：

（1）国外目标市场常用的促销方式、促销费用及效果；

（2）国外目标市场上的各种中介服务机构，如广告公司、营销策划公司、咨询公司的基本情况。

8.竞争对手情况调查

竞争对手情况调查包括：

（1）在国外市场上，该产品的市场集中度如何；

（2）企业的竞争地位如何；

（3）企业的主要竞争对手是谁；

（4）企业与竞争者分别的优势和劣势何在；

（5）竞争中目前及今后的策略是什么；

（6）面对企业的国际市场营销活动，竞争者可能的反应是什么；

（7）存在何种潜在竞争对手等。

三、国际市场营销调研的类型

国际市场营销调研按目的和形式的不同，一般分为以下类型：

1.探索性调研

探索性调研（exploratory research）用于探询企业所要研究的问题的一般性质。如果研究者对所需要研究的问题或范围不甚明确，可采用探索性调研，以便发现问题，确定研究的重点。例如，某公司近几个月来国外某细分市场的销售量一直在大幅度下降，是因为本土竞争者抢走了生意、受当地经济衰退的影响、当地顾客的爱好发生了变化，还是因为广告支出的减少？显然，影响的因素有很多，企业只好先用探索性调研法来寻求一些最可能的原因，从一些用户或中间商那里搜集多方面的信息资料，从分析中发现问题，以便进一步调查。

2.描述性调研

描述性调研（descriptive research）主要进行事实资料的搜集、整理，着重回答消费者买什么、何时买、如何买等问题，通过详细地调查和分析，对市场营销活动的某一方面进行客观的描述，对已经找出的问题作如实反映和具体回答。多数的市场营销调研都为描述性调研，如对国外市场潜力和市场占有率、竞争对手的状况描述等。

3.因果性调研

因果性调研（causal research）的目的是要找出关联现象或变量之间的因果关系，一般是为回答调研中“为什么”的问题提供资料。例如，要了解企业可控制的变量（产品产量、价格、各项促销费用等）与企业无法控制的变量（产品销售量、市场的供求关系等）之间的变化关系和影响程度，就需通过因果性调研得知。因果性调研是在描述性调研的基础上进一步分析问题发生的因果关系，揭示和鉴别某种变量的变化究竟受哪些因素的影响及影响程度如何。

4.预测性调研

对未来市场的需求进行估计，即预测性调研（predictable research），它是企业制订有效的营销计划和进行市场营销决策的前提。预测性调研是在前述调研的基础上进行信息处理，估计市场的未来需求。预测性调研涉及的范围比较大，可采用的研究方法比较多，研究方式较为灵活，对企业今后发展有着一定的意义。

四、国际市场营销调研的过程

由于时间、成本及当前技术手段的限制，市场调研人员必须在现有条件下努力争取最精确、最可靠的信息。不管一项营销调研是在本土还是国际市场实施，其过程都大致如下：

（一）明确调研问题

营销调研过程的第一步应该是明确调研问题，确立具体的调研目标。对国际市场营销调研来说，明确问题即需要提供些什么情报，为进入国际市场提供何种理由。这一步也是最关键的一步，需要确定几个问题：

1.问题的定义必须是清晰的

若调研人员只是对总的问题有一个模糊认识就开始调研工作，会导致企业花费巨大的调研成本，却无法解决真正的问题。因此，在国际市场营销调研展开前，必须要将一系列模糊不清的商业问题转化成严格定义、可以实现的调研目标，如出口商品的包装应当是怎样的，出口商品的品牌设计理念是否符合国外市场的文化倾向和法律、法规等。

2.问题的范围不能规定得太窄

在明确问题时，市场调研人员应使所定义的问题范围足够宽泛，能包含一切可能的回答，而且不应受自我标准的干扰。如调查产品的消费者偏好时，除了产品功能外，还需涉及心理满足和社会交际需求。

3.问题的定义需要新的思维方式

有时候营销调研是进行了，但是所问的问题更适合本土市场而非国外市场。那么在设计营销调研问题时，应使用新的思维方式，如在不同国家或不同文化背景下，同一个问题可能要用不同的措辞来表达，这可能是由社会经济条件的差异、经济发展水平的差异和宏观环境因素的差异造成的。调研人员发现，在国外市场开展营销调研遭到失败的主要原因是：在界定外国环境下的调研问题时都采用了“自我参照标准”[①]（参见第一章第一节相关内容），而其假设在调研人员所在国家本土市场上普遍存在的环境变量同时适用于国外市场。

---

① 阿克，等．营销调研［M］．魏立原，译．7版．北京：中国财政经济出版社，2004：52.

（二）进行调研设计

一旦明确了调研的问题，就应当对接下来的国际市场营销调研活动进行设计。所谓国际市场营销调研活动，指的是对搜集、分析所需信息的方法和过程的总体设计，是解决特定国际市场营销问题的结构和框架。国际市场营销调研设计的最终结果是形成一项完整的国际市场营销调研计划。调研计划能勾勒出本次调研的每一个步骤；反映了本次调研的目的、方式、方法等。调研计划作为一种建议书，是调研执行者行动的依据，也是申请调研经费的重要文件。

一项完整的国际市场调研计划应包括以下几个方面的内容：

（1）调研背景、问题和目标。其主要阐述这次国际市场营销调研的问题由来和相关背景情况，同时尽可能详细地阐述国际市场营销调研的主要目标和各层次子目标。

（2）信息来源。确定达到调研目的的信息途径以及这些途径的获取方式。

（3）调研方法。其包括确定度量及标度，构造调查问卷表或搜集资料用的适当表格，确定抽样过程和样本容量，设计探测阶段、描述阶段或因果阶段的调研方法。

（4）确定数据分析计划。介绍对本次调研数据所使用的统计分析技术和软件，并说明理由及存在的问题。

（5）调研报告。以报告的形式将数据分析及其结果进行描述。

（6）时间和成本估计。估计为完成本次调研所花费的时间以及所需的各项费用。

（7）人员安排。确定参加本次调研的人员名单及分工，明确各人的职责。

（8）其他说明。客观分析本次调研中可能出现的有利和不利的因素，尤其说明风险和困难，并为解决困难提出可能的方法等。

（三）选择调研方法

基本的调研方法有询问法、观察法、实验法和定性调研法，这将在下一节中详细介绍。

（四）选择抽样方式

抽样调查是按一定的方式从调查总体中抽取部分样本，用所得结果说明总体情况的一种调查方法。

（五）数据搜集

数据搜集是指根据国际市场营销调研计划，通过一定的调研方法搜集有关的信息。这里主要涉及量表的选择和设计以及抽样方式的选取等。

（六）分析数据

数据搜集的下一步工作就是数据分析，对得到的信息进行核实、简化、整理、归类、统计，根据国际市场营销的要求，进行分析、综合或预测等工作。调研人员在开始时可能只作简单的频次分析，最后可能会使用复杂的多变量分析技术。

（七）结果报告

调研的最后阶段是将分析结果形成调研报告，并向企业的管理者、决策者递交结论和建议。在这个环节，调研人员必须使决策者相信，通过所搜集的数据得出的结论是可信和公正的。

调研报告的内容包括基本情况介绍、数据分析说明、调查结论和建议等。一份高质量的调研报告能使决策者最大限度地发挥其决策能力。

评价调研质量的基础是早期的调研计划书，评价包括：调研是否实现了计划书中确立的目标，是否采用了计划书中规定的方法，结论是否符合数据分析所作的逻辑推理，结论和建议是否审慎等。

第二节 国际市场营销调研的方法

国际市场营销调研的方法可以根据不同的分类标准来进行不同的分类。国际市场营销调研按数据来源分为原始数据调研与二手数据调研；按数据形式、分析处理方法及结果分为定量调研和定性调研。以下将从原始数据和二手数据两个方面来介绍主要的调研方法。

一、原始数据搜集方法

原始数据（original data）是指为了解决特定的问题而专门搜集的访谈资料、观察资料、实验资料和其他资料。原始数据又称一手数据、实地数据。原始数据的搜集可通过以下几种方法实现：

（一）询问法

询问法（questioning method）是指调查者用询问的方式向消费者、中间商或企业外销人员提出问题，从被调查者的回答中获得所需资料的一种营销调研方法。询问法主要包括以下几种类型：

1.问卷调查

问卷调查（questionnaire survey）是市场营销调研中较常用、较有效的方法，是用于搜集第一手资料的最普遍的工具。通过问卷调查，企业可以根据调查结果了解市场需求、消费者倾向等，从而作出相应的决策。

（1）调查问卷的设计。这是市场调研的一项基础性工作，需要认真仔细地设计、测试和调整，其设计是否科学直接影响到市场调研的成败。设计调查问卷的原则主要有：

① 主题明确。根据调查目的，确定问卷的主题，问题要突出重点。

② 结构合理。问题的排列应有一定的逻辑顺序，符合被调查者的思维程序。

③ 通俗易懂。调查问卷要一目了然，不发生歧义，使被调查者明白内容并愿意如实回答。调查问卷中语言要平实，语气要诚恳，避免使用专业术语。对敏感问题应采取一定的技巧，使问卷具有较强的可答性和合理性。

④ 长度适宜。问卷中所提出的问题不宜过多、过细、过繁，应言简意赅；回答问卷

时间不应太长，一份问卷回答的时间一般不多于30分钟。

⑤ 便于统计。设计时要考虑问卷回收后的数据汇总处理，便于进行数据统计。

(2) 设计调查问卷的程序。设计调查问卷要求有清晰的思路、丰富的经验、一定的设计技巧以及极大的耐心。基本步骤为：

① 深刻理解调研计划的主题。

② 决定调查问卷的具体内容和所需要的资料。

③ 逐一列出各种资料的来源。

④ 写出问题，要注意一个问题只能包含一项内容。

⑤ 决定提问的方式，如哪些用多项选择法，哪些用自由回答法，哪些需要作解释和说明。

⑥ 将自己放在被调查人的位置，考察这些问题能否得到确切的资料，如哪些是被调查人方便回答的，哪些是难以回答的。

⑦ 按照逻辑思维，排列提问次序。

⑧ 每个问题都要考虑怎样对调查结果进行恰当的分类。

⑨ 审查提出的各个问题，消除含义不清、有倾向性的语言和其他疑点。

⑩ 以少数人应答为实例，对问卷进行小规模的测试。审查测试结果，对不足之处予以改进。

(3) 跨国调研问卷设计需要注意的问题包括：

① 问卷的格式问题是比较重要的，因为调研人员可能不是很了解其他国家及其文化背景，因此在某些情况下，采用开放式问题会比较好。开放式问题不会强加任何答案，能够避免由调研人员带来的文化偏差。

② 决定采用直接提问还是间接提问。同一话题在不同文化中的敏感程度是不一样的，所以在一个国家使用直接提问，而到另一个国家也许就只能用间接提问。

③ 在文盲率比较高的国家里，应考虑使用语言刺激还是非语言刺激比较有用。如在某些发展中国家或落后地区，用包含图画、产品样品或照片的问卷方式比较好，或问卷由访谈员以口头方式读给被调查者听。

④ 措辞。措辞必须根据在哪个国家使用而进行相应的修改。某些问题，如性别和年龄，在所有国家都差不多，问卷可以使用相同的问题；在其他方面，如收入、教育程度、职业、居住单元等，可能要相应地修改。

⑤ 与购买行为和消费行为相关的问题。设计问卷时必须考虑该产品在多大程度上受到该国文化习俗的制约。比如，不同国家在零售分销网络上存在很大差异——很多发展中国家的消费者喜欢在小商店或杂货铺里购物，而较少去大型超市。这些购买行为、决策都会影响问卷问题的设计。

⑥ 注意产品在不同国家的使用范围以及竞争品、替代品的差异。如洗碗机除了和别的洗碗机品牌产生竞争，也会与家政服务相互竞争。

2.面谈询问

面谈询问指的是消费者和被调查者面对面进行交流，既可以采用单独访问的形式，也可以采用座谈会的形式。面谈询问是获得信息最为可靠的方法之一，在有深度要求和准确度要求的调研活动中，面谈询问是必不可少的重要方法。

在不同的国家里开展访谈，需要依靠那些拥有本地调研资格的公司，或启用当地的调研机构，或针对国外市场培养自己的访谈员，由此访谈的质量才能得到更好的控制，而获取被调查者的合作容易与否要因国家文化的不同而不同。比如，在拉美和中东地区，人们总是带着极大的怀疑态度看待访谈员。在中东，访谈员一般都是男性，因此对家庭主妇的访谈只能在晚上丈夫在家的时候进行。面谈询问主要的缺点在于费用比较昂贵，效率低下，容易出现误导情况等。

3.电话询问

在市场调查中利用电话进行调查是一种普遍的方法。影响电话询问的因素有两个：

（1）居民的电话拥有率。如果居民的电话拥有率接近百分之百，那么其抽样的代表性就没有问题了。但是大多数国家的电话拥有者群体与全体居民之间存在明显的差距，而且这种差距清楚地表现出相应的社会统计特征。即使在相对富裕的国家，如英国，电话渗透率也只有80%，电话访谈没有获得广泛使用。因此，进行电话询问调查的目标要与被调查整体的特征相对应。

（2）电话号码的来源及电话号码簿中所登记的电话号码与被调查整体的关系。社会上有相当一部分电话的拥有者未将电话号码登记在电话号码簿上，并且电话号码簿容易过时。解决这一问题的办法是采用“随机数选择”，市场调查人员可在随机数目录中选择相应的数字组合作为电话号码的来源。

电话询问比面谈询问简单易行，也更迅速、及时，费用较低，而答复率比邮寄询问高得多。

电话询问的主要缺点是调查母体欠完整，交谈简单，不适宜比较复杂的访谈内容等。在国际市场营销调研中，电话询问会受到一定的限制，如很多国家的电话拥有率低，通信条件差，电话成本比较高等，这些都限制了电话调查的应用。

4.网上询问

网上询问是借助联机网络、计算机通信和数字交互式媒体实现研究人员研究目标的市场调查方法。广义的网上询问还可包括网上的信息搜集、网上商业宣传、网上广告发布与投放、网上购物销售、网上客户支持服务等内容。

与其他调查方法相比，网上询问有鲜明的特色：自愿性、定向性、及时性、互动性、经济性、匿名性等，因此网上询问正发挥着越来越重要的作用。

5.邮寄询问

邮寄询问指的是将调查表寄给被调查者，由被调查者填写后寄回。

该方法的优点是覆盖面积广，不受时间限制，有充足的时间回答问题，也不易受到调查员的诱导，成本较低，容易统计汇总等。该方法最大的缺点是问卷的回收率低，等待的时间较长，回答的问题不全面、不准确等。

对国际调研来说，邮寄询问主要受到邮寄名单、邮政服务、文盲率的限制，问卷的收件国将决定答复率的高低。特别是在发展中国家，邮寄询问会有一些困难，如找不到邮寄名单，公共资料来源（如电话号码簿等）的覆盖范围又不够广。

6.日记询问

日记询问是指由被调查者定期记录有关购买、消费或收看广告等方面的情况，再由调查者搜集这些记录的调查方式。

7.计算机询问

被调查者阅读计算机屏幕上的问题并输入答案，企业以这种方式实现的询问为计算机询问。国际上有许多调查机构、咨询公司等都已经开始大量采用计算机询问调查法，这是一种很有前景的国际市场调查方法，但是它需要计算机达到较高的普及率和被调查者具有较高的素质。

（二）观察法

观察法（observation method）是指调查者在现场对被调查者的情况直接观察、记录，以取得市场信息资料的方法，主要是凭调查人员的直观感觉或借助某些摄像设备和仪器来跟踪、记录和考察被调查者的活动和现场事实，来获取某些重要的市场信息。因此，观察法具有以下特点：

（1）直接性，即观察者与调查对象面对面，零距离；

（2）客观性，即所获得的是“眼见为实”的资料；

（3）全面性，即可以从多个角度进行观察。

通常采用的观察方法有如下几种：

（1）自然观察法，是指调查员在一个自然环境（包括超市、展示地点、服务中心等）中观察调查对象的行为和举止。通常都由调研人员直接调查，如直接观察顾客所购买商品的花色、品种、牌号、包装等，调查哪些产品畅销，并分析畅销产品的主要特征，又如直接观察人们的穿着，以研究服装流行趋势等。

（2）设计观察法，是指调查机构事先设计模拟一种场景，调查员在一个已经设计好的并接近自然的环境中观察调查对象的行为和举止。所设置的场景越接近自然，被观察者的行为就越接近真实。

（3）掩饰观察法。如果被观察者知道自己被观察，其行为可能会有所不同，观察的结果也就不同，调查所获得的数据也会出现偏差。掩饰观察法就是在被观察者、物或者事件不知情的情况下监视他们的行为过程。

（4）机器观察法。在某些情况下，用机器观察取代人员观察是可能的。在一些特定的环境中，机器可能比人员更方便、更精确和更容易完成工作。例如，在电视机上安装特定装置，进行消费者电视收视率的调查等。

（5）市场稽查调查。美国AC尼尔森公司以60天为一个周期，对选定的商店进行稽查，并定期提供尼尔森零售指数。一些商情调研机构还通过对分销商、零售商的稽查，经常提供有关市场范围、份额、类型、季节性购销变化以及推销活动等方面的资料。

（三）实验法

实验法（experimental method）是指从影响调查问题的许多因素中选出一两个因素，将它们置于一定条件下进行小规模的实验，然后对实验结果作出分析的调查方法。如根据一定的调查研究目的创造某种条件，采取某种措施，把调查对象置于非自然状态下观察其结果。某种商品在改变品种、包装、设计、价格、广告、陈列方法等因素后，观察其由自变量改变引起的效果。

实验设计中经常出现一些术语，例如：

（1）实验组，是指测试单位。它们将接受实验处理，如商店、顾客、电视观众或零售商等。

（2）控制组（对照组），是指不接受实验处理的测试单位，是与实验组相比较的另一组。

（3）实验处理，是指实验者所控制的自变量，如各种包装方法、定价策略、广告媒介、销售渠道等。

（4）外来变量，是指除实验处理以外，一切能影响实验结果的因素。它可分为两类：一类是可通过实验设计加以控制的因素，如商店位置或规模方面的差别；另一类是不能控制的外在因素，如经济状态、竞争者的策略等。

（5）测量值，是指实验中所观察到的因变量值（如销售量），是某一实验组采用某实验处理的结果。

（6）实验误差。市场实验的结果除了受到实验处理的影响外，还受到外来变量及测量误差的影响。一部分未能控制的外来变量和测量上的误差，会对因变量的结果产生难以用统计方法加以消除的影响，这种影响被称为实验误差或剩余变量。

几种常用的实验方法如下：

1.前后无控制对比实验

这是指事前对正常情况进行测量记录，再测量记录实验后的情况，进行事前、事后对比，通过对比观察了解实验的效果（见表3-1）。

表3-1　**前后无控制对比实验**　单位：元

实验单位	实验前销售额	实验后销售额	变动量
A	2 000	2 400	400
B	1 300	2 200	900
C	2 600	3 400	800
D	5 900	8 000	2 100

2.前后有控制对比实验

在同一周期内，随机抽取两组条件相似的单位，一组作为实验组，另一组作为控制组（即非实验组，与实验组作对比的），在实验后分别测定两组数据，进行比较（见表3-2）。

表3-2　**前后有控制对比实验**　单位：件

组　别	实验前1个月销量	实验前1个月销量	变动量
实验组（A、B、C）	X_1=1 000	Y_1=1 600	600
控制组（E、F、W）	X_2=1 000	Y_2=1 200	200

3.控制组、实验组对比实验

这是指在同一时间内对控制组与实验组进行对比的实验调查法，其中，实验组按给定实验条件进行实验，控制组按一般情况组织经济活动（见表3-3）。

表3-3 控制组、实验组对比实验 单位：件

组　别	1个月销量
实验组（A、B、C）	X=500
控制组（E、F、W）	Y=400

4.完全随机对比实验

完全随机对比实验即随机地选取试验样本作销售实验。表3-4表示随机抽取几个商店所作的销售实验。

表3-4 不同价格下的销售实验

销售量（件）/单价（元）/季度	5.50	6.00	6.50
一	200	100	160
二	170	140	210
三	230	210	100
四	250	190	130
总　计	850	640	600

5.分组随机对比实验

除了考察基本自变量因素的影响外，还可将某个主要的外部因素孤立起来研究，如商店规模和不同价格条件下的销售量对比（见表3-5）。

表3-5 不同规模及价格的销售实验

销售量（件）/单价（元）/商店规模	5.50	6.00	6.50
大于10万元	1 360	930	900
6万~10万元	690	620	510
小于6万元	430	260	210
总　计	2 480	1 810	1 620

（四）定性调研法

定性调研法（qualitative survey method）是根据研究者的认识和经验确定研究对象是否具有某种性质或某一现象变化的过程和变化的原因，是回答“为什么”“是什么”的问题。其通常用来获得对研究对象的初步了解，或用来定义问题，或寻找处理问题的途径，如为什么某些消费者购买甲产品而不购买乙产品。

常用的定性调研法主要有焦点小组访谈和深度访谈两种，但前者由于更易操作和成本

更低，运用得较多，所以在大多数调研中焦点小组访谈几乎等同于定性调研。

1.焦点小组访谈

焦点小组访谈（focus group interview）是指在一名主持人的引导下对某一主题或观念进行深入讨论，目的在于了解和理解人们心中的想法及原因。

焦点小组访谈能够获得信息的原因在于这种方式可以通过互动方式达到群体动力的效果，一个人的反应会成为对其他人的刺激，从而可以观察到受试者的相互作用，会比同样数量的人单独陈述提供更多的信息，也就是一个人的发言会引起参加者的连锁反应。

2.深度访谈

深度访谈（depth interview）是一种无结构的、直接的、个人的访问，掌握高级技巧的调查员深入地访谈被调查者，以揭示其对某一问题的潜在动机、信念、态度和感情。

深度访谈对参与人员的要求更高，需要有心理学或精神分析学的知识，在调查执行中比较难控制，其结果的质量和完整性也十分依赖调查员的技巧，占用的时间和所花的经费较多。但深度访谈可以详细地刺探被访者的想法，讨论一些保密的、敏感的或令人为难的话题，详细地了解复杂行为（如对购物环境的选择），还可以访问专业人员和竞争对手等。深度访谈中常用的方法有投射法、词语联想法、角色扮演法、句子或故事完形法、图片测试法或归类法、绘图法及第三人称法等。

案例窗3-1

二、二手数据搜集方法

二手数据（secondary data）主要指过去搜集的市场调查资料和非市场调查资料。二手数据的搜集是市场调查的重要内容，它更加快速、低廉。二手数据在一定程度上还可以替代原始数据，如正式出版的公司指南、企业名录，以及一些企业数据库中有关企业地点、产品、法人姓名、经营范围、客户数量和销售水平等方面的资料，企业不必再花费时间和金钱去进行实地调查。

在国际市场营销调研中，搜集二手数据主要存在数据准确性和数据可比性两个问题。首先，不同数据来源往往会使同一宏观经济变量具有不同的数值，如国内生产总值、人均收入等，差异的原因主要在于不同的国家对统计量的定义各不相同，来自高度工业化国家的数据可能比发展中国家提供的数据更为准确。其次，从数据可比性上看，不同国家的商业统计数据和收入数据存在差异，这是因为不同国家有不同的税收结构和税收水平，因此跨国比较诸如此类的数据就会毫无意义。如不同国家开展人口普查的频率和年份是不同的，各国使用的测量标准也不同。又如，电视机在德国算娱乐开支，而在美国则算家具开支。因此，在搜集二手数据时，要时刻注意国别之间可能存在的差异。

（一）公开二手数据的搜集

公开二手数据的主要来源如下：

1.企业内部资料

企业内部资料是存在于企业内部的资料，它们是在企业正常运行过程中被搜集、整理并使用的。

企业内部的公开二手数据包括年报、股东报告、可向新闻媒介透露的产品测试结果、各种其他报告（如销售报告、广告费、库存报告、财务报告、运输费用、原材料成本等)、产品设计资料、技术资料、市场环境资料、客户档案（代理商、经销商、用户的名单)、客户函电，以及由人事部门制作的与员工、顾客和其他人员交流的企业刊物等。

2.公开出版数据

公开出版数据主要来自大众传媒与图书馆，包括报纸、杂志、书籍、互联网、广播、电影、电视等，企业可从中得到广告、市场动态等信息，这也是目前广为使用的营销信息来源。图书馆除了一般书报以外，还有各种经济类的工具书、各类统计资料。

3.国内外政府有关机构

我国专业信息机构有国家信息中心、商务部网站、深圳和上海及各地的信息中心。专业出版物有《中国统计年鉴》《中国贸易外经统计年鉴》《中国海关统计年鉴》，还有各种内部出版物，以及国家标准文献共享服务平台等。

不少外国政府机构也有其出版物，如美国商务部出版的《全球市场调查》《海外商业报告》《国别市场调查》《现代商业概览》《国际营销手册》等。此外，一些政府设有专门的信息机构和信息服务资料库，如美国商务部向美国和其他国家的工商企业提供“贸易机会程序”“新产品信息服务”“外国厂商索引”“全球信息和贸易系统”“电脑约会”等各项信息服务。又如日本通商产业省、德国经济部所属的外贸信息事务所、法国经济部所属的联络与公共关系处、泰国的出口促进厅等，都可以向国内外工商企业提供信息服务。

4.各国使团和贸易机构

各国驻外大使馆、领事馆等一般都有商务和技术机构，其能提供贸易统计、进出口法规、厂商名录及合作项目等方面的大量资料。各国企业驻外国贸易机构也以搜集和提供信息为主要工作，可以提供有关企业或行业的最新资料。

5.通用指南和索引

在通用指南和索引这一大类里，可以分为不同的几个层次：

（1）“指南的指南”，如各类“参考书指南”“书目索引”“期刊索引”等。

（2）一般工商业信息来源指南，如美国的《工商信息来源百科全书》《地理信息来源百科全书》《统计参考书索引》等。

（3）工商业报刊，如美国的《心理学摘要》《华尔街日报》《财富》《福布斯》《商业周刊》等，这些报刊的文章中都包含大量其他参考书目信息。很多国家都有自己的国内期刊参考目录或索引，如加拿大有《年度统计加拿大目录》《加拿大商业索引》，英国有《年度统计摘要》，甚至大多数国家都有记录州和省相关统计信息的参考书，如《加拿大迪亚那》。

此外，一些情报公司会提供索引和简介。如FIND/SVP提供了各行各业的完整、综合的调研、咨询和商业情报服务；调研警报指导是用互联网传送的一系列的警报服务，主要内容是消费品市场上的趋势、态度和生活方式。

6.国际组织

各国际组织的出版物提供的其他资料往往是全球性的，有些组织的资料是免费的，索要者只要写一封电子邮件或打个电话说明身份，就可以得到需要的资料。

目前世界著名的国际性组织及其所提供的信息如下：世界贸易组织——《国际贸易统计年鉴》；国际货币基金组织——《国际金融统计》；世界银行——《世界发展报告》《世界银行统计表》；联合国统计委员会——《月度统计公报》《国际贸易统计年报》《统计年报》《行业统计年报》《世界贸易年鉴》等；世界贸易组织——有关关税及贸易政策方面的信息资料；经济合作与发展组织——成员方的有关统计资料；联合国其他机构如教科文组织、粮食及农业组织、工业发展组织、贸易和发展会议等出版的统计丛书、会议文件及专业论文等。有些组织还下设了专门的信息服务机构，如联合国工业发展组织的投资促进中心等。上述资料大都可以通过组织所在网站获得。

7.专业信息机构

国外专业信息机构有很多，有的专门从事信息情报出版物的出版工作，有的专门从事资料查询工作，有的以合同委托方式从事研究和咨询工作。

国际上著名的专业咨询机构有美国的兰德公司、斯坦福国际咨询研究所、AC尼尔森市场研究公司、益普索市场咨询公司，日本的野村综合研究所、三菱综合研究所等，中国的零点研究咨询集团等。有影响力的综合出版机构及国际商业方面的出版物，如美国普雷迪卡斯茨公司编制的《市场与技术预测综览》。产品资料中比较有影响力的是美国情报处理服务公司编制的《产品总目录服务》(MCS)；专利文献资料中最著名的是英国德温特公司出版的专利检索体系。

我国的专利涉外信息咨询服务机构发展很快，中国对外经济贸易咨询公司、北京世界贸易中心、中国国际贸易促进委员会等都为国内外企业提供信息服务。如中国对外经济贸易咨询公司提供国际贸易控制措施信息系统的咨询服务，该信息系统的贸易数据从联合国统计署的COMTRADE数据库中提取，并根据联合国贸发会议数据库的更新进度每年进行部分更新。

8.计算机可检索数据

国际联机检索系统是由计算机检索终端、大型计算机系统、数据库和卫星通信网络构成的目前世界上最先进的信息检索系统。它可以跨越多个地区、国家向全世界传播各种大量的数据和信息。

早在1989年，我国几十个城市设立的100多个国际联机检索终端所联结的国外联机检索系统的数量已达到21个。近些年来，随信息技术高速发展，科技文献联机检索系统发生了巨大的变化，无论在检索技术上还是提供检索服务的方式上，国内外联机检索系统都取得了革命性的发展，如Dialog、BRS、ORBIT、ESA-IRS等。

我国企业可通过有关城市的国际联机终端检索到国外厂商名录、资料、技术专利、标准、技术设备、发展前景等最新新闻，还可以检索到国际市场行情、价格信息、商标，以及许多企业所需的信息。

9.银行、商会、行业协会和消费者组织等

一般来说，银行为了取得贷款收益，降低贷款风险，需要对接受贷款的企业及贷款的用途进行调查分析。由于要从事众多的业务，银行必须搜集各种宏观和微观方面的信息，尤其是投资银行的行业报告和企业评估，这些信息能够为企业提供丰富的商业资料和各种类型的信息服务。

此外，商会、行业协会、消费者组织等也经常发布和保存详细的有关行业或成员企业的规模、销售状况、经营特点、市场份额、发展趋势等信息，这对企业制定和调整国际市场营销策略具有很大帮助。

（二）标准化营销数据搜集

所谓标准化营销数据是指由固定的数据供应商提供的调研数据，它包括以下方面：

1.商店审计数据

商店审计数据是由专业调研公司的审计员定期访问商店，盘点存货数量，记录从上次来过之后至今这家商店又进了多少货之后通过公式计算出来的。这些零售商店审计数据的预测值和报告将提供给客户。利用这些预测值，还可以估计出该客户的全国或地区销售额、存货量等。除此以外，审计员要搜集一些可观察到的信息，如货架标价、陈列空间、店内促销活动等。

2.尼尔森零售指数

AC尼尔森公司可以提供审计服务，其审计服务主要覆盖了食品杂货类、药品、含酒精饮料和其他商品。其提供的数据非常丰富，并可以通过AC尼尔森公司的网站获取。

3.消费者购买小组

从商店审计中，我们可以了解到商品销售的数量，但还不知道是谁购买了商品、购买的频率如何、购买模式是什么样的。想得到这些问题的答案，需要在一段较长的时间内详细记录消费者的购买活动。

搜集这类数据有两种方法：

（1）家庭审计法。审计人员定期核查消费者家里某些产品大类的存量，或是保留所有用过的纸盒、包装纸，以记录消费量。

（2）邮寄日志法。消费者详细记录每次购买某些产品大类的情况，并定期把填好的表格邮寄回去。

在欧洲，这两类消费者购买小组方法都得到了广泛应用；在美国和加拿大，邮寄日志法占主要地位。比如，美国市场调研公司（Market Research Corporation of America）、全国家庭意见（National Family Opinion）公司和全国购买日志讨论小组（National Purchase Diary Panel）都开展邮寄日志小组调查。每月，美国市场调研公司都会提交一份上个月数据的报告，提供某个产品大类里各个品牌的消费者购买信息，还提供总销售额数据，这些数据可以转换为销售量和以金额计算的市场份额。公司每个季度还会提供一份按地区和按零售商店类别划分的购买情况报告。

4.扫描仪数据服务

扫描统一产品代码（universal product code，UPC）和用户通过手机客户端扫描二维码（quick response code），使得消费品的销售数据迅速转换为营销数据，从而使数据搜集产生革命性变化。在装备了扫描式收银机的商店里，所选购的商品要经过一台激光扫描仪，其将自动读取印在商品包装上的条形码，从而记录下购买情况。手机二维码可以为网络产品浏览、下载、在线视频、网上购物、网上支付等提供方便的入口。用户通过手机摄像头扫描二维码即可快速便捷地浏览和获取产品优惠券、参与抽奖、了解企业产品信息。这些数据可以随时存取并分析。除了价格、数量，计算机内还存储了优惠券的使用情况、货架空间的陈列情况、广告使用等信息，供营销人员使用。

三、网上营销调研

自从互联网出现后，网上调研成了非常重要的调研方式和来源。原始数据和二手数据都可以从网上获得。

（一）在线调查法

在线调查法是获取原始数据最常用的调研方法。网络形式使调查变得有趣和愉快，从而吸引和鼓励被访者的参与和完成。在线调查法实际上也就是传统市场调研中问卷调查方法在互联网上的延伸。其具体做法是：

（1）在企业网站或其他合作调查网站上设置调查表，访问者在线填写并提交到网站服务器；

（2）向被调查者的电子邮箱发送调查表；

（3）向被调查者的电子邮箱发送包含链接的相关信息，并把链接指向放在企业网站的问卷上。

在线调查法有很多的优点，如问题设计由易到难，企业想办法简化受访者的任务，并把问卷的卷面长度保持在合理范围内。在线调查法还有机会测量被调查者对广告标语和广告词的反应，这些都可以很容易地在网页上显示出来。当存在需要进一步解释或澄清的问题时，在线调查法还可以及时对受访者的回答进行反馈，企业能够快速、容易地完成网上问卷的试验性检验。如果回答的质量普遍很差，或者早期受访者在完成问卷之前就放弃了，就说明问卷需要调整，企业可以作出相应的改进。

除了通过企业自己的网站开展调研外，企业还可以通过电子邮件实施调查。电子邮件列表可以从商业机构购买，或由企业在问询、订单或其他顾客兴趣表达的基础上自己建立。电子邮件调查不像网上调查用途那么多，它更像邮寄调查，但是也可以通过电子邮件邀请被访者到问卷所在的网站上进行直接回答。

（二）网上专题讨论法

网上专题讨论法可通过新闻组电子公告牌或邮件列表讨论组进行。其步骤如下：

（1）确定目标市场；

（2）识别目标市场中要加以调查的讨论组；

（3）确定讨论或准备讨论的具体话题；

（4）登录相应的讨论组，通过过滤系统发现有用的信息或创建新的话题，让大家讨论，从而获得有用的信息。

也可以在企业网站开设消费者俱乐部（如海尔网站的海尔俱乐部），定期创建新的话题，让消费者讨论。

传统调研方法中的专题讨论法常常受被调查者的心情、调查人员的提问方式等诸多原因的影响，导致调查结果出现偏差，而网上专题讨论法由于网络的言论自由平等，比较容易获得有用的信息。

（三）搜索引擎

搜索引擎能及时发现你所需要的调研对象内容，能提供有关的市场信息、企业新闻、产品广告、调查报告、各种报刊发表的调查资料等。这些信息可以借助一系列的关键词和基本参数识别，利用搜索引擎进入有关的主题搜索，把获得的信息保存到硬盘。

在使用搜索引擎时要注意：

（1）确定搜索的意图，选择好合适的关键词；

（2）决定采用哪种搜索功能并选定搜索引擎。

目前互联网上可选择的搜索引擎很多，如百度（https://www.baidu.com）、搜狗（https://www.sogou.com）、360搜索（https://www.so.com）、必应（https://cn.bing.com）等。

（四）网站跟踪法

很多门户网站可以成为资料的来源。市场信息比较丰富的有以下几个网站：

1.环球资源

环球资源网（https://www.globalsources.com）的前身叫亚洲资源网，1971年在中国香港以创办专业贸易杂志起步；1995年创立亚洲资源网站；2000年4月在美国纳斯达克上市。环球资源是B2B服务提供商，为买卖双方提供增值服务。它提供的产品和服务首先是基于买家的需求而设立的，其强大的搜索引擎分三大类：产品搜索、供应商搜索和全球搜索。超过140万名国际买家，其中包括95家来自全球百强零售商，使用环球资源提供的服务了解供应商及产品的资料，帮助其在复杂的供应市场进行高效采购。同时，供应商借助环球资源提供的整合出口推广服务，提升公司形象，获得销售查询，赢得来自逾240个国家及地区的买家订单。

2.阿里巴巴

阿里巴巴是中国互联网的商业先驱，它于1999年3月创立了全球著名的B2B系列网站，包括国际站（https://www.alibaba.com）、中国站（https://china.alibaba.com），连接着全球众多国家和地区中的商业用户，为中小企业提供海量的商业机会、公司资讯和产品信息，建立起了国际市场营销网络。阿里巴巴网站提供的商业市场信息检索服务分为3个方面：商业机会、公司库和样品库。注册会员还可以选择订阅“商情特快”获得各类免费信息。

3.专业调查网站

专业调查网站如问卷星（https://www.sojump.com）、中国商务在线（https://www.35online.cn）等。

（五）网上数据库

网上数据库有付费和免费两种。在国外，市场调查用的数据库一般都是付费的。我国的数据库业有了较大的发展，也出现了几个Web版的数据库，但它们都是文献信息型的数据库。以下介绍几个目前国际上影响较大的商情数据库检索系统。

1.Dialog系统

这是目前世界上最大的国际联机情报检索系统之一，也是目前运作最成功的联机商业数据库系统之一，其主机系统设在美国加利福尼亚州。它拥有80多个国家的约10万个终端用户，近600个联机数据库，其内容涉及40多个语种，占世界发行总量的60%的6万多种期刊。

2.Questel-ORBIT联机检索系统

它是世界上主要的联机信息提供商之一。20世纪60年代末，美国系统公司为美国医学图书馆开发了联机检索系统软件，这就是ORBIT的基础，1972年ORBIT成为最早的商业联机检索服务系统之一。1994年，法国电信集团的一个子公司Questel购买了ORBIT联机服务部分，1999年公司将Questel和ORBIT系统合并成为一个平台，创建了Questel-ORBIT。目前，Questel-ORBIT系统拥有100多个数据库，提供的信息涉及知识产权（包括专利、商标、外观设计和互联网域名等）、科学和技术、商业、新闻、人文学科和社会科学等领域。该系统的特点是知识产权信息最为丰富，收录的商标数据库有19个，专利数据库超过30个（含69个国家的专利信息）。

3.ESA-IRS系统

它是欧洲最大的联机信息检索系统。其所拥有的数据库中，虽有近半数与Dialog系统重复，14%与ORBIT系统重复，25%与DATA-STAR系统重复，但也有自己独有的数据库，如Dataline（金融数据库）、报道英国制造业情况的Industrial Market Locations（工业市场信息）等。

4.BRS联机情报检索系统

它是美国第二大综合性联机检索服务系统。该系统拥有公用数据库200多个，私人数据库100多个，涉及社会科学、人文科学、商业、教育、医学、生物化学、工程技术等，搜集各种书目文献、专利、政府工作报告、标准等。其主要服务对象是科技图书馆及医学界的用户。BRS系统于1980年率先实现了联机全文检索服务。我国从1987年开始与它建立联机联系。

5.DATA-STAR联机情报检索系统

它是世界大型信息检索系统之一，隶属于瑞士无线电有限公司。该系统报道世界范围内的商业与技术信息，共有350余个数据库，其中商业与经济数据库近150个，提供的信息包括商业新闻、金融信息、市场研究、贸易统计、商业分析等。DATA-STAR系统的最大特色是欧洲信息多，尤其在商情方面可以弥补Dialog、BRS等系统的不足。

第三节　国际市场营销调研的数据获取

国际市场营销调研中获取数据要注意以下几个问题：如何选择恰当的测量工具，即量表；如何选取恰当的抽样方式并决定样本容量。

一、态度测量

（一）态度测量和量表

测量就是按照规定的规则将数字或符号分配给目标、人、状态或事件，并将其量化的一个过程。注意，在这里测量的对象不是事件、个人或物体本身，而是它的特性，即消费者的态度、收入、品牌忠诚度、年龄等相关因素。

常用的测量工具是量表（scale）。量表是精确地调查消费者主观态度的测量工具，它可以用来测量不同消费者的购买心理的差异。量表可分为不同的种类，如类别量表、顺序量表、差距量表、等比量表、总加量表等。由于测量主要为了探究消费者的态度，所以我们把它统称为态度测量（attitude measurement）。几种常见的态度量表如下：

1.评比量表

评比量表是对提出的问题，以两种对立的态度为两端点，在两端点中间按顺序排列不同的态度，由被调查者从中选择一种适合自己的态度表现。对态度、意见的排列顺序，可按10或5排列。若划分为10种，则排列方法见表3-6；若划分为5种，则排列方法见表3-7。

表3-6 **10阶段评比量表**

最不喜欢	很不喜欢	不喜欢	稍不喜欢	无所谓	还可以	稍喜欢	喜欢	很喜欢	最喜欢
1	2	3	4	5	6	7	8	9	10

表3-7 **5阶段评比量表**

很不喜欢	不喜欢	无所谓	喜欢	很喜欢
-2	-1	0	1	2

这种测量态度的量表，用不同的数值来代表不同的态度，目的是将非数量化的问题加以量化，而不是用抽象的数值随意排列。应用这种量表时必须注意两方面的问题：一是应注意设计量表时的定量基础，并将调查得到的态度测量结果在定量基础上进行分析，判断其高低。二是应注意量表所测定的数量，它只说明态度的不同，并不说明其他。

2.数值分配量表

数值分配量表是指由调查者规定总数值，由被调查者分配数值，通过分配数值的不同来表明不同态度的测量表。

在市场调查中，数值分配量表常用于某种商品不同规格、型号的消费者态度调查，即采用对比的方法，由被调查者分配数值。设计这种数值量表一般采取1、10、100为固定总值，由被调查者将总值分配到不同商品上，其所分配的数值之和应等于固定总值。

在应用数值分配量表时应注意的是，由调查者规定的总数值是数值分配量表的基础标准，并不是随意给出的数。之所以经常采用1、10、100等作为总数值，是因为这些数在被分配后比较容易检验其总和，也比较易于计算其百分数。同时被调查者在填写量表时，必须使被分配的各数值之和等于总数值，而不能大于或小于总数值。

3.沙斯通量表

沙斯通量表（Thurstone scale）是由一系列要求测试对象加以评判的表述组成，然后由被测试者选出他所赞同的表述的量表。其设置的基本步骤是：

第一步，由调查者提出若干表述语句，通常有几十条之多，以说明对一个问题的一系列态度，有的完全肯定，有的完全否定；

第二步，将这些表述提供给一组评判人员，通常为20~50人，要求他们将这些表述语句划分为若干组，这些组别划分可以反映他们对每一条表述语句肯定或否定的情况；

第三步，根据评判人员所确定的各组语句的条数，计算其平均数和标准差；

第四步，在各组分别选出标准差最小的两条语句，向真正调查时的被调查者提出，要求他们回答。

4.李克特量表

李克特量表（Likert scale）是问卷设计中运用十分广泛的一种量表，它要求被调查者表明对某一表述的赞成或否定。与沙斯通量表的不同之处在于：

首先，回答者对这些问题的态度不再是简单的同意或不同意两类，而是将赞成度分为若干类，范围从非常赞成到非常不赞成，中间为中性类；由于类型增多，人们在态度上的差别就能充分体现出来。

其次，不需要评定员。李克特量表运用的基本步骤是：

第一步，搜集大量（50~100条）与测量的概念相关的陈述语句。

第二步，将每个测量的项目划分为“有利”“不利”两类，两者的数目不一定相等。每条语句的态度分为“非常同意”“同意”“不一定”“不同意”“非常不同意”5种类型。

第三步，对每种态度给予一个分值，如从“非常同意”到“非常不同意”的有利项目分别为1、2、3、4、5分，不利项目的分数就为5、4、3、2、1。

第四步，计算受测者各个项目分数的总分，这一总分可说明他的态度强弱或他在这一量表上的不同状态，并依据总分多少将受测者划分为高分组和低分组。

（二）态度测量的信度和效度

1.信度

信度（reliability）即可靠性，是指采用同一方法对同一对象进行调查时问卷调查结果的稳定性和一致性，即测量工具（问卷或量表）能否稳定地测量所测的事物或变量。如果量表可以在不同的时间得出一致的结果，则量表是具有可靠性的，正如一把尺子无论什么时候测量同一本书的高度都是一致的。

信度分析的方法主要有以下4种：

（1）重测信度法。同样的问卷，对同一组访问对象在尽可能相同的情况下，在不同时间进行两次测量。两次测量一般相距在2~4周之内。用两次测量结果间的相关分析或差异的显著性检验方法，评价量表信度的高低。

（2）折半法。该方法是将上述两份问卷合成一份问卷（通常要求这两份问卷的问题数目相等），每一份作为一部分，然后考察这两个部分的测量结果之间的相关性。

（3）折半信度法。该方法是将调查项目分为两半，计算两半得分的相关系数，进而估计整个量表的信度。折半信度属于内在一致性系数，测量的是两半题项得分间的一致性。这种方法一般不适用于事实式问卷（如年龄与性别无法相比），常用于态度、意见式问卷（量表）的信度分析。

（4）α信度系数法。Cronbach α信度系数是目前最常用的信度系数，其公式为：

$$\alpha = \frac{K}{K-1}\left(1 - \frac{\sum S_i^2}{S_x^2}\right)$$

式中：K为量表中题项的总数；$\sum S_i^2$为第i题项得分的题内方差；S_x^2为全部题项总得分的方差。

从公式中可以看出，α信度系数评价的是量表中各题项得分间的一致性，属于内在一致性系数。这种方法适用于态度、意见式问卷（量表）的信度分析。

2.效度

效度（validity）即有效性，是指测量工具能够准确测出所需测量的事物的程度。效度分为3种类型：内容效度、准则效度和结构效度。效度分析有多种方法，其测量结果反映效度的不同方面。常用于调查问卷效度分析的方法有以下几种：

（1）内容效度分析。内容效度（content validity）也称表面效度或逻辑效度，指的是测量的内容与测量目标之间适合的程度，也可以说是测量所选择的项目与测量的目的、要求符合的程度，它主要依据调查设计人员的主观判断。对内容效度常采用逻辑分析与统计分析相结合的方法进行评价。逻辑分析一般由研究者或专家评判所选题项是否“看上去”符合测量的目的和要求。统计分析主要采用单项与总和相关分析法获得评价结果，即计算每个题项得分与题项总分的相关系数，根据相关是否显著判断是否有效。若量表中有反义题项，应将其逆向处理后再计算总分。

（2）准则效度分析。准则效度（criterion validity）又称效标效度或预测效度，是指量表所得到的数据和其他被选择的变量（准则变量）的值相比有意义的程度。准则效度分析是根据已经确定的某种理论，选择一种指标或测量工具作为准则（效标），分析问卷题项与准则的联系。若两者相关显著，或者问卷题项对准则的不同取值、特性表现出显著差异，则为有效的题项。评价准则效度的方法是相关分析或差异显著性检验。在调查问卷的效度分析中，选择一个合适的准则往往十分困难，这使该种方法的应用受到一定限制。

（3）结构效度分析。结构效度（construct validity）是指测量结果体现出来的某种结构与测量值之间的对应程度。结构效度分析所采用的方法是因子分析。用于评价结构效度的主要指标有累积贡献率、共同度和因子负荷。结构效度最关心的问题是：量表实际测量的是哪些特征？在评价结构效度时，调研人员要试图解释“量表为什么有效”这一理论问题以及考虑从这一理论问题中能得出什么推论。

3.信度和效度的关系

（1）信度低，效度不可能高。因为测量的数据不准确就不能有效地说明所研究的对象。

（2）信度高，效度未必高。例如，我们虽然准确地测量出了某人的经济收入，但也未必能够说明他的消费水平。

（3）效度低，信度很可能高。例如，一项研究未能说明社会中人员流动的原因，但它可能很精确、很可靠地调查了各个时期各种类型的人的流动数量。

（4）效度高，信度也必然高。

案例窗3-2

二、抽样

市场调查抽样，特别是随机抽样，有比较严格的程序，只有按一定程序进行调查，才能保证调查顺利完成，取得应有的效果。抽样调查一般分为以下几个步骤：

1.确定调查总体

这是指根据市场抽样调查的目的、要求，明确调查对象的内涵、外延及具体的总体单位数量，并对总体进行必要的分析。

2.设计和抽取样本

设计样本包括两项具体工作：

一是确定样本数目的大小或样本容量的多少，即样本所包含的部分总体单位的个数；

二是选择具体的抽样方式。它必须根据调查目的和调查总体的具体情况进行选择。

3.搜集样本资料，计算样本指标

搜集样本资料就是根据样本各单位的实际情况，选择一种或一种以上的方法搜集资料，对样本单位进行实际调查。搜集到样本资料后，还要对资料作整理和分析，最后计算出样本的指标。

4.用样本指标推断调查总体指标

在用样本指标推断总体指标时，要避免抽样误差，同时依据概率论的有关理论，对推断的可靠程度加以控制。

（一）随机抽样方式

随机抽样（random sampling）包括以下方式：

1.单纯随机抽样

单纯随机抽样（simple random sampling）又称纯随机抽样，是最基本的随机抽样方法，也是理论上最符合随机原则的抽样方法。此方法在抽样之前对总体单位不进行分组、排列等处理，完全按随机原则从总体中抽取样本。具体方法有以下3种：

（1）直接抽取法，是从调查总体中直接随机抽取样本进行调查。这种方法适合对集中于较小空间的总体进行抽样，如对存放于仓库的同类产品，可以直接随机抽出若干产品为样本进行质量检查。

（2）抽签法，是将总体各单位编上序号，并将号码写在外形相同纸片上掺和均匀后，再从中随机抽取；被抽中的号码所代表的单位就是随机样本，直到抽够预先规定的样本数目为止。

（3）随机数表法，是先把相同各单位编号，根据编号的最大数即总体单位数位数确定使用随机数表中若干列或若干行数字，然后从任意行或列的第一个数字起，可以向任意方向数去，遇到属于总体单位编号范围的号码就确定为样本单位，直到抽够预定的样本单位数为止。随机数表是由0~9组成的数字表，数字排列完全是随机的。较大的随机数表有美国兰德公司1995年编制出版的100万数字表，以及肯德尔与史密斯两人在1938年编制出版的10万数字表。

单纯随机抽样方法的不足之处是：

（1）在总体很大的情况下使用，编号工作量繁重；

（2）当总体单位差异程度较大时，必须使样本容量充分大才能保证样本推断总体的可靠程度和准确程度较高；

（3）所抽取的样本在总体中的分布过于集中或过于分散，会给实际调查带来困难。

2.等距随机抽样

等距随机抽样（systematic random sampling）又称机械随机抽样或系统随机抽样，是先将总体各单位按某一标志顺序排列，编上序号；然后用总体单位数除以样本单位数求得抽样间隔，并在第一个抽样间隔内随机抽取一个单位作为组成样本的单位；最后按计算的抽样距离作等距抽样，直到抽够样本数目。

等距随机抽样能使样本在总体中的分布比较均匀，从而减少了抽样误差，但应用时要注意抽样间隔与现象本身规律之间的关系，这种方法最适用于同质性较高的总体。

3.类型随机抽样

类型随机抽样又称分层随机抽样（stratified random sampling），是先将总体按一定标志分成各种类型（或层）；然后根据各类单位数占总体单位数的比重，确定从各类单位中抽取样本单位的数量；最后，按单纯随机抽样或等距随机抽样的办法，从各类中抽取样本单位，最终组成调查总体的样本。

类型随机抽样适用于总体单位数量较大、内部类型明显的市场调查对象。分类方法的科学性表现在两个方面：

一是分类标志的选择。只有所选择的分类标志恰当，才能使分类合理反映总体的实际情况。

二是分类必须依据互斥性和完备性原则。互斥性原则是指每一个总体单位只能属于某一种类型，不能同时属于一种以上的类型。完备性原则是指每一个总体单位必须属于某一种类型，不能哪一类都不归属，此原则保证了每个总体单位都不被遗漏。

4.整群随机抽样

整群随机抽样（cluster random sampling）是将总体按一定标准划分成群或集体，以群或集体为单位按随机原则从总体中抽取若干群或集体，作为总体的样本，并对被抽中各群中的每一单位都进行实际调查。生产企业或销售企业对商品质量进行抽样调查时，通常采用这种方法。

整群随机抽样与类型随机抽样的相似之处在于，它们都是首先根据某种标准把总体划分为若干部分（若干群）。两者的区别是，类型随机抽样必须在总体的每一个部分中，按照其比例抽取一定数量的样本单位；整群随机抽样则是将总体中被抽取部分的全部单位作为样本单位。此外，两者在对总体进行划分时，所依据的原则也是不同的。类型随机抽样要求被划分的总体各部分之间具有明显差异，且各部分内部的差异要尽可能小。整群随机抽样则要求被划分的总体各部分（群）之间尽可能无差异，总体部分（群）内部各单位允许存在明显差异。

5.多阶段随机抽样

多阶段随机抽样（multiphase random sampling）是把在市场调查总体中抽取样本的过程，分成两个或两个以上的阶段进行随机抽样的方法。在总体层次比较多或层次内单位数目比较多时，通常采用这种方法。

多阶段随机抽样的步骤是：

第一步，先将调查总体各单位按一定标志分成若干集体，作为抽样的第一级单位；然后将第一级单位分成若干小集体，作为抽样的第二级单位，以此类推，可以分出第三级单位、第四级单位等。

第二步，依照随机原则，先在第一级单位中抽取若干单位作为第一级样本单位，然后在第一级抽中的单位中抽出第二级样本单位，以此类推，可分出第三级样本单位、第四级样本单位。

（二）推断总体

1.抽样误差

抽样误差（sampling error）是指随机抽样中样本指标与总体指标之间的差异。一般来说，重复抽样的误差大于不重复抽样的误差，单纯随机抽样、等距随机抽样、类型随机抽样、整群随机抽样等所产生的误差各不相同。

一般以单纯随机抽样法为基础，以重复抽样误差公式为例，计算抽样平均误差。

在重复抽样条件下，简单随机抽样平均数的抽样平均误差计算公式为：

$$\mu_x=\frac{\sigma}{\sqrt{n}}$$

式中：μ_x为抽样平均数的抽样平均误差；σ为总体标准差；n为样本单位数。

用于抽样成数的抽样平均误差的公式为：

$$\mu_p=\sqrt{\frac{P(1-P)}{n}}$$

式中：μ_p为抽样成数的抽样平均误差；P为总体成数；n为样本单位数。

在大样本情况下，即当n≥30时，可以采用样本标准差代替总体标准差，用样本成数代替总体成数。

【例3-1】假设某小区共有10 000户居民，现在要对某种商品的月需求量和需求倾向进行调查。用单纯随机抽样方法抽取200户居民进行调查，得到每户居民对该商品的月需求量为500克，标准差为100克，表示继续消费该产品的居民户为90%。现对抽样平均数和抽样成数的抽样平均误差进行计算。

【解】抽样平均数的抽样平均误差为：

$$\mu_x=\frac{\sigma}{\sqrt{n}}=\frac{100}{\sqrt{200}}=7.1\text{（克）}$$

抽样成数的抽样平均误差为：

$$\mu_p=\sqrt{\frac{P(1-P)}{n}}=\sqrt{\frac{0.9\times(1-0.9)}{200}}=\sqrt{0.0005}=0.02\text{（克）}$$

2.推断总体

在市场抽样调查中推断总体，应用的是统计推断原理，其一般采用区间估计的方法。区间估计就是在一定的抽样误差范围内建立一个置信区间，并联系这个区间的置信度，以样本指标推断总体指标。

（1）抽样估计的置信度。置信度（confidence level）是指推断的可靠程度。抽样推断可靠程度是指总体所有可能样本的指标落在一定区间的概率度，通常用百分比表示。

对置信度与抽样误差之间的关系，数理统计的理论可以用正态分布来描述，即在抽样误差前乘以t，并使置信度成为t的分布函数F(t)，将两者关系对应起来建立正态分布概率表，以便使用时查找。这样任何一个置信度都可以查到对应的t值。如几个常用的置信度90%、95%、95.45%、99%所对应的t值分别是1.65、1.96、2、2.58。

（2）市场随机抽样的区间估计。区间估计是统计推断的常用方法，它是在考虑到抽样误差的情况下以样本指标推断总体指标的过程，同时必须联系抽样误差和置信度的关系。

区间估计可以用于样本平均数推断总体平均数，也可以用样本成数推断总体成数。

用样本平均数推断总体平均数的区间估计公式为：

$$\bar{x}-t\mu_x \leqslant \bar{X} \leqslant \bar{x}+t\mu_x$$

式中：$\bar{X}$为总体平均数；$\bar{x}$为样本平均数；$t\mu_x$为抽样平均数误差范围。

以上公式说明，总体平均数表现为样本平均数加减抽样误差范围的区间值，而不是一个固定点值。

用样本成数推断总体成数的区间估计公式为：

$$p-t\mu_p \leqslant P \leqslant p+t\mu_p$$

式中：P为总体成数；p为样本成数；$t\mu_p$为抽样成数误差范围。

以上公式说明，总体成数表现为样本成数加减抽样误差范围的区间值，而不是一个固定点值。

【例3-2】如例3-1所设的各个条件，若置信度为95%，试计算区间估计。

【解】若置信度为95%，其相应的t=1.96，则有：

$$500-1.96\times7.1 \leqslant \overline{X} \leqslant 500+1.96\times7.1$$

$$486.1 \leqslant \overline{X} \leqslant 513.9$$

即居民对该商品的月平均需求量为486.1~513.9克。

$$0.9-1.96\times0.02 \leqslant P \leqslant 0.9+1.96\times0.02$$

$$0.86 \leqslant P \leqslant 0.94$$

即居民中表示将继续消费该商品的居民户占86%~94%。

按以上数据，计算这10 000户居民对该商品的月需求量，则：

若以最低需求户计算需求量为：

486.1×10 000×86%=4 180.5（千克）

513.9×10 000×86%=4 419.5（千克）

即以最低需求户计算的每月需求总量为4 180.5千克~4 419.5千克。

若以最高需求户计算需求量为：

486.1×10 000×94%=4 569.3（千克）

513.9×10 000×94%=4 830.7（千克）

即以最高需求户计算的每月需求总量为4 569.3千克~4 830.7千克。

总的来说，这10 000户居民对该商品的月需求量将会在4 180.5千克~4 830.7千克之间，这种推断有95%的置信度。

（三）非随机抽样方式

非随机抽样（nonprobability sample）是在抽样中不将随机性作为抽样原则，而是根据市场调查者的主观分析判断抽取样本。非随机抽样在实际应用时要特别谨慎，否则就会出现错误。非随机抽样的方法主要有以下几种类型：

1.任意抽样

任意抽样是指市场调查者把在一定时间、一定环境所遇见的人作为调查对象并选入样本的方法。如在街上把行人作为调查对象，任意选若干位进行访问调查；在剧院、车站等公共场所任意选择一些人进行调查。应用任意抽样法进行调查，方便，节省，但其偶然性极大。

2.主观抽样

主观抽样是指市场调查者根据主观判断选取样本的方法。其分为两种：一种是强调样本对总体的代表性，此时抽样必须严格选择对总体有代表性的单位为样本；另一种是注重对总体中某类问题的研究，这时主观抽样必须有目的地选择样本，即选择与所研究问题的目的一致的单位作为样本。

3.定额抽样

定额抽样也称配额抽样，是指按市场调查对象总体单位的某种特征分若干类，按一定比例在各类中分配样本单位数额，并按各类数额任意或主观抽样。定额抽样法的理论依据是，认为同类调查对象中各单位大致相同，差异很小，因此不必按随机原则抽样，只要用任意抽样法或主观抽样法就行了。

4.滚雪球抽样

滚雪球抽样是指先对随机选择的一些被调查者实施访问，再请他们推荐符合研究目标总体特征的调查对象。这种方法用于低发生率或少见的总体，因为要找到这些少见的个体，代价是很大的，调查人员因为费用的原因不得不使用类似滚雪球这样的抽样技巧。

（四）确定样本容量

样本容量（sample size）是指样本单位的多少，在市场抽样调查中样本容量的确定是一个必须要解决的实际问题，它关系到样本对总体的代表性，也关系到抽样调查费用和人力费用。样本太小会影响样本对总体的推断准确性和可靠程度，过大则会造成不必要的人力和资源浪费。

抽样调查是以概率论和数理统计的有关理论为依据的，这些理论是以大样本为前提建立的，将小于30个单位的样本称为小样本，大于等于30个单位的样本称为大样本。一般在市场抽样调查中采用的是大样本，其样本单位在50~5 000之间。在具体确定样本容量时可按公式法和经验法进行。

1.公式法计算样本容量

公式法计算样本容量是指根据市场抽样调查中的置信度和置信区间，根据总体标准差的大小等因素，计算出确切的样本单位数。

单纯随机抽样的计算公式为：

$$n=\left(\frac{t\sigma}{\Delta x}\right)^2$$

式中：n为样本单位数；σ为总体标准差；Δx为抽样平均数误差范围；T为与置信度对应的函数值。

【例3-3】若10 000户居民的年消费水平标准差为200元，要了解其年平均消费水平，要求以95%的置信度推断总体，允许误差范围是15元，则应采取多少户进行调查？

【解】已知t=1.96，σ=200元，Δx=15元，则：

$$n=\left(\frac{t\sigma}{\Delta x}\right)^2=\left(\frac{1.96\times 200}{15}\right)^2=683\text{（户）}$$

即必须采取683户居民作为样本才能满足调查要求。

2.经验法确定样本容量

由经验法确定样本单位数，一般多用于非随机抽样。

（五）网上抽样

网上调查方式的出现简化了调查运作的环节，但调查的基本理论（如抽样理论）仍适用。常用的网上抽样调查方法有：

1.E-mail地址抽样

在拥有总体的E-mail地址的情况下，可以在E-mail地址中进行随机抽样。如果有每个E-mail地址的相关背景信息，还可以通过信息按一定配额条件进行随机抽样。

2.固定样本抽样

把已经同意参加各类调查的受访者放入固定样本库，每个成员都提供了背景信息和E-mail地址，然后根据项目的要求，按一定的甄别条件，对性别、年龄、所在地区和收入等项目在相应的成员中随机抽样。如果固定样本资料库是通过电话随机访问招募的，则抽样就具备完全的随机性；如果是非随机的，则抽样就与传统方法中的联络员招募相似，不具有完全的随机性。

3.弹出窗口式抽样

用软件技术，可以对网站的访问者进行计数，可预先设定好间隔，如每隔100个访问者就弹出一个窗口请访问者参加访问。这种方法类似于传统的街头拦截，但由于自动控制，所以随机性更好。

4.预先电话抽样

预先采用电话访问的方法进行随机抽样，直接或通过E-mail邀请受访者到指定的网站上参加调查。通过密码控制，进行调查的网站只对受邀请的来访者开放。这样既实现了完全的随机性，又充分利用了网上调查的优势。

5.完全公开式抽样

其是在网站上公开调查问卷，进行广泛的链接和邀请，受访者主动参加。这种方法几乎无法对受访者进行控制，而且无法对所调查的内容进行保密。

（六）国际市场营销调研中的抽样方法

在国际市场营销调研中，第一个要解决的问题是在所有国家里进行调研，还是把一个国家的调研结果和结论推广到其他国家去。理想的情况是能在计划开展营销活动的所有国家里调研，但有时调研成本太高，也可以考虑把一个国家的调研结果推广到另外一个国家。

第二个问题就是选择抽样方法。通常来说，最适宜国内市场营销调研的抽样技术是随机抽样，但在国际市场营销调研中不一定适合，这是因为在国外市场很难找到目标总体的名单。在国际市场营销调研中，常用的是滚雪球抽样法，即先随机选取一些被调查者，再以这些被调查者给出的信息选取其他被调查者。为了降低成本，还经常采用两阶段抽样技术。首先，从顾客那里搜集关于某些特征的信息，根据这些信息制定抽样框，再从这个框里抽取另一个样本。

第三个问题是要不要在每个国家都采用同样的抽样方式。同一种抽样技术在不同国家的可靠性是不一样的，因此最好不要在所有国家都采用同一种抽样方法，可以采用具有同等可靠性水平的不同方法。

第四个问题就是样本容量。在有些国家，总体方差数据可能无法得到，所以很多情况下，调研人员只能随意主观地决定样本容量。

三、国际市场营销调研面临的主要问题

随着市场及市场竞争的范围已扩展到了全球，市场营销调研已经成为国际市场营销理论与实践中十分重要的内容。然而，国际市场营销调研与国内市场营销调研存在很大的差别，在解决国际市场营销调研所面临的问题时常常会陷入困境。从总体上讲，国际市场营销调研面临如下问题：

1.如何同时搜集多个国家的市场信息情报

国家数量有时多达100多个，而每一个国家的营销情报需求又千差万别，这样导致调研成本和调研难度增加。由于对各国的调研不能采取统一的模式，在作各国替代性研究时，调研人员可能会出现各种偏差。

2.如何合理利用国外二手数据

有些国家的二手数据较多，而大多数国家缺乏二手数据；统计概念在各国的解释口径不一样，加之搜集的数据的精确性程度不同，以及二手数据的提供者的态度是否客观公正，这些都影响了二手数据的有限性与不可比性。

3.如何科学地搜集和利用原始数据

国际市场营销调研人员在搜集原始数据时经常会遇到诸如语言、各个国家社会组织多样化、市场有效反应率低、商业及通信的基础设施局限性等问题，而且搜集费用昂贵，其难度不言自明。

4.如何保证调研模型结构的一致性

各国在社会、文化、经济、政治方面均有不同程度的差异，由此所构造的调研模型也会由于内因的不同而无可比性，这就会影响模型的有效性。因此，模型构造的各相关因素必须可比、一致。例如，季节、经济周期、通货膨胀等都会给同一变量带来时间差异。

5.如何保证测量结果的均衡

测量结果与模型的构造有十分密切的关系，但不能认为模型的构造均衡可以自动保证数据测量的均衡。如产品质量、安全性、等级在各国会有不同的标准。调研者要识别国家间的差异，并尽量使用国际标准。即使所构造的模型本身较为完善，但在使用同种语言进行分析时也会产生翻译问题，从而有损模型的精确性。翻译问题包括语言翻译和非语言翻译问题。在这方面可以广泛借鉴社会学调研方法，如双向翻译法。

6.如何实施国际市场抽样调查

调研中广泛使用抽样的方法，但在国际市场营销调研中，抽样会面临两个问题：

一是分类定义的标准问题。如人口抽样根据人口资料进行分类，但分类标准各国相异。

二是样本范围和代表性问题。调研者在样本范围和代表性之间要作出权衡。

应对上述困难和问题，需要在进行国际市场营销调研中与时俱进，采用新的思路和对策。早在1952年海格勒（T. A. Hagler）就提出了比较营销调研，着眼于整个市场营销管理系统，将营销过程视为环境的直接函数，强调国际市场营销过程和环境的关系。比较营销分析具体运用的是对偶国家分析方法。它先研究一国的环境和成功的营销过程，再根据国际市场营销环境的变化作一定调整。在实际调研运用中，我们还要处理好一些均衡性问题。

从表面上看，比较营销分析模型与传统的营销环境因素分析十分相似，但由于两者对环境因素的认识存在本质上的区别，因而用同样的数据所得到的结果就完全不同。在面临国际市场营销调研实施中的种种问题时，比较营销分析模型的优越性就显现出来了。

第四节　国际市场营销调研的数据分析

数据分析过程包括了前期的数据录入、整理和调整。国际市场营销调研的数据分析方法主要借鉴了大量的统计方法，包括假设检验、相关分析、回归分析、因子分析、聚类分析、判别分析等，以及专家提供的估计国外市场需求的简单方法。

一、数据的处理程序和数据调整

（一）数据的处理程序

1.分类

分类的方法有两种：

一种是事先分类，即在问卷设计时已将调查问题预先作了分类编号，资料搜集后只要按预先的分类进行整理即可。

另一种是事后分类。市场调查中有些问题事先无法分类，如购买动机、非结构性问题的询问等，只能在事后分类。数据分类编组一般有按照数量分组、按照时序分组、按照地区分组、按照质量分组4种类型。

2.编校

数据的编校工作包括检查、改错，以及对数据进行鉴别与筛选。编校时要按照易读性、一致性、准确性和完整性这4个标准来进行工作，其中完整性尤其重要，即市场调查问卷的所有问题都应有答案。没有答案可能是被调查者不能回答或不愿回答，也可能是调查人员遗忘所致，编校工作者应决定是否再向原来的被调查者询问，以填补空白问题；否则，就应剔除这些遗漏了的数据，以免影响数据的完整性和准确性。

3.整理

数据整理的方法有手工、机械和电子计算机3种。

（1）手工方法。其优点是方法简单，不需要其他机器设备，工作人员只需要接受手工整理的训练；发现错误可随时纠正，成本较低。其缺点是遇到大量复杂的数据时，整理时间太长。

（2）机械方法。调查表上每一类资料都要根据一定的标准，在规定的部位打孔，经过检查后，运用分类机自动将同一部位的卡片分组，并自动在记录器上计算出张数。这种方法的效率比手工方法高，而且可以保证数据整理的准确性。

（3）电子计算机方法。由于电子计算机计算速度快、准确率高，所以对大量、复杂的数据处理工作特别有效。要在计算机中处理调查的数据就要将答案变换成代码，代码通常用数字来表示，也可用字母表示。

在用上述3种方法对原始数据进行输入后，有时为了方便接下来的数据处理分析，还会将数据根据调查目的和重要程度进行分类，形成表格或图形。

（二）数据调整

在搜集到的数据中，由于非正常因素的影响，某些数据会突然偏离正常规律，这是由偶然因素造成的，对不能说明正常规律的数据应当进行适当的技术处理。

对市场数据进行调整的基本方法有以下几种：

1.剔除法

剔除法是指将那些不能反映正常趋势的数据直接剔除。

2.还原法

当采用剔除法减少数据点不利于分析时，还可采用还原法，即把数据处理成排除非正常因素时应该表现出的数据。还原法可用算术平均法及几何平均法计算出两种还原值。选择哪种方法应视整个所得的数据的趋势而定。如果数据的发展趋势是呈线性的，用算术平均法较好；当发展趋势呈非线性时，用几何平均法较好。

3.拉平法

该方法主要用来处理商业企业调整或扩大经营范围、生产能力，以及扩大或调整生产品种后的数列。

在实际操作中视所搜集到的数据，灵活、综合地运用以上提到的数据调整方法，使调查能够取得一个比较准确、可信的结果。

二、常用的数据处理方法

（一）假设检验

“假设”可以定义为一个调查者对被调查者总体特征所作的一种假定或猜想。营销人员常常要面临这样的问题：调查结果是否与标准有很大的差别；公司作出营销决策时哪些方面需要改变。比如，一位经理认为其产品购买者的平均年龄为35岁，为此他进行了一项调查，调查表明购买者的平均年龄为36.5岁。这样的调查结果是否足以说明经理的判断有误？对这样的问题，应通过假设检验来评估。

假设检验（hypothesis testing）是数理统计学中的概念，是指根据一定的假设条件由样本推断总体的一种方法。通过检验，可以对样本指标与假设的总体指标之间是否存在差别作出判断。这里必须明确，进行检验的目的不是怀疑样本指标本身是否计算正确，而是为了分析样本指标和总体指标之间是否存在显著差异。从这个意义上说，假设检验又被称为显著性检验。

假设检验的步骤如下：

（1）陈述假设。根据问题的需要对所研究的总体作某种假设，原假设为H_0，备择假设为H_a。

（2）选择适当的检验统计量。这个统计量的选取要使得在假设H_0成立时，其分布为已知。常用的假设检验方法有u检验法、t检验法、χ^2检验法、F检验法等。

（3）确定判定规则。统计学里用显著水平——α来说明判定规则。显著水平是判定原假设的可接受性时的一种很低的概率，如0.1、0.05或0.01。

（4）计算统计检验值。由实测的样本计算出统计量的值，并根据预先给定的显著性水平进行检验，作出拒绝或接受假设H_0的判断。

回到上述的例子，我们可以作出如下的假设检验：

原假设H_0：平均年龄调查结果=35

备择假设H_a：平均年龄调查结果≠35

选择显著性水平为0.05的假设，若进行计算后，$\alpha \leq 0.05$，则说明原假设成立的概率小于5%，由此拒绝原假设，即实际平均年龄与经理估计的35岁之间存在显著差异。

（二）相关分析和回归分析

在研究具有相互关联的事件时，通常借助于相关分析和回归分析这两种统计方法。度量变量之间关联程度的方法叫相关分析（correlation analysis）。如果考虑的是两个变量之间的关系，则称简单相关；如果讨论一个变量与两个或多个其他变量之间的关系，就称复相关或偏相关。而回归分析（regression analysis）则是根据已知的一个或一个以上变量（自变量）的值来估计另一个变量（因变量）的值，并且算出估计的误差。

尽管这两种方法在实际使用时可以互相替代，但它们仍然存在不同。相关分析只是测定变量之间的相关程度，它考虑的是随机变量之间的共同变动，而不必区分自变量和因变量。而回归分析是希望得出一个有关各个变量之间联系的数学表达式，其中只有目标变量（因变量）假设为随机变动，而自变量均为已知常数。正如探讨变量之间关联度不必推导出一个方程，我们也可以在不考虑变量关联度的情况下作回归分析。一般而言，两种方法是混合使用的，统称为相关回归分析。

1.相关分析

相关分析是衡量一个变量变化和另一个变量变化相联系的程度。如果仅探讨两个变量的关系，则这种分析被称为简单相关分析或二元相关分析。

在探讨变量X_i、Y_i之间的相关关系时，可以先做出散点图（scatter diagram），以坐标轴上的点代表X_i、Y_i的一对观察值，这样可以直观地考察变量之间的联系程度，且有助于选择合适的估计模型（如图3-1所示）。

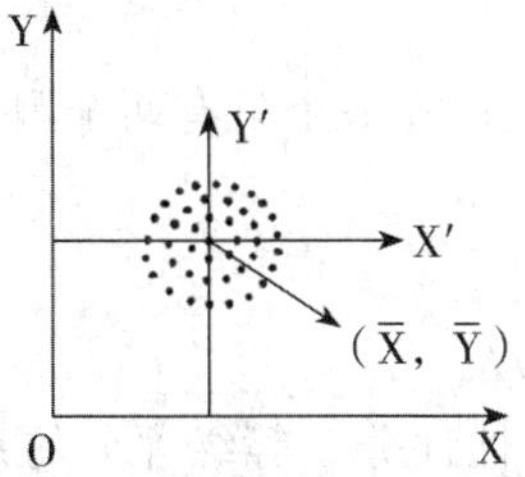

图3-1　相关分析的散点图示意图

若二者无明显关系，不继续研究回归方程，则可计算二者的相关系数r。相关系数的取值范围为-1<r<1。当r为正值时，两变量为正相关；当r为负值时，两变量为负相关。相关系数的绝对值｜r｜愈大，两变量的相关程度愈密切。当r=1时，两变量为完全正相关。

$$r=\frac{\sum(x_i-\bar{x})(y_i-\bar{y})}{\sqrt{\sum(x_i-\bar{x})^2\sum(y_i-\bar{y})^2}}$$

相关分析可以帮助营销决策者为实施市场战略而去发现市场的空隙和优化产品的定位（对新品牌或新产品的开发/延伸）；发现市场上决定性的或显著的属性，如对选择不同品牌的重要的和有显著区别的属性。

2.回归分析

回归分析常应用于满意度研究、消费者研究、市场预测以及专业技术研究等方面。在实际运用中，回归分析根据变量的数目划分为二元变量回归和多元变量回归，回归的形式包括线性回归和非线性回归等。

（1）二元变量回归。

二元线性回归方程为：

$$Y=a+bX+e$$

式中：Y为产出；X为输入变量；a为常量；b为斜率；e为误差或残差。

常用的估计法是最小二乘法，其估计结果是图示中一条比其他线更能体现观察结果的直线。

（2）多元变量回归。

多元线性回归方程像二元线性回归方程一样，只不过有更多的独立变量，其线性方程为：

$$Y=a+b_1x_1+b_2x_2+b_3x_3+\cdots+e$$

回归分析可以较为科学地分析两个变量、多个变量间的关系，并能进行有效的市场预测。

（三）因子分析

因子分析（factor analysis）的目的是使数据简单化，从大量的可测量的数据中总结出相对少数的简明信息，即因子。如果一个概念包含多方面的指标，那么它们可以综合在一起形成一个综合概念，或计算出这个概念的平均得分。如消费者对某品牌汽车从4个方面（平稳、安静、加速、操作）进行评价，经过因子分析，这4个指标可以被综合成两个简单的标准，即“豪华型”和“性能型”。

1.因子分析的步骤

（1）计算每个因子的得分。假设在一个只有两个因子的因子分析中，因子得分的计算如下：

$F_1=0.4A_1+0.3A_2+0.02A_3+0.05A_4$

$F_2=0.01A_1+0.04A_2+0.45A_3+0.37A_4$

式中：F为因子得分；A为等级特性评分。等级评分的系数即为该变量的权数。在第一个计算中，对A_1、A_2来说，因子得分的系数或权数较大，而A_3、A_4的因子得分系数或权数较小。这说明主要由A_1、A_2来解释F_1因子，F_2因子则主要由A_3、A_4解释。

（2）因子载荷。因子载荷是通过计算每个因子的得分（F_1，F_2）与每个初始等级变量的相关系数得到的。每个相关系数代表在某一特定因子中相关变量的载荷值。

（3）因子命名。当确定了每个因子的定义变量后，就可以对因子进行命名。

（4）因子数目的确定。在因子分析中，我们需要决定保留多少个因子。一般来说，应该保留解释变化百分比较高（一般高于50%）的因子。

2.因子分析的应用

由于因子分析具有这种处理多个有一定相关性的变量的能力，因此它在市场调研的国际市场营销领域中有着广泛的应用。

（1）消费者使用习惯和态度（U&A）研究。在U&A研究中，探查消费者对产品的态度往往需要使用因子分析。先探查影响消费者对产品态度的基本因子，并在此基础上利用各因子进行聚类分析，对消费群进行细分，从而达到市场细分的目的。例如，选取有关啤酒饮用的20个态度语句，采用5级量表法（1表示非常不满意，5表示非常满意）对消费者进行产品态度调查。因子分析的结果给出了影响产品态度的6个态度因子：男子气概、品牌转换、有吸引力的额外利益的啤酒、独自在家饮用、社会认可、品牌试验者或社交饮用者。

（2）生活形态（life-style）研究。对生活方式的研究不可避免地要用到因子分析技术。目前生活方式的研究主要使用功能句子测量技术，这些句子数量众多而且具有较强的相关性，无论从数据本身出发还是从实际意义出发都适合用因子分析。

（3）品牌形象和产品特性研究。产品调研经常需要品牌形象和产品属性。例如，顾客如何评价银行？对15个有关银行特性的变量的因子分析结果表示，传统服务（包括贷款利率、社会声望等）、方便性（包括服务速度、ATM的位置等）、可见度（包括亲友推荐、社会活动的参与度等）以及能力（包括员工能力、辅助服务可得性等）是评价银行时所使用的评价因子。

（4）顾客满意度（CSR）研究。顾客满意度研究可能需要使用因子分析对顾客态度进行探查，以寻求影响顾客满意度评价的基础因子。

（四）聚类分析

聚类分析（cluster analysis）是指把具有某种相似特征的物体或者事物归为一类的方

法与技巧。聚类分析的目的在于辨别某些特性相似的事物，并按这些特性将样本划分成若干类（群），在每一组内，成员彼此之间在某些方面具有极大的相似性，而组与组之间具有极大的差异性。在市场研究中，聚类分析主要用于对消费者群体进行市场细分、为市场测试确定相匹配的城市、在市场结构分析中识别竞争者、产品分类、选择试验市场、确定分层抽样的层次、分析消费者的性格特征和行为形态等方面。

（五）判别分析

判别分析（discriminant analysis）能够依据样本的某些特性判别样本所属类型。与聚类分析不同的是，判别分析是在已知研究对象可用某种方法分成若干类的前提下，建立判别函数，用以判定未知对象属于已知分类中的哪一类。

判别分析的普通公式为：

$$Z=b_1x_1+b_2x_2+b_3x_3+\cdots+b_nx_n$$

式中：Z为判别分；b为判别权数；x为自变量。

在市场研究中，判别分析的目的是预测类别变量，即哪些或哪个变量落在某个类别的可能性。如一个市场营销经理想知道哪些人会有最大可能来购买手机，由此对被调查者进行统计，最近购买手机的人标上“1”，没有购买的人标上“0”。根据以往的调查经验，5个自变量（覆盖范围、移动性、音质、远距离收发信息的能力、月平均电话费）可以对手机的拥有情况作出很好的预测。判别结果为：

$$Z=-0.02x_1+0.22x_2-0.36x_3+0.55x_4-0.07x_5$$

结果表明，在区分目前使用和没使用手机的人时，远距离收发信息的能力是最重要的变量，而覆盖范围是相对不重要的变量。

案例窗3-3

三、国外市场需求估计

在评价国外市场机会及估计市场需求时，必须搜集有关当前市场需求趋势的统计数据，而这类统计数据常常搜集不到。如果得不到所需的统计数据，则可以在当地的产量加上进口量的基础上，根据出口及目前存货水平，进行调整后得出非常近似的数据。以下介绍几种进行市场需求估计的方法。

（一）专家意见法

对许多市场估计中的问题，尤其是在估计新进入的外国市场时，听取专家的意见是明智的。采用这一方法时，要对专家进行调查以了解他们对市场规模及增长率的看法。专家可以是企业自己的销售经理，也可以是来自企业外部的顾问及政府官员。利用专家意见来预测需求的关键是要比较不同的专家提供的市场估计。

（二）类比法

该方法假定各个国家的经济发展情况相似，那么这些国家对某一种产品需求的发展也基本相同。必须确定该产品与某国的某个可量度的变量之间的关系式，以此作为类比的基础。一旦关系式确立，即可将已知的情况类推到调查对象国。比如，企业想要估计一种饮料在印度市场发展的潜力，但缺乏充分的销售数据，然而该企业在印度邻国——乙国有充分的、可靠的饮料销售数据。已知乙国人均GDP的增长率，如果知道印度的人均GDP，就可以根据乙国已确立的两者之间的关系估计该饮料在印度的人均消费量。进行类比时须谨慎，因为该方法假设两国除所用变量（GDP）外其他因素均相似，比如有相同的偏好、税收、价格、销售方式、产品供应情况、消费模式等。尽管类比法有明显的缺点，但若数据有限，它仍不失为一种有用的方法。

（三）收入弹性系数法

也可以通过衡量个人或家庭收入与对产品的需求之间的关系的变化来进行市场需求预测。收入弹性比率是指一种产品的需求对收入变化的敏感程度。弹性系数即为产品需求量变化的百分比与收入变化的百分比之比。如果系数小于1，则收入-需求关系相对缺乏弹性；反之，如果系数大于1，则两者关系具有弹性。若收入-需求关系具有弹性，当收入增加时，对商品的需求的增长幅度要大于收入的增长幅度。如果娱乐的收入弹性系数为1.2，这表示收入每增加1%，娱乐需求应增加1.2%；如果系数为0.8，那么收入每增加1%，娱乐需求应增加0.8%。收入减少时，这一关系仍然存在，尽管需求减少的速度也许比收入增加的速度高一些。在预测某一特定产品或产品组合需求的增加时，收入弹性系数法同样有用。这一方法的主要问题是可能无法获得确立弹性系数所需的数据。但是在许多国家，产品的收入弹性系数已经确定，可以利用之前的类比方法对这些国家进行估计。

收入弹性系数仅仅表明收入发生变化时的需求变化，并不为调研人员提供产品的总需求情况，只能在经济上或时间上不允许进行实际市场调查时采用。实际上，最好的预测方法应该是以宏观经济数据为基础并结合当前消费者的面谈调查。

关键术语

国际市场营销调研（international marketing research，IMR）　原始数据（original data）　二手数据（secondary data）　询问法（questioning method）　观察法（observation method）　实验法（experimental method）　态度测量（attitude measurement）　随机抽样（random sampling）　假设检验（hypothesis testing）

主要观点

◆ 国际市场营销调研比国内市场营销调研的范围更为广泛，环境更为复杂多变，决策更为困难。

◆ 可以通过询问法、观察法、实验法以及一些定性调研方法获取国际市场营销决策所需的原始数据。

◆ 国际市场营销二手数据来源广泛，除了众多公开信息外，还可以通过固定数据供应商处或网上调研获取。

◆ 精心设计的量表能有效测量国外消费者的态度，应同时注意考察其信度和效度，以保证调查的准确性。

◆ 国际市场营销调研应选用恰当的抽样方式和调整原有抽样方式，以便适用于国外市场。

◆ 可选择假设检验、相关分析、回归分析、因子分析等方法对搜集到的数据进行处理，但应针对不同的国家和市场进行数据调整。

基本训练

一、思考题

1.国际市场营销调研与国内市场营销调研有何区别？

2.国际市场营销调研的内容包括哪些？

3.一个完整的国际市场营销调研过程包括哪些步骤？

4.搜集国外市场原始数据和二手数据的方法各有哪些？

5.如何有效地进行网上调研？

6.什么是态度测量的信度和效度？

7.市场调查的抽样方式分别有哪些？在国际市场营销调研中使用抽样法需要注意什么问题？

8.什么是假设检验和因子分析？

9.相关分析和回归分析有何区别？

10.国外市场需求的估计方法有哪几种？

二、案例分析题

案例1　**揭示购买真相的脑部扫描实验**

这是迄今为止全球最大规模的神经科学营销研究项目。其研究人员从德国出发，先后走遍了英国、美国和日本，最后来到了中国，并把中国作为其主要实验区域。研究小组采用脑电图SST技术进行实验。他们担负着两项任务：第一，检验“全球品牌理论”是否真正存在。如果全世界都在播放同样的电视广告，那么它是否能够吸引所有消费者的眼球？第二，揭示营销人员从来都无法得知的奥秘——我们大脑的潜意识究竟在想什么，是什么促使我们购买某一产品或品牌。

1.在中国上海开展脑部扫描测试

研究小组选择了日本第二大广告公司博报堂（Hakuhodo）在中国的上海代表处作为中国区域合作伙伴。随着实验室的灯光转暗，一幅图像出现在第一组实验对象面前。研究小组采用了最先进的脑部扫描技术。实验对象戴着眼罩和类似头盔的脑部仪器，在广告（有中国的，也有外国的）播放的过程中，这些仪器对他们脑部选定的区域进行了测试。

首先选取的是微软最成功的电视广告之一：一开始，一个空仓库出现在镜头里，然后温和的画外音向大家叙述微软是如何“把每一个时刻都转化为绝佳的机会”。在叙述的过程中，画面上出现了手绘的各种图案，你将见证一个空空如也的仓库最终变成了一个坐满了几百名观众的音乐厅。

该广告在全球获得了巨大成功，证明了同样的电视广告能够影响全世界各国的消费者。但是这里包括了世界上经济发展最快的中国吗？研究小组已经用这个广告在日本进行了测试。和其他国家的人一样，日本人似乎也喜欢这个广告——空的大仓库看起来很吸引人，因为在日本几乎找不到这么空旷的空间。

2. 出人意料的扫描结果

在扫描结束后，研究小组进行了问卷调查。大多数人表示了对这个广告的喜爱。至少在纸上，研究人员发现测试的结果和在其他国家差不多。问卷中的问题为：“你喜欢这个广告吗？”大多数中国实验对象回答“是”。“这个广告会使你考虑购买微软的产品吗？”中国被测者又回答了“是”。但这是真相吗？

当研究人员对扫描结果进行分析时，出人意料的情况发生了——这种情况在任何一个国家都没有出现过。与问卷调查的结果相反，中国人似乎并不喜欢这个广告。研究小组的每一个人都感到非常迷惑。原来是广告的开场导致了这种结果。当空旷的仓库出现时，中国人脑部与“抵触感受”相关联的区域像火球一样被点亮了。很明显，中国人非常抵触“空仓库”的概念。这种“货架上没有货物出售”的场景让他们感到很不舒服。而具有讽刺意味的是，没有人能够通过语言表达这种感受，只有他们的潜意识清楚地反映了事情的本质。关于“同一个电视广告适用于全球市场”的理论彻底被推翻了，而中国成为这一理论失败的见证者。

这是该研究小组首次对人类的潜意识进行窥探，消费者的购买行为有85%是由潜意识控制的；这解释了为什么在从货架上拿起商品的短短几秒钟之内，我们就能爱上它并决定购买，以及为什么有些品牌在尚未发布时就注定了失败。

资料来源 林斯特龙．买［M］．赵萌萌，译．北京：中国人民大学出版社，2009：前言．

讨论：

（1）为什么说市场调研的结果往往与我们“想象的结果”不一致？

（2）你认为还可以通过什么方法发现消费者真实的想法？

案例2 著名跨国公司的市场调查方式

知名的企业不仅是产品营销高手，也是市场调查能手。正是通过对市场入木三分的解剖，才使自己成功地驾驭市场。

1. 卡西欧的卡式市场调查

卡西欧公司的市场调查主要是销售调查卡。其卡只有明信片一般大小，但考虑周密、设计细致，调查栏目中各类内容应有尽有。

第一栏是对购买者的调查，其中包括性别、年龄、职业，分类十分细致。

第二栏是对使用者的调查，使用者是购买者本人、家庭成员还是其他人。每一类人员中又分年龄、性别。

第三栏是购买方法的调查，是个人购买、团体购买还是赠送。

第四栏是调查如何知道该产品的，是看见商店橱窗布置、报刊广告、电视广告，还是朋友告知、看见他人使用等。

第五栏是调查为什么选中了该产品，所拟答案有操作方便、音色优美、功能齐全、价格便宜、商店的介绍、朋友的推荐、孩子的要求等。

第六栏是调查使用后的感受，是非常满意、一般满意、普通，还是不满意。

另外几栏还分别对乐器的性能、购买者所拥有的乐器、学习乐器的方法和时间、所喜爱的音乐、希望有哪些功能等方面作了详尽的调查。如此，为企业提高产品质量、改进经营方式、开拓新的市场提供了可靠依据。

2.丰田公司的比较式调查

1958年，丰田车首次进入美国市场，年销量仅为288辆。丰田进入美国的第一种试验型客车是一场灾难，这种车存在严重的缺陷：引擎的轰鸣像载重卡车，车内装饰粗糙又不舒服，车灯太暗不符合标准，块状的外形极为难看。同时，该车与其竞争对手大众“甲壳虫”车1 600美元的价格相比，它2 300美元的定价吸引不了顾客。结果，只有5位代理商愿意经销其产品。面对困境，丰田公司不得不考虑进行大规模的市场调研工作，以把握美国的市场机会。

调研工作在两条战线上展开：

（1）丰田公司对美国的代理商及顾客需要什么以及他们无法得到的是什么等问题进行彻底研究；

（2）研究外国汽车制造商在美国的业务活动，以便找到缺口，从而制定出更好的销售和服务战略。

丰田公司通过多种渠道来搜集信息。除了日本政府提供信息外，丰田公司还利用商社、外国人及本公司职员来搜集信息。公司委托一家美国的调研公司去访问大众汽车的拥有者，以了解顾客对大众汽车的不满之处。这家调研公司还调查了美国轿车风格的特性、道路条件和顾客对物质生活用品的兴趣等。

从调查中，丰田公司发现了美国市场需求的变化趋势：美国人对汽车的观念已由地位象征变为交通工具。美国人喜欢有伸脚空间、易于驾驶和行驶平稳的汽车，但希望在购车、用车、维修车等方面的花费大大降低。丰田公司还发现，顾客对便于停放又比较灵活的小型汽车也有一定的需求。调查还表明，大众“甲壳虫”的成功归因于它所建立的提供优良服务的机构。由于向购车者提供了可以信赖的维修服务，大众汽车公司消除了顾客“买外国车花费大，而且经常买不到零配件”的忧虑。根据调查结果，丰田公司的工程师开发了一种新产品——“皇冠”牌汽车。这是一种小型、经济实惠的美国式汽车。经过不懈努力，到1980年，丰田汽车在美国的销售量已达到58 000辆，两倍于1975年的销售量，占美国进口汽车总额的25%。

3.荷兰食品工业公司的征求意见调查

以生产色拉调料而在世界食品工业界独树一帜的荷兰食品工业公司，其每推出一个新产品均受到消费者的普遍欢迎，产品供不应求，而成功主要依赖该公司不同寻常的市场调查。以“色拉米斯”为例，在推出“色拉米斯”前，公司选择700名消费者作为调查对象，询问是喜欢公司的“色拉色斯”（一种老产品的名称），还是喜欢新的色拉调料。消费者对新产品提出了各种期望，公司综合消费者的希望，几个月后研制出一种新的色拉调料。当向被调查者征求新产品的名字时，有人提出一个短语——“混合色拉调料”。公司拿出预先选好的名字——“色拉米斯”和“斯匹克杰色斯”供大家挑选。80%的人认为“色拉米斯”是个很好的名字。这样，“色拉米斯”便被选定为这次产品的名字。不久公司在解决“色拉米斯”的变色问题后准备销售这项产品时，又进行最后一次消费者试验。公司将白色和粉色提供给被调查者，根据消费者的反应，确定颜色；同时，调查消费者愿意花多少钱来购买它，以此确定产品的销售价格。这样“色拉米斯”一举成功。

资料来源 张锐，卢厚加．海外知名企业市场调查“圣经”[J]．中国民营科技与经济，2003（4）：51-52.

讨论：

（1）市场调研对公司海外市场战略的成功起到了什么作用？

（2）在上述案例中，这些著名跨国企业采用了什么样的市场调研方法？你认为这些方法是否恰当？

[第四章]
国际市场营销战略的制定

学习目标

◆ 重点掌握国际市场细分、国际目标市场选择与定位、国际市场战略的选择及进入国际目标市场的各种模式的优缺点；掌握国际市场细分的依据及方法、评估国际目标市场的标准、国际目标市场战略；了解国际市场细分的动因、国际战略联盟的类型与动因。

引　例

Blog Talk Radio：抓住播客的细分市场

当阿兰·利维（Alan Levy）的父亲莫里斯（Maurice）在2006年接受非何杰金（氏）淋巴瘤治疗时，利维为他创建了一个博客，用于记录他的经历。尽管利维拥有一家通信公司，但他对社会化媒体世界了解甚少。在对博客领域作了一番研究之后，他发现了机会。利维说："我认为让博客群体，或者是任何人，通过电话来做自己的脱口秀节目将会非常有趣。"

之后的几个月，他跟联合创始人鲍勃·凯瑞斯（Bob Charish）为此开发了一个平台。2006年9月，位于曼哈顿的Blog Talk Radio网站在利维自己的种子资金的支持下，正式上线了。2008年，这对搭档开始寻找融资，他们找到了位于马萨诸塞州福克斯堡（Foxborough）的卡夫集团（The Kraft Group），并于当年年初完成了由卡夫集团领投的460万美元A轮融资，最初融来的资金被用于技术平台的建设和公司品牌的拓展。2011年3月，卡夫集团跟其他投资人一起，参与完成了公司190万美元的B轮融资。

史蒂文·T.西拉夫曼（Steven T. Schlafman）是当时卡夫集团风险投资总监。他说在评估投资项目时，他们会多方面考虑，包括项目的市场潜力和管理团队。尽管谈话电台并不像音乐电台的市场那么大，但卡夫集团看到了Blog Talk Radio创建一个细分市场的潜力，这个市场是传统电台所忽略的。

西拉夫曼说："我们认为，在未来某个时候，地面无线广播将不会像现在这样具有统治力。"现在收听世界的重心越来越倾向移动设备——即便是在传统广播长期统治的汽车上——Blog Talk Radio也有机会提供宝贵的内容资源。

内容库还在一直增长，Blog Talk Radio声称网站每月有超过700万次的文件下载和收听，每月有10 000名新的活跃播客用户，每天上传1 300段新的播客内容。任何人都可以免费创建一段基本的表演，但是要订阅高端服务——包括可以编辑和替换内容、可接收扩充的呼入和高级支持，收费分别是每月39.99美元和99.99美元。

新一轮的融资将帮助公司继续其最新的开发，包括推出Cinch，这个软件可以让用户以微型博客的格式上传音频文件、图片、视频和文本。利维说，这些突发创意的内容可以通过Facebook、Twitter或其他社会化媒体广播。

另外，公司与阿歇特图书集团（Hachette Book Group）、美国公共电视网（Public Broadcasting Service，PBS）、哈珀·柯林斯（Harper Collins）出版集团等建立了媒体内容合作伙伴关系。在利维看来，Blog Talk Radio在创建和联合基于互联网的广播站方面的能力是公司未来的一个重要组成部分。

他说："我们还处于社会化媒体革命的最初阶段，我们是这个领域的一个品牌，提供独特的服务。我们有很多不同的选择，现在，我们的重点是扩大业务以及持续强化网络。"

资料来源 Moran. 重回广播的日子［J］. 桂曙光，译. 创业邦，2010（10）：86.

第一节 国际市场细分

一、国际市场细分的含义和原则

（一）国际市场细分的含义

市场细分是将行为相同或者具有相似需求的顾客分为截然不同的顾客群的过程。每个顾客群都作为独特的市场目标而被施以完全不同的市场策略。这个过程开始于这样的划分基础——一个与产品紧密关联的可以反映顾客要求或者顾客对营销变量的回应的因素（可能是购买行为、用法、所寻求的利益、意图、偏好或忠诚度）。

国际市场细分（international market segmentation）可以视为市场细分在国际市场上的延伸，是在世界市场将行为相同或者具有相似需求的顾客分为截然不同的顾客群的过程。

（二）国际市场细分的原则

国内市场细分的原则也适用于国际市场细分，企业在进行市场细分时，必须遵循以下原则：

1.可衡量性

可衡量性是指用来细分市场的依据和细分后的市场是可以计量的。要保证细分依据的可衡量性，首先所确定的细分依据必须清楚、明确，以便在每一个细分市场中找到真正相似的消费者行为，并方便营销人员具体操作。其次，所确定的细分依据必须能够从消费者那里得到确切的信息，并且可以衡量这些因素各自的重要程度，以便能够进行定量分析。

同时，经过细分后的市场的范围、容量、潜力等也必须是可以衡量的。

2.可达到性

可达到性又称可占领性，是指细分后的市场是企业可以利用现有的人力、物力、财力去占领的。具体表现为企业有力量生产目标市场上消费者需要的产品，目标顾客也能了解企业生产的这类产品，并且知道在哪里买到这类产品；否则，细分后的市场是企业能力所达不到的，那就没有必要对这些市场进行细分。

3.有价值性

有价值性是指细分后的市场值得占领。这主要是指细分后的市场要有适当的规模和发展潜力，以适应企业发展壮大的要求。注意，灵活的生产技术能使公司比较宽松地掌握这一标准。事实上，如果局限在一个国家之内，则许多细分市场也许会被认为太小，但是一旦将它们放到跨国的范围内来看待，这些细分市场就会变得很有吸引力。

4.稳定性

稳定性是指细分后的市场在一定时期内保持相对稳定，以便企业占领该市场后能在较长时期内获利。倘若目标市场的消费行为不断变化，营销工作就难以取得成功。

5.科学性

科学性即市场细分是建立在众多科学理论基础上的，是在对大量市场调研工作实践分析之后所作出的客观、抽象总结，因此市场细分能够科学地引导企业未来的目标市场营销工作。整套细分过程运用了目标市场营销、企业竞争力、企业规模经济及消费者需要层次等相关理论。其中，目标市场营销理论是贯穿市场细分工作流程的核心思想，消费者需要层次理论是市场细分工作的原动力，而企业竞争力理论和企业规模经济理论是企业判断市场细分走向的重要依据。

二、国际市场细分的动因

（一）企业竞争力的体现

企业能否获得竞争优势就在于在整个竞争环境中如何确定自己的地位和竞争战略，以及如何实施。企业在市场竞争中存在一定的资源优势和核心技能等竞争力，资源差异能够产生收益差异，企业间资源差异导致企业间竞争优势差异，企业具有的价值性、稀缺性、不可复制性，以及企业能以低于价值的价格获取的资源是企业获得持续竞争优势以及成功的源泉，企业竞争力就是企业独有的特殊资源。核心能力是企业技术和技能的综合体现，是企业的整体能力渗透在企业组织中的、其他企业难以模仿的、具有持久性的、可形成企业持续竞争优势的能力。如何更充分地发挥企业的竞争力是企业制胜的关键，而发挥企业竞争力最关键的一步就是企业要在国际市场上找到能发挥自身优势的细分市场。该细分市场必须最优化地利用企业的资源优势及核心能力。

（二）国家筛选

企业在为产品或服务寻找具有吸引力的市场机会之前，通常会对不同的国家进行初步筛选。在初步筛选过程中，市场分析人员要依赖许多指标，这些信息能很容易地从二手数据来源中搜集到。在这个阶段，国际市场分析人员会把国家分成两到三类。符合所有标准的国家归入“准入”一类，以便在下一阶段更深入地考虑和分析；基本上不符合标准的国家归入“非准入”一类；那些只符合部分标准的归入第三类国家，这类国家的市场也许在将来可以盈利，但是短期内难以做到。

企业会依据产品性质用不同的标准组筛选国家。文化差距就是一个经常使用的标准，其他流行的筛选标准还包括根据经济繁荣程度（如人均GDP）和国家经济基础设施确定的市场吸引力。

（三）国际市场营销调研

国际市场细分在全球营销调研中也发挥作用。针对不同国家的消费需求来设计产品或服务，企业对这一点越来越重视。问题是在众多的国家开展经营业务，在每一个国家进行市场调研往往效率很低。在早期，企业很可能重点考察少数几个具有代表性的国家，那么，关键的问题是选择哪一个国家。一种方法是把有前景的市场进行归类，分成几个同质的国家组，再在每一组中选择一个国家作为模型。至少在初期，全部的调研将集中于这些具有代表性的模型，并假定从这些国家中得到的研究成果会被放大到它们所归属的国家组中。例如，荷兰的酿酒商喜力公司在对一种无酒精啤酒“巴克勒”（Buckler）品牌进行市场调研时，选择了4个国家：荷兰、西班牙、美国和法国。该公司意在评估“巴克勒”品牌是否有可能在全欧洲推行统一的市场诉求和营销战略，包括在整个欧洲大陆确定大致相同的目标、定位和营销组合战略。

（四）进入决策

一种产品或服务在一个国家取得成功之后，企业通常希望能在其他国家如法炮制。根据正常的逻辑推断，就是比照业已取得成功的国家，选择那些在很多方面与之接近的国家推出同样的产品。例如，吉百利-史威士（Cadbury-Schweppes）公司非常有信心地在巴西推出“施韦伯斯”牌滋补饮料，因为这种饮料在墨西哥等另外几个具有相同文化背景的国家已经打开了很好的销路。

（五）定位战略

细分决策是企业产品定位战略的基础。一旦企业选择了目标市场，管理层就需要制定适合选定市场的定位战略。基本上，企业必须决定怎样在期望的目标消费者心目中确立起产品或服务的定位。环境的改变或消费偏好的转换都迫使一个企业重新考虑其定位战略。

（六）资源配置

市场细分也有利于企业决定如何将稀缺的资源在不同的国家之间进行分配。把国际市场细分为若干市场后，管理者既可以决定集中营销资源投放到市场份额较低但人均消费量较高的国家，以增强企业的竞争地位，也可以决定将资源投放到企业拥有强大的竞争地位但消费量仍然较低的国家。与此同时，管理者也可以考虑撤出吸引力不大而且企业竞争地位较弱的市场。

（七）营销组合策略

对国内市场的细分和定位决策决定了一个企业的营销组合政策，对国家的细分也会引导全球营销组合的决策。国际市场营销人员始终面临一个两难的困境，即如何在标准化和个性化之间保持平衡。国际市场细分有可能对解决这一问题提供一定的启示。对属于同一细分市场的国家，可以使用标准化的营销组合策略——相同的设计、相同的定价策略、相同的广告语和媒体组合，以及相同的分销渠道。当然，在策划这些行动时，营销人员需要格外谨慎，要注意在细分标准和目标客户对这4个因素的反应之间建立明确的联系。

不过，在市场细分和营销组合的所有4个因素之间建立联系是比较困难的。例如，通信设施落后的国家（如非洲国家）是移动通信技术的首要候选市场，然而这类国家由于购买力存在很大的差距，消费者对价格的敏感度有极大的不同，因此就价格策略而言，对这些国家一视同仁就可能导致灾难性的后果。

案例窗4-1

三、国际市场细分的标准

依据最终用户的不同，国际市场可以分为国际消费品市场和国际工业品市场。

（一）国际消费品市场细分

国际消费品市场受消费者所在地域、年龄、性别、宗教信仰、收入水平、生活方式和购买行为等多种因素的影响，不同的消费者具有不同的需求特征。在国际市场营销学中一般将国际消费品市场按地理特点、人口统计特点、经济特点、心理特点和购买行为特点来细分。

1.按地理特点细分

这是指企业按照消费者所在的地理位置、地理环境等变量来细分市场，然后选择其中一个或几个子市场作为目标市场。

（1）地理位置。许多跨国公司在国际市场营销实践中，习惯按照地理位置将国际市场划分为北美、拉美、非洲、西欧、亚洲、中东等几大市场。之所以这样划分，一方面是由于同一地理区域具有相似的自然条件和宗教文化背景；另一方面是由于随着区域一体化的迅速发展，区域一体化组织内部的营销环境渐趋一致。事实上，企业如果想进行更为精细的细分，还可以把上述较大的地理区域作进一步的划分。例如美国、加拿大、澳大利亚、俄罗斯等面积较大的国家，其沿海与内地、东部与西部的不同区域的消费者需求还存在差异。在非洲的许多国家，既有现代化的大都市，又有原始的村落，这两种地方的消费者的需求特点显然不同。

（2）地理环境。在进行地理细分时，除地理位置以外，地理环境也是一个重要的参考因素。从地形方面讲，地理环境分为平原、丘陵、山区、沙漠地带等；从气候条件方面讲，地理环境可分为热带、亚热带、温带、寒带等。地理环境直接影响人们的生产、生活方式，因而对消费的内容和结构也有不同的要求。例如在地形、气候不同的地区，种植农作物的品种就不一样，居民的饮食结构也存在差别。

当然，对消费者的划分仅从地理特点出发较为笼统，还需要结合其他因素进行综合考虑。

2.按人口统计特点细分

根据人口统计特点，如年龄、家庭人数、性别、收入、职业、教育程度、宗教信仰及社会阶层等可以把消费者划分为不同的消费群体。

（1）年龄。按照年龄大小可以将人生划分为婴幼儿、儿童、少年、青年、中年、老年6个阶段。处于不同年龄阶段的消费者，由于生理状况、兴趣爱好的不同，对商品的需求也不同。随着社会经济的发展及居民收入水平的提高，各阶段消费者的需求发生了巨大变化，这是国际市场细分不能忽略的因素。例如，进入20世纪90年代以来，一些国家出现了出生率下降、人口老龄化的现象，所以与老年人相关的产品、服务的需求明显上升，保健产品尤其受到老年消费者的欢迎。

（2）性别。性别细分一般运用于服装、理发、化妆品和杂志领域。杂志市场是一个恰当的例子。女性关注的问题与男性有很大的不同。男性过多地关注政治、军事和体育，而女性过多地关注娱乐、休闲。

（3）收入。不同收入水平所具有的消费需求和消费能力有很大不同，在汽车、化妆品、旅游和服务行业尤其明显。中等收入的消费者群体在旅游、文体方面的支出较多，而低收入消费者群体在食品、服装方面的支出多。

（4）宗教信仰。世界范围内有三大宗教：基督教、伊斯兰教和佛教，另外还有许多区域性宗教。不同宗教信仰的消费者在需求特征上也表现出差异。宗教与政治、经济、历史文化都有着密切的联系，不同宗教信仰的人往往有不同的宗教礼节和生活习惯。伊斯兰教有两大派别，即逊尼派和什叶派。信徒们严格遵守教义，禁止饮酒。基督教教徒遍布全球。尽管在基督教的三大分支——天主教、东正教和新教之间存在差异，但它们在强调个人主义、尊崇财富与成就方面是一致的。

3.按经济特点细分

根据运输、能源、农业生产、人均消费指数、国民生产总值、对外贸易等特点，可以将不同国家划分为几个大类。按照经济特点细分市场的标准如表4–1所示。在不同的国际细分市场上，消费者的诉求点会有所差异，从而企业的营销方式也会作相应的调整。例如，在发达国家的消费者市场上，消费者较重视产品的款式、性能及特点等，因此广告、营销推广及质量等方面的竞争效果好于价格竞争；超市和购物中心是消费者习惯的购买场所，因此企业的营销应侧重大规模的自助性零售机构。在发展中国家的消费者市场上，消费者注重商品功能及实用性，更加重视产品的价格，消费者习惯就近、零星购买。

表4-1　**按经济特点细分市场列表**

经济发展阶段	传统阶段	起飞前夕、起飞、趋向成熟阶段	高度消费阶段
人均GDP	低于650美元	650~8 000美元	高于8 000美元
失业率	高	中	低
劳动生产率	高	中	低
对外依赖性	高	中	低
政府管制程度	高	中	低
市场化程度	高	中	低
经济自由度	高	中	低
通货膨胀率	高	中	低

资料来源　闫国庆．国际市场营销学．北京：清华大学出版社，2004：178.

4.按心理特点细分

企业常根据心理变量（如生活方式、个性等）来细分国外消费者市场。随着社会经济的发展，广大居民生活水平不断提高，消费者的需求从生理需求向心理需求转化。这一点在发达国家尤为明显，因而消费心理因素成为国际市场尤其是发达国家市场细分的重要变量之一。

（1）生活方式。不同的生活方式决定人们对不同产品的偏好，同时，人们消费的商品也反映他们的生活方式。例如，银行家、企业家、政府要员和影视明星购买轿车要讲究豪华、舒适，普通工薪阶层的人购买轿车则主要考虑经济、耐用。因此，生产轿车的企业可以按照国外消费者的生活方式、个性等心理变量将轿车市场分为时髦型、经济型、大众型、独特型等子市场。

（2）个性。情感冲动、独立性强、具有自信的人，与保守的、谨慎的、儒雅的人的偏好不同，许多商家正是基于消费者个性不同而开发出不同类型的产品。比如丰田公司的兰德酷路泽越野车，就是专门针对那些喜欢旅游、愿意冒险的年轻人开发设计的。

在国际市场营销中，许多企业按照心理特点来细分国际消费品市场，这不仅有利于企业针对不同生活方式和个性的消费者需求与偏好来设计不同的产品和制定不同的国际市场营销组合策略，也有利于企业从市场细分中发现新的市场机会，拓展国际市场。

5.按购买行为特点细分

根据购买者对一件产品的了解程度、态度、使用情况或反应，将他们划分为不同的群体。购买行为变量包括购买动机（或使用某种商品所追求的利益）、使用者状况及使用频率、对品牌的忠诚状况以及对各种营销因素的敏感程度等。

（1）购买动机。同样是每天刷牙，但不同的人追求的目标是不同的。生产牙膏的企业可以按照消费者所追求的利益这个购买行为，将国际牙膏市场细分为保持牙齿洁白、防止龋齿、使口腔清新芳香3个子市场。例如，宝洁公司推出有防蛀功能的佳洁士牙膏，把“防蛀”作为独特的销售建议，在市场上取得了极大的成功。

（2）使用者状况及使用频率。根据消费者对产品的使用情况，市场可以被细分为从未使用者、曾经使用者、潜在使用者、首次使用者和经常使用者市场。市场份额大的企业重点是吸引潜在用户，而市场份额较小的企业设法把市场领袖手中的客户争夺过来。为了保持市场份额，企业还应该在维护品牌知名度和阻止忠诚用户转移品牌上作大量的投入。

（3）对品牌的忠诚状况。一个市场也可以用消费者的忠诚程度来进行细分。有些消费者是某些品牌或商店的忠诚者，他们始终不渝地购买一种品牌的产品。另一个极端就是多变者，他们对任何品牌都不忠诚，总是尝试使用不同品牌的产品。也有很多消费者是介于两者之间的，是中度的忠诚者，他们忠诚于两种或三种品牌。例如，啤酒和图书市场是典型的相当多的品牌忠诚者的市场。

（二）国际工业品市场细分

工业品市场与消费品市场相比的特点是：购买者少，购买批量大；产品的需求弹性小，技术要求高；购买时要配套和按比例供应；购买决策由多数人作出并由专家购买等。其细分标准也与消费品市场有所不同，企业需要运用其他一些新的变量来细分国际工业品市场。

1.按用户规模与购买力细分

用户规模与购买力是企业细分国际工业品市场的重要变量。工业企业根据客户数量和购买力大小来细分市场。不同类型的用户对产品质量、需求数量、服务等方面均有不同的要求，企业可以根据用户规模大小进行细分。

2.按用户的购买特点细分

用户的购买特点是指用户对产品的购买方式、到货时间、购买周期等的要求。不同的用户对产品有不同的要求，因而有不同的采购制度。根据这些因素划分市场，有利于企业把握用户的特点，采取有针对性的营销策略。

3.按最终用户变量细分

在国际市场营销中，企业通常使用最终用户这个变量来细分国际工业品市场，这是因为不同的最终用户常常对产品及营销策略有不同的需要，他们所追求的利益各不相同。例如轮胎公司可以根据用户的最终用途将轮胎市场细分为飞机用轮胎市场、军用轮胎市场、一般工业用轮胎市场、农业用轮胎市场等子市场。

应当注意的是，尽管国际市场细分是企业制定国际市场营销战略和策略的重要前提和依据，要使细分合理和有效还必须注意以下几个方面的问题：

第一，国际市场细分的变量的个数取决于消费者需求差异的大小。对消费者需求差异小的产品或服务可采用单一变量进行细分；如果消费者需求差异较大，则应采取双重或多重变量细分，以保证细分的有效性。

第二，国际市场细分的变量也不是越多越好。因为若对某市场采取了过多的变量进行细分，会导致各个子市场过小，这既给企业选择目标市场带来了困难，又使企业的营销活动缺乏效率。

第三，应把握市场细分的动态性。国际市场上的消费者需求和竞争者状况每时每刻都发生变化，企业应注意信息的搜集，在必要时进行市场细分的调整。

四、国际市场细分的方法

（一）国家细分或整体细分

全球营销者从不同的角度来完成细分过程。标准的国际市场细分程序可以采用单一的标准，如人均GDP，也可以采用一组复合的标准，如社会经济情况。这些标准能从二手数据来源（如世界银行、OECD和联合国教科文组织等）获得。这种方法叫作国家细分（country-as-segments）或整体细分（aggregate segmentation）。表4-2列出了不同国家的特征，分析人员可以考虑将这些国家划分成不同的市场。当存在许多国家特征时，可以运用因子分析等数据压缩方法精简细分变量。例如，表4-2列举的变量可以归结为以下类别：流动性（生产和运输总量）、健康、贸易、生活方式、世界大同主义和其他。然后，运用诸如聚类分析等方法把相关的国家划分为同一小组。

表4-2　**宏观水平的国家特征**

框　架	项　目
流动性（生产和运输总量）	航空乘客的数量/千米
	航空货运量（吨/千米）
	报纸的数量
	人口
	人均汽车量
	人均汽油消耗量
	电力产量
健　康	寿命
	人均医生数
	政治稳定性
贸　易	进口/国民生产总值
	出口/国民生产总值
生活方式	人均国内生产总值
	人均电话机数量
	人均电消耗量
世界大同主义	人均外国访问者数量
	人均旅游支出
	人均旅游收入
其　他	消费价格指数
	报纸发行量
	医院床位
	教育支出/政府预算
	人均研究生教育

资料来源　HELSEN K，JEDIDI K，DESARBO W S. A new approach to country segmentation utilizing multinational diffusion patterns［J］. Journal of Marketing，1993，57（10）：64.

但是，按照国家细分市场的方法存在重大的缺陷。从全球营销者的角度来看，按地域划分的市场往往是值得怀疑的，因为国界很难体现消费者对营销战略作出反应的差别。此外，在按地理划分市场时应该考虑哪些变量也很难确定。

（二）离散国际消费者细分

离散国际消费者细分（disaggregate international consumer segmentation）完全以个体消费者为核心。与国内市场营销一样，它要求选定一个或多个细分标准（如生活方式、人口统计、价值观等），再根据选定的标准找出消费者的共性，由此确定消费者细分市场。关键的问题是，针对在地理上离散的消费者进行市场细分操作是极其困难的。

（三）两步国际细分

两步国际细分（two-stage international segmentation）有助于弥补前两种细分方法的缺陷。

第一步（整体或宏观层面）是按照一般性的细分标准将国家分组。有些标准与在细分市场上准备投放的产品或服务无关，选定的特征可以是显性的（如人口统计特征、社会经济特征、文化特征），也可以是隐性的（如生活方式、价值观、性格等）。第一步帮助管理者剔出哪些是不能接受的（如出于高政治风险、购买力低下等原因）或者不符合企业目标的国家。

第二步（离散或微观层面）的任务是根据具体的产品标准搜集数据。具体的产品标准是指与特定的产品或服务直接相关的购买或消费者行为特征。与第一步的细分标准一样，这里有两个变量：显性标准（如使用者身份、忠诚度、使用频率）和隐性标准（如态度、利益权重、品牌形象）。选定的具体标准取决于细分目标的性质。这些离散的数据就构成了在选定的地理细分市场内鉴别跨国消费市场的元素。

两步国际细分有几个方面的优点：

首先，与纯粹的地理国家层面的细分方式相比，这样的细分市场对营销活动的反应更为敏感，因而更符合市场导向的指导思想，因为它直接针对消费者需求，而不是运用宏观层面的社会经济或文化变量。

其次，与离散国际消费者细分方式相比，这种方法具有更强的操作性。

第二节　国际目标市场的选择与定位

一、评估国际目标市场的标准

企业在进行国际市场细分后，要从若干细分市场中选择一个或多个细分市场作为自己的国际目标市场。选择国际目标市场的总体标准是能充分地利用企业的资源来满足该子市场上消费者的需求。具体来讲，有以下4个标准：

1.规模和增长潜力

企业必须考虑子市场是否对企业具有吸引力，如它的大小、成长性、利润率、规模经济及低风险等，要使企业进入这个市场后有望获得足够的营业额和较好的经济效益。从全球角度考虑挑选目标市场的优点是，单个国家的某个子市场可能太小，而如果几个国家都存在同样的子市场，那么这个子市场就要大得多，企业可以通过采用标准化产品为其服务并获取利润。

2.竞争态势

企业应避开竞争过于激烈的子市场。企业所选择的国际目标市场应该是未被竞争者垄断的市场，企业的资源条件、营销经验以及所提供的产品和服务在所选择的国际目标市场上应具有较强的竞争能力。

3.企业的目标和资源

企业必须考虑对子市场的投资与企业的目标和资源是否相一致。某些子市场虽然有较大的吸引力，但不符合企业的长远目标，就应该放弃。另外，也必须考虑本企业是否具备在该子市场获胜所必需的技术和资源。技术指的是企业能够提供优质产品的诀窍，资源包括企业在分销和人员商务旅行等方面的支撑能力。

4.易反应性

企业选择的国际目标市场能使企业有效地制订国际市场营销计划、战略和策略，并能有效地付诸实施。同时，企业在国际目标市场上还要能便利地调整其营销战略和策略，以应对各种可能的市场变化。

二、国际目标市场的选择步骤

企业选择国际目标市场一般分为两个步骤：

（一）对所有国家的市场进行初步筛选

为了给某种既定的产品或服务找到市场机会，国际市场营销人员通常首先从大量地搜集候选国家的资料入手。为减少候选国家的数量，企业会对各候选国家进行初步的筛选。这项工作的目的是尽量减少失误，失误可能来自两个方面：（1）忽视了那些能为产品提供有效机会的国家；（2）在那些没有市场潜力或市场潜力很小的国家上浪费时间。对那些通过初步筛选的国家，企业要对它们作进一步的审核，以确定最终的目标国家。下面我们将介绍4个步骤的程序，企业可以用以进行初步的筛选过程。

1.选择指标，搜集数据

首先，挑选出一套你认为重要的社会经济、政治指标。在很大程度上，一个企业选择的指标是由它的战略目标所决定的，这个战略目标的驱动力来自企业明确的全球使命。例如，高露洁公司把人均购买力作为市场机会背后的主要驱动力；可口可乐公司则关注人均收入和人们购买一听可口可乐产品所需付出的社会劳动时间；韩国日用电器制造商LG电子公司试图在日本和欧洲竞争对手的品牌忠诚度较低和增长潜力巨大的新兴市场方面找到突破口，于是大举投资于中国、印度、中东地区等。

这些国家有关指标的信息可以很容易从公开数据来源中获得。一般说来，如果某一个指标（如市场规模）很高，那么另一个指标（如市场成长率）可能会很低。所以，我们需要综合所有信息并提出一个完整的测定市场吸引力的方案。

2.确定国家指标的重要性

这是指决定第一步已经确定的每个国家指标的权重。一种常用的方法是“总额”分配法。根据指标对完成企业目标的重要程度不同，把100点分配到指标（如市场份额）身上。这样一来，指标越重要，点数就越高。所有点数加起来的总额应该为100。

3.评价每个国家在每个指标上的得分数

给每个国家的每个指标打分。例如，可以用百分制，也可以用7点计分制（1代表很不满意，7代表很满意）。某个国家在某个指标上表现得越好，得分就越高。

4.为每个国家计算总分

把每个国家在每个指标上获得的加权数求和，总分数最高的就是最具吸引力的国家。

我们举个例子来说明这4步程序（见表4–3）。

表4–3 市场机会初步筛选方法：范例

国家	人均收入	人口	竞争	政治风险	得　分
A	50	25	30	40	3 400
B	20	50	40	10	3 600
C	60	30	10	70	3 650
D	20	20	70	80	3 850
权数	25	40	25	10	

以国家A为例，计算它的加权得分总数为：

25×50+40×25+25×30+10×40=3 400（分）

有时，企业会剔除那些不符合企业确立的重要标准的国家。例如，美国口香糖制造商箭牌公司因为知道许多国家当地政府实行了所有权限制，所以直到后来才对拉美市场产生兴趣。在这种情况下，这4个步骤只适用于那些符合条件的国家。

（二）评估行业的市场潜力

经过第一阶段的初步筛选，我们已经选择出为数较少的国家或地区。对这些国家或地区的市场，企业需要进一步对其市场潜力作较深入的评估。这一评估主要是预测在特定时期特定国家某个行业在未来相当长的时间内行业最大的销售量。在评估行业的市场潜力时，要同时考虑两个方面的情况：一是市场的现实规模；二是行业在企业的战略计划期内的增长率（如图4–1所示）。

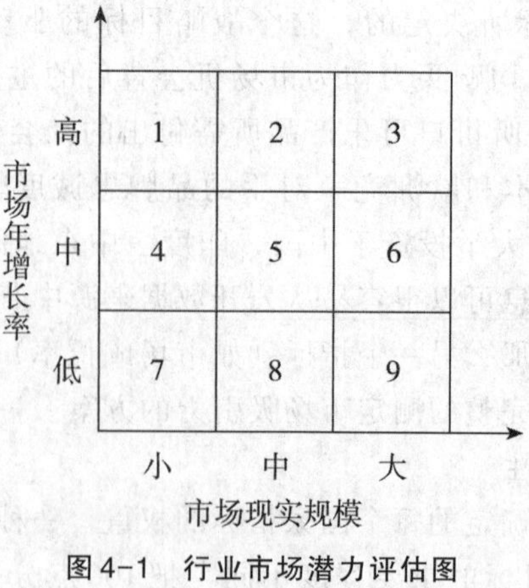

图4–1 行业市场潜力评估图

在选择目标市场时，应在市场现实规模和市场年增长率之间进行权衡。从图4-1中可以看出，区域3具有较大的市场现实规模和较高的市场年增长率，是理想的目标市场；区域7不仅市场现实规模较小，而且市场年增长率较低，属于被淘汰的对象。除这两个区域以外，对其他区域的选择判断较为困难，因为这7个区域都是一方情况较好但另一方面情况较差，所以对这些区域的选择主要取决于企业的战略目标。如果企业的战略目标取决于市场规模，那么应该选择靠近区域9的行业作为目标市场；如果企业的战略目标偏向未来的增长潜力，则应选择靠近区域1的行业作为目标市场。

三、国际市场的定位

（一）市场定位的含义

定位是一种设计进入选定目标市场的方法。定位是20世纪70年代由美国营销学家艾尔·里斯和杰克·特劳特提出的，其含义是指企业根据竞争者现有产品在市场上所处的位置，针对顾客对该类产品某些特征或属性的重视程度，为本企业产品塑造与众不同的、令人印象鲜明的形象，并将这种形象生动地传递给顾客，从而在目标顾客心中确定与众不同的有价值的地位，并使该产品在市场上确定适当的位置。

市场定位可定义为：企业针对潜在顾客的心理进行营销设计，创立产品、品牌或企业在目标顾客心目中的某种形象或个性特征，保留深刻的印象和独特的位置，从而取得竞争优势。定位的实质是使本企业与其他企业严格地区分开来，使顾客明显感觉和认识到这种差别，从而在顾客心目中占有特殊的位置。

（二）市场定位的分类

市场定位可分为对现有产品的再定位和对潜在产品的预定位。

（1）对现有产品的再定位可能导致产品名称、价格和包装的改变，但是这些外表变化的目的是保证产品在潜在消费者的心目中留下值得购买的形象。

（2）对潜在产品的预定位要求营销者必须从零开始，使产品特色确实符合所选择的目标市场。

公司在进行市场定位时，一方面要了解竞争对手的产品具有何种特色，另一方面要研究消费者对该产品的各种属性的重视程度，然后根据这两方面进行分析，再选定本公司产品的特色和独特形象。

（三）市场定位的形式

市场定位的形式要求公司能确定向目标顾客推销的差别数目及具体差别，如产品差别化、服务差别化、人员差别化、形象差异化。市场定位形式大致有以下几种：

1.根据具体的产品特点定位

构成产品内在特色的许多因素都可以作为市场定位所依据的原则，如所含成分、材料、质量、价格等。“泰宁诺”止痛药的定位是“非阿司匹林的止痛药”，显示药物成分与以往的止痛药有本质的差异；“七喜”汽水的定位是“非可乐”，强调它是不含咖啡因的饮料，与可乐类饮料不同。

2.根据特定的使用场合及用途定位

这是指为旧产品找到一种新用途，为该产品创造新的市场定位。如小苏打曾一度被广泛地用作家庭的刷牙剂、除臭剂和烘焙配料，现在已有不少新产品代替了小苏打的上述一些功能。现在，小苏打可以被定位为冰箱除臭剂，另外还有家公司把它当作调味汁的配料，更有一家公司发现它可以作为冬季流行性感冒患者的饮料。

3.根据顾客得到的利益定位

产品提供给顾客的利益是顾客最能切实体验到的，也可以用作定位的依据。如1975年美国米勒（Miller）推出了一种低热量的"Lite"牌啤酒，将其定位为喝了不会发胖的啤酒，迎合了那些经常饮用啤酒而又担心发胖的人的需要。

4.根据使用者类型定位

企业常常试图将其产品指向某一类特定的使用者，以便根据这些顾客的看法塑造恰当的形象。

事实上，许多企业进行市场定位的依据往往不止一个，而是多个原则同时使用。因为要体现企业及其产品的形象，市场定位必须是多维度的。国际市场上产品定位可以从属性或效能、质量或价格等方面进行。国际目标市场效果较好的两种定位方式为：强调信息产品特性的高科技定位、强调形象的高感性定位。

（四）市场定位的基本步骤

市场定位的基本步骤包括：

1.分析目标市场的现状，确认本企业潜在的竞争优势

这一步骤的中心任务是要回答以下3个问题：

（1）竞争对手产品的定位如何？

（2）目标市场上顾客欲望满足程度如何以及还需要什么？

（3）针对竞争者的市场定位和潜在顾客的真正需求，企业应该及能够做什么？

要回答这3个问题，企业市场营销人员必须通过一切调研手段，系统地设计、搜索、分析并报告有关上述问题的资料和研究结果。

2.准确选择竞争优势，对目标市场初步定位

竞争优势表明企业能够胜过竞争对手的能力。这种能力既可以是现有的，也可以是潜在的。选择竞争优势实际上就是一个企业与竞争者各方面实力相比较的过程。比较的指标应是一个完整的体系，只有这样，才能准确地选择相对竞争优势。通常的方法是分析、比较企业与竞争者在经营管理、技术开发、采购、生产、市场营销、财务和产品等方面究竟哪些是强项，哪些是弱项，借此选出最适合本企业的优势项目，以初步确定企业在目标市场上所处的位置。

3.显示独特的竞争优势和重新定位

重新定位是指企业为已在某市场销售的产品重新确定某种形象，以改变消费者原有的认识，争取有利的市场地位的活动。企业的产品在市场上定位即使很恰当，在下列情况下，也要考虑重新定位：

（1）竞争者推出的新产品定位于本企业产品附近，侵占了本企业产品的部分市场，使本企业产品的市场占有率下降；

(2) 消费者的需求或偏好发生了变化，使本企业产品销售量骤减。

这一步骤的主要任务是企业要通过一系列的宣传促销活动，将其独特的竞争优势准确传播给潜在顾客，并在顾客心目中留下深刻印象。为此，企业要做的是：

首先，使目标顾客了解、熟悉、认同、喜欢和偏爱本企业的市场定位，在顾客心目中建立与该定位相一致的形象。

其次，通过各种努力强化目标顾客形象，保持目标顾客的了解，稳定目标顾客的态度和加深目标顾客的感情，以巩固与市场相一致的形象。

最后，注意目标顾客对其市场定位理解出现的偏差或由于企业市场定位宣传上的失误而造成的目标顾客模糊、混乱和误会，及时纠正与市场定位不一致的形象。美国米勒啤酒公司曾将其原来的品牌“高生”啤酒定位于“啤酒中的香槟”，吸引了许多不常饮用啤酒的高收入妇女。后来发现，占人数30%的狂饮者大约消费了啤酒销量的80%，于是，该公司在广告中展示石油工人钻井成功后狂欢的镜头，还有年轻人在沙滩上冲刺后开怀畅饮的镜头，塑造了一个“精力充沛的形象”。在广告中提出“有空就喝米勒”，从而成功占领啤酒狂饮者市场达10年之久。

重新定位对企业适应市场环境、调整市场营销战略是必不可少的，可以视为企业战略转移。重新定位可能导致产品的名称、价格、包装和品牌的更改，也可能导致产品用途和功能上的变动，企业必须考虑定位转移的成本和新定位的收益问题。

第三节　国际市场营销的战略选择

一、国际市场营销的战略目标

营销战略目标是指在追求公司目标或财务目标时所能达到的具体的、可衡量的结果。公司盈利的任务必须通过一定的目标才能实现，公司的战略目标是一个体系。

首先，公司的目标有不同的具体内容，包括市场范围、市场占有率、销售总额和成长率、利润总额及企业形象等。

其次，公司的目标还有明显的层次性，如有总目标和分目标、短期目标和长期目标、地区目标和全球目标、主要目标和次要目标等。

国际企业战略目标既然是一个体系，就应该注意各个目标的轻重缓急，不同的目标中肯定有企业的核心目标。

（一）确立国际市场营销战略目标的重要性

1.营销目标形成了营销预算过程的基础

一旦确定目标，企业就能预计实施战略和战术的成本。如果实现某一目标未能带来足够的收益，管理人员则会取消这一目标或制定更低成本的战略和战术。

2.营销目标形成了业绩评估的基础

如果不知道要完成的任务，就不可能评估完成某项任务的质量。有一个关于橄榄球教练的例子。一位教练的记录是六胜五负，另一位则是五胜六负，哪位教练的工作干得更好呢？若是没有其他资料，这个问题将无法回答。事实上，有五胜六负记录的教练得到了一份三年的合同，而另一位教练则没有续签合同。这是因为六胜五负的球队的目标是赢得协会的冠军，但该队失败了，没有达到自己的目标。而五胜六负的这支球队在去年就没有获胜的记录，因此完成了自己的目标，赢得五场球的胜利标志着巨大成功。同理，业绩与要实现的目标有关，没有目标就不可能确定一家公司业绩的好坏。

3.营销目标能够衡量营销战略和战术是否有效

在超过目标、提前完成任务或未完成任务时，公司需要重新分析战略和战术，检讨为何实际结果与预期有所差异。

4.营销目标有助于建立团队精神

管理人员要尽可能使每位员工都明白自身在完成营销目标方面所发挥的作用。同时，每位员工要意识到其他成员也在为实现同样的目标而工作。一般而言，员工愿意有目的地从事他们每天所做的工作。若是缺乏来自管理人员的清楚的指示，忠于职守的员工常常为自己设立目标，然而这些目标可能会有悖于管理层确立的目标。因此，为确保每位员工的努力都朝着同一个正确方向，最好让所有的员工都能参与到确立目标的整个过程中。

（二）国际市场营销目标制定的特点

（1）营销目标应具有可衡量性，对其所要取得的结果具体化。

（2）营销目标应是财务目的的补充，通过实现营销目标，公司达到其营销目的和财务目的。

（3）营销目标应与工作层次相吻合，每位员工在职责范围内制定切实可行的目标。

（4）营销目标应有弹性，公司应建立一种机制来不断地监控实现营销目标的进程。若某项目标不可行，就必须进行修改；若切实可行的目标未能实现，就要采取措施进行调整。

总之，制定的营销目标应使整个公司和各部门竭尽全力，以求尽善尽美。营销目标在与真实的市场潜力保持一致的同时，也应具有挑战性。

二、国际市场营销竞争战略的选择

一般来说，国际市场营销战略的制定首先是选择竞争战略，以实现国际市场目标。竞争战略是对企业全球竞争的整体性、长远性进行谋划。迈克尔·波特认为，竞争战略是创造一种独特的价值组合。

迈克尔·波特提出了三种基本的竞争战略：

1.总成本领先战略

总成本领先战略是指全球经营者以比竞争对手更低的成本提供同一种产品或服务。这经常要求企业以规模经济和经济资源的充分、有效利用为基础，严格控制生产与管理费用，比如日常开支、研发费用以及物流费用。要赢得总成本最低的有利地位，通常要求企业拥有较高的相对市场份额或其他优势，如与上游供应商保持良好关系或产品的设计便于生产。需要注意的是，不能单纯地削减总成本而不顾产品质量。有些企业因没有正确理解总成本领先战略，盲目追求为消费者提供低成本产品或服务而忽略了质量，致使企业陷入困境。

2.差异化战略

差异化战略是指企业的产品在质量、用途、品种、样式、包装等方面具有明显的特色。例如，利用经营者在设计和售后服务上真实的或消费者可觉察到的独特性等，包括产品、服务、企业和产品形象方面的差异化。然而，应当强调，推行差异化战略有时会与争取占有更大的市场份额相矛盾。差异化战略虽然致力于满足顾客的非标准化需求，但通常伴随很高的成本，有时即使全产业范围内的顾客都了解公司产品或服务的独特性，也并不是所有顾客都愿意或有能力支付企业产品或服务的高价格。

3.集中战略

集中战略是指由于企业自身资源条件的制约或所具有的竞争优势只能在目标市场的某个或少数几个相似的子市场发挥作用，致使企业很难在较大范围内与其他企业展开竞争，只能集中优势资源主攻某一特定的消费群体，从而取得比竞争对手更高的效益和收益。

一般来说，集中战略比较适用于下列情况：

（1）企业现有资源难以进入更大的市场；

（2）市场存在异质性，企业具有满足特殊需求和进入特定市场的能力；

（3）其他竞争对手尚未关注该细分市场。

当然，这种竞争战略可能具有较大的市场风险，一旦消费者偏好发生变化或者其他实力较强的竞争对手开始进入，就可能使企业陷入困境。

案例窗 4-2

三、国别市场战略的选择

全球战略并不意味着企业应该服务于整个世界，而应当有所选择，如何选择与企业在不同国家和不同产业部门的资源配置相关。通常的做法是先从地区市场开始，然后具体分析每个国家的情况。许多经营者为了与企业的组织结构保持一致而使用多重区域分类，如把亚洲分为东亚、中亚和东南亚，使它们在人口和行为特征上表现出相似性。

作为分析工具，人们提出了各式各样的组合模型。这些模型通常包括两个维度：自身实力和外部吸引力。自身实力的衡量指标通常包括相对市场份额、产品竞争力和市场势力。这些变量与其他组成部分（如公司自身的资源配置对公司的支持程度）一起发挥作用。国家吸引力则用市场容量的大小、市场潜力、竞争状况、经济管制以及政治的稳定性来衡量。

在选择国别市场时，公司不仅考虑与市场吸引力和公司地位相关的决策活动，还进行其他决策活动，如市场扩张政策。市场扩张政策决定了各种市场的资源配置。市场扩张战略由市场以及相关因素所决定，首要因素就是市场吸引力。如果在特定市场能取得高而稳定的增长率，公司可能会选择集中战略，这种战略通常适用于处于生命周期初期的创新产品。特别是当市场对营销活动的反应呈上升趋势时，集中战略是可取的。如果提高市场份额的成本太高，经营者会倾向寻找多样化经营的机会。对消费品而言，如果全球的需求都很旺盛，多样化经营则是引人注目的。

传统的观点是，全球化就意味着要进入世界上所有主要的地区市场。在有些情况下，市场本身并不吸引人，但或许有其他的意义。例如，为了阻止全球竞争对手Kimberly-Clark公司的纸制产品在欧洲市场的销售额增长，宝洁公司在2000年把其Charmin牌纸巾推向欧洲市场。

因此，对全球经营者来说，国别市场选择取决于下列因素：

（1）独立的市场吸引力，如中国规模巨大的消费品市场；

（2）具备发展全球战略的重要条件，如芬兰的造船业是由于其在船的设计上的技术领先；

（3）可能的协同效应，如由于市场的同质性，某产品在爱沙尼亚市场取得成功以后又要进入拉脱维亚和立陶宛市场。

四、国际目标市场进入战略的选择

（一）进入战略的类型

为了保证在所选择的目标市场国家取得营销成功，必须确定用什么战略及进入目标市场的方式。可供企业选择的国际目标市场战略有三种：

1.无差异性目标市场战略

无差异性目标市场战略是指企业把一国或几国市场作为一个大的目标市场，在这个大的目标市场上使用相同的营销组合。

这种战略的优点在于通过大批生产和标准化的营销活动，可以实现规模经济，降低生产和营销成本，树立统一的产品形象和企业形象。世界上只有少数大企业有能力采取这种战略，如可口可乐公司以单一的品种、标准的罐装和统一的广告宣传成功地占领了许多国家的市场。

这种战略的缺点是忽视不同国家、不同消费者需求之间的差异，基本的营销策略较为稳定，在一定程度上有可能丧失许多市场机会。

2.集中性目标市场战略

集中性目标市场战略又叫密集性目标市场战略，是指企业集中力量在一个或少数几个目标市场上开展其经营活动。这种战略的指导思想是，与其在较多的细分市场上获得较低的市场占有率，不如在较少的市场上获得较高的市场占有率。

这种战略的优点是适应了本企业资源有限的特点，可以集中力量向某一个特定子市场提供最好的服务，生产和营销的集中性使企业的营销效果更加明显。这种战略的缺点是放弃了其他的市场机会，以后想再进入较为困难。

此外，集中性营销战略有较大的风险，如果目标市场突然变化，如购买者兴趣转移，突然出现强有力的竞争对手，企业可能陷入困境。

3.差异性目标市场战略

差异性目标市场战略是指企业选择两个或两个以上的细分市场作为目标市场，并为不同的目标市场制定不同的营销组合策略，以分别适应各个目标市场消费者的需求。对大型集团企业来说，可以定位于两个或多个目标市场，分别服务于不同的客户群。例如，路虎

（Land Rover）公司一方面有售价50 000美元以上的揽胜（Range Rover）系列，另一方面也有价格较低的发现（Discovery）系列，它的售价低于35 000美元，直接和大切诺基（Grand Cherokee）吉普竞争。

这一战略的优点在于企业可以通过具有针对性的营销战略更有效地吸引消费者，占领更多的市场。

它的缺点在于随着产品种类、分销渠道、广告宣传等因素的扩大化和复杂化，企业的营销成本会增加，管理的难度也会加大。因此，世界上只有部分实力雄厚的大公司才采用这种目标市场战略。

（二）影响国际市场进入战略选择的因素

由于不同的目标市场战略各有利弊，企业在选择时就不能随心所欲，必须考虑到企业本身的特点以及产品和市场的状况。具体来说，企业应考虑以下几方面的因素：

1.企业实力

企业的经济实力是选择国际目标市场战略时考虑的首要因素。如果企业规模较大，技术力量和设备能力较强，资金较雄厚，有可能占领较大的市场，就可采用差异性目标市场战略或无差异性目标市场战略；如果企业实力不强，无力将整个市场或大部分市场作为自己的目标市场，则以采用集中性目标市场战略为宜。

2.产品特点

性质相近、适用面广的通用产品，如食盐、钢材、水泥等，可采用无差异性目标市场战略；那些差异性较大的产品，如服装、家用电器等，则应采用差异性目标市场战略或集中性目标市场战略，以满足不同国家消费者的需求。

3.市场特点

如果消费者的需求和偏好接近，购买数量和方式也大致相同，则可采用无差异性目标市场战略；如果市场需求的差别很大，就适宜实行差异性目标市场战略或集中性目标市场战略。

4.产品所处生命周期阶段

如果产品在该市场上处在导入期或成长期，竞争者尚少，则宜采用无差异性目标市场战略，以便探测市场的现实需求和潜在需求；若立足未稳，则可采用集中性目标市场战略，以便在某些细分市场上建立立足点。产品进入成熟期，适合采取差异性目标市场战略，以开拓新市场。产品进入衰退期，则应采取集中性目标市场战略，集中力量于最有利的细分市场，以延长产品的生命周期。

5.竞争者战略

企业在选择国际目标市场战略时，必须考虑竞争对手的情况。一般来说，要以避免与竞争者直接抗衡为原则，但在选择具体战略时，要根据对方的情况作出抉择。如果竞争对手的力量较弱，自己的力量又较强，则不必考虑对方采取什么战略，完全可以根据自己的情况决定。

6.竞争者数量

如果竞争者的数量很多，企业为了把目标顾客吸引到自己的周围来，就应该采取差异性目标市场战略；若竞争者的数量很少，企业就可采取无差异性目标市场战略，以扩大自己的市场占有面。

（三）国际市场进入模式

国际市场进入模式是一种系统性的安排，它使得公司的产品、技术、人员技能、管理或其他资源进入国外市场成为可能。

从经济学的角度来看，公司进入国外市场的方式不外乎两种：（1）公司通过目标国家以外的生产基地向目标国家出口产品；（2）公司将技术、资金、人员技能和管理等资源有效地转移到国外市场，在那里可以直接把所生产的产品销售给顾客，或与当地资源（尤其是劳动力）结合，生产产品并在当地市场销售。从国际营销管理或操作的层面来看，这两种进入形式可以分解为几种差异显著的模式：

1.出口模式

出口模式是指生产企业把本国生产和加工的产品输往国际市场的方式。采用这种模式时，生产地点不变，劳动力、资本没有在国际市场流动，出口的产品与内销的产品相同，也可以根据国外目标市场的需求作些调整，或专门为国外顾客开发出新产品。企业选择出口的动机包括获取更多的利润，实现规模经济，拥有独特的产品、技术优势和独享的信息，也有的是由竞争压力、生产过剩、企业设备过剩、饱和的国内市场等情况所迫。出口模式可以分为间接出口模式和直接出口模式。

（1）间接出口模式。

间接出口模式是指企业把生产出来的产品卖给国内的出口中间商，然后由这些中间商组织产品的出口。这是一种被动的出口形式，生产企业在出口销售中没有任何主动权。

企业采用间接出口的方式，自己不直接参与国际市场营销活动，因而有如下优点：

① 不需要增加专门投资。间接出口的企业一般不需要改变自己的生产线、营销组织与任务，也就不需要设立专门的对外营销机构，不需要去了解国际市场营销的产品、价格、销售渠道、促销等信息，从而节约了这些方面的投资。

② 风险较小。间接出口由中间商负责产品的出口销售业务，企业只要把产品交给中间商就行了，出口的风险由这些中间商承担。

但是，间接出口也存在明显的缺点：

① 企业无法真正全面了解国际市场的情况，因而无法掌握国际市场的主动权。间接出口业务是由中间商来完成的，企业的产品、价格、利润等完全受制于出口中间商，生产什么，怎样生产，完全听从中间商的安排，从而使企业完全处于被动地位。

② 企业的利润较低。由于间接出口所得的利润要在生产企业和出口中间商之间分配，并且分配的权力在出口中间商手中，因而生产企业所获得的利润一般较少。

（2）直接出口模式。

直接出口模式是指生产企业绕过国内中间商，独立承担一切出口业务，直接向国外中间商、分销商乃至最终消费者销售产品。直接出口是出口贸易的高级形式。一般来说，当企业通过间接出口取得国际市场营销经验后，可转向直接出口，使企业成为真正的国际市场营销企业。

直接出口分为两种情形：

一是设立出口部或国际业务部，向目标市场的中间商出口商品，由后者在目标市场上进行产品经销或代销，或者向国外顾客或用户提供产品；

二是在目标国家设立专门的销售分支机构或子公司，就地销售。

直接出口企业由于直接参与国际市场营销活动，因而优点有很多：

① 可以使企业迅速了解国际市场情况，从而掌握和控制国际市场销售。企业在直接出口过程中，直接与外国的中间商和用户接触，因而可以迅速了解国际市场上供求的变化和竞争状况等信息，并可根据国际市场的变化组织营销活动，掌握市场竞争的主动权。

② 企业可以根据国际市场的供求状况决定产品的价格，从而增加潜在的利润。企业采用直接出口的形式，利润不需要与国内的出口中间商分享，因而利润增加。

③ 增加了企业从事国际市场营销的知识和经验，使企业有能力驾驭国际市场。企业在国际市场营销中，直接与外商打交道，既了解了各国的国情，也学会了从事国际市场营销的知识，这就为企业在国际市场经营打下了基础。

直接出口同间接出口相比存在以下缺点：

① 投资增加。企业在直接出口中，要建立自己的国际市场营销组织，要拥有一定的销售渠道，要不断根据国际市场情况改变自己的生产和销售活动，并因增加产品在途运输时间而增加资金的占用时间，从而使企业的投资增加。

② 风险较大。间接出口的风险主要由出口中间商承担，现在要企业自己承担，因而风险较大。

2.契约模式

（1）许可贸易。

许可贸易（licensing trade）是一种契约性的交易方式。许可人向国外的被许可人提供某种专有资产以换取使用费。许可协议的专有资产包括商标、技术诀窍、生产工艺和专利等。使用费从销售收入的1%到15%不等。例如，东方乐园公司（Oriental Land Company）在付给迪士尼公司许可使用费的基础上才获准经营东京迪士尼乐园。

许可贸易主要有以下一些具体形式：

① 独占许可，即在许可贸易合同规定的区域内，国外被许可者独占技术或商标使用权，而许可者或其他厂商在此区域无使用权。

② 排他许可，即在规定的区域内许可贸易合同双方有使用权，而其他厂商被排斥在外。

③ 普通许可，即在规定的区域内，合同双方都有使用权，而且许可者有再转让权。

④ 区分许可，即在规定的区域内，合同双方都有使用权，而且被许可者有再转让权。

⑤ 交叉许可，即合同双方相互交换各自的技术或商标使用权。根据《2015年广东省专利监控报告》，2015年华为公司与苹果公司达成一系列专利许可协议，覆盖GSM、UMTS、LTE等无线通信技术。其中华为公司向苹果公司许可专利769件，苹果公司向华为公司许可专利98件。除了华为公司之外，苹果公司还与HTC、爱立信等企业签署过专利交叉许可协议。

许可贸易的优点如下：

① 对许多公司来说，许可经营已被证明是向国外市场渗透的一种有利可图的手段。在多数情况下，许可经营对公司资源要求不高，即不需要公司投入太多资源。因此，它尤

其适合因缺乏资源和财力而无法到国外投资建厂的小公司。一些小公司海外许可经营所获得的利润超过了其总利润的1/3。

② 与出口相比，许可经营这种不需要大量投入的进入模式，还有助于许可人绕过进口壁垒或进入完全对进口封闭的市场。例如，在我国的几家国外公司，曾运用许可经营协议规避了对进口烟草征收的高达240%的进口税率。

③ 把许可经营作为全球扩张战略一部分的公司，降低了它们直接面对国外市场上政治或经济不稳定性因素的风险，许可人所面对的唯一变化就是许可使用费收入的起伏，其他风险均由被许可人承担。

④ 对高新技术产业来说，技术许可还有两个方面的益处。在激烈竞争的环境下，快速渗透全球市场有利于许可人确定领先技术的标准，并迅速折旧研发成本。

许可贸易的弊端如下：

① 与出口等其他进入模式所创造的潜在收入相比，许可经营所带来的收入可能要少得多。

② 被许可人可能对许可人的产品或技术没有足够的诚意。倘若被许可人缺乏积极性，将会大大限制许可产品的销售潜力。

③ 当许可协议涉及商标时，被许可人可能会损害许可人的商标。

④ 其他风险包括被许可人拒付许可费、不能按期生产规定的数量，以及对产品的营销失去控制。

⑤ 最大的风险就是机会主义的风险，许可经营可能会培育出一个未来的竞争对手。一旦协议期满，被许可人就可以驾轻就熟地运用它在许可经营期间学到的技能。

（2）国际特许经营。

国际特许经营（international franchising）是指特许人授予被特许人在特定的地域和确定的期间内使用特许人的商号、商标、交易模式和操作技能的权利，作为交换，特许人收取被特许人使用费和其他费用。这一揽子的交易事项包括市场营销计划、操作手册、标准、培训和质量监控等。美国的可口可乐、麦当劳、肯德基、希尔顿饭店等，都把特许经营作为进入国际市场的主要方式。

特许经营的优势显而易见：

第一，企业可以用最少的投资将盈利业务模式向海外扩张。就像许可贸易一样，政治风险对特许人来说非常有限。

第二，由于被特许人的利润直接与他们的努力程度挂钩，所以他们的积极性通常很高。

第三，特许人可以利用被特许人对当地市场环境的了解，因为他们通常更通晓当地的风俗和法律。

特许经营也有风险：

第一，与公司持股参与海外经营所得的收入相比，特许经营收入可能只是一小部分。

第二，在许多市场上，寻找合适的特许经营人或总特许代理是件很困难的事情。

第三，特许经营最大的缺陷在于缺乏对特许经营者的控制。

第四，鉴于许多特许经营模式存在模糊的特性，文化障碍也会产生问题。文化和地理的相近性已成为企业在国际市场上挑选特许经营者的两条最流行的标准。

（3）合同生产。

合同生产（contract manufacture）是许可经营与投资进入模式交叉的产物。合同生产中经常发生的情形是，一家国际性公司从国外市场的一家独立制造商那里获得了一种产品，随后就在该国或其他地区销售该产品。为了获得符合自己要求的按规格制造的产品，国际性公司一般都要向当地的制造商提供技术及技能方面的支持。这些技术转移可以通过单独的许可经营或技术援助协议来加以规范。

合同生产能给国际性公司带来多方面的优势。这种模式只需要较少的资金和管理资源的投入便可以迅速地进入目标市场，也避免了当地的所有权问题。允许国际性公司控制其营销和售后服务，这一点是标准许可经营所不能相比的。当目标市场太小而不值得直接投资，而出口进入方式又受到限制，或仅仅是因为成本太高时，合同生产方式就特别有吸引力了。

合同生产的劣势与许可经营相似，那就是很难找到一家合适的当地制造商；就算是找到了，还需要大量的基本技术支持来帮助其提升，使之达到期望的质量和产量水平并保持在这个水平上。最终，国际性企业还可能承担创造一个未来竞争者的风险。

（4）工程承包合同。

工程承包合同（engineering construction contract）是指企业以与外国企业签订合同并完成某一个工程项目，然后将该项目交付给对方的方式进入外国市场。工程承包合同实际上就是工程建设所需的非资本要素的转让合同，其中主要是劳动力、技术和管理等。

工程承包合同还可能涉及工程建设所需的原材料和设备的进出口贸易。承包企业的责任一般包括项目的设计、建造，以及在交付项目之后提供服务，如提供管理、培训工人，以及为对方经营该项目作准备。

国际工程承包合同有几种不同的类型：

一是分项工程承包合同，即只承包国外总工程中的部分项目。

二是“交钥匙”工程承包合同，即承包国外工程的全部项目，包括勘察、可行性研究、设计、施工、设备安装、试运转和试生产等；整个工程试运转和试生产合格后，再移交给外国工程业主。

三是“半交钥匙”工程承包合同，即不负责试生产的“交钥匙”合同。

四是“产品到手”工程承包合同，即不仅负责“交钥匙”所包括的所有项目，而且负责工程投入使用后一定时间内的技术服务，如技术指导、设备维修、技术培训等，使产品质量达到稳定后，再移交给工程业主。

五是BOT（build-operate-transfer）合同，即“建造-运营-转让”合同，是指带资承包和经营承包，承包者既要负责工程项目的筹资，又要在完成工程后经营一段时间，待所付投资和应得利润收回后，再转让给工程业主。

工程承包合同是劳动力、技术、管理甚至是资金等全面进入和配套进入，这样有利于发挥工程承包者的整体优势。工程承包进入模式最具吸引力之处在于，它所签订的合同往往是大型的长期项目，利润颇丰。但正是由于其长期性，这类项目的不确定性因素较高，如遭遇政治风险。对企业来说，预期外国政府的变化对项目结果的影响往往是很困难的。

（5）管理合同。

一份国际管理合同赋予了一个公司在目标市场国对某个企业进行日常管理的权利。一般来说，这种合同并没有赋予管理公司进行新投资、承担长期债务、决定分红政策、实施基础管理或政策变革、变更所有权结构的权利。因此，这种管理控制仅限于日常的经营运作。

制造商很少与国外企业签订孤立于其他合作的管理合同，也就是说，制造商不会把自己看作管理服务的主要提供者，管理合同主要是用来作为对现实或预期的合资协议及全承包项目的补充。这样，国际性公司就可以获得对非资产投资的国外公司的管理控制权。虽说管理服务的收入仅占合资企业收入的一小部分，但它是来源于全承包附带合同的很重要的一部分收入。

单独来看，一份管理合同能以相对低的风险进入目标市场，但它的收入仅限于固定期限的费用。从公司的进入战略来看，管理合同并不是最令人满意的，因为它不能使公司在市场上为其产品获得永久性的市场地位。其他缺点包括了费时的谈判以及缺乏可以委以重任的管理人才。但当它与其他模式相结合时，管理合同有时会有助于形成对双方更有利的合作方案。

3.对外直接投资模式

对外直接投资是企业进入外国市场的主要模式。对外直接投资可分为两种形式：合资进入和独资进入。

（1）合资进入。

对许多寻求业务扩张的跨国公司来说，合资企业是进入国外市场，尤其是新兴市场最可行的办法。合资企业是指企业联合投资，共同经营、共同分享股权及管理权，共担风险。

合资企业分为合作制合资企业和股份制合资企业两种。合作制合资企业是指企业之间以协议的形式相互协作，不涉及任何股份的投资。例如，一个合作者提供制造技术，而另一个合作者提供分销渠道。股份制合资企业比合作制合资企业更紧密了一步，合作者同意彼此按比例出资。

合资经营的主要优点在于它的回报潜力。它不同于许可经营，公司仅仅获得许可使用费。就控制水平而言，合资企业要高于前面介绍的任何一种进入模式。在很多情况下，当地政府不提倡甚至禁止在某些行业设立外资公司，那么合资就是次优选择或暂时的出路。协同效应是另一个推动建立合资企业的因素。合作伙伴关系不仅意味着共享资产和共担风险，当地合作伙伴可能带来的贡献有土地、原材料、有关当地环境的专门知识（文化、法律、政治）、分销网络、与供应商和政府官员的私人关系等。结合国外合作者所拥有的技能与资源方面的优势，企业就能成功地进入这一市场。

中外合资企业是我国利用外资的主要形式之一。中国于1979年出台第一部《中华人民共和国中外合资经营企业法》，于1980年成立第一个中外合资企业——北京航空食品有限公司以来，中外合资成功的企业借助互补的优势把竞争力发挥得淋漓尽致。比如1980年瑞士Schindler电梯公司建立的中国第一家工业合资企业，于2002年2月收购了其合资企业的合作伙伴，使历史悠久的中国迅达电梯有限公司成为其全资拥有的子公司。

合资经营也存在弊端。对许多跨国公司来说，不能完全控制是合资企业的一个最大的缺点。当然，也可以通过争取多数股份权益控股、派遣本公司的员工在关键位置上工作等方式加大控制力度。与许可协议一样，外国公司也会面临伙伴变成竞争对手的风险。由于缺乏信任和相互间的冲突，许多合资企业的双方或多方出现了“同床异梦”的窘境。冲突可能产生于战略、资源分配、转移价格、关键性资产所有权等诸多方面。

（2）独资进入。

独资进入是指企业独自到目标国家去投资建厂，进行产销活动，投资企业独自享有经营利润和独自承担经营风险。

在国外市场上，企业可以采用两种形式的所有权战略：

①收购（acquisition），即买断已经存在的公司。国际收购（international acquisition）是指外国投资者通过一定的程序和渠道，依法取得东道国某一个企业部分或全部所有权的行为。

投资者会因为以下任何一种或多种原因而收购国外的公司：产品多样化、地域多样化、获得具体资产（管理、技术、分销渠道等）、利用原材料或其他产品在东道国之外进行销售、财务多元化等。收购方式因其结局不同而被归类为平行并购（被收购公司的市场和产品线是与收购方相似的）、垂直收购（被收购公司成为收购方的供应商或客户）、同心收购（被收购公司与收购方拥有同样的市场但技术不同，或拥有同样的技术但市场不同）、汇集收购（被收购公司与收购方处于不同的行业）。

与新建企业的投资进入方式相比，收购进入方式有如下几项可能的优势：

一是开拓国外市场时更快地启动，因为投资者获得了现成的产品和市场、正在运营中的企业。如果投资者从零开始新建企业的话，通常需要3~5年的时间才能达到同样的水平。由于同样的原因，收购进入快就为投资者带来即时收入，所以投资回报期更短。

二是它可能提供目标国很稀缺的一种资源，而且是公开市场不易获得的资源。通常这种资源是人的技能，比较显著的如管理或技术能力。考虑到新建企业在人员招募时的困难，以收购方式进入国外市场会比较适合。有一种说法就是收购本质上是为了获得被收购公司的人员，但是如果员工后来陆续流失了，那么这种优势就消失了。

三是可收购新产品线。如果投资者对新产品线缺乏经验，这种优势同样可能会转变为劣势。

除了优势可能变为劣势外，收购进入方式的缺点还有：

一是找到并评估收购候选企业是非常困难的事。一个表面看上去很不错的候选公司，也会因为公司秘密、不同的会计准则、错误或欺骗性的财务记录、掩盖问题等原因而给客观评估制造障碍。其他可能的缺陷包括在建的工厂和其他设备需要大笔的新投资来支持它们趋向标准化，以及目标国较差的地理位置等。

二是收购进入会因为母国和东道国政府政策的缘故而带有与生俱来的劣势。东道国不大愿意看到外国投资者收购本地企业。“收购不会带来经济方面大的贡献，而且肯定不足以抵消人们不愿看到的由国外所有权取代本地所有权而造成的影响。”这种观点在东道国广为流传，因此收购谈判比新建企业的谈判更辛苦，遭到拒绝的风险也很高。收购进入在某些工业国家会以反垄断为由而被否决。

②新建企业。新建企业的优缺点正好与收购的优缺点相互补。在许多新兴市场上，理想的收购对象通常不存在。新建企业在很多领域提供了比收购战略更大的弹性，这些领域包括人力资源、供应商、物流、工厂布局或制造技术等。新建企业也可以避免母公司与并

购企业整合的成本。有时候，东道国政府还会提供给国外投资者一揽子的优惠（如免税期）。新建企业的缺点就是它需要很长的时间和巨大的资本投入。

独资进入的优点是：

① 赋予了企业全部的控制权。投资者能管理和控制独资企业全部的营销、生产、决策过程及任务指标。这对那些不愿意负担合作所带来的风险的公司来说是一个理想的进入方式。

② 独享企业经营成果，特别是具有垄断利润优势时。

③ 企业的技术、工艺、配方、管理等企业秘密不易扩散。

独资进入的缺陷是：

① 独资所带来的风险不容易预测。除了与市场有关的风险外，大量的政治风险也必须被考虑进来。独资意味着母公司必须承担全部可能的损失。在没有第三方支持的前提下，建立国外公司要耗费企业的大量资源。

② 采用独资企业这种进入方式的公司有时会被视作对东道国文化或经济的一种威胁。将公司“属地化”是一种消除东道国对国外收购抱有敌意的方法，如雇用当地的经理、开发当地的品牌、赞助当地的运动会或文化活动等。

4.国际战略联盟

国际战略联盟（international strategic alliance）是指两个或两个以上企业为了实现优势互补、提高竞争力及扩大国际市场的共同目标而制定双边或多边的、长期或短期的合作协议。

（1）建立国际战略联盟的动因。

从企业在母公司业务组合中的战略地位和企业业务的市场竞争地位两个角度来划分，建立战略联盟有4个方面的基本动因（如图4-2所示）：

		企业业务的市场竞争地位	
		领导者	追随者
在母公司业务组合中的战略地位	核心	防御	追赶
	边缘	维持	重构

图4-2　战略联盟的基本动因

资料来源　KOTABE M，HELSEN K. 全球营销管理［M］. 刘宝成，译. 北京：中国人民大学出版社，2005：323.

① 防御。为了防御外来攻击，保持自身的领先地位，企业应在核心业务上建立联盟。其基本目标是通过学习新技能、进入新市场、发展新技术或改进其他方面的能力来帮助企业巩固竞争优势。

② 追赶。企业通过战略联盟来赶超竞争对手。通常情况下，企业为了支持没有取得领先地位的核心业务而建立联盟。百事可乐公司和通用磨坊公司在意识到各自在欧洲快餐市场上均处于劣势之后，共同建立了合资企业以在欧洲市场上提升竞争地位。

③ 维持。企业建立战略联盟的目的也可能仅仅是维持现有的业务局面。如果企业在某个业务单元已经确立了领先地位，然而该业务单元在企业的业务前景中只处于边缘的位

置，这时企业有可能建立战略联盟，以最大限度地提高该业务单元的效率。

④ 重构。企业也有可能将联盟视作业务重构的工具。这样的业务一般属于非核心业务，也没有取得领先地位。联盟的最终目的是，一方合作伙伴运用联盟来激活该业务单元，将之打扮成所谓“待嫁的新娘”，而联盟中的另一方合作伙伴准备收购该业务单元。

（2）国际战略联盟的类型。

①根据联盟的对象分类：

第一，水平战略联盟，是指联盟双方可能是同一市场上的合作企业或潜在竞争者。此类联盟最重视研究与开发；同时，它允许公司改善经济规模，降低或共担风险，加速新技术的扩散，减少进入市场的障碍（甚至在某些情况下进入对方的市场范围），增加选择机会，提高产品竞争力，改进质量，以便更为迅速地适应消费者需求。

第二，垂直战略联盟。它是由生产、分配过程中处于不同阶段的经营公司所建立的。通过这种联盟进行合作能够减少或防止非对称信息的不利影响，有利于实施产业政策。这种合作可以取代垂直一体化，能减少与依赖资源有关的问题，消除供应的不确定性，减少由产品价格的市场波动所造成的损失。

第三，混合联盟或跨行业大企业联合协议。这种联盟可以组成第三个集团来处理各种具体问题。它们是水平战略联盟与垂直战略联盟动因的混合物，为实现既定协议的有关目标而进行合作。

②根据联盟的合作伙伴所投入的技能不同分类：

第一，基于技术交流的联盟。这在高科技行业非常普遍。有鉴于新产品开发的巨额成本，战略联盟给企业提供了一个集中资源、相互学习的机会。这种联盟取决于实力，讨价还价的筹码可能是公司所持有的专利。

第二，基于市场的资产和资源的联盟，如基于分销渠道或商标的联盟。可口可乐公司和雀巢公司确立的合作关系就属于这种类型。这两家公司在咖啡和茶叶市场上分别运用雀巢咖啡和雀巢柠檬茶这两个品牌，使得双方能综合品牌的优势，达到进入庞大的分销网络的目的。

第三，基于运营和物流领域的联盟。由于企业不断寻求运营与物流活动的规模经济，所以企业很可能会决定建立合作关系以加强这方面的能力。以运营为基础的联盟期望能相互交流制造方面的专有技术。一个经典的案例是丰田汽车公司与通用汽车公司建立了名为新联合汽车制造公司（NUMMI）的合资企业，这家合资企业变成两家公司交流轿车制造技术的平台。

案例窗 4-3

关键术语

国际市场细分（international market segmentation）　　国家细分（country-as-segments）

整体细分（aggregate segmentation） 离散国际消费者细分（disaggregate international consumer segmentation） 许可贸易（licensing trade） 国际特许经营（international franchising） 合同生产（contract manufacture） 工程承包合同（engineering construction contract） 国际收购（international acquisition） 战略联盟（strategic alliance）

主要观点

◆ 目标市场营销理论是贯穿市场细分工作流程的核心思想。

◆ 消费者需要层次理论是市场细分工作的原动力。

◆ 企业竞争力理论和企业规模经济理论是企业统计工作中判断市场细分走向的重要依据。

◆ 国际市场的主要细分标准有地理特点、人口统计特点、经济特点、心理特点、购买行为特点等。

◆ 选择国际目标市场的总体标准是要能充分地利用企业的资源来满足该子市场上消费者的需求。

◆ 公司盈利的任务必须通过一定的目标来实现，合理的目标通过营销战略来完成。营销战略是对企业全球竞争的整体性、长远性谋划，创造一种独特的价值组合。

◆ 国际目标市场战略有无差异性目标市场战略、集中性目标市场战略、差异性目标市场战略3种选择形式。

◆ 企业进入国外市场的模式集中在出口模式、契约模式、对外直接投资模式及国际战略联盟等方面。

基本训练

一、思考题

1.试对全球市场分别进行地理细分和人口统计细分。

2.评估目标市场的标准有哪些？

3.简述国际市场营销战略目标与战略选择。

4.新建企业与并购方式相比，各自的缺点是什么？

5.雀巢公司的前任主席赫尔姆特·默希尔（Helmut Maucher）说道："我并不看好联盟和合资企业这两种方式。首先，当本应自力更生时，联盟很容易变成一个逃避责任的借口。其次，所有的合资企业都会节外生枝——双方共同分享权利和文化，决策耗费时间更长。"请评价这段话。

二、案例分析题

国际战略联盟成功与失败范例

1.CFM国际公司/通用电气公司/斯奈克玛公司：成功的战略联盟范例

CFM国际公司是通用电气（GE）喷气发动机部和一家法国国有的航空航天公司斯奈克玛（Snecma）的合作公司，它常被当作全球战略伙伴关系成功的范例。通用电气公司想要进入欧洲市场，以便可以向空中客车公司销售发动机，而8亿美元的开发成本超过了通用电气公司所能单独承担的风险。通过合作，通用电气公司集中精力搞系统设计和高科技工程，法国公司生产风扇、推土机和其他组件。这次合作促成了一种新发动机的成功开发，也促成了不同的客户增加到125个，实现了上百亿美元的销售额。尽管双方对治理、管理和组织都有不同的看法，但伙伴关系还是健康地发展。通用电气喷气发动机部的前副总裁布赖恩·罗（Brian Rowe）指出，法国人喜欢在行业外招进高级经理，而通用电气公司喜欢选用组织内有经验的人；法国人喜欢通过大量数据计算来寻求解决问题的方法，而美国人会采用更为直觉化的方法。尽管如此，合作中双方的高层经理仍都被委以重任。

2.AT&T/Olivetti：失败的战略联盟范例

从理论上讲，AT&T在20世纪80年代中期和意大利的Olivetti公司的合作是成功的。它们共同的任务是在信息传输和通信产业中占据全球市场的大部分份额。Olivetti在欧洲办公设备市场中有着很好的表现。AT&T的执行官们刚刚处理完公司区域电话部门的剥离，欧洲市场堪称它们海外发展战略的起点。AT&T向它的合作伙伴允诺支付2.6亿美元以及提供生产微处理器和电子通信产品的技术，并应对方要求在美国销售Olivetti公司的个人电脑。反过来，Olivetti公司将在欧洲销售AT&T的电脑和交换设备。联盟的立足点是期望不同行业——通信和计算机——的联合会产生能力增值。

不幸的是，这种看法仅仅只是一种希望。Olivetti在计算机市场上没有真正的优势，它在通信设备上既没有经验也没有什么能力。当销售额没有达到预期水平时，双方的关系紧张起来。AT&T的前集团总裁罗伯特·卡夫兰（Robert Kavner）认为沟通和文化上的差异是联盟失败的重要因素。"我认为我们或Olivetti没有花足够的时间来了解各自的行为模式，"卡夫兰说，"我们知道文化不同，但我们从来没能真正跨过这种障碍，我们会很生气，他们则很不安。"1989年AT&T认识到了自己的错误，将其在Olivetti的股权兑换成了母公司Riunit工业公司的股票。1993年，因为Riunit工业公司价值下跌，AT&T卖出了它所持有的股票。

资料来源　基根．全球营销管理［M］．段志蓉，钱君，译．6版．北京：清华大学出版社，2004：289-290.

讨论：

（1）CFM国际公司/通用电气公司/斯奈克玛公司战略联盟为何会成功？

（2）AT&T/Olivetti战略联盟为何会失败？

[第五章]

国际市场营销的产品策略

学习目标

◆ 重点掌握整体产品概念和国际产品的地理概念、新产品的开发、品牌策略；掌握产品的生命周期、原产地对产品营销的影响、产品扩展策略组合；了解产品的设计原则、服务产品及其策略。

引　例

麦考林女装的营销策略

“快时尚”的出现，满足了人们以低价享受时尚的需求。而实际上，“快时尚”品牌都不是创造者，而是快速的反应者。它们都不热衷于创造潮流，而是对已经存在的时尚潮流进行快速反应。

麦考林的产品理念也是如此，通过提供最好的而且优质的时尚产品，给予客户无与伦比的价值。实际上，捕捉刚刚出现的流行趋势、准确识别并迅速推出相应的服装款式绝非易事。国内的服装品牌中，一件服装由设计到出售所需的时间通常为6个月左右。这意味着要做到“快时尚”，提前半年所作的产品设计必须要不断进行即时调整。

麦考林会派买手到世界各地参加秀场，记录年轻时尚领袖们的穿着打扮，也会从街头文化、艺术展览、媒体活动、重大事件中寻找灵感，不断分析与整合，从各种因素中提炼出有价值的资讯，并通过不断验证，设计出最终产品。

参观麦考林设计部的人，常常会惊讶地张大嘴巴。在几百平方米的开放式办公区内挂满了各式各样新潮的服装，其中大部分是买手从各地淘来的精品，也有一部分是未完工的样衣，设计师们潜伏在其中设计出蓝本后，马上将其送到隔壁制衣间。在制衣间内，除了缝纫机，同样是各种颜色、材质的布料，制衣师傅很快把蓝本变成服装，最后麦考林的签约模特马上试穿。此时，麦考林设计团队，甚至是销售和市场团队，常常聚集在一起讨论哪款服装最受欢迎；从流行色到主流风格、款式细节，力求契合消费者从“希望拥有”到“必须拥有”的产品。

资料来源　佚名. 麦考林：从“快速时尚”到“女性社区”[EB/OL]. (2009-10-04) [2017-07-13]. http://www.cqfuzhuang.com/article/2009-10-14/205638.shtml.

从麦考林的案例中我们不难得出结论：对从事国际市场营销的企业而言，面对更为广阔的国际市场、更为复杂多变的市场环境、更多元的消费者需求和更激烈的竞争势态，设计一种新产品，不仅要考虑其设计原则和开发程序，更要把握好产品的生命周期以及采取的产品策略。产品策略是国际市场营销策略的基础，是制定其他策略的核心和出发点。

第一节　国际市场产品概述

一、产品的含义

产品是企业生命的源泉。随着国际市场和全球经济一体化进程的加快以及信息技术和制造技术日新月异的发展，国际市场上企业间围绕产品展开的竞争更为激烈，并具有深远的意义。市场营销策略组合（4P）中，产品处于核心地位。离开了产品，渠道、促销和价格便失去了意义。通常人们所理解的产品是指某种为销售而生产出来的、满足人们需求的有形实体，如电视、手机、服装等。这一认识强调了产品的物质属性，是对产品的一种狭义的认识，是生产观念的传统看法。而市场营销学所定义的产品是指提供给市场，能够满足人们需求的任何有形和无形的东西。这是广义的产品的概念，它既包括有形产品的物质形态和用途，也包括能够满足人们某种需求的非物质形态的服务，如创意等。

二、整体产品概念

整体产品概念（total product concept）是现代的新产品概念，即产品是由以下部分构成的一个整体：核心部分（核心产品）、有形部分（形式产品）、附加部分（附加产品），即整体产品=核心产品+形式产品+附加产品（如图5-1所示）。

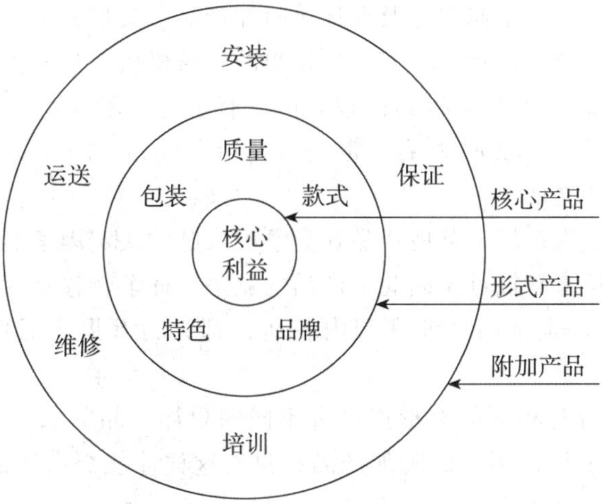

图5-1　整体产品概念

1.核心产品

核心产品也称实质产品，是指产品能给购买者带来的基本利益和效用，即产品的使用价值。其构成了产品最核心的部分，是无形的。这种核心利益是顾客真正需要的东西，例如顾客买的冰箱不是为了把一个立体的箱子放在家里，而是为了通过冰箱来储存食物，因此，冰箱的冷藏功能才是顾客购买冰箱所追求的核心利益。企业提供产品时，首先要分析该产品怎样能够更好地实现顾客的利益。

2.形式产品

形式产品也称基础产品或实质产品，是核心产品所展示的外部特征，也就是核心产品借以实现的形式，主要包括产品质量、特征、造型、标准、品牌、包装等。消费者购买某种产品，除了要求该产品具备某些基本功能、能够提供某种核心利益外，还会考虑产品的质量、造型、款式、颜色等多种因素。因此，企业设计产品时，既应着眼于国际消费者所追求的核心利益，又要考虑如何将这种核心利益通过一种好的形式呈现给国际消费者。

3.附加产品

附加产品是指顾客购买有形产品时所获得的全部附加服务和利益，通常指各种售后服务，如提供产品使用说明书、安装、维修、送货、技术培训等。由于国际消费者需求和企业间竞争的日益多样化，顾客对企业生产和销售的产品的附加利益提出了更多的要求，在产品附加价值方面的竞争显得越来越重要。哈佛大学教授莱维特（Levitt）指出："未来竞争的关键，不在于工厂能生产什么产品，而在于产品提供的附加价值：包装、服装、广告、用户咨询、购买信贷、及时交货和人们以价值衡量的一切东西。"

整体产品概念是以顾客需求为核心的现代市场营销观念。树立整体产品概念，有助于企业抓住消费者的核心利益，把握自己的产品策略，从各个层次上全面满足消费者的需求。那些不了解消费者的需求而盲目生产的企业必然会遭受挫折。及时、准确地把握消费者的动态需求，是企业的产品始终保持很高的市场占有率和利润率的重要保证。一些国际性的大企业采用整体产品概念，在重视核心产品和形式产品的同时，还重视附加产品，因而获得成功。例如，美国的IBM公司向世界各国用户提供计算机，不仅重视计算机硬件本身，还十分重视软件服务、维修服务及保证等附加产品。又如，生产建筑机械的美国卡特皮勒公司向世界各国用户作出承诺，该公司售出的建筑机械一旦发生故障，不论处于地球上的什么位置，24小时之内都可得到处理。由于有了这一附加产品，该公司的产品虽然比其他公司的产品价格高出20%左右，但仍然畅销全世界。因此，归纳起来整体产品概念对国际市场营销的意义如下：

（1）附加产品已成为市场上某些产品在竞争中取胜的决定因素。目前国际市场上整体产品中的形式产品已越来越接近。因此，产品的竞争已逐渐转移到附加产品上。当前不论国际企业在世界各国还是国内企业在国内各地，都大力开展售后服务工作就证明了这一点。

（2）不同的消费者对相同的有形产品有不同的附加产品需求。企业在设计产品时要针对消费者的不同需求设计不同的附加产品，只有这样才能提高产品的适销性。

三、国际产品的地理概念

从国际市场营销的形成和发展来看，国际产品从地理意义上可分为：

1.当地产品

当地产品（local product）是指仅在某一部分国内市场上销售的产品。这些产品可能是一个公司运用首次展示策略推出的新产品，也可能是在当地有着绝对优势的产品。例如现在很多地方有自己的土特产。在美国有种鳕鱼角薯片，最开始在新英格兰地区销售，后来这家公司被菲多利公司收购后，这种薯片被分销到了美国的其他地区。

2.国家产品

国家产品（national product）是针对某一特定公司而言的，即该公司只在单一的国内市场销售的产品。有时一些跨国公司为了迎合几个特殊国家市场的需求而推出相应的国家产品。例如，可口可乐公司为日本市场专门生产一种非碳酸的西洋参风味的饮料；还生产一种叫作“Pasturina”的黄色碳酸风味的饮料，是专门为了和秘鲁的风味软饮料“印加可乐”竞争而生产的。类似的，索尼和其他的日本电子公司也制造各种仅在日本国内销售的产品，因为日本消费者对这种电子小玩意有很大的兴趣和消费欲望。

3.国际产品

国际产品（international product）是指在区域性的多个国家市场上销售的产品。国际产品中最经典的是欧洲产品，它们的销售范围遍及整个欧洲，但不涉及世界上的其他国家。雷诺汽车在很多年中一直是一个欧洲品牌，当雷诺汽车进入巴西市场后，雷诺公司就变成了一个多区域的公司。后来，雷诺投资于日产（Nissan）公司，并且取得了这家公司的控制权。将雷诺在欧洲和拉丁美洲的业务以及日产在亚洲、欧洲、美洲、中东和非洲的业务结合起来，雷诺已经从一个多区域公司变成了一个全球性公司。雷诺为我们提供了一个公司如何通过投资、兼并而由国际公司变成全球公司的例子。

4.全球产品

全球产品（global product）的市场是全球市场。一个真正的全球产品将销售到全球任何一个地区、任何一种发展程度的国家。一些全球产品是根据全球市场的需求进行设计的，也有一些产品是为了本地市场的需求而设计的，但这些产品无不正好迎合全球市场的需求。

应该注意的是，全球性产品不同于全球性品牌，其在不同的国家可以有不同的名称和形象。不过全球性产品与全球性品牌类似，在不同的国家之间也具有相似的战略思想、相似的定位和差异化的营销组合。当一个公司的产品是一种全球产品时，它面临的问题是：是否要将全球性的产品转化为一个全球性的品牌。这就需要将产品的名称和形象进行标准化。这方面比较有名的例子是，日本的日产公司放弃了其在美国的品牌名称“达特桑”（Datsun），以日产在世界各地的产品线下的各种型号的名称而代之。

四、国际产品的原产地效应

对外国产品有成见是全球市场营销中不容回避的一个事实，成见可能会影响消费者购买产品的意愿。最初将“原产地”概念等同于“制造地”（country of manufacturing，COM）。后来，跨国公司“组装”盛行，生产制造全球化导致“杂交”产品（hybrid product）出现，即产品可能在其母国设计，但不在母国制造，产品配件来自世界多个国家。“杂交”产品使“原产地”概念复杂化，有研究把原产地进一步分为制造地、设计地（country of designing，COD）、组装地（country of assembling，COA）。

（一）原产地效应概述

原产地效应（country of origin effect）是指由于进口商品原产地的不同而使消费者对

它们产生了不同的评价，进而影响购买倾向。研究表明，消费者对某国或地区生产的产品具有总体性认知（perception），这源于消费者长期形成的对该国生产和营销的印象或感受。原产地效应又称原产地形象。

在国际市场营销中，品牌的形象会受到诸多因素的影响，其中备受跨国公司关注的是原产地对市场的影响。消费者对原产地的看法，主要根据自身的经历、各种传说以及对不同的产品和国家持有的成见。其具体的原因如下：

（1）消费者对某些国家的某类产品存在笼统而又模糊的成见，认为某些产品是最优秀的，如法国的香水、日本的家用电器、中国的丝绸、意大利的皮革等。这种成见一般只限于某类产品，并不包括这些国家的其他产品。

（2）民族优越感也有原产地效应。例如，韩国人"买韩国货"那样的民族自豪感会影响到对待外国产品的态度。

（3）人们对工业化程度不同的国家也存在成见。工业化程度高的国家具有产品质量最佳的形象，如人们认为日本的汽车、家用电器都是优质产品；反之，人们对发展中国家的产品一般抱有偏见。这些成见与其说与某个国家或地区的具体产品有关，不如说是对某个国家或地区生产的产品总体质量的看法。

（4）技术含量高的产品，如果是在发展中国家生产的，人们对其的看法就会消极。在发展中国家，人们还有这样一种倾向，即进口的产品比国产的产品要好。当然，进口货在发展中国家的吃香程度并不一样，有的国家的消费者对进口货评价高些，有的国家的消费者则对同样的进口货评价低些。

（5）原产地效应与时尚有关。这些时尚常常围绕着世界上某些国家和地区的产品。这种情况一般涉及具有时尚特点的产品，如欧洲消费者钟情于美国的百威啤酒、Bose音响等。

（二）原产地效应对国际市场营销策略的影响

1.国际市场营销策略与原产地形象的匹配

由于原产地效应的存在，不同的国家应当采取不同的市场营销策略来提升自己在国际市场营销中的竞争力（见表5-1）。

表5-1 **市场营销策略与原产地形象的匹配**

市场营销组合	形象好的原产地	形象差的原产地
产品	强调产地	强调品牌
定价	定价高	定价低，扩大顾客价值
分销渠道	建立独家专用分销渠道	合作构建分销渠道
促销	以政府为依托强调产地效应	企业牵头，强调品牌形象

从表5-1中我们可以看出，具有良好原产地形象的产品应当强调产品的产地，采用高定价策略和建立专用的产品分销渠道，并且在促销环节中宣传原产地的风土人情、传统文化，从而进一步提高自身形象。原产地形象较差的产品则应该尽量避免原产地效应对自己的不利影响，比如强调产品的品牌而非产地，与当地的分销商共建分销渠道，采用低定价

策略吸引顾客等。

2.来自原产地形象好的国家的企业采用低成本策略的潜在威胁

随着国际竞争的加剧，许多发达国家的大公司为了节约成本，纷纷将自己的生产中心移到新兴工业化国家（newly industrialized country，NIC）。这样的做法无疑是一把双刃剑，虽然成本的降低会给这些公司带来很大的竞争优势，但这会和公司整体的市场营销战略相冲突。原因是新兴工业化国家多为第三世界国家，国家形象较差，这势必影响消费者对这些公司产品的忠诚度和品牌形象。因此，定位于高端市场的公司在转移自己的生产中心时，更应该考虑原产地效应的不利影响。

3.中国企业在国际市场上回避负面原产地效应的市场分销策略

虽然一部分中国品牌的原产地形象对中国企业在国际贸易中的竞争力存在负面影响，但是我们可以通过扩大信息开放程度和消费者对中国产品的熟悉程度来弱化这一影响。比如，海尔洗衣机在德国市场上采用隐藏商标的做法，让当地零售商作产品测试，结果显示，海尔的产品在许多指标上超过了德国同类产品，从而使德国市场确信海尔产品的品质与当地品牌同样优异。海尔和TCL还通过在异地建厂的方式扩大其在海外市场的影响力。海尔在美国南卡罗来纳州建立工厂，海尔品牌冰箱贴着“美国制造”标签。TCL通过并购家电巨头汤姆逊彩电部门，在欧美市场以汤姆逊-TCL、在亚非市场以TCL-汤姆逊营销。这些做法都弱化了原产地效应对中国企业的负面影响，提升了中国企业的国际竞争力。

总之，原产地能够影响产品或品牌的形象。当然，并非所有的消费者都在乎原产地。有关研究表明，消费者的知识越丰富，对产品的原产地效应越敏感。跨国公司在开发产品和制定营销战略时，必须考虑这些因素。

五、国际产品的生命周期

（一）产品的生命周期概述

产品的生命周期（product life cycle，PLC）是指产品的市场生命或经济生命，即产品在市场上生存的时间。其生命的长短主要由市场因素来决定，如科学技术的发展水平和产品更新换代的速度、消费者偏好的变化、竞争的激烈程度等。一个产品的销售历史如同人的生命周期，要经历出生、成长、成熟、衰老、死亡等阶段，产品在市场上存在出现、发展到最后被淘汰的过程。产品生命周期是产品的一种更新换代的经济现象。这里需要注意的是，产品生命周期与产品的使用寿命是不同的。产品的使用寿命是指产品的自然寿命，是指产品从投入使用到损坏直至报废所经历的时间，其寿命的长短受产品的自然属性、使用强度、维修保养程度以及自然磨损等因素的影响。产品的生命周期与产品自然寿命之间不存在直接的相关关系，有的产品的生命周期很长，而使用寿命很短；有的产品的生命周期很短，但使用寿命很长。

产品的生命周期表明任何产品的市场生命都是有限的，产品的新陈代谢是不可避免的。在产品生命周期的不同阶段，产品的市场占有率、销售额、利润是不一样的。这就需要企业认真分析和识别产品所处生命周期的具体阶段，根据产品生命周期不同阶段的特点采取相应的营销组合策略。

典型的产品生命周期包括四个阶段，即导入期、成长期、成熟期和衰退期（如图5-2

所示）。

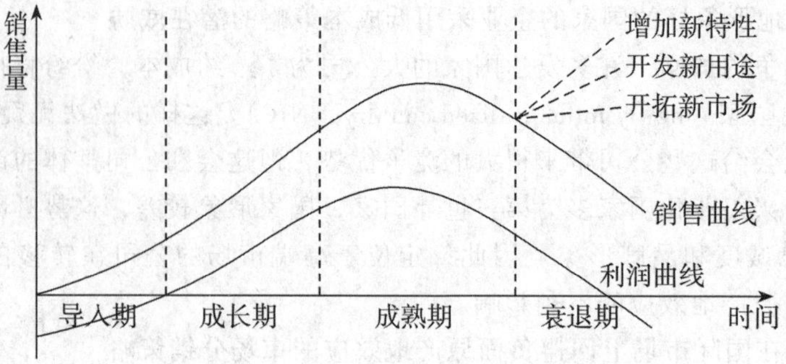

图5-2　产品生命周期的四个阶段

1.导入期

导入期又称介绍期，此阶段产品刚进入市场，消费者对产品还不了解、不熟悉，购买者少，所以销售量也少。另外，由于产品的产量达不到盈亏平衡点，还要花费大量的广告费等促销费用，所以此阶段的利润额通常为负值。这一阶段企业在确定营销策略时，一方面要充分地认识到新产品的发展前景，明白暂时的高投入是为了今后的发展；另一方面要考虑到风险性，采取一定的防范措施。在这一时期，企业最重要的是作出正确的判断，抓住时机采用有效的营销策略占领市场，形成批量规模，以便较快地进入成长期。

2.成长期

此阶段消费者已对产品有了一定的了解和认识，购买者迅速增加，因此销售量迅速上升，销售额增长率在四个阶段中是最高的。另外，由于已开始批量生产，因此成本开始下降。此阶段已有盈利，而且利润额开始上升。企业在此阶段可采用的营销策略有：

（1）改进产品质量。企业要不断改进产品质量，为产品添加新的功能，变换或提供新的产品款式等，以提高产品的竞争力，满足消费者更为广泛的需求，吸引更多的消费者购买企业的产品。

（2）扩大规模，降低价格。企业通过扩大生产规模，可以产生规模效应，降低成本，以便在适当的时机采取降价措施，刺激需求的扩大，使那些对价格反应敏感的消费者产生购买欲望，并采取购买行动。另外，在行业竞争日趋激烈、市场平均利润水平下降的情况下，扩大规模、降低价格的策略可以阻止新竞争者的加入，而企业还有余力寻找和打入新的尚未饱和的细分市场。

（3）树立品牌形象。这一阶段的重点之一就是企业要把广告的重心，从纯粹的介绍产品转移到树立产品的品牌形象，使自己的产品产生差异优势，增加顾客的购买信心，使企业的产品不仅能维持老顾客，更能吸引新顾客，提高公司在社会上的美誉度。

3.成熟期

此阶段产品已为消费者所完全了解与熟悉，市场需求量趋于饱和，同时市场上仿制品、代替品不断出现，因此此阶段销售额达到最高水平，利润额也达到最高水平，但两者的增长率都很低。为了实现这些目标，企业可以采取以下三个方面的营销策略：

（1）市场改进策略，即企业通过开发产品新的用途、改进营销方式和开辟新的市场等途径扩大产品的销售量。

（2）产品改进策略，即企业通过改进产品来提高产品适应需求的能力，增强产品的市场竞争能力，扩大产品的销售量。这一策略可以通过对产品整体概念所包括的任何一个层次内容的改进来加以实现。

（3）市场营销组合改进策略，即企业通过对营销组合因素的综合调整改进来增强企业适应需求的能力和市场竞争能力，扩大产品的销售量。

4.衰退期

此阶段由于消费者需求的降低，以及竞争产品的大量出现，销售额明显下降，利润额也明显下降，其最终结果是产品退出市场或被市场淘汰。即使这样，企业仍可以认真分析市场形势，采取合适的策略，让产品以合理的方式退出市场。

（1）继续维持策略。继续沿用以往的策略，按照原来的细分市场，使用相同的分销渠道，保持合理的定价和促销方式，利用恰当的时机，使这种产品“全身而退”。

（2）收缩榨取策略。产品进入衰退阶段以后，这种产品在某些细分市场上尚有一定的需求，企业可以收缩战线，把资源集中在这些尚有利可图的细分市场和产品上，把促销水平大幅度降低，尽量减少开支，以尽可能地增加利润。

（3）放弃撤离策略。对市场上确已无利可图的产品，企业应该当机立断，停止生产经营该产品。

（二）国际产品生命周期理论

当我们把国内市场扩展到国际市场时，同一产品的生命周期各个阶段在不同国家的市场上出现的时间是不一致的。由各国在科技进步及经济发展水平等方面的差别而形成的同一产品在各国的开发生产、销售和消费上的时间差异，我们称之为国际产品生命周期（international product life cycle，IPLC）。

国际产品生命周期理论是美国经济学家雷蒙德·弗农（Raymond Vernon）提出的，他分析了产品技术的变化导致产品在各个国家的生命周期表现不同，从而解释了贸易发生的基础和对贸易格局的影响。具体来说，国际产品生命周期理论指出了产品在国际市场的生命周期及其规律性，即新产品首先产生于发达国家企业，一段时间内被垄断，但不可能被长期垄断；这种产品（或技术）会首先向其他较发达国家转移，最终再向发展中国家转移；发展中国家由于具有成本优势，在掌握了产品的生产技术后，会再向发达国家出口（如果有需求）。发展中国家在产品的发展阶段是比发达国家滞后的，因而给发展中国家提供了利用发达国家成熟技术并向发达国家出口产品的机会。

国际产品生命周期理论认为，一个新产品的技术发展大致要经历以下三个阶段（如图5-3所示）：

1.新产品阶段

新产品阶段又称创新阶段或创始阶段。这一阶段的产品技术尚处于发明阶段，所需的主要资源是美国等发达国家的科学知识和大量的研发费用，因此，新产品是科技知识密集型的产品。同时，由于创新国企业发明垄断了制造新产品的技术，因此，尚没有竞争者与之竞争，生产企业数目很少，制造新产品的企业垄断了世界市场。同时，产品没有相近的替代品，因此产品价格比较高，消费者仅限于本国一部分顾客或者国外的富有人群。

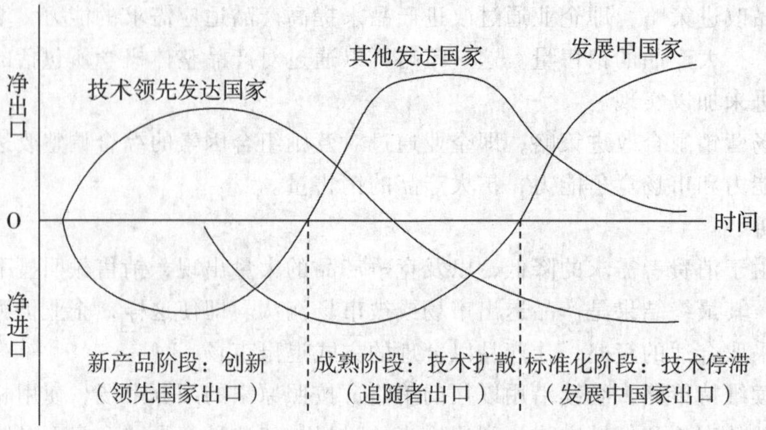

图5-3 国际产品生命周期理论

2.成熟阶段

此阶段是技术成熟后产品大量生产的阶段。在这一阶段，生产技术已经定型，且达到优势极限；由于出口增大，技术诀窍扩散到国外，仿制开始，技术垄断的优势开始丧失。

此阶段的特点是：

（1）从生产地特性看，创新国从事新产品制造的公司开始在东道国设立子公司进行生产。

（2）从产品要素特性看，使用半熟练劳动即可，因此生产的产品由技术密集型转变为资本密集型或劳动密集型。

（3）从价格特性看，由于这一阶段是产品增长时期，产品有了广泛的市场，参加竞争的厂商数很多，消费需求的价格弹性加大，厂商只有降低价格才能扩大自己的销路。

（4）从产品成本特性看，随着出口增加和技术的扩散，其他发达国家也开始制造创新国企业制造的新产品。由于其他发达国家不需支付国家间运费和缴纳关税，也不需要像创新国在创始阶段花费大量的研发费用，因而成本要比创新国的进口产品低。

（5）从进出口特性看，东道国的厂商在本国生产新产品的成本虽然能够和创新国进口货相竞争，但在第三国的市场上就不一定能和创新国企业的产品相竞争了，因为这些厂商和创新企业一样要支付国际运费和关税，还无法获得创新国企业所获得的规模经济效益。

因此，在成熟阶段，创新国对东道国的出口可能有所下降，但对其他绝大多数市场的出口仍可继续；当然，出口增长率会减慢。

3.标准化阶段

此阶段的特点是：

（1）从技术特性看，产品已完全标准化，不仅一般发达国家已掌握产品生产技术，就是一些发展中国家也开始掌握这种产品的生产技术。

（2）从产品生产地特性看，产品生产地已逐渐开始向一般发达国家甚至发展中国家转移，范围在不断扩大。

（3）从产品要素特性看，由于产品已标准化制造，劳动熟练程度已经不是重要因素，因而更具资本密集型或劳动密集型的特点。

（4）从成本特性上看，由于其他国家的厂商产量不断增加，生产经验不断积累，加之工资水平也低，所以产品成本开始下降。

(5) 从产品进出口特性看，其他国家的产品也开始在一些第三国市场上与创新国产品竞争，并逐渐替代了创新国而占领了这些市场。当这些国家成本下降的程度抵补了向创新国出口所需的运费和关税外，还能与创新国的产品在创新国市场上竞争，则创新国的产品开始从出口转变为进口。

在实践中，很多产品的国际产业转移验证了国际产品生命周期理论，纺织业、机电业甚至汽车制造业等都出现过这种情况。以纺织品为例，其是欧美最早向其他国家大宗输出的产品；20世纪60年代日本是纺织王国；20世纪70年代，中国台湾取而代之。洋布挤垮中国土布的现象到20世纪80年代后期才彻底有所转变，也就是此时，中国成了净出口国，中国纺织品进入欧美市场。尤其在中国加入世贸组织后，2005年欧美等发达国家取消了对中国的纺织品配额的限制，中国的纺织品更是占据了欧美等国家的市场。另一个例证是家用电器。美国于1923年发明了第一台电视机，但到了20世纪90年代以后，美国一台电视机都不生产了，全部靠进口。日本在20世纪60年代后成为电视机的主要生产和出口国；20世纪90年代以来，韩国和中国逐渐成为电视机的生产国和出口国。

（三）国际产品生命周期理论的意义

(1) 企业可以利用产品在不同国家市场所处的不同生命周期阶段不断调整市场结构，及时转移目标市场，延长产品生命周期，以达到长久占领国际市场的目的。

(2) 企业可以利用国际产品生命周期理论来不断调整产品结构，及时推出新产品，淘汰没有前途的产品，加速出口产品的更新换代。

(3) 发展中国家可利用国际产品生命周期理论，引进发达国家的新产品，依靠本国自然资源和劳动力优势，以较低的成本研制生产，将产品出口到原产国，从而促使本国产品结构的不断优化。

我国的出口企业应当充分认识和运用国际产品生命周期的运行规律。一方面，充分利用发达国家已有的新产品、新技术，通过消化、改进，迅速推出自己的产品，去抢占国际市场，而且可以低成本的优势向原产国出口。技术实力雄厚的企业则可将新技术、新产品出口到发展中国家和地区，以延长产品的生命周期。另一方面，企业可根据国际市场的需求状况将我国已处于衰退期的产品或技术出口到落后的国家和地区。

六、国际产品的设计原则

增加顾客价值也可通过运用与众不同的产品设计。一些企业因出众的设计而闻名，如戴尔的电脑、Bose的音频设备等。但是许多企业缺乏一种“设计感”，它们的产品设计根本不起任何作用，产品外观十分单调、普通。设计的概念范围比式样大，式样仅指产品的外观。式样新颖别致，往往能夺人耳目；式样陈旧古板，就很难提起人们的消费兴趣。同时，设计的内涵更深一层——它还涉及产品的核心。一项好的设计应该不仅能够改善产品的外观，而且能够提高产品的实用性能。

设计是对产品和服务进行市场定位及实现差异化的最重要的工具之一。良好的设计能够吸引顾客的注意力，提高产品的性能，降低生产成本，并为该产品在目标市场上创造一个强有力的竞争优势。例如，第一辆福特金牛座车，以其流线型的车身、舒适的内座、先进的工艺以及高效率的制造，成为当时美国最畅销的小汽车。吉列一直把设计当作一门高深的艺术，它在德国的分公司博朗（Braun），凭借其设计的食品加工器、头发吹干机、电动剃须刀和其他小家电，取得了令人瞩目的成就。

产品设计是国际市场营销成功与否的决定性因素之一。一些事例表明，进行适应性的设计改变可能会增加产品的国际销售量，但是，销售利润增长应该是在扣除改变产品设计与测试所带来的成本后进行衡量。国际企业在作出产品设计决策时应该考虑4个方面的因素：

1.偏好

世界上不同地方的偏好在某些方面（如颜色与味道等）往往具有突出而重要的差异。忽视偏好的营销商常会令自己陷入险境。例如，在20世纪60年代，意大利Olivetti公司的打字机的设计在欧洲受到消费者的青睐，该打字机在纽约城的现代艺术展览馆也展出过，尽管得到了评论界的赞赏，但是这种设计并未在美国取得商业上的成功。美国的消费者想要的是一种笨重的打字机，这用现代欧洲的标准来看则是“丑陋”的。美国的消费者以体积和重量作为衡量质量的标准。因此，Olivetti公司被迫在美国改变了它曾在欧洲获得好评的设计。

有时，一种产品的设计不仅在一个地区非常成功，而且能在世界上其他地区获得成功。例如，宝马和梅赛德斯-奔驰不仅主宰着欧洲豪华轿车的市场，而且以同样的设计成为世界其他市场中强有力的竞争对手。其表现出来的结果就是，这些公司的设计是世界性的。全球的另一豪华轿车生产国日本对宝马和梅赛德斯-奔驰风格的小轿车赞誉有加，并且日本的汽车样式也受到宝马和梅赛德斯-奔驰风格的影响。

2.成本

在产品设计的方法问题上，公司应该广泛考虑成本因素。不论是由生产引起的成本还是由最终使用者引起的成本，只要与设计有关，都应该考虑进去。在国际市场营销中，企业的产品都是要有一定的维修期的，所以在设计产品时，要充分考虑产品的维修难度、维修成本，这部分费用很大程度上会影响到企业设计的原则。

3.法律与法规

不同国家法律与法规的实施对产品设计决策有着直接的影响。它们通常会导致产品设计的改变，从而引起成本的提高。这种现象在欧洲尤其明显，建立一体化市场的动力即是消除法律障碍与法规——尤其在技术标准和健康安全标准领域，这些障碍阻止了整个欧洲标准化产品的销售。例如，在食品行业阻止欧盟内部10类食品跨国贸易的法规障碍有200多条。这些条款包括对含某种成分的食品的限制或征税，以及不同的包装和商标法令。

4.兼容性

公司管理者最后应注意的有关产品设计的问题是产品与其使用环境的兼容性（compatibility）。比如，没有把用户手册翻译成多种语言这样的小问题会影响家用电器产品在国外市场上的销售。同样，不同国家的电力系统应用范围也从50V到230V、从50Hz到60Hz不等，这意味着任何以电为能源的产品设计都应当与产品销售市场所在国家的电力系统相兼容。

电视和摄像机制造商发现世界非常难以统一，这不仅仅与电力有关。目前全球数字电视广播领域已有3种相对成熟的数字电视标准：（1）美国的标准是ATSC（Advanced Television System Committee，先进电视制式委员会）；（2）欧洲的标准是DVB（Digital Video Broadcasting，数字视频广播）；（3）日本的标准是ISDB（Integrated Services Digital Broadcasting，综合服务数字广播）。面向全球目标市场的公司应当设计多标准的电视和摄像机，让用户可以简单地按一下开关就可以针对任何系统进行正确选择；不面向全球市场的公司只要设计满足一种标准的产品就够了。所以企业在设计产品时，要充分考虑产品在国际市场上的兼容性，这样才能取得更好的销售量。

第二节　国际市场产品策略

一、国际市场营销产品扩张策略

一般来说，企业可以通过3种途径扩大市场：

一是采用传统的市场扩张方法：为增加市场份额而对现有市场进一步渗透。

二是在单一国内市场领域中将现有的产品线扩张到某一新的产品市场中。前两种途径都适用于国内运作。

三是把现有经营扩张到其他国家和地区。这种地理扩张的方法是国际市场营销的主要机会之一。为了实现有效的地理扩张，我们归纳出了一个对各种可选方案进行考虑的框架。若一家公司已经具有一定的产品、市场基础，它可以从以下4种策略方案中选择1种来将其业务扩展到其他地区的市场，或者开发适用于全球市场的新产品（如图5-4所示）。

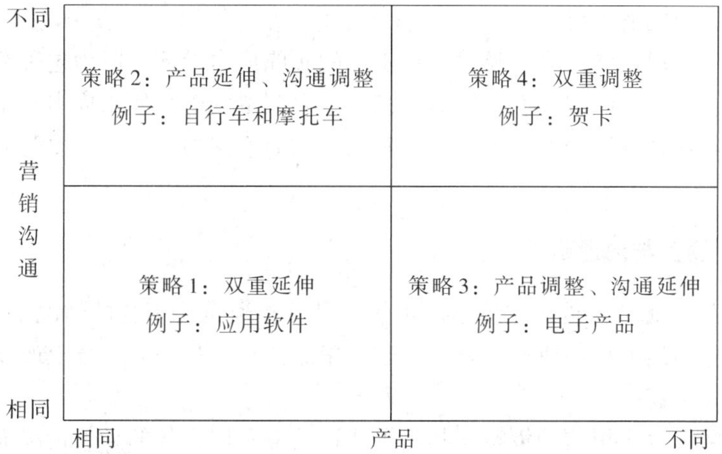

图5-4　地域扩展的策略

（一）双重延伸

许多公司把这种策略作为寻求国外市场机会的策略之一。在适当的条件下，这是最简单的营销策略，并且在许多实例中也是最有效的策略。实施这一策略的前提是市场是相似的，企业可以明确地了解市场，利用市场的相似性，在其他的市场用相似的营销策略销售相同的产品。例如，肯德基、麦当劳在全球市场推出的快餐几乎相同，店面设置和营销方法也类似。

但是双重延伸方法并不适用于所有市场。坎贝尔汤制品公司在英国试销其西红柿汤，损失惨重后他们才发现英国人比美国人喜欢的口味要稍苦一些。但很幸运的是，该公司吸取了教训，随后其在日本推出的7种口味的汤就获得了成功，如专门为日本市场开发的番茄玉米汤。

全球性的公司对双重延伸策略表现出了极大的兴趣，因为使用这种方法可以节约成本，两种最明显的节约来源是产品制造的规模经济和避免重复的产品研究与开发。对一个具有全球经营规模的公司来说，为每个市场独立进行广告印刷和电视宣传所付出的成本是巨大的，对这些成本的控制是很重要的，但企业也不应该为了节约成本而放弃获取更大利润的目标。根据这一目标，调整企业的产品和沟通策略是必要的。所以尽管产品扩展可以节约企业的成本，但实际上它也可能导致失败。

（二）产品延伸与沟通调整

当一种产品为了满足不同的需求，或为了进入另一个不同的细分市场，或者在与本国市场相同或相似的使用环境下执行了一种不同的功能时，公司可能需要对营销沟通进行调整。这种策略指的是：在另一个市场上仍销售同类产品，但营销方式要改变，以适应新的环境。自行车和小摩托车正是运用这种方法来营销的产品实例。它们在美国满足的是娱乐需求，但在其他一部分国家是作为基本的交通工具。与此类似，在美国，海上摩托艇通常向娱乐业销售，而在其他国家，这些摩托艇往往是卖给钓鱼爱好者。

从上面的例子可以看出，产品延伸与沟通调整策略无论是有意还是出乎意外，都会导致产品的转换。虽然在物质形式上还是同一种产品，但会偏离最初的设计或建造意图，最后以执行一种新功能而告终。

产品延伸与沟通调整策略的吸引力在于它的实施成本较低。因为这种策略中的产品并未改变，避免了因生产线改变而引发的研究与开发成本、工具使用成本、生产启动成本和存货管理成本。这种方法的唯一成本在于确定产品的不同功能，并修改与之相对应的营销沟通方式。

（三）产品调整与沟通延伸

产品调整与沟通延伸是在维持本国市场的基本沟通策略不变的情况下对其进行延伸，同时使产品适应当地的使用或偏好条件。这一策略是指在另一个市场上改变产品情况，但营销沟通的方式不变。

埃克森美孚一直采用这种策略。其为了普遍适应不同市场的天气情况而改变其汽油的组成，同时在不改变其基本沟通策略的情况下对其进行了扩展。关于在全球不同环境条件下通过适当调整使其产品始终能发挥同样功能的例子还有很多。肥皂和去污剂制造商调整了它们的产品结构，以适应当地的水质与洗涤设备，同时并没有改变基本的宣传方法。家用电器则按使用环境的不同来调整尺寸。

（四）双重调整

当营销商将新的市场与本国市场进行比较时，其有时会发现不仅环境条件或顾客偏好不同，而且产品的功能或消费者对广告的接受程度可能也是不同的。从本质上说，这是一种策略2与策略3的市场条件组合。

联合利华公司在英国的衣物柔顺剂市场的经历就是双重调整的典型案例。许多年来，这种产品在10个国家以7种不同的品牌名称销售，被装在不同的瓶中，在不同国家其营销策略也不相同。联合利华的分散化结构意味着产品和营销决策将交由当地管理人员进行。其选择了当地语言中较具感染力的词语作为名称，包装设计也以符合当地口味为准。后来，其竞争对手宝洁公司引用了一种竞争力很强的在全欧洲采用统一名称的标准化产品。因为在宝洁公司的眼中欧洲市场的相似程度比联合利华假设的还要强。随后，联合利华的欧洲品牌的经理们对宝洁这一做法的反应是也开始逐渐地转向标准化。

（五）产品创造

当顾客无力购买某种产品时，公司应当考虑的策略是创造策略。换言之，公司可能需要开发一种全新的产品，使得潜在顾客可以在可接受的价位下需求得到满足。虽然这是一种被动的改变，但如果产品开发成本并不是太高，这也是一种回报较多的产品策略。

全球竞争者中的赢家是那些能够开发出可以提供最大利益的产品，从而为购买者创造最大价值的公司。产品创造策略通常意味着产品业绩的高水平和低价位，最终转换成为巨大的消费者价值。高露洁公司综合应用了以上所有的地域扩展策略，发展了一个新的牙膏品牌，明确、形象地针对最终消费者设计，是一个彻底的全球品牌。它将新品牌在菲律宾、澳大利亚、哥伦比亚、希腊、葡萄牙、英国等国家作了测试，这些国家都具有不同的文化背景。如今，经过200多年的风雨历程，高露洁公司生产的个人护理用品已经销售到世界200多个国家和地区，成为销售额达94亿美元的全球消费品公司。2019年10月，Interbrand发布的全球品牌百强榜中高露洁排第66名。

总的来说，在国际市场营销中，产品和沟通策略的选择是3种关键因素的函数：

（1）以本身功能或它能够满足的需求来定义的产品；

（2）以产品使用的环境、潜在顾客的偏好和购买特定产品的能力来定义的市场；

（3）考虑到这些产品-沟通方法，公司所需花费的转变成本和制作成本。

只有在对产品-市场匹配和公司的生产能力与成本进行分析后，企业的管理层才能选择最有利的国际市场营销战略。

案例窗5-1

二、国际市场营销品牌策略

在国际市场营销实践中，实施合理的品牌策略有助于突出产品的差异化，对国际产品在消费者心目中树立良好的产品形象、促进产品在国际市场上的销售起着极为重要的作用。

（一）品牌的概念及意义

美国市场营销协会对品牌的定义是：品牌（brand）是一个名称、术语、符号或图案，或者是它们的不同组合，用以识别某个或某群销售者的产品或服务，使之与竞争对手的产品或服务相区别。

产品品牌由品牌名称和品牌标志两个部分组成。品牌名称是企业给自己的产品或服务起的一个名称，使自己生产或出售的产品或服务易于识别，并与竞争者生产或销售的产品或服务相区别。品牌名称是品牌中用语言称呼的地方，如联想是著名的计算机品牌名称。品牌标志是品牌中不能直接用语言称呼但可以被识别的部分，如符号、图案、颜色等。例如，可口可乐以红色作为品牌的部分标志，而百事可乐以蓝色作为品牌的部分标志。

品牌是企业宝贵的无形资产，优质的品牌形象有助于吸引国际消费者，扩大国际市场占有率，在竞争中发挥重要的作用。国际品牌的具体意义表现在以下几个方面：

（1）强化企业形象。国际市场各类企业产品的种类繁多，良莠不齐，品牌作为辨别标志，有利于企业传达良好的产品及企业形象，维护企业声誉，使顾客得以明确区分其与其他企业及其产品的优劣。

（2）建立和提高顾客忠诚度。优秀的品牌代表过硬的产品质量，一旦在顾客心中确立了良好的形象和声誉，品牌就成为有效的广告，刺激顾客的购买欲望，诱导他们竞相购买该品牌的产品；名牌商品则进一步促进企业提高管理水平、技术水平、质量和服务水平，在市场上保持良好的形象，增强产品市场竞争力，使顾客忠诚度得到提高。

（3）法律保护。品牌经注册后（即商标）享有专用权，可以避免伪劣产品冒牌行为，保护企业正当的合法权益。

（二）品牌价值

有魅力的品牌名称能引起强烈的消费者偏好。或许，职业营销人员最与众不同的技能便是他们创造、维护并增强品牌的能力。

品牌因其在市场中影响力和价值的不同而各有千秋。一个有影响力的品牌往往有很高的品牌价值（brand equity）。品牌价值的高低取决于消费者对品牌的忠诚度、品牌知名度、品牌所代表的质量、品牌辐射力的强弱和其他资产，如专利、商标和商业渠道。价值很高的品牌是一项极为可观的资产。

高价值品牌能为企业带来许多竞争优势。一个优秀的品牌会在消费者中享有很高的知名度。由于消费者希望商店里有该品牌，因此增强了企业与转售商讨价还价的能力。又由于该品牌具有很高的信誉度，因此企业能够比较容易地拓展品牌。

总之，一个有影响力的品牌可以使企业在激烈的价格竞争中增强防御能力。一些分析家认为，品牌是企业主要的持久资产，比企业的产品和设备都重要。表5-2是国际品牌管理机构Interbrand发布的2019年排在前10位的世界品牌及其价值。

（三）国际品牌的建立原则

品牌可以向消费者传达产品的6种信息——属性、利益、价值、文化、个性、使用者。例如，梅赛德斯-奔驰品牌使消费者联想到汽车产品形象中包含快速、昂贵、设计良好的属性，以及性能好、安全性好及声望高的价值等。建立优秀的国际品牌要遵循如下原则：

表5-2　**2019年排在前10位的世界品牌及其价值**　金额单位：亿美元

排名	品牌名	行业	品牌价值变化率	品牌价值
1	苹果（Apple）	技术	9%	2 342.41
2	谷歌（Google）	技术	8%	1 677.13
3	亚马逊（Amazon）	技术	24%	1 252.63
4	微软（Microsoft）	技术	17%	1 088.47
5	可口可乐（Coca-Cola）	饮料	-4%	633.65
6	三星（Samsung）	技术	2%	610.98
7	丰田（Toyota）	汽车	5%	562.46
8	梅赛德斯-奔驰（Mercedes-Benz）	汽车	5%	508.32
9	麦当劳（McDonald's）	餐厅	4%	453.62
10	迪士尼（Disney）	媒体	11%	443.52

（1）合法性。产品品牌名称及标志应符合当地的法律、法规，并向当地专利和商标管理部门申请注册，取得合法销售的地位，使企业的权益得到保护。

（2）独特性。产品品牌应别具一格，富有创意，有别于其他企业的品牌。

（3）适应性。国际品牌要符合所在国当地市场的文化习俗；否则，容易在意义上引起误解而造成国际营销的困难。

（4）提示性。品牌名称应向消费者暗示产品所含有的某种意义或效用。例如欧美一种名为Maiden Form的女士内衣，在亚洲华人市场上销售时译为"美顿芳"，深受消费者欢迎。

（5）稳定性。国际品牌要具有稳定的品质，这样一方面有利于企业在国际上进一步延伸品牌，另一方面消费者容易记住。世界上的著名品牌如"戴尔"电脑等都具有极大的稳定性。

（6）简明性。品牌如能易于记忆、易于读取和易于理解，就有利于消费者识别，对企业而言也便于宣传，可以降低宣传成本。

（四）国际品牌决策过程

企业进入国际市场，面临着使用品牌与不使用品牌、使用自己的品牌还是使用他人的品牌、使用一个品牌还是使用多个品牌等一系列的决策。因此，企业品牌决策是一项系统工程，需要遵循一定的程序，该程序被称为品牌决策过程（如图5-5所示）。

1.使用品牌或不使用品牌的决策

企业进入国际市场，进行品牌决策的第一步是决定是否使用品牌。一般来说，使用品牌对企业有以下好处：

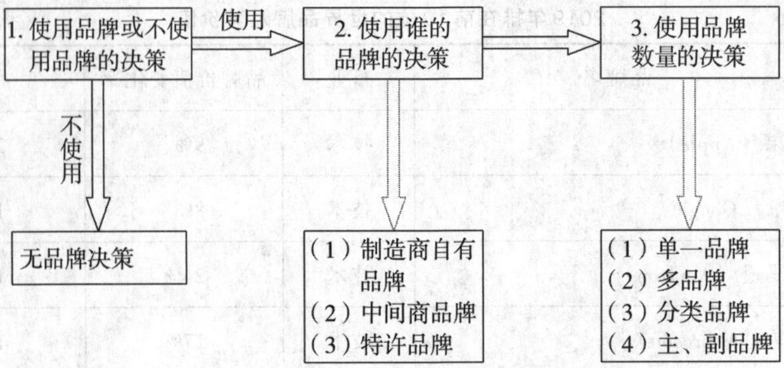

图5-5 国际品牌决策过程

（1）便于企业分类管理；

（2）有助于企业细分市场；

（3）有助于树立良好的企业形象；

（4）有助于吸引更多的忠诚顾客；

（5）有利于企业实施差异化的策略。

但是，使用品牌需要企业进行宣传和包装，这样无疑会增加企业的营销成本，这些成本最终会转嫁到产品价格上，使产品价格上升。因此，从20世纪70年代开始，西方国家许多企业对许多消费品和药品采用不使用品牌策略，即所谓的非品牌化策略，目的是节约包装和品牌广告成本，使产品更具有价格优势，这也正好迎合了西方消费者的环境保护意识。因此，企业应针对目标市场的顾客对品牌的接受习惯以及企业的目标、产品特点等因素，综合考虑是否使用品牌。

2. 使用谁的品牌的决策

企业决定使用品牌后，还要决定是使用自己的品牌还是使用他人的品牌。

（1）制造商自有品牌，是指制造商自己生产产品，使用自己的品牌。制造商自有品牌策略适用于市场上有名气或有一定实力的企业。

（2）特许品牌，是指以签订特许协议的方式，转让（购买）品牌使用权或品牌拥有者委托制造商代为加工，俗称贴牌，一般为小企业代知名企业加工。

（3）中间商品牌。其优点是能够把促销费用和销售风险转移给中间商承担；缺点是中间商可以更换供应商相威胁，迫使企业接受降价等不利条件。这种策略适合在目标市场上没有名气或不具备实力的企业。

3. 使用品牌数量的决策

企业决定使用自己的品牌时，还需要进行品牌数量的决策。

（1）多品牌，也称个别品牌，是指企业分别以不同的品牌来展示自己的产品，目的在于突出品牌个性和特色，并使产品给消费者留下深刻的印象。

多品牌的优点有：

① 同一类型产品，以不同的品牌形象进入市场，可以满足目标市场的各种不同需求。

② 虽然使用个别品牌可能因企业内部的品牌竞争而使个别品牌的市场份额降低，企业的行业地位、市场地位却可能提高，整个企业的市场占有率和效益也可能因此提高。

③ 可以避免因一个产品失败而影响企业的整体形象和声誉。

多品牌的缺点是：不便于塑造统一的企业形象；品牌的宣传推广费用会增大，因而不符合成本经济性的原则。

（2）单一品牌，也称统一品牌，是指企业将自己名下的多种产品进行统一的品牌命名。例如，美国通用电气公司的所有产品都统一使用“GM”这个品牌。

单一品牌的优点是：

① 企业可以统一进行广告宣传，节省开支；

② 可建立企业统一的品牌形象，并且可借助于已经成功的品牌的声誉推出新产品。

单一品牌的缺点是：使用统一品牌的风险比较大，一个产品的失败可能会殃及所有的产品。

（3）分类品牌，是指企业将其产品按产品线分类，每一条产品线单独使用一个品牌。有的大型企业集团既生产电视机，又生产电冰箱、洗衣机、空调和摩托车等，这些不同类别的产品可以分别使用不同的品牌。

分类品牌的优点有：

① 企业将其所生产和经销的不同类别的产品以不同的品牌相区别，可以避免混淆。

② 有些企业尽管只生产或销售一种类型的产品，但为了区别不同的质量档次，也可以使用不同的品牌，以便实行差异化营销。例如美国大西洋茶叶公司所经营的各种食品，一等品使用“安·帕格”品牌，二等品使用“苏坦娜”品牌，三等品使用“伊欧娜”品牌。

③ 既能避免使用个别品牌而存在的成本不经济性问题，又能避免使用统一品牌而存在的风险太大的缺点。

（4）主、副品牌，是指企业生产或经营的各种不同的产品分别使用不同的品牌名称，而在各种不同的品牌名称前冠以统一的企业名称。

企业品牌就像人的姓名一样，如果把“主品牌”比作“姓”，“副品牌”就像是“名”。例如，海尔在冰箱上相继推出了“海尔小王子”“海尔双王子”“海尔大王子”“海尔帅王子”“海尔金王子”等，在空调上先后推出了“海尔小超人”变频空调、“海尔小状元”健康空调、“海尔小英才”窗机等，在洗衣机上推出了“海尔小神童”“海尔小小神童”等；通用汽车公司的所有汽车产品都采用“GM”这个统一品牌，对各类产品又分别使用凯迪拉克（Cadillac）、别克（Buick）、雪佛兰（Chevrolet）等不同的品牌，别克系列又分凯越、英朗、君越、君威等。

（五）国际品牌策略

企业有4种国际品牌策略选择（如图5-6所示）。国际品牌策略包括：

1.产品系列扩展

产品系列扩展是指利用一种成功的品牌名称，在同一品牌名称下的既定产品种类中加项，如新风格、新形式、新颜色、新增的配料或新包装尺寸等。例如，蒙牛公司在原有的纯牛奶的基础上推出了酸酸乳、特仑苏牛奶等。绝大多数新产品运用了产品系列扩展策略。

		产品种类	
		已有的	新的
品牌名称	已有的	产品系列扩展	品牌扩展
	新的	多品牌	新品牌

图5-6 4种品牌策略

企业可能把产品系列扩展当成了一种低成本、低风险的方法，用来推销新产品以满足消费者各种品位的要求，以及用来利用过剩的生产力，或仅仅是为了从零售商那里取得更多的货架。

但是产品系列扩展也有一定的风险：一方面，过分扩展的品牌名称可能会失去其特有的含义；另一方面，扩展项的销售可能会以损害同类产品其他项的销售为代价。产品系列扩展发挥最出色的情况是争夺竞争品牌的销售量，而不是“吞噬”自己企业的其他产品。

2.品牌扩展

品牌扩展是指利用一种成功的品牌名称，在一个新的产品种类里生产新的产品或经过改进的产品。宝洁公司的洗碗剂、液体皂和洗发水等产品都用了象牙品牌，并因此创造了销售佳绩。本田公司把公司名字运用到公司的各类产品上，如汽车、摩托车、割草机、履带式雪上汽车等。本田公司因此在广告中宣称——一间两个车位的停车场能容纳6辆本田。

品牌扩展策略有许多优点。一个有口皆碑的品牌往往能帮助企业更加顺利地涉足新的产品种类，并能引起消费者对新产品的立即确认和更快接受。索尼的绝大多数新电器都采用了索尼品牌，结果立即取得了消费者对这些新产品的高度认同。品牌扩展策略还节约了为使消费者熟悉一种新品牌通常所需的高额的广告费用。

品牌扩展策略也包含风险。一些品牌扩展产品失败后，可能会破坏其他同一品牌产品的形象。还有，即使一个品牌设计得非常好、非常令人满意，它也有可能不适用于新产品。

3.新品牌

当企业生产一个新的产品种类时，若对该种产品，企业现有的品牌没有一个合适的，可以建立一个新的品牌名称；或者，企业认为它的既有品牌的影响力在逐渐下降，因此需要建立一个新的品牌。

4.多品牌

多品牌在本章前面已经论述过，这里就不再介绍。

就像建立多品牌一样，太多的品牌也会导致企业资源的过度分散。在某些行业，消费者和零售商都已觉得品牌太多，而且各品牌间几乎没有什么区别。因此，像宝洁这样大的消费品经销商开始采用主打品牌策略，即剔除较弱的品牌，而将营销资金集中于同类产品中处于第一或第二的品牌。

（六）品牌和商标的设计原则

国际产品品牌和商标的设计除应遵循产品品牌和商标设计的一般性原则，如简单易懂、便于识别、有助于记忆、构思独特新颖、引人注目、适应产品性质、便于宣传商品，还应特别注重以下设计原则：

1.符合各国消费者的传统文化和风俗习惯

出口商品的商标设计应注意与各国和各地区的文化和习俗相适应，因此，必须充分认识和了解各国消费者对颜色、数字、动物、花卉、图案、语言等的喜好与禁忌，如鹤在我国代表长寿，但在印度有人将鹤视为伪君子的象征；国际上一些国家把三角形作为警告的标志，而捷克人认为三角形是有毒的标记；中国人视为国宝的熊猫，在东南亚、欧美等地也大受欢迎，伊斯兰国家却对它有厌恶之感。企业必须根据各国不同的语言、习俗设计品牌和商标。

2.符合国际商标法和目标国商标法的规定

符合国际商标法的规定是国际产品商标设计必须遵循的一个重要原则，主要是遵守《保护工业产权巴黎公约》《商标国际注册马德里协定》《商标注册条约》等。这些国际公约对商标的国际注册、商标权利在不同国家互不牵连、驰名商标的保护、商标的转让以及不能作为商标注册的内容等问题都作出了明确的规定。企业还必须充分了解和遵守目标国有关商标的法律和法规，以避免出现法律纠纷和蒙受经济损失，并使企业的商标得到目标国法律的保护。如美国采用“商标使用在先”的法律，而我国遵循“商标注册在先”的法律。我国一家玩具公司因不了解美国“商标使用在先”的法律原则而蒙受了损失。该玩具公司于1993年10月向美国专利商标局申请注册一个玩具商标，并于1994年3月用这个商标向美国出口了第一批玩具。但该公司从1995年起发现一家美国公司也用同样的商标在北美大量销售玩具。而这家美国公司声称，他们是1994年1月注册并使用这个商标的，根据美国“商标使用在先”的法律，这个商标专用权应归这家美国公司所有。尽管该公司的注册时间比我国公司晚3个月，商标使用时间却早了2个月，这样我国的玩具公司不得不放弃已注册的商标。

三、国际市场新产品开发策略

根据产品生命周期理论，任何产品都会经历由兴到衰的过程。消费者需求、科学技术都在不断地变化，产品的研发周期和生产周期也在逐渐缩短，加之国内外公司的激烈竞争，企业产品的淘汰率与日俱增。要想维持自身永续的生存与发展，企业必须及时地推出新产品。在国际市场上，只有那些能够及时开发新产品的企业才能立于不败之地。

（一）国际新产品的概念和分类

营销意义上的新产品是一个广义的新产品概念。按照菲利浦·科特勒的观点，“新产品”是指新发明产品、改进的产品和新品牌产品。新产品除包含因科学技术在某一领域的重大发现所产生的产品外，还包括如下方面：①在生产销售方面，只要产品在功能或形态上发生改变，与原来的产品产生差异，甚至只是产品单纯地由原来的市场进入新的市场，就可以视为新产品；②从消费者角度来看，新产品是指能进入市场给消费者提供新的利益或新的效用而被消费者认可的产品。

按产品的研发过程，新产品可分为以下方面：

1.全新产品

全新产品是指采用新原理、新技术、新材料，具有新结构、新功能的产品。这种新产品在全世界首先开发，能开创全新的市场，如计算机、电视机、冰箱等产品最初上市时都属于全新的产品。全新产品的研究与开发往往伴随着科学技术的重大突破，并且对人类的发展、社会的进步、人们生产和生活方式都产生深远的影响。但全新产品的开发难度大，市场风险也大。通常，全新产品只占所有新产品的10%。

2.改进型新产品

在原有老产品基础上进行改进，从而在结构、功能、品质、花色、款式及包装上具有新的特点、新的突破的产品被称为改进型新产品。改进后的新产品，其结构更加合理，功能更加齐全，品质更加优异，能更多地满足消费者不断变化的需求。这种新产品与老产品十分接近，有利于消费者迅速接受，开发也不需大量的资金，失败的可能性相对要小。改进型新产品在全部新产品中占26%左右。

3.换代新产品

换代新产品是指在原有产品的基础上部分采用新结构、新材料、新技术制造，使其性能有显著提高的产品，如从黑白电视机发展到彩色电视机。

4.仿制新产品

企业模仿国内外已经研制生产出来的新产品生产的产品也被称为本企业的新产品。在新产品开发中，合法的仿制是不可能排除的。开发仿制新产品一般投入相对少，风险也小，但对本企业是一种突破。仿制新产品占全部新产品的20%左右。

5.市场再定位新产品

以新的市场或细分市场为目标市场的现有产品被称为市场再定位新产品。一般重新定位的新产品在全部新产品中占7%左右。

（二）国际市场新产品开发的程序

国际市场新产品的设计与开发过程是一个复杂的系统工程，要想降低国际市场新产品开发失败的风险、增大成功的概率，遵循科学的开发程序是十分重要的。菲利普·科特勒把新产品设计开发分为以下阶段（如图5-7所示）：

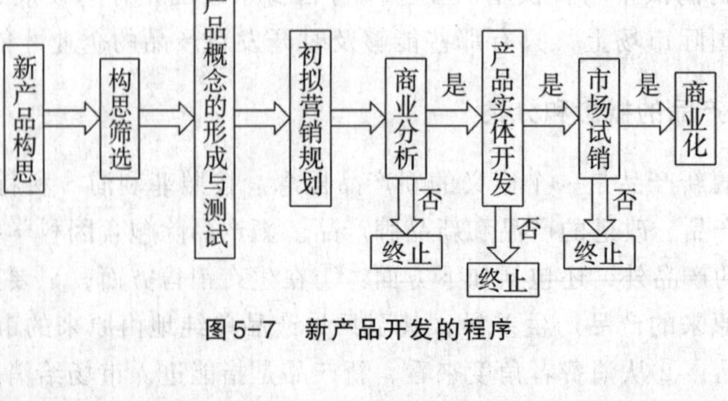

图5-7 新产品开发的程序

1.新产品构思

新产品开发始于构思产生，即系统化地搜寻新产品主意。为了找到几个好主意，企业一般都要进行许多构思。对新产品构思的搜寻必须系统地进行，而不能偶然任意化；否则，尽管企业会发现许多构思，但绝大多数将与企业所在的行业不对口。企业高级管理层可通过审慎地制定新产品开发策略来避免这种错误。新产品构思的主要来源包括内部来源、顾客、竞争者、销售商、供应商及其他。

（1）许多新产品构思来自企业内部。企业可通过正规的调研活动找到新构思，还可从科学家、工程师和制造人员那里得到相应的智慧。企业的高级管理人员也会突发灵感，产生一些新产品构思。企业销售人员是又一个很好的来源，因为他们每天都与顾客接触。早在1951年丰田公司就推出了“合理化建议制度”，鼓励每一个员工自由地就任意问题提出各种建议。这项制度坚持不懈地实施了几十年，公司职员每年大约会提出200万条建议，每个职员大约提35条，而且其中的85%得到了贯彻执行。

（2）好的新产品构思还来自对顾客的观察和对顾客建议的聆听。企业可通过调查或集中座谈了解顾客的需求和欲望，可通过分析顾客提问和投诉发现更好地解决顾客问题的新产品，企业工程师也可以跟顾客见面听取建议。曾经通用电气公司电视产品部门的设计工程师就是通过与最终消费者会谈的方式来得到新的家用电器产品构思的。

（3）竞争者是新产品构思的又一好来源。企业观察竞争者的广告以及其他信息，可以获取新产品的线索。有的企业通过购买竞争者的新产品，把产品拆开，从而观察产品是怎样运作的，并分析产品的销售，最后决定企业是否应该研制出一种自己的新产品。例如，福特公司在设计其高度成功的捷豹牌汽车时，拆看了50多种竞争者品牌的汽车，一层一层地寻找可以复制或改善的地方。捷豹采用了奥迪的加速器踏板“触角”、丰田Supra车型的油耗表、宝马528e的轮胎和千斤顶储存系统，以及其他400种类似优点。

（4）销售商和供应商也会有许多好的新产品构思。销售商接近市场，能够传递有关需要处理的顾客问题以及新产品可能性的信息。供应商能够告诉企业可用来开发新产品的新概念、技术和物资。

（5）其他构思来源包括行业杂志、展览和研讨会、政府采购代理机构、新产品顾问、广告代理机构、市场营销调查公司、大学和商业试验室、发明人等。

2.构思筛选

构思形成的目的是创造大量的新产品开发构思。接下来的几个阶段的目的是减少构思的数量。第一个构思减少阶段是构思筛选。筛选的目的是尽可能快地找到好构思，放弃坏构思。在后面几个阶段产品开发成本飞涨，所以企业必须采用能转变成营利性产品的构思。

绝大多数企业要求管理人员用标准的格式写出新产品的构思，以便提交给新产品开发委员会审阅。该书面报告描述了产品、目标市场以及竞争，并对市场规模、产品价格、开发时间和成本、制造成本和回收率作出一些初步的估计。接着，委员会针对一些通用标准对构思作出评价。例如，委员会提出如下问题：产品对消费者和社会真正有用吗？对本公司有没有好处？是否符合公司的目标和战略？我们有成功实行这个构思所需的人员、技术和资源吗？它提供给顾客的价值是否多于竞争者的产品？进行广告宣传和销售是否容易？许多企业都有很好的系统来评定和筛选新产品构思。以下介绍一种国际流行的创意筛选模型（见表5-3），来帮助企业选择最好的构思。

表5-3的创意筛选模型由7部分组成：

（1）制定创意标准，如市场前景标准、市场吸引力标准、项目与企业资源的一致性标准、产品范围标准等。

表 5-3 创意筛选模型

(1) 要素	(2) 权重	(3) 很好 (10)		(4) 好 (8)		(5) 一般 (6)		(6) 差 (4)		(7) 很差 (2)		(8) 总计 EV	(9) 要素 评估
		EP	EV	EP	EV	EP	EV	EP	EV	EP	EV		
产品的卓越性	1.0	0.1	1.0	0.2	1.6	0.5	3.0	0.2	0.8	—	—	6.4	6.4
产品的独特性	1.0	0.1	1.0	0.2	1.6	0.4	2.4	0.2	0.8	0.1	0.2	6.0	6.0
降低消费者成本	3.0	0.3	3.0	0.4	3.2	0.2	1.2	0.1	0.4	—	—	7.8	23.4
质量优于对手	1.0	0.1	1.0	0.2	1.6	0.5	3.0	0.2	0.8	—	—	6.4	6.4
给使用者独特帮助	2.0	0.5	5.0	0.4	3.2	0.1	0.6	—	—	—	—	8.8	17.6
价格低于对手	2.0	—	—	0.2	1.6	0.5	3.0	0.3	1.2	—	—	5.8	11.6
	10.0											总值	71.4

注：EP代表预期利润水平；EV代表预期价值，它是预期利润乘以等级数值的积。

（2）标准细目化，如将市场前景标准细分为产品与对手产品相比的卓越性、产品的独特性、产品使消费者降低成本的程度、产品质量与对手产品质量的对比等。

（3）根据每个细目的重要性给予不同的权重。如降低消费者成本直接关系到新产品的成功上市，所以给其的权重最大。

（4）针对每一个要素，预测产品达到"很好""好""一般""差""很差"的概率，将预测的概率值分别记在第3~7列的EP栏下。

（5）用所得的各个概率值分别乘以第3~7列下的数字值，如产品的卓越性落在"很好"栏的概率是0.1，用其乘以"很好"栏下的数字10得1.0，并记在第3~7列的EV栏下。

（6）用每个要素预期价值总和（第8列）乘以该要素的权重（第2列）得该要素的评估值，再将所有各要素评估值相加就是该产品的市场前景得分。

（7）用上述方法对第一步中的其他标准进行细化、计算、打分，最后将每次的结果汇总，并与其他产品创意的打分结果进行对比，挑选最理想的创意。

创意筛选模型有许多优点：（1）引导管理者系统、全面地考虑新产品创意的取舍；（2）使主观臆断性降低；（3）使用简便且成本很低。

其缺点是：（1）给分的高低直接受管理者主观意识的影响；（2）给分标准可能互相重叠导致重复给分。

3.产品概念的形成与测试

经过筛选后保留下来的产品构思还需进一步发展成具体的产品概念。进行产品构思时从企业自身角度考虑希望提供给市场可能的产品设想；产品概念则需要在产品构思的基础上，从消费者角度用文字、图形或模型对这种构思作详尽的描述。

从产品构思发展到产品概念，如一个食品加工厂获得一个芝麻粉产品的构思，它可转化为几种产品概念，但通常要回答下面3个问题：

（1）谁使用该产品？可以是婴儿、儿童或少年。

（2）该产品提供的主要利益是什么？可以是口味、营养或保健。

（3）何时使用该产品？可以是在早餐、午餐或夜宵时。

任何一种产品构思通过对以上3个问题的回答都可以产生几种产品概念，新产品开发人员则需要对每一种产品概念进行测试、取舍。

新产品概念测试主要是调查消费者对新产品概念的反应，测试的内容如下：

（1）产品概念的可传播性和可信度；如果得分低，就必须对此概念进行修改。

（2）消费者对该产品的需求程度。

（3）该产品与现有产品的差距。差距越大，预期的消费者兴趣越高；差距越小，预期的消费者兴趣越低。

（4）消费者对该产品的认知价值，即相对价值而言，价格是否合理。

（5）消费者的购买意图，即消费者是否会购买该产品。

（6）谁会购买此产品及购买频率。

4.初拟市场营销规划

市场营销规划一般由3个部分组成：

（1）目标市场规模和结构，消费者的购买行为，新产品的市场定位、销售量及市场占有率等；

（2）新产品的最初价格策略、分销策略以及第一年的市场营销预算费用；

（3）预期的长期销售额和利润目标以及不同时期的营销策略。

5.商业分析

在新产品进入正式产品开发阶段以前还需对已经形成的产品概念进行商业分析。商业分析的主要内容是对新产品概念进行财务方面的分析，即估计销售额，估计成本和利润，判断它是否能够满足企业开发新产品的目标；如果满足，产品就能进入产品开发阶段了。

为了估计销售量，企业应查看类似产品的销售历史，并对市场意见进行调查。企业应估计最大和最小销售量，以估量出风险大小。在估计完销售量之后，管理部门可为产品估计期望成本和利润，接着企业便可以用这些销售和成本数据来分析新产品的财务吸引力。

6.产品实体开发

新产品的实体开发是将新产品概念转化为新产品实体的过程，这一过程是把产品构思转化为在技术上和商业上可行的产品，需要投入大量资金。它是通过新产品实体的设计、试制、测试和鉴定来完成的。新产品开发过程是对企业技术开发实力的考验，能否在规定的时间内用既定的预算开发出预期的产品，是整个新产品开发过程中最关键的环节。产品实体开发包括以下几个步骤：

（1）对新产品进行设计，从技术上、经济上把产品概念中规定的新产品性能、指标和要求进一步具体化，即具体地规定新产品的结构、尺寸、型号、制造材料等，确定新产品的制造工艺要求、其构件的种类和数量，制定出各种技术文件，还要求对新产品的原理和结构进行研究。

（2）根据新产品的设计图纸、工艺文件和工艺装备试制出新产品样本。样本试制必须严格按照设计图纸进行，通过样本试制找出产品工艺上的缺点，以提高产品的工艺性。

（3）对新产品试制品进行测试。这主要从产品性能和消费者的需求方面来进行。

（4）对新产品进行鉴定。新产品测试完成后，企业还需组织领导者、技术人员、生产人员、营销人员对新产品进行鉴定，对试制品作出肯定或否定的鉴定，并提出修改意见，以便试制品完善后进行批量生产，从而投放市场。

7.市场试销

如果产品通过了性能及消费者测试，接下来便是市场试销。在这一阶段产品及营销方案将被放入更加逼真的市场环境中去。市场试销使营销商在进行大笔投资全面推广产品之前通过营销产品获得经验。它允许企业测试产品和整个营销方案——市场定位策略、广告、销售、定价、品牌和包装、预算标准。

市场试销所需数量根据每种新产品的不同而不同。市场试销的成本可能会很大，而且市场试销需要花费时间，这会使竞争者获得优势。当开发和推出产品成本很低时，或当管理部门对一种新产品很有信心时，企业可能很少或根本不进行市场试销。企业也不试销简单的产品系列扩展或竞争对手成功产品的复制品。

描述试销效果的指标主要有两个：（1）试用率，即第一次购买试销品的比率。（2）再购买率，即顾客重复购买的比率。再购买率的高低往往决定着新产品的成功与否，因为只有重复购买才能真正说明消费者对新产品的认可。

试销过程应重视回收反馈信息。回收的信息主要包括3个方面：

一是产品本身的信息；

二是消费者或中间商对企业营销策略的意见；

三是顾客的重复购买率。

反馈的信息便于企业有针对性地改良产品、调整市场营销组合，并及早判断新产品的成败。市场试销为管理部门提供所需信息以作最终决策，即是否要推出新产品。

8.商业化

如果企业进一步让产品正式上市，即把新产品推向市场，则企业将面临很高的成本，企业将不得不建造或租用生产设备。因此，企业在推行设立新产品商业化决策时应考虑：

（1）推出时机，是指企业的高层管理者要决定在什么时间将新产品投放市场最适宜。如果新产品是用来替代老产品的，就应等到老产品的存货被处理掉时再将这种新产品投放市场；如果新产品的市场需求有高度季节性，就应在销售季节来临时将这种新产品投放市场；如果新产品还存在可改进之处，就不必仓促上市，应等到完善之后再投放市场。

（2）在哪里推出新产品，是在单一的地点还是在一个地区，是在国内市场还是在国际市场。很少企业有信心、资本和能力将产品推向全国或国际性销售渠道。企业一般都进行有计划的市场扩展，特别是小企业会选择有吸引力的城市或地区，一次只进入一个，而大一些的企业会迅速地把新产品推向几个地区或全国市场。

（3）向谁推出新产品，是指企业高层管理者要把分销和促销目标面向最优秀的顾客群。这样做的目的是利用最优秀的顾客群带动一般顾客，以最快的速度、最少的费用扩大新产品的市场占有率。企业高层管理者可以根据市场试验的结果发现最优秀的顾客群。

(4) 如何推出新产品。企业管理部门要制定新产品开始投放市场的市场营销策略。这里，首先要对各项市场营销活动分配预算，然后规定各种活动的先后顺序，从而有计划地开展市场营销管理。企业一般选择新产品一次只进入一个国家或地区的市场，只有少数大企业选择把新产品推向几个国家。

(三) 国际市场新产品的开发策略

新产品开发的策略很多，根据不同划分标准，可以有不同的策略。采用何种策略则要考虑企业的实际情况、市场情况和竞争对手的情况，当然与企业决策者的个人素质也有很大的关系。开拓型与稳定型的经营者会采用不同的策略。

1.模仿式新产品开发策略

模仿式新产品开发策略是等别的企业推出新产品后，立即加以仿制和改进，然后推出自己的产品。这种策略是不把投资用在抢先研究新产品上，而是绕过新产品开发这个环节，专门模仿市场上刚刚推出并得以畅销的新产品，进行追随性竞争，以此分享市场收益，所以又被称为竞争性模仿策略；但它绝不是纯粹地模仿，而是在模仿中有创新。

企业采取模仿式新产品开发策略，既可以避免市场风险，又可以节约研发费用，还可以借助竞争者领先开发新产品的声誉，顺利进入市场。更重要的是，它通过对市场领先者开发的创新产品进行许多建设性的改进，有可能后来者居上。

企业采用模仿式新产品开发策略需注意以下问题：

(1) 竞争性模仿常常需要综合利用正向思维与反向思维，对市场上的新产品进行全面、系统、深入的科学分析和研究，既要从正面考察其独特的优点，能否在此基础上锦上添花，又要从反面分析其有哪些不足，从而可以作哪些改进和创新。

(2) 竞争性模仿要求企业必须具有快速反应机制，不能失去追随创新的机会。

2.抢占市场策略

抢占市场策略又称先发制人策略，是指企业率先推出新产品，利用新产品的独特优点，占据市场上的有利地位。采用抢占市场策略的企业应具备强烈的占据市场“第一”的意识，因为对广大消费者来说，对企业和产品形象的认知都是先入为主的，他们认为只有第一个上市的产品才是正宗的产品，其他产品都是假冒的。因此，采取抢占市场策略就能够在市场上捷足先登，利用先入为主的优势，最先建立品牌偏好，从而取得丰厚的利润，这样就会取得竞争优势。

采用抢占市场策略，企业必须具备以下条件：

(1) 企业实力相对雄厚，或者是科研实力，或者是经济实力，抑或两者兼备；

(2) 具备对市场需求及其变动趋势的超前准确的预测、调研机制。

3.反向式新产品开发策略

反向式新产品开发策略是运用逆向思维，不循常规，反其道而行之来开发新产品。在采用逆向思维时往往需要与正向思维交替进行；在交替使用这两种思维方法时，不断变化解决问题的重点途径，这就要求人们灵活地思考并寻求恰当的方法。

4.系列式新产品开发策略

系列式新产品开发策略是围绕产品向上下、左右、前后延伸，开发出一系列类似的但又各不相同的产品，形成不同类型、规格、档次的产品系列。采用该策略开发新产品，企业可以尽量利用已有的资源，设计开发更多的相关产品。例如造纸厂根据系列开发的原则，用纸做原料，设计纸巾、纸桌布、纸鞋垫、纸板等一系列产品，从而扩大原有产品的品种系列。又如，美国著名的Timex公司的整套盒装女表系列也很有特点，一盒共有3只手表，一只做家务时戴，一只进行体育锻炼时使用，一只用于社交场合。系列化的产品能更好地满足不同顾客的不同需要、同一顾客的不同需要，从而扩大产品的市场占有率，增加销量，增强企业的竞争实力。系列式新产品开发策略既可以把握市场需求，又可以利用企业原有的优势，还能节省企业的研发费用，因而成为开发新产品的一种基本途径。

5.类比式新产品开发策略

类比式新产品开发策略实质上是移植参合法，即指将某一领域的原理、方法、技术或构思移植到另一领域从而形成新事物的方法。企业采用该策略开发新产品时，就需要运用类比思维，举一反三，触类旁通，由已有的产品去类推另外的新产品。例如，日本日清食品公司首先发明了方便面，根据此技术、工艺，许多企业开发出了方便米饭、方便米粉、方便粥等；在矿泉水问世后，许多企业围绕“水”字，开发出了纯净水、太空水，进而又有了维生素水等。

6.差异化的新产品开发策略

人无我有则新，人新我精则妙，人妙我奇则智，新产品开发贵在创新。企业在开发新产品时，应考虑、分析与其他同类产品的差异性，从而向消费者提供具有明显特色的新产品，给消费者一种标新立异的印象，以此增强产品的吸引力和竞争力。

综上所述，可供企业选择的新产品开发策略有很多，每种策略都有其优缺点和适用范围。对企业来讲，无论选择哪种策略，都要根据顾客的需求、企业的资源，以及市场环境等条件进行周密的计划。

案例窗5-2

第三节　国际市场服务产品策略概述

当今世界发展的一大趋势是服务（service）行业的迅速崛起。由于富裕程度的提高、闲暇的增多以及产品复杂程度的加深，人们越来越需要服务。同时，在当今世界上发达国家的工农业产值的绝对值虽然在持续增长，但其在国内生产总值中所占的比重在持续下降，总趋势是继续下降，而这些国家的服务业产值的绝对值不但持续增长，而且在国内生产总值中所占比重也持续增长。这说明服务已经成为一种重要产品，它在国际市场上也是如此，而且越来越重要。

一、服务的概念与特征

营销学者一般从区别于有形的实物产品的角度来研究和界定“服务”的概念。关于

“服务”的概念，有代表性的解释有以下两种：一是菲利普·科特勒认为“服务是一方提供给另一方的不可感知并且不导致任何所有权转移的活动或利益，它的生产可能与某种有形产品联系在一起，也可能与某种有形产品无任何关联”。二是美国市场营销学会将服务定义为：“主要为不可感知却使欲望获得满足的活动，而这种活动并不需要与其他的产品或服务的出售联系在一起。生产服务时可能会或不会利用实物，而且即使需要借助某些实物协助生产服务，这些实物的所有权也不涉及转移的问题。”

综合以上定义可知：服务产品（service product）提供的形式与过程基本上是无形的，虽有时也与有形产品联系在一起，甚至同时向消费者提供，但其提供的仅是产品的使用权，而不涉及所有权的转移，并且其所产生的结果会使消费者得到某种利益或满足感。例如，个人电脑的维修服务包括维修人员检查和修理计算机的活动和过程。这一过程虽与有形产品联系在一起，但其不涉及计算机所有权的转移，并且这一活动和过程会使消费者得到一定的利益，即计算机完全或部分恢复正常。

与有形产品相比，服务具有以下共同的特征：

1.无形性

服务的无形性（intangibility）是指服务本身是无形的，消费者对服务本身既看不到也触摸不到，只能感知到服务产品使用的工具和最终的效果。例如，乘客对航空公司的客运服务本身既看不到也触摸不到，乘客所能感知到的仅仅是客运服务所使用的工具——飞机和最终效果——乘客从出发地到达了目的地。服务产品的无形性仅指服务产品本身是无形的，实际上大多数服务产品都使用了有形的实物作为工具。比如，运输服务产品使用了飞机、轮船、火车、汽车等工具；通信服务产品使用了通信卫星、电话机、手机等工具等。

2.不可分离性

服务的不可分离性（inseparability）是指服务需要生产者和消费者共同参与，它的生产过程与消费过程同时进行，不可分离。有形产品的生产和消费过程在时间和空间上是分离的，往往要经过一系列的中间环节，即先生产、后消费，生产和消费过程具有一定的时间间隔。而服务与之不同，服务的生产过程和消费过程是同时进行的，服务人员向顾客提供服务时，也正是顾客消费服务的时刻。服务的这一特性表明，顾客只有而且必须加入服务的生产过程中才能最终消费到服务。例如，顾客必须来到饭店，才能享受到饭店的服务。

3.可变性

服务的可变性（variability）是指服务无法像有形产品那样实现标准化，每次服务带给顾客的效用、顾客感知的服务质量都可能存在差异。首先，由于服务主体的原因，不同的服务主体的心理状态、服务技能、努力程度等存在差异。其次，由于顾客的原因，不同顾客的知识水平、爱好等，也直接影响着服务的质量和效果。比如，同是去旅游，有人喜欢山，有人则爱好水。此外，由于服务主体和顾客相互作用的结果，使得不同时间提供的同种服务之间也可能存在差异。

4.不可储存性

服务的不可储存性（perishability）是指服务的使用价值如不及时加以利用，就会“过期作废”。有形产品是可以储存的，而且有较长的使用寿命，服务则无法储存。外科手术、酒店住宿、旅游、现场文艺晚会以及其他任何服务，都无法在某一年生产并储存，然后在下一年进行销售或消费。

5.缺乏所有权

服务缺乏所有权（lack of ownership）是指在服务的生产和消费过程中不涉及任何东西的所有权转移。既然服务是无形的，又不可储存，因此，服务产品在交易完成后便消失了，消费者并没有实质性地拥有服务产品。以银行保管服务为例，顾客将重要物品保存在银行保险箱里，当顾客去提取物品时，享受了银行的服务，但这并没有引起任何所有权的转移，因为这些物品本来就是顾客自己的。

从上面5个特征的分析中不难看出，无形性可以被认为是服务产品的最基本特征，其他特征都是由其派生出来的。对服务企业来说，抓住这一重要特征有助于理解消费者需求的特征并制定正确的营销决策。

二、国际服务产品的整体产品概念

如同广义的产品一样，国际服务产品是由下述3个层次组成的完整产品。

（1）国际核心服务，又称本质服务和主服务，是国际服务企业提供给消费者以满足其最本质、最重要需求的活动。比如，航空公司的核心服务是将乘客由一地运送到另一地；医院的核心服务是解除病人的病痛。

（2）国际便利服务，是指国际服务企业为了使消费者能够消费或使用其核心服务而向消费者提供的前提条件性质的服务，如航空公司的售票服务、医院的挂号服务。

（3）国际辅助服务。其并非核心服务，而是国际服务企业提供给消费者后能增加其满足感的那些服务，如航空公司在客机上向乘客提供的餐饮服务，医院向卧床住院病人提供的喂饭、洗澡服务等。

在有些场合，国际便利服务与国际辅助服务不太容易区分，此时可采用下述标准加以判断，即国际便利服务是消费者消费核心服务所必需的，而国际辅助服务则不是必需的。

国际辅助服务对消费者尽管不是必需的，但国际服务企业还是想方设法努力增加其内容及提高其水平。其原因在于国际辅助服务首先可提高服务产品的价值；其次可使国际服务企业提供的服务产品具有自己的特色，更能吸引消费者；最后它可以提高企业的国际市场竞争力。因此，努力提供更多、更好的国际辅助服务是国际服务企业的重要产品策略。

三、国际服务产品策略组合

（一）7P服务营销组合简介

传统的营销组合一般是指4P营销组合，即产品、价格、分销渠道和促销。随着服务业的不断发展，服务业在导入市场营销的过程中发现4P营销组合并不能完全满足服务业的需要。美国服务营销学家布姆斯（B. Booms）和毕特纳（M. Bitner）提出了7P服务营销组合（见表5-4），这一组合在国际服务产品中依然适用。

表5-4　　**7P服务营销组合**

营销要素	服务营销要素所包括的内容
服务产品（product）	服务范围、服务质量、服务档次、服务品牌、服务项目、服务担保、服务业的售后服务
服务价格（price）	服务收费的档次、服务收费的折扣、服务收费的项目、顾客对服务收费的评估、服务收费与服务质量的匹配、服务的差异收费
服务渠道（place）	服务网点的位置、顾客进入网点的便利程度、服务渠道及其所涉及的地区和行业
服务促销（promotion）	服务广告、服务业的人员推销、服务业的营业推广、服务业的公共宣传、服务业的公共关系
服务人员与顾客（people）	服务人员的培训、服务人员的处置权、服务人员的义务和职责、服务人员的激励、服务人员的仪表、服务人员的交际能力、服务态度、参与服务的顾客行为、顾客参与程度、顾客与顾客之间的关系
服务的有形展示（physical evidence）	服务环境的装修、服务环境的色彩和氛围、服务环境的布置、服务环境防噪声水平、服务设施和用品；信息沟通
服务过程（process）	服务过程的运作政策、服务程序、服务过程中的组织机制、服务过程中人员处置权的使用规则、服务过程对顾客参与的规定、服务过程对顾客的指导、服务活动的流程

资料来源　王超．服务营销管理［M］．北京：中国对外经济贸易出版社，1999：54.

这里进一步阐述服务产品中相比较于一般产品所新增加的服务人员与顾客、服务的有形展示、服务过程。

1.服务人员与顾客

服务人员是指参与服务提供并因此而影响购买者感觉的全体人员，即企业员工、顾客以及处于服务环境中的其他顾客。在服务提供过程中，生产和消费是同步进行的，顾客与服务人员直接接触。服务人员的着装、态度和行为都会影响顾客对服务的感知以及顾客满意度。在许多服务情境中，顾客也被其他顾客所影响或影响服务的提供，从而影响服务质量和他们自己的满意度。服务企业人员管理应将员工满意度和顾客满意度密切联系，制定适当的内部制度，对良好的服务行为作出奖励，不断改善内部服务，提高公司内部服务质量。例如，在美国最有效的激励手段是财务刺激，即给小费、发奖金等。

2.服务的有形展示

（1）物质环境。在服务过程中，消费者常常将环境视为支持和反映服务产品质量的有力实证，而且将环境拓展至包含所有用以帮助生产服务和包装服务的实体产品以及设备和人员。物质环境是有形展示的一个方面，企业通过精心布置的背景环境、精美设计的服务设施以及训练有素的服务人员，向顾客展示优质的服务，培养顾客积极的感觉，满足顾客的期望。

（2）信息沟通。信息沟通是另一种服务展示形式，这些沟通信息来自企业本身以及其他引人注意的地方，从顾客的评论到企业的标志，从宣传材料到公司广告，都传送了有关服务的信息，使服务和信息更具有有形性。企业对有形展示的良好管理和利用，可提高消费者感觉中的服务质量以及塑造本企业的市场形象。例如，许多顾客宁愿多花钱也不愿意去环境嘈杂的餐厅就餐。

3.服务过程

服务过程是指提供服务而发生的一系列活动及其发生顺序。由于服务的不可分离性，服务过程始终处于一种互动的状态，其中包括顾客之间的互动、顾客与员工之间的互动、员工与员工之间的互动。企业只有重视这种互动性，对一系列过程加以管理才能真正实现优质服务。例如，ATM代替了部分银行工作人员，为人们存取款等提供了极大的便利。

（二）国际服务产品的质量策略

由于服务产品质量的高低可以使服务企业在世界市场上与竞争对手形成差别，进而决定服务企业是否具有竞争优势，因而服务质量已成为服务企业竞争取胜的关键因素。国际市场营销中依然可以遵循这些服务产品质量的定义和标准。

1.服务产品质量的含义

实物产品的质量一般可以用客观的标准去测量，从而比较准确、客观地评价其质量；但服务产品大不相同，消费者对服务产品质量的评价往往是一种主观感受，而不是客观测定，带有相当大的主观成分。因此，所谓服务产品的质量是消费者对服务产品的期望质量和实际感受质量的对比，后者若大于前者，消费者则认为该产品的质量高；反之，则认为该服务产品的质量低。期望质量一般受营销沟通、企业形象、服务口碑和消费者需求等因素的影响。

2.服务产品质量的组成

根据进一步的研究，服务产品质量由下述两大部分组成：

（1）技术质量，是指消费者从服务过程中所得到的东西。如航空公司的客运服务是否让乘客准时到达了目的地，这便是技术质量，该质量一般可以客观测量。

（2）职能质量，是指消费者在消费服务产品过程中从服务人员那里得到的感受，如服务人员的态度、行为、仪表、衣着等。这一部分质量一般无法客观、准确地测量，属于一种主观感受。

3.服务产品质量的评价

美国学者柏瑞、柏拉苏拉曼、西斯姆莱3人经研究后提出了对服务产品质量进行评价的下述5项标准：

（1）可感知性，是指服务设施、设备以及服务人员的外表是否可让消费者感知到。

（2）可靠性，是指企业是否准确无误地实现了向消费者作出的承诺。

（3）反应性，是指企业对消费者的要求是否及时而充分地提供了服务。

（4）保证性，是指企业服务人员是否具有胜任工作的能力。

（5）移情性，是指尽管消费者没有提出要求，但企业从真诚关心消费者的角度出发，主动满足消费者的实际需求，使服务具有人情味。

柏瑞等学者在提出上述5项评价标准后还进一步提出了评价服务产品质量的方法和计算方式。这种服务产品质量的评价方法实际上是对消费者的一种问卷调查。调查者将上述5项评价标准中的每项标准具体化为4~5个问题，让被调查者对每个具体问题的期望质量和实际感受给出分数，然后计算出所有问卷的感受质量和期望值的平均分数，两者之差就是服务产品质量的得分。其计算公式为：

服务产品质量平均分数=实际感受质量平均分数-期望质量平均分数

（三）服务产品的顾客满意度

服务产品的顾客满意度是指顾客接受无形产品或服务后对需求的被满足程度的感受状况。

顾客满意度=服务感知-服务期望

目前，很多企业都倾向使顾客非常满足或很满意。实践证明，当更好的产品出现时，那些正好满意的顾客很容易改变购买行为，而那些很满意的顾客很少改变购买行为。事实上，高度满足使品牌对顾客产生情感上的吸引力，而不是理性化的偏好，从而建立高度的顾客忠诚度。

企业要使服务产品的顾客满意，要做到如下方面：

首先，要在企业中真正树立顾客满意理念，企业的一切营销活动要从顾客的需求出发，以提供满足顾客需求的产品或服务为企业的职责和义务，全心全意为顾客服务，要把为顾客服务、提高顾客满意度的理念作为企业每一项工作的指导思想和每一位员工的自我要求。只有这样，企业才能够做到顾客第一、真正树立顾客满意的理念。

其次，不断提高营销水平，以有效地满足顾客需求。为了更好地满足顾客需求，企业就要准确地了解和把握顾客的需求，做好信息搜集和顾客回访工作，同时建立好顾客数据资料库。

另外，由于顾客的需求是不断发生变化的，顾客满意度也是不断发生变化的，因此企业要不断利用新技术、新发明、新设计迎合并刺激顾客的需求，不断创新，更要健全顾客服务体系。

企业的服务质量关系到顾客的满意和忠诚。一个企业在经济活动中很难使每一个顾客都感到满意，所以企业要建立专门的机构和设立专门的人来接待和处理顾客投诉，加强和顾客的联系和沟通，倾听顾客的不满，完善服务补救机制，在倾听和补救的过程中不断改进和提高服务水平。

关键术语

产品（product）　整体产品概念（total product concept）　原产地效应（country of origin effect）　产品生命周期（product life cycle，PLC）　国际产品生命周期（international product life cycle，IPLC）　新产品开发（new product development）　偏好（preference）　品牌（brand）　品牌价值（brand equity）　品牌扩展（brand extension）　商标（trademark）　服务产品（service product）

主要观点

◆ 产品是企业生命的源泉，整体和地理概念很好地诠释了产品的分类。原产地效应属于地理概念的范畴，会影响消费者对产品的评价，从而影响企业的市场营销战略。

◆ 产品在市场上是有生命周期的，企业应根据产品所处的阶段来制定相应的营销对策，以便在不同的阶段都能获得最大的收益。

◆ 良好的品牌有助于突出产品的差异化和企业的特点，在国际市场营销中，企业应根据自身的情况、产品的特点和市场环境，选择适合自己的品牌策略。

◆ 开发适合市场需求的新产品来满足顾客需求的变化，有利于企业的生存和发展。

◆ 服务产品不同于有形产品，是无形的，所有权是不能转移的，企业要充分认识服务产品的特性，来满足不同顾客的需求。

基本训练

一、思考题

1.整体产品概念是由哪些内容构成的？

2.当地产品、国家产品、国际产品和全球产品之间的差异是什么？

3.购买者对产品原产地的态度会对营销战略产生什么样的影响？

4.国际产品生命周期分为哪几个阶段？

5.国际市场营销产品扩张有哪些策略组合？

6.什么是品牌？如何进行国际品牌的开发？

7.国际服务贸易的特点是什么？

二、案例分析题

日本茑屋书店成为“全球最火书店”的秘密

1983年3月24日，增田宗昭在故乡大阪府枚方市开设了一家集音像制品租赁和图书销售于一身的茑屋（TSUTAYA）一号店。这家书店具有精心设计的空间、独特的布局方式及导购制度，并在书店里提供咖啡。经历30多年发展，茑屋书店已成为全世界游客抵达日本时必去的文化打卡地。据统计，到2019年12月底，茑屋书店在全球经营约1 198家门店。茑屋书店霸占了日本90%的图书营业额，每月盈利上亿日元，其母公司CCC旗下的“T-Card”积分卡活跃用户更是占到了日本人口总数的50%以上。在当今关店潮在全球蔓延、传统书店岌岌可危的图书出版业大震荡的时代，茑屋书店不仅在行业的一片愁云惨雾中存活了下来，还成为新零售领域的范本和先行者。

1.泡沫经济中诞生的“文化便利店”

20世纪80年代正值日本泡沫经济时期，但消费市场达到繁盛顶峰，针对年轻群体的消费品更呈现井喷式发展：索尼推出开启随身音乐时代的Walkman；《POPEYE》《ViVi》等深具影响力的时尚杂志相继创刊；咖啡屋等新型消费场所遍地开花。年轻的增田宗昭嗅到了别样商机。1983年首家茑屋书店正式开门营业，32岁的增田宗昭开启了他对“让对生活品质有追求的人更容易找到对味的书籍、音乐或电影”这个茑屋书店最初也是最核心的经营理念的商业实践。很快，这家小书店获得了年轻人的青睐——它整合了书籍、杂志、CD、DVD，将互有关联的内容摆放在一起销售，关键还经营到晚上11点。

1985年，增田宗昭所领导的连锁书店运营商Culture Convenience Club（简称CCC）正式成立，次年开始扩展特许经营业务。自2011年CCC开设第一家“生活方式提案型书店”代官山鸢屋书店以来，公司相继扩展了鸢屋家电、大型综合商业设施T-SITE等新型的多样化生活方式门店。仅1年，茑屋书店便扩张至55家。它随处可见的醒目黄色Logo，已如同7-11一样，成为日本人生活中习以为常的存在。而另一方面，从六本木到代官山，从银座到二子玉川，增田宗昭早已将“茑屋”重新定义，成为这个时代中实体书店与互联网经济的消费争夺战中的先锋。代官山茑屋书店曾入选“全世界最美的20家书店”之一、“2020年最应该去的52个地方”之一。

2.文化场所即品牌

茑屋书店以“书+X”模式构建体验场景，用设计、服务、感知来营造亲切感和共鸣。在现今所有茑屋的店铺中，六本木茑屋是最早打破初代茑屋格局的。2003年，在六本木新开的TSUTAYA TOKYO ROPPONGI，星巴克首次进入茑屋。这为消费者提供了一种全新的、时尚且精致的消费场景：在弥漫着咖啡香的店铺中，看一本书，享受一段悠闲时光。增田宗昭曾说：“我想要的，不是卖一杯咖啡，而是获得能够让顾客在这里慢慢品味的那段时间。”在他看来，文化场所和空间能创造品牌。以艺术和日本文化为主题的银座茑屋就是一个典型代表：不需要与导购交流，你也能在这里清晰感受到什么是“日本”。实体书店能与互联网抗衡的最大优势就在于，通过与消费者共享的空间，传达切身的“品牌体验”。这一理念在代官山T-SITE被无限放大。T-SITE与其说是书店，不如说更像一个迷你创意园：不仅有各类书籍、杂志、音乐、电影等“茑屋标配”，还有一条没有任何标识系统干扰思绪的参拜道，有辽阔的天空、丰茂的植被、光线充足的阅览区等；此外，还有CCC自营或租赁管理的餐饮店、各色创意店铺，甚至牙科诊所和宠物服务店。它的设想和定位很明显脱胎于六本木店“占据消费者一段时间”的经营意识。

3.文化内容即消费

如果说场所和空间是茑屋成为网红店的首要硬性条件，那其所提倡的“生活提案”可以说是一种软性竞争力。所谓“生活提案”，即以书本为基础，将它们与不同物品进行组合，让你从一本书链接到一个商品，甚至一种生活方式。这让茑屋不仅是一个你单向搜索需求的书店，更是一个能针对你的需求，给予反馈甚至建议的“内容提供者”。这一角色很大部分靠茑屋独特的导购制度来实现。导购往往是一群具专业背景或经历的人，他们决定所属书店的进货，组织商品的布局及摆放，策划店内的活动，主动向客人“提案”，给予消费建议。专业导购和各色社交平台上的网络红人在本质上是类似的。他（她）将自己在摄影、旅游、艺术、美妆、时尚等领域的知识和见解分享给你，进而帮你作出决定或开拓思维。与此同时，他们都最好极富个人魅力。此外，回到茑屋所擅长的空间营造，场所本身也肩负信息传递的任务。这一制度充分体现了茑屋超前的互联网思维。

从店内的“箭楼”设计，到盆栽的使用；从精美的日本刀，到与筱山纪信共同制作的《歌舞伎》品牌书籍，再到日本匠人打造的餐具……日本文化各种符号渗透在银座茑屋书店的角角落落。银座茑屋书店会不定期举办各种艺术展览。地处日本最为人熟知的旅游旺地，也是富裕阶层经常光顾的购物区，还有什么比打造一个日本艺术文化之窗更能吸引流量呢？从六本木到代官山再到银座，增田宗昭及CCC集中打造的这些实体书店样板，无疑已为书店找到了在互联网时代打开新局面的钥匙。

茑屋为书店提供的“反其道行之”的文化产品思路，让书店不再局限于书籍售卖，进而能挖掘出源源不断的可能。未来的书店，书籍只是主体，而其相关的文化、艺术等领域都可以以更具象的形式叠加其间，比如“书店+电影院”“书店+剧院”，阅读和文化能更自然地融入生活。

资料来源　砺石商业评论．日本茑屋书店：全球最火书店的秘密［EB/OL］．（2019-11-06）［2021-01-05］．https://baijiahao.baidu.com/s?id=1649413279844237793&wfr=spider&for=pc.

讨论：

（1）从产品整体概念来看，茑屋书店成为“全球最火书店”的秘密到底是什么？

（2）茑屋书店以“书+X”模式构建体验场景的体系存在哪些优点与缺陷？

（3）中国的实体店应如何借鉴茑屋书店的模式进行营销创新？

[第六章]
国际市场营销的价格策略

学习目标

◆ 重点掌握各种基本的定价方法和定价技巧；掌握影响定价的因素与价格调整的方法；了解国际市场价格的种类及不同类型的定价目标。

引　例

英特尔和索尼的定价策略

一个分析师曾这样形容英特尔公司的定价政策：“这个集成电路巨人每12个月就要推出一种新的、具有更高盈利率的微处理器，并把旧的微处理器的价格定在更低的价位上以满足需求。”当英特尔公司推出一种新的计算机集成电路时，它的定价是1 000美元，这个价格使它刚好能占有市场的一定份额。新的集成电路能够增加高级个人电脑和服务器的性能。如果顾客等不及，他们就会在价格较高时购买。随着销售额的下降及竞争对手推出相似的集成电路对其构成威胁，英特尔公司就会降低其产品的价格来吸引下一层次对价格敏感的顾客。最终价格跌落到最低水平，每个集成电路仅售200美元多一点，使该集成电路成为一个大众市场的处理器。通过这种方式，英特尔公司从各个不同的市场中获取了最大量的收入。

1990年，当索尼在日本市场首先引入高清彩电（HDTV）时，这个高科技产品价值43 000美元，定位于那些可以为高科技负担高价格的顾客。其后的3年，索尼不断降低价格以吸引更多的顾客。到1993年，日本顾客只要花费6 000美元就可以购得1台28英寸的高清彩电。2001年，日本顾客仅需2 000美元就可以买到40英寸的高清彩电，而这个价格是大多数人都可以接受的。索尼以此种方式从不同的顾客群中获得了最大限度的利润。

价格是商品价值的货币表现。企业定价就是企业依据产品成本、市场需求以及市场竞争状况等影响因素，为其产品制定适宜的价格，使其产品在保证企业利益的前提下，最大限度地为市场接受的过程。虽然随着经济的发展和人们生活水平的提高，价格已不是决定市场接受程度的主要因素，但仍然是关系企业产品和企业命运的一个重要筹码。在国际市场营销组合中，价格是创造利润的重要元素之一。国际价格策略的成功与否，关系着企业产品的销量、企业的盈利，关系着企业和产品的国际形象，因此，企业经营者必须清楚地了解本企业的营销目标，掌握定价的原理、方法和技巧。国际营销人员需要在追求短期获利能力和长期获利能力的定价策略之间进行权衡，以便使自己的定价目标能与企业的国际战略相一致。

资料来源 [1] 科特勒．科特勒营销战略全书［M］．谢德高，编译．北京：九州出版社，2002：145．[2] 科特勒．营销管理［M］．梅清豪，译．11版．上海：上海人民出版社，2003：529．[3] 韩庆祥．市场营销学［M］．北京：高等教育出版社，1999：231．

第一节 国际市场价格的种类与构成

一、国际市场价格的种类

在国际市场上，许多大宗商品（主要是资源性商品）都已经形成了具有一定代表性的国际市场价格，如纽约交易所的棉花价格、芝加哥交易所的小麦和大豆价格、瑞士的木材价格、沙特阿拉伯的原油价格、加拿大的铝价格、新加坡的橡胶价格、伦敦市场的有色金属价格、鹿特丹的桐油价格、伦敦市场的茶叶价格等。它们是国际市场中应用最广泛、成交额最大的主要价格形式，具有代表性和参考性。实际成交价格可分为现货价格和期货价格两种，具体形式包括：

1.商品交易所价格

商品交易所价格是通过公开的价格竞争形成的、能够反映市场供求变动趋势的市场价格。如果是国际上著名的商品交易所价格，它就代表了一种国际市场价格，是企业制定资源性商品国际价格的主要依据。各类商品交易所就是国际贸易中心。在商品交易所交易的商品主要是品质单一、规格标准的工业原料、矿产品和农产品，大约有50种。商品交易所价格在一个交易日内有开盘价、收盘价、最高价和最低价之分。在进出口贸易中，企业一般选择某日的收盘价作为定价依据。

2.拍卖价格

拍卖是国际上出售商品的一种方式，拍卖价格一般是通过公开竞争形成的。国际上著名的拍卖市场有印度及东非的茶叶拍卖市场、澳大利亚的羊毛拍卖市场、伦敦的茶叶和猪鬃拍卖市场等。

3.合同价格

合同价格是根据交易双方所签订的产品购销合同确定的价格。由于交易方式和支付手段不同，合同价格和种类也不同。合同价格是买卖双方协商的结果，与具体的交易商品的质量、交易量、支付条件、买卖双方之间的业务关系等因素直接相关。合同价格一般不对外公布。

4.开标价格

开标价格是国际市场上以招标方式进行交易的成交价格。在买方市场条件下，某些政府机构或企业（甲方）在购进大批物资、价值较高的商品或开展大型工程建设时，一般都采用招标方式，在世界范围内选择供应商或承包商（乙方），以便节约资金，降低成本。开标价格最终要落实在合同上，与合同价格的区别是价格的形成过程不同，而且开标价格一般都要公开，以便获得参加竞标企业的认可，以示公平、公正。

5.协定价格

协定价格是政府间供应一定商品和服务所签订的协定中确定的价格，由该国企业去执行。一般情况下，由于政府协定中规定了特定的交货条件和支付条件，因此协定中所规定的商品价格不同于国际市场价格，可能比国际市场价格高或低。

二、国际市场价格的构成

从构成因素来看，国际市场价格仍然是由生产成本、流通费用、利润和税金构成的，但是受国际商品或服务交换特点的影响，其构成相对国内市场价格要复杂一些，除了包括国内市场价格的各个要素外，还包括国际上的运费、装卸费用及储存费用、保险费、关税、国外中间商的加成等。有时，流通费用、利润、税金三者之和在价格构成中的比重远大于生产成本。

1.生产成本

生产成本是国际市场价格的首要组成部分。一般情况下，商品的售价总是要收回所有的制造费用，包括固定成本和可变成本；但是由于许多商品的国际市场竞争非常激烈，有的企业会在定价中仅仅考虑外销产品的边际成本。当产品定价低于生产成本时，产品往往会受到进口国的指控，被征收反倾销税，失去竞争优势。

2.流通费用

国际市场营销中的买卖双方一般相距遥远，进出口货物从卖方到买方手中往往需要长途运输和多次装卸及储存，需要办理租用运输工具、装货、卸货、货运保险、申请进口或出口许可证、报关纳税等手续，因此要支付运费、装卸费、仓储费、保险费、银行手续费等各项费用，产生较高额度的流通费用。

3.利润

利润包括生产商利润和中间商利润。一般消费品的国际销售可能通过出口中间商、进口中间商、国外批发商和零售商等多个环节，最终到达国外消费者手中。由于国际产品销售的时间长、环节多、风险大，所以中间商的利润加成一般比较多。当然，这也跟产品本身的特点和中间商的市场竞争状况有关。国际市场上各个进口国的分销渠道和营销方式也有很大差异，中间商加成没有统一的标准。比如欧洲国家一般分销渠道比较长，分销商的利润率也比较高。由于劳资制度不同，欧洲很多商店的营业时间并不像国内那么长，周末还要休息，因此终端零售的成本较高，零售商必然要更多的利润加成。

4.税金

税金主要由关税和一般流转税组成。这些税的存在使得国际市场商品价格大幅度提高。

关税是对从一国进入另一国的商品征收的税，作用是为了保护本国市场或增加政府收入。从征收关税的标准来看，关税分从量税、从价税和综合税。从量税是以货物的数量、重量、体积、容量等计量单位为计税标准，以每计量单位货物的应征税额为税率；从价税是按进出口货物的价格为标准计征关税；综合税既包括从量税，又包括从价税。

一般流转税除了包括国内的增值税、消费税外，还包括在目标市场国缴纳的进货税、消费税、增值税、零售税等。

第二节　影响国际市场营销定价的因素

一、定价目标

企业在定价之前必须首先确定定价目标。定价目标以企业营销目标为基础，是企业选择定价方法和制定价格策略的依据。面对不同的国外市场，企业的定价目标不可能完全一样。有些企业将国内市场作为主导市场，而将国外市场看作国内市场的延伸和补充，因此针对国外市场往往会采用比较保守的定价策略。另外，一些企业将国际市场看得和国内市场一样重要，甚至把国内市场当作国际市场的一部分，这类企业采取的定价策略往往是进取型的。企业针对各个国外市场设定的不同目标，对定价策略也有很大影响。在迅速发展的国外市场上，企业可能更注重市场占有率的增长而暂时降低对利润的要求，采取低价渗透策略。而在低速发展的国外市场上，企业可能更多地考虑投资的回收，而采用高价撇脂策略。与当地厂商合资的企业，在定价上除了考虑自己本身的目标外，还必须考虑合作伙伴的要求。定价目标是为企业营销目标而服务的，所以企业的定价目标也有多种。

（一）以获取利润为定价目标

价格高于成本，获取经营利润，是任何企业开展经营活动的基本目标，而能否获取期望利润则在很大程度上取决于销售价格的制定，所以获取适当利润便成为最常见的定价目标。根据企业对利润的期望水平不同，利润定价目标又可分为适当利润定价（或称目标利润定价）和最大利润定价。

1.适当利润定价

适当利润定价是指企业对某一产品和服务的定价足以保证其达到一个既定的目标利润额或目标利润率。采用这种定价目标的企业，一般是根据投资额规定利润率，然后计算出单位产品的利润额，把它加在产品的成本上，就成为该产品的出售价格。

采用这种定价目标必须注意两个问题：

一是要确定合理的利润率。一般来说，预期的利润率应该高于银行的存款利息率，但又不能太高；否则，所定的价格消费者不能接受。

二是采用这种定价目标必须具备一定条件，即自己的产品是畅销产品，不怕竞争对手竞争；否则，产品卖不出去，预期的投资利润就不能实现。

2.最大利润定价

最大利润定价是指企业根据不同水平上的总成本和销售量计算的总利润最大的那个价格水平来确定价格。以获取最大利润为定价目标的企业，其产品多处于绝对有利的地位。当然，最大利润定价也包括企业的产品或服务在某一特定情况下无法迅速回收投资，而此时的最大利润即表现为高于变动成本的最大边际收益。

利润目标又分为短期利润目标和长期利润目标两种。在当前市场竞争不是十分激烈，而市场需求尚未得到较好满足的情况下，较高的价格水平可能有助于企业短期利润目标的实现。但较高的价格水平和盈利水平也可能迅速引致大量的竞争者，从而使企业在未来面临十分严峻的竞争局面，不利于企业的长期利润目标的实现。因此，即使是以获取最大利润为定价目标，其价格的高低也应是适当的。企业应该着眼于长期利润目标，兼顾短期利润目标。因为从长期来看，企业追求最大利润就会使其不断提高技术水平，改善经营管理，以求在竞争中取胜，这对企业、社会、消费者都是有利的。而企业如果只顾眼前利益，甚至不择手段地追求最高利润使企业信誉受损而不能发展，最终可能连短期利润也难以实现；即使侥幸能够实现，也会因为企业不牢固的基础而使整个经营失利。

（二）以扩大销售为定价目标

有时企业会将定价的目标主要着眼于产品销售量的扩大。例如，在新产品刚进入市场的阶段，只有迅速扩大销售才有可能形成规模效应，导致产品成本下降，所以企业不宜将利润目标定得太高，而应通过市场能够接受的价格迅速打开市场。此外，在产品的成熟期乃至衰退期，为了迅速地出清存货，进行产品结构的变换，有时也会以能促进销售的价格策略来吸引广大消费者。

（三）以市场占有率为定价目标

以市场占有率为定价目标即企业从占领市场的角度来制定商品的定价目标。市场占有率的高低对价格的高低有很大影响。市场占有率包括绝对占有率和相对占有率，是反映企业市场地位的重要指标，影响着企业的市场形象和盈利能力。与同类企业或产品比较，市场占有率高，表明在竞争过程中企业拥有一定优势，意味着企业生产和销售的规模大，即便在单位利润水平不高的情况下，企业仍具有较强的盈利能力；反之，市场占有率低，则可能意味着企业没有明显优势，甚至可能处于十分危险的境地，即便单位利润水平很高，但在生产经营量有限的情况下，盈利能力仍是有限的。因此，许多企业经常采用价格手段，力图维持或扩大其市场占有率。在现有生产量和销售量基础上，仍具有较大的扩张潜力，成本也有一定的下降空间，而产品的价格需求弹性又较高的企业，更是经常采用降价手段，扩大自身的市场占有率。

但在采用这一定价目标时也必须慎重考虑，量力而行，因为运用低价策略扩大市场占有率，必然会使需求量急剧增加。为此，企业必须有充足的商品供应；否则，由于供不应求而造成潜在的竞争者乘虚而入，反而会损害企业的利益。

（四）以改善形象为定价目标

以改善形象为定价目标即通过定价表现企业特定形象。价格是消费者据以判断企业行为及其产品的一个重要因素。一个企业的定价与其向消费者所提供服务的价值比例协调，企业在消费者心目中就较容易树立诚实可信的形象；反之，企业定价以单纯的获利，甚至以获取暴利为动机，质价不符，或质次价高，企业就难以树立良好的形象。与产品策略等相配合，适当的定价也可以起到强化企业形象特征的作用。为优质高档产品制定高价，有助于确立高档产品形象，吸引特定目标市场的顾客；适当运用低价或折扣价则能帮助企业树立“平民企业”、以普通大众作为其服务目标对象的企业形象。激烈的价格竞争从短期看可能会给消费者带来一定好处，但是其破坏了市场供求的正常格局，从长期看终究会给消费者带来灾难。在这样的情况下，如果有企业为稳定市场价格作出努力并取得成效，就会在社会上确立其行业中举足轻重的领导者地位。

（五）以应对竞争为定价目标

以应对竞争为定价目标即企业根据竞争需要来制定价格。一般来说，企业对竞争者的行为都十分敏感，尤其是对方的价格策略。事实上，在市场竞争日趋激烈的形势下，企业在定价前都会仔细研究竞争对手的产品和价格情况，然后有意识地通过自己的定价目标去对付竞争对手。根据企业的不同条件，一般有下面4种情况：

（1）力量较弱的企业，可采用与竞争者的价格相同或略低于竞争者价格出售产品的方法。

（2）力量较强的企业，在扩大市场占有率时可采用低于竞争者价格出售产品的方法。

（3）资本实力雄厚，并拥有特殊技术、产品品质优良或能为消费者提供较多服务的企业，可采用高于竞争者价格出售产品的方法。

（4）为了防止别人加入同类产品竞争行列的企业，在一定条件下，往往采用一开始就把价格定得很低的方法，从而迫使弱小企业退出市场或阻止对手进入市场。

在实际工作中，以上5种定价目标有时单独使用，有时配合使用。定价目标是企业定的，当然也要由企业灵活运用。

二、成本因素

产品成本是由产品生产过程和流通过程所花费的物质消耗和支付的劳动报酬所形成的。在实际国际市场营销活动中，产品定价的基础因素就是产品的成本，任何企业都不能随心所欲制定价格。在成本核算中，由于产品销往的地域不同，其成本组成也就不同。出口产品与内销产品即使都在国内生产，其成本也不会完全一样。如果出口产品为了适应国外的度量衡制度、电力系统等其他方面而作出了改动，产品成本就可能增加；反之，如果出口产品被简化或者去掉了某些功能，生产成本就可能会降低。国际市场营销与国内市场营销某些相同的成本项目对两者的重要性可能差异很大。例如，运费、保险费、包装费等在国际市场营销成本中占有较大比重，而另外一些成本项目是国际市场营销所特有的，如关税、报关、文件处理等。现在我们分别说明对国际市场营销具有特殊意义的成本项目。

（一）生产成本

企业定价必须首先使总成本得到补偿，价格不能低于平均成本费用。所谓产品平均成本费用包含平均固定成本费用和平均变动成本费用两部分。固定成本费用并不随产量的变化而按比例发生，企业取得盈利的初始点只能在价格补偿平均变动成本费用之后的累积余额等于全部固定成本费用之时。显然，产品成本是企业核算盈亏的临界点，产品售价大于产品成本时企业就有可能形成盈利；反之，则会亏本。一般而言，企业定价中使用比较多的成本类别有以下几种：

（1）总成本（TC），是指企业生产一定数量的某种产品所发生的成本总额，是总固定成本（TFC）和总变动成本（TVC）之和。

（2）总固定成本，也称间接成本总额，是指一定时期内产品固定投入的总和，如厂房费用、机器折旧费、一般管理费用等。在一定的生产规模内，产品固定投入的总量是不变的，只要建立了生产单位，不管企业是否生产、生产多少，总固定成本都是必须支付的。

（3）总变动成本，也称直接成本总额，是指一定时期内产品可变投入成本的总和，如原材料、辅助材料、燃料和动力、计件工资支出等。总变动成本一般随产量增减而按比例增减，产量越大，总变动成本也越大。

（4）单位成本（AC），是指单个产品的生产费用总和，是总成本除以产量（Q）之商。同样，单位成本也可分为单位变动成本和单位固定成本。单位变动成本是发生在一个产品上的直接成本，与产量变化的关系不大。单位固定成本作为间接分摊的成本，在一定时期内，其与产量是成反比的。产量越大，单位产品中所包括的固定成本就越小；反之，则越大。

（5）边际成本（MC），是指增加一个单位产量所支付的追加成本，是增加单位产品的总成本增量。边际成本常和边际收入（MR）配合使用。边际收入是指企业多售出单位产品得到的追加收入，是销售总收入的增量。边际收入减去边际成本后的余额被称为边际贡献（MD）。边际贡献为正值，表示增收大于增支，增产对企业增加利润或减少亏损是有贡献的；反之，则不是。

（二）关税

关税是当货物从一国进入另一国时所缴纳的一种特殊形式的税收。关税对进出口货物的价格有直接的影响。征收关税可以增加财政收入，而且可以保护本国市场。关税额一般是用关税率来表示的，可以按从量、从价或混合方式征收。事实上，产品缴纳的进口签证费、配额管理费等其他管理费用也是一个很大的数额。此外，各国可能征收交易税、增值税和零售税等，这些税收也会影响产品的最终售价。不过，这些税收一般并不仅仅是针对进口产品。

（三）中间商与运输成本

各个国家的市场分销体系与结构存在很大的差别。在有些国家，企业可以利用比较直接的渠道把产品供应给目标市场，中间商负担的储运、促销等营销职能的成本也比较低。而在另外一些国家，由于缺乏有效的分销系统，中间商进行货物分销必须负担较高的成本。

出口产品价格还包括运输费用。据了解，全部运输成本占出口产品价格的15%左右。可见，运输费用是构成出口价格的重要因素。

（四）风险成本

在国际市场营销实践中，主要包括融资、通货膨胀及汇率波动风险。由于货款收付等手续需要比较长的时间，因而增加了融资、通货膨胀以及汇率波动等方面的风险。此外，为了减少买卖双方的风险及交易障碍，经常需要有银行的介入，这也会增加费用负担。这些因素在国际市场营销定价中均应予以考虑。

三、市场需求

（一）供求规律

供求规律是商品经济的内在规律，市场供求的变动与产品价格的变动是相互影响、相互作用的。

1.价格与需求

需求是指有购买欲望和购买能力的需要。影响需求的因素有很多，价格对需求的影响一般表现为：当产品价格下降时，会吸引新的需求者加入购买行列，也会刺激原有需求者使其需求增加；相反，当产品价格上升时，就会影响需求者使其需求减少或改变需求方向，去选购其他替代品。价格与需求量呈反方向变化。

2.价格与供给

价格与需求量关系的法则也适用于供给，只是价格与供给量的变化方向相同。当某种产品价格上升时，会刺激原来的产品生产者扩大生产和供应，还会刺激其他生产者参与该产品的生产和经营，从而使该产品的供应数量增加；当某种产品价格下降时，从事该产品的生产者或经营者的利润就减少，甚至亏本，于是他们就会缩小其生产或经营规模，甚至停止生产或经营，从而使该产品的供应数量减少。

3.供求关系与均衡价格

由于价格影响需求与供给的变化方向是相反的，在市场竞争的条件下，供给与需求都要求对方与之相适应，即达到供需平衡，这个平衡点只能稳定在供需两条曲线的交点上。当市场价格偏高时，购买者就会减少购买量，使需求量下降，而生产者会因高价的吸引而增加供应量，使市场出现供大于求的状况，产品积压，出售者之间竞争加剧，其结果必然迫使价格下降。当市场价格偏低时，低价会导致购买量的增加，但生产者会因价低利薄而减少供给量，使市场出现供小于求的状况，购买者之间竞争加剧，又会使价格上涨。供给与需求变化的结果，迫使价格趋向供需曲线的交点。这个由供给曲线和需求曲线形成的交点，表示市场供需处于平衡状态，称之为市场平衡点。市场平衡点所表示的价格是市场供求平衡时的价格，称之为供需双方都能接受的均衡价格。市场平衡点所表示的数量是市场供需平衡时的数量，称之为供需双方都能够实现成交的供需平衡量。

均衡价格是相对稳定的价格。由于市场情况的复杂性和多样性，供需之间的平衡只是相对的、有条件的，不平衡则是绝对的、经常性的。

（二）需求弹性

需求弹性是指因价格和收入等因素而引起的需求的相应变动率，一般分为需求收入弹性、需求价格弹性和需求交叉弹性。需求弹性对理解市场价格的形成和制定价格具有重要意义。

1.需求收入弹性

需求收入弹性是指因收入变动而引起需求相应的变动率。需求收入弹性大的产品，一般包括耐用消费品、高档食品、娱乐支出等，消费者货币收入增加时会对它们的需求量大幅度增加。需求收入弹性小的产品，一般包括生活必需品，消费者货币收入增加时对它们需求量的增加幅度比较小。需求收入弹性为负值的产品，意味着消费者货币收入的增加将导致该产品需求量的下降，如一些低档食品、低档服装等。

2.需求价格弹性

需求价格弹性是指因价格变动而引起需求相应的变动率。需求价格弹性反映需求变动对价格变动的敏感程度，弹性系数用E表示，该系数是需求量变化的百分比与价格变化的百分比的比值。不同产品具有不同的需求弹性，定价时应该考虑需求弹性的作用，从其弹性强弱的角度作出企业的价格决策。

（1）E=1，反映需求量与价格等比例变化。这类商品的价格的上升（下降）会引起需求量等比例地减少（增加），也就是说价格的变动与需求量的变动是相适应的，因此，价格变动对销售收入影响不大。定价时，可选择实现预期盈利率的价格或选择通行的市场价格，同时把其他市场营销策略作为提高盈利率的手段。

（2）E>1，反映需求量的相应变化大于价格自身变动。这类商品的价格上升（下降）会引起需求量较大幅度的减少（增加），称为需求价格弹性大或富于弹性的需求。定价时，应通过降低价格、薄利多销达到增加盈利的目的；反之，提价时务求谨慎，以防需求量锐减，影响企业收入。

（3）E<1，反映需求量的相应变化小于价格自身变动。这类商品的价格的上升（下降）仅仅引起需求量较小程度地减少（增加），称之为需求价格弹性小或缺乏弹性的需求。定价时，较高水平的价格往往会增加盈利，低价对需求量刺激效果不大，薄利不能多销，反而会降低收入水平。

3.需求交叉弹性

需求交叉弹性是指具有互补或替代关系的某种产品价格的变动，引起与其相关的产品需求相应发生变动的程度。

商品之间存在相关性，一种产品价格的变动往往会影响其他产品销售量的变化。这种相关性主要有两种：一是商品之间互为补充，组合在一起共同满足消费者某种需求的互补关系；二是产品之间由于使用价值相同或相似而可以相互替代或部分替代的替代关系。一般而言，在消费者实际收入不变的情况下，具有替代关系的产品之间，某个商品价格的变化将使其关联产品的需求量出现相应的变动（一般是同方向的变动）；具有互补关系的产品之间，当某产品价格发生变动时，其关联产品的需求量会同该产品的需求量发生同样的变化。

各国的文化背景、自然环境、经济条件等因素存在差异，决定了各国消费者的偏好不尽相同。对某一产品感兴趣的消费者的数量和他们的收入水平，对确定产品的最终价格有重要意义。即使是低收入消费群体，对某产品的迫切需要也会导致这种产品能够卖出高价，但仅有需求是不够的，还需要有支付能力做后盾。所以，外国消费者的支付能力对企业出口产品定价有很大影响。要详细了解需求与支付能力，还需要深入研究该国国民的习俗及收入分布情况。

四、市场竞争结构

产品的最低价格取决于该产品的成本，最高价格取决于该产品的市场需求状况。在上限和下限之间，企业能把这种产品价格定多高，则取决于竞争者提供的同种产品的价格水平。与国内市场不同，企业在不同的国外市场面对着不同的竞争形势和竞争对手，竞争者的定价策略也千差万别。因此，企业就不得不针对不同的竞争状况而制定相应的价格策略。竞争对企业定价自由造成了限制，企业不得不适应市场的价格。除非企业的产品独一无二并且受专利保护，否则就不可能实行高价策略。根据行业内企业数目、企业规模以及产品是否同质3个条件，国际市场竞争结构可以划分为下列几种情况：

（一）完全竞争

在完全竞争的市场条件下，企业的数量多而规模小，彼此生产或经营的产品是相同的，每个企业的生产量对市场上产品的总供应量影响不大，所以对这种产品市场价格的影响也不大，买卖双方的交易都只占市场份额的一小部分，任何个别的卖主或买主都不能形成市场的控制力量，企业不能用增加或减少产量的办法来影响产品的价格，也没有一个企业可以根据自己的愿望和要求来提高价格。在这种情况下，买卖双方都只能接受由市场需求和市场供给共同决定的现行价格。

在完全竞争的市场条件下，由于买主对市场信息完全了解，如果某个企业试图以高于现行市场价格出售产品，顾客就会转向其他的卖主。企业也没有必要以低于市场价格的价格出售产品，因为其按照现行市场价格就能卖掉所有的产品。在完全竞争的市场条件下，同一行业中的各个厂商生产的产品是同质的、完全无差别的，新老企业进出市场以及生产要素和资源的流动是完全自由的，所有实际的或潜在的买卖双方都能掌握市场知识和了解市场信息，因此，个别企业只能是市场价格的接受者，而不是价格的制定者。事实上，这种完全竞争的市场条件几乎不存在。

（二）垄断竞争

在垄断竞争的市场条件下，有许多企业和买主，但是各个企业提供的产品或服务是有差异的。有些是产品实质上的差异，有些是购买者受促销手段影响而在心理上感觉的产品差异。这种情况下，存在产品质量、销售渠道、促销活动的竞争。企业根据其优势，可以部分地通过变动价格的方法来寻求较高的利润。

垄断竞争是一种介于完全竞争和纯粹垄断之间的竞争状态，既有垄断倾向，又有竞争成分。在不完全竞争的市场条件下，企业已经不是消极的价格接受者，而是强有力的价格决定者。

（三）寡头竞争

在寡头竞争的市场条件下，市场上只有少数几家企业控制价格，它们之间是相互依存和影响的关系，是竞争和垄断的混合产物。由于少数企业共同占有大部分的市场份额，它们有能力控制和影响市场价格，其他企业欲进入这一市场会受到种种阻碍。但是这几个企业也不能随意改变价格，只能相互依存，任何一个企业的活动都会导致其他几家企业的迅速而有力的反应而难独自奏效。因此，在寡头垄断的情况下，彼此价格接近，企业的成本意识强。

寡头竞争的形式有两种：

（1）完全寡头竞争，也叫无区别的寡头竞争。在这种竞争状态下，由于寡头企业的产品（如钢铁、石油等）都是同质的，用户对这种产品并无偏好，每个寡头企业都时刻警惕着其竞争对手的战略和行动，不会轻易地变动价格，所以整个行业的市场价格比较稳定，彼此间激烈的竞争往往表现在广告宣传、促销等方面的努力。

（2）不完全寡头竞争，也叫差异性寡头竞争。这种竞争状态下，由于寡头企业的产品都有某些差异（如电脑、汽车等），用户认为这些企业的产品是不能互相替代的，每一个寡头企业都努力使自己的产品变成顾客偏爱的品牌，这样就可以将此产品的价格定得比较高，从而增加盈利。

（四）纯粹垄断

在纯粹垄断的市场条件下，一个行业中的某种产品或服务只是独家经营，没有竞争对手。纯粹垄断通常有政府垄断和私人垄断之分。这种垄断一般有特定条件，如垄断企业可能拥有专利权、专营权或特别许可等。由于垄断企业控制了进入这个市场的种种障碍，所以它能完全控制价格，但是不同类型的纯粹垄断定价是不同的。

（1）政府垄断，其可能有多种定价目标下的价格表现。比如一些和人民生活密切相关的产品，在大多数购买者的财力受到限制的情况下，价格就会定在与成本相接近的水平，甚至低于成本线。有的产品的价格则可能定得非常高，这是为了使消费量降下来，达到相对限制的目的。

（2）私有限制性垄断，即政府将对私有垄断企业的定价加以调节和控制。如美国政府允许私有垄断企业制定其能取得适当收益水平的价格，从而使其能维持和扩大正常生产。

（3）私有非限制性垄断，即政府允许私有企业依照市场情况自由定价。在这种情况下，垄断企业也不敢随意提价，因为怕触犯反托拉斯法，引起竞争，或者想吸引消费者，往往用低价加速市场渗透。

在现实的市场营销活动中，除了产品成本、市场供求、竞争状况以外，市场营销组合中的其他变数，如产品策略、渠道策略、促销策略，以及政府的经济政策、企业本身的生产能力和财务能力等都会对企业的定价策略产生不同程度的影响。因此，必须在产品价值的基础上，认真研究影响定价的各方面因素，才能制定出保证营销目标得以实现的合理价格。

五、政府的价格调控政策

东道国政府可以从很多方面影响企业的定价政策，如关税、汇率、利息、竞争政策以及行业发展规划等。一些国家为保护民族工业而订立的关税和其他限制政策使得进口商品成本增加很多。作为出口企业，不可避免地要遇到各国政府的有关价格规定的限制，比如政府对进口商品实行的最低限价和最高限价，都约束了企业的定价自由。即使东道国政府的干预很小，企业仍面临着如何对付国际价格协定的问题。国际价格协定是同行业各企业之间为了避免恶性竞争，尤其是竞相削价而达成的价格协议。这种协议有时是在政府支持下，由同一行业中的企业共同达成的，有时则是由政府直接出面，通过国际会议达成的多国协议。企业必须注意目标市场的价格协议，同时关注各国的公平交易法（或反不正当竞争法）对价格协定的影响。本国政府对出口产品实行价格补贴，可以降低出口产品价格，增强产品国际竞争力。如美国政府对农产品实行价格补贴，可以提高其农产品的国际市场竞争力。我国出口产品退税制也是为了增强出口产品的竞争力。

第三节　国际市场营销定价方法与策略

一、国际市场营销定价方法

实际工作中，企业的定价方法有很多，一般来说，定价方法的具体运用不受定价目标的直接制约。生产不同产品的企业、不同市场竞争能力的企业以及不同营销环境中的企业所采用的定价方法是不同的，就是在同一类定价方法中，不同企业选择的价格计算方法也会有所不同。因此，从价格制定的不同依据出发，可以把定价方法分为三大类。

（一）成本导向定价法

成本导向定价法即以营销产品的成本为主要依据，综合考虑其他因素制定价格的方法。由于营销产品的成本性态不同以及在成本基础上核算利润的方法不同，成本导向定价法有以下几种具体形式：

1.成本加成定价法

成本加成定价法（cost-plus pricing method）是一种最简单的定价方法，就是在单位产品成本的基础上，加上预期的利润额作为产品的销售价格。售价与成本之间的差额即利润。由于利润的多少是有一定比例的，这种比例人们习惯上叫“几成”，所以这种方法就叫成本加成定价法。

采用这种定价方式，必须做好两项工作：一是准确核算成本，一般以平均成本为准；二是根据产品的市场需求弹性及不同产品确定恰当的利润百分比（成数）。因此，如果企业的营销产品组合比较复杂，具体产品平均成本不易准确核算，或者企业缺乏一定的市场控制能力，该方法就不宜采用。

成本加成定价法在实际运用中又分为两种情况：

（1）总成本加成定价法。总成本是企业在生产产品时花费的全部成本，包括固定成本和变动成本两部分。在单位产品总成本上加一定比例的利润，就是单位产品的价格。其有两种计算方法：

①顺加成，计算公式为：

销售单价=单位总成本×（1+毛利率）

②逆加成，计算公式为：

销售单价=单位总成本÷（1-毛利率）

我们会发现，在毛利率一样的情况下，两种不同的加成方法得出的单价是不一样的。若我们设定单位总成本为100元，毛利率为20%，那么按顺加成得出的销售单价为：

100×（1+20%）=120（元）

而按逆加成得出的销售单价为：

100÷（1-20%）=125（元）

这主要是因为顺加成是以单位总成本为基数计算毛利额的，逆加成则是以销售单价为基数计算毛利额的，基数不一样，毛利水平就不一样，价格自然也就不一样了。

（2）变动成本加成定价法，也叫边际贡献定价法，即在定价时只计算变动成本，而不计算固定成本，在变动成本的基础上加上预期的边际贡献。由于边际贡献会小于、等于或大于变动成本，所以企业就会出现盈利、保本或亏损3种情况。这种定价方法一般在卖主竞争激烈时采用，因为这时如果采取总成本加成定价法，必然会因为价格太高而影响销售，出现产品积压的状况。采用变动成本加成定价法确定的价格一般要低于总成本加成定价法确定的价格，所以容易迅速扩大市场。这种定价方法在产品必须降价出售时特别重要，因为如果售价不低于变动成本，则说明生产可以维持；如果售价低于变动成本，就是生产越多亏本越多。

2.目标利润定价法

企业根据目标利润的原则，首先确定一个目标利润，然后加上总成本，再除以预期总产量，就能得出销售单价。

销售单价=（目标利润+总成本）÷预期总产量

当然，目标利润定价法的前提是：产品的市场潜力很大，需求的价格弹性不高，按目标利润确定的价格肯定能被市场接受。

（二）需求导向定价法

需求导向定价法（demand-oriented pricing method）即以产品或服务的社会需求状态为主要依据，综合考虑企业的营销成本和市场竞争状态，制定或调整营销价格的方法。与社会需求有联系的因素很多，如消费习惯、收入水平、产品或服务项目的需求价格弹性等，企业对这些因素的重视程度不一，这便形成以下几种具体的需求导向定价法：

1.习惯定价法

消费者在长期购买使用某些产品或服务的过程中，已经接受了这种产品的属性和价格水平，企业在开发新产品之际，只要产品的基本功能和用途没有改变，消费者往往只愿意按以往的价格购买产品。经营这类产品或服务的企业不能轻易改变价格，降价会引起消费者怀疑产品的质量，涨价会影响产品的市场销路。

2.可销价格倒推法

产品的可销价格即为消费者或进货企业习惯接受和理解的价格。可销价格倒推法就是企业根据消费者可接受的价格或后一环节买主愿意接受的利润水平确定其销售价格的定价法。一般在两种情况下，企业可采用这种定价法：一是为了满足在价格方面与现有类似产品竞争的需要，而设计出在价格方面能参与竞争的产品。二是对新产品的推出，先通过市场调查确定出购买者可接受的价格，然后反向推算出产品的出厂价格。

出厂价格=市场可销零售价格×（1-批零差率）×（1-销进差率）

【例6-1】消费者对某牌号电视机可接受价格为2 500元，电视机零售商的经营毛利率为20%，电视机批发商的批发毛利率为5%。要求：计算电视机的出厂价格。

【解】出厂价格=市场可销零售价格×（1-批零差率）×（1-销进差率）

=2 500×（1-5%）×（1-20%）

=1 900（元）

3.认知价值定价法

这是企业根据买主对产品或服务项目价值的感觉而不是根据卖方的成本来制定价格的方法。

在现实生活中，某些创新型产品，由于消费者对此缺乏比较的对象，一时对产品捉摸不透：企业的利润很低，消费者可能会认为定价太高；目标利润高，消费者也可能认为价格便宜。这里就有一个消费者对产品的“认知价值”的问题。认知价值定价法实际上是企业利用市场营销组合中的非价格变数，如产品质量、服务、广告宣传等来影响消费者，使他们对产品的功能、质量、档次有一个大致的“定位”，然后定价。如某企业开发的是高质量、豪华型、服务全面的产品，只要经过促销宣传使消费者了解到这是一种“高消费”的产品，企业即使定价定得很高，还是能吸引那些对此有“认知”的消费者。当然利用这种定价方法，必须正确估计消费者的“认知价值”，估计过高或过低对企业都是不利的。

（三）竞争导向定价法

竞争导向定价法（competition-oriented pricing method）即以同类产品或服务的市场供应竞争状态为依据，根据竞争状况确定是否参与竞争的定价方法。在现代市场营销活动中，竞争导向定价法已被企业广泛采用。

1.通行价格定价法

这是以行业的平均价格水平或竞争对手的价格为基础制定价格的方法，也被称为随行就市定价法。

在有许多同行相互竞争的情况下，每个企业都经营类似的产品，价格高于别人，就可能失去大量销售额，从而造成利润的降低。而这样做又可能迫使竞争者随之降低价格，从而失去价格优势。因此，在现实的营销活动中，由于“平均价格水平”在人们观念中常被认为是合理价格，易为消费者接受，而且能保证企业获得与竞争对手相对一致的利润，因此使许多企业倾向与竞争对手的产品价格保持一致。尤其是在少数实力雄厚的企业控制市场的情况下，对大多数中小企业而言，由于其市场竞争能力有限，更不愿意与生产经营同类产品的大企业发生“面对面”的价格竞争，因此根据大企业的产销价来确定自己的实际价格。

2.竞争价格定价法

与通行价格定价法相反，竞争价格定价法是一种主动竞争的定价方法，一般为实力雄厚或独具产品特色的企业所采用。其定价步骤如下：

（1）将市场上竞争产品价格与企业估算的价格进行比较，分为高于、低于、一致3个层次。

（2）将企业产品的性能、质量、成本、式样、产量与竞争企业进行比较，分析造成价格差异的原因。

（3）根据以上综合指标确定本企业产品的特色、优势及市场定位，在此基础上，按定价所要达到的目标确定产品价格。

（4）跟踪竞争产品的价格变化，及时分析原因，相应调整本企业产品的价格。

3.密封竞标定价法

这种定价法主要用于投标交易方式。一般情况下，在同类同质产品之间，价格相对低的产品更具有竞争力。在市场营销活动中，投标竞争是一种营销竞争常用的方式。投标竞争的过程往往就是价格竞争的过程，竞争的结果产生实际的成交价格。

企业参加竞标总希望中标，而能否中标在很大程度上取决于企业与竞争者投标报价水平的比较。因此，投标报价时要尽可能准确地预测竞争者的价格意向，然后在正确估算完成招标任务所耗成本的基础上，定出最佳报价。

一般来说，报价高，利润大，但中标机会小，如果因价高而招致败标，则利润为零；反之，报价低，虽中标机会大，但利润低，其机会成本可能大于其他投资方向。因此，报价时既要考虑实现企业的目标利润，也要结合竞争状况考虑中标概率（中标概率的测算取决于企业对竞争对手的了解程度，以及对本企业能力的掌握程度）。最佳报价应该是预期收益达到尽可能高的价格。

预期收益=（报价-直接成本）×中标概率-失标损失×（1-中标概率）

二、国际市场营销定价策略

（一）新产品定价策略

企业新产品能否在国际市场上站住脚，并给企业带来预期效益，定价因素起着十分重要的作用，因此必须研究新产品的定价策略。

1.撇脂定价策略

撇脂定价策略（skimming pricing strategy）是一种高定价策略，即在新产品上市初始，价格定得高，以便在较短时间内获得最大利润。这种定价策略因与从牛奶中撇取油脂相似而得名。撇脂定价策略不仅能在短期内取得较大利润，而且可以在竞争加剧时采取降价手段，限制竞争者的加入。但是使用此法由于价格大大高于产品价值，当新产品尚未在消费者心目中建立声誉时，不利于打开市场，有时甚至无人问津。同时，如果高价投放形成旺销局面，很容易引起众多竞争者涌入，从而造成价格急降，使经营者好景不长而被迫停产。

因此作为一种短期的价格策略，撇脂定价策略适用于具有生产技术独特、不易仿制、有专利保护、生产能力不太可能迅速扩大等特点的新产品，同时市场上要存在高消费或时尚性需求。

2.渗透定价策略

渗透定价策略（penetration pricing strategy）是一种低价格策略，即在新产品投入市场时，以较低的价格吸引消费者，从而很快打开市场。这种定价策略就像倒入泥土的水一样，从缝隙里很快渗透到底，由此而制定的价格叫渗透价格。

渗透定价策略由于制定的价格较低，一方面能迅速打开产品销路，扩大销售量，从多销中增加利润；另一方面能阻止竞争对手介入，有利于控制市场。其不足之处是投资回收期较长，如果产品不能迅速打开市场，或遇到强有力的竞争对手，会使企业遭受重大损失。

因此作为一种长期定价策略，一般来说渗透定价策略适用于能尽快大批量生产、特点不突出、易仿制、技术简单的新产品。

3.满意定价策略

满意定价策略（satisfaction pricing strategy）是一种折中价格策略，它吸取撇脂定价策略和渗透定价策略的长处，采取比撇脂价格低、比渗透价格高的适中价格，既能保证企业获得一定的初期利润，又能为消费者所接受，由此而制定的价格被称为满意价格，也称温和价格或君子价格。

案例窗6-1

（二）相关产品定价策略

相关产品具有销售上的相互联系性，生产经营多种产品的企业就可能利用这种联系性制定价格。

1.替代产品定价策略

替代产品是指基本用途相同，消费过程中可以相互替代的产品。替代产品定价策略是指营销企业有意识地安排本企业消费替代性产品间的价格比例，用以实现某种营销目标。

具有替代关系的产品，降低一种产品的价格，不仅会使该产品的销售量增加，而且会同时降低替代产品的销售量。例如，一个企业生产不同型号的汽车、电冰箱、照相机就属于这种情况。企业可以利用这种效应调整产品结构。如企业为了把需求转移到某些产品上去，可以提高那些准备淘汰的产品的价格。企业也可以利用这种效应，提高某一知名产品的价格，突出它的豪华、高档，创造一种声望，从而利用其在消费者心目中的良好形象而增加该品牌其他型号产品的销售量。

2.互补产品定价策略

互补产品是指需要配套使用的产品。互补产品定价策略是指利用价格实现对消费连带品市场需求的调节、诱导功能。其运用一定的定价技巧，使营销目标的实现由一个“点”扩展到一个“面”。

具有互补关系的产品有很多，如剃须刀与刀架，圆珠笔与笔芯，旅游活动中的食、宿、购物等。在互补关系中，一般存在起主导作用的内容。在旅游活动中，观光是主要目的，食、宿、购物是辅助消费项目。互补产品定价策略就是以降低连带消费关系中起主导作用的产品或服务项目的价格，来促进系列产品的销售。

3.一揽子定价策略

一揽子定价策略即把相关产品进行搭配销售定价的策略。其一般分为以下两种：

（1）分级定价策略，即把企业的产品只分成几个价格档次，而不提供过多价格种类的策略。例如，服装厂可以把自己的产品按大、中、小号分级定价，也可以按大众型、折中型、时髦型区分定价。这种明显的等级便于满足不同的消费需求，还能简化企业的计划、订货、推销等工作，关键是分级要符合目标市场的需求，级差不能过大或过小；否则，都起不到应有的效果。

（2）配套定价策略，即把有关的多种产品搭配好后一起卖出，如多件家具的组合、礼品组合、化妆品组合等。成套定价，多种产品有赔有赚，但总体上能够保证企业盈利，而且会使消费者感到比单个购买便宜、方便，从而促进销售。

（三）差价策略

差价策略（differential pricing strategy）是相同的产品以不同价格出售的策略，目的是通过形成数个局部市场以扩大销售，增加利润。

1.地理差价策略

地理差价策略即企业以不同的价格策略在不同地区营销同一种产品，以形成同一产品在不同空间的横向价格策略组合。产生差价不仅是因为运输和中转费用的差别，而且由于不同地区的市场具有不同的爱好和习惯，具有不相同的需求曲线和需求弹性。明显的例子就是产品在沿海与内地的价格、国内市场与国外市场的价格。像大城市著名酒店对饮料的需求强度高于小城镇的街边小餐馆，那么即使是同种饮料，前者的价格也要明显高于后者。

2.时间差价策略

时间差价策略即对相同的产品，按需求的时间不同而制定不同的价格，这只能在时间需求的紧迫性差别很大时采用。例如，夜间实行廉价的长途电话费，旺季的产品在淡季廉价出售等。采用此种策略能鼓励中间商和消费者增加购货量，减少企业仓储费用和加速资金周转，从而保证企业处于竞争的最佳地位。

3.用途差价策略

用途差价策略即根据产品的不同用途制定有差别的价格。实行这种策略的目的是通过增加产品的新用途来开拓市场，如粮食用于制作食品和饲料，其价格不同；食用盐加入适当混合物后成为加碘盐、调味盐、牲畜用盐等，以不同的价格出售。另外标有某种纪念符号的产品，往往会产生比其他具有同样使用价值的产品更为强烈的需求，价格也要相应调高。如奥运会期间，标有会徽或吉祥物的产品的价格比其他未作标记的同类产品的价格高出许多。

4.质量差价策略

高质量的产品包含较多的社会必要劳动量，应该实行优质优价。当然，这个价格差要使消费者接受并非一件简单的事情。在现实的市场营销中，必须使产品的高质量为广大消费者所承认，使产品成为一种被消费者偏爱的名牌产品，才能产生质量差价。因此，质量差价策略必须依靠其他营销因素的配合才能实现。对尚未建立起声誉的高质量产品，不应急于和竞争者拉开过大的差价，而应以促销等多方面努力，争取创立优秀品牌的产品形象；对已经创名牌的优质产品，则可以较大的差价提高产品身价，吸引那部分喜爱名牌产品的消费者。

（四）折扣定价策略

折扣定价策略（discount pricing strategy）是一种在交易过程中把一部分利润转让给购买者，以此来争取更多顾客的定价策略。

1.现金折扣

现金折扣也称付款期限折扣，即对现款交易或按期付款的顾客给予价格折扣。买方如果在卖方规定的付款期以前若干天内付款，卖方就会给予一定的折扣，目的是鼓励买方提前付款，以尽快收回货款，加速资金周转。例如，美国许多企业规定提前10天付款者，给予2%的折扣；提前20天付款者，给予3%的折扣。

2.数量折扣

数量折扣是指卖方为了鼓励买方大量购买或集中购买其产品，根据购买者所购买的数量给予一定的折扣。

（1）累计数量折扣，即规定在一定时期内，购买总数超过一定数额时，按总量给予一定的折扣。例如，某一客户在一年中累计进货超过1 000件，每次购货时按基本价格结算货款，到年终，营销企业按全部价款的5%返还给该客户。采用这种策略有利于鼓励顾客集中向一个企业多次进货，从而使其成为企业的长期客户。

（2）非累计数量折扣，即规定顾客每次购买达到一定数量或购买多种产品达到一定的金额所给予的价格折扣。例如，根据每次交易的成交量，按不同的价格折扣销售，购买100件以上按基本价格的95%结款，购买500件以上按价格的90%结款，购买1 000件以上按价格的80%结款。采用这种策略能刺激顾客大量购买，增加盈利，同时减少交易次数，节约人力、物力等开支。

3.业务折扣

业务折扣也称功能性折扣，即厂商根据各类中间商在市场营销中所担负的不同职能，给予不同的价格折扣。例如给批发商的折扣较大，给零售商的折扣较小，使批发商乐于大批进货，并有可能进行批转业务。使用业务折扣的目的在于刺激各类中间商充分发挥各自组织市场营销活动的能力。

（五）心理定价策略

这是指运用心理学原理，根据不同类型的顾客购买商品的心理动机来制定价格，引导消费者购买的价格策略。

1.尾数定价策略

尾数定价策略也称非整数定价策略，即给产品定一个以零头数结尾的非整数价格。消费者一般认为整数定价是概括性定价，定价不准确，而尾数定价可使消费者产生减少一位数的看法，产生这是经过精确计算的最低价格的心理。同时，消费者会觉得企业定价认真、一丝不苟，甚至连一些高价商品看起来也不太贵了。

一般来说，产品价格在10元以下的，末位数是9定价最受欢迎；产品价格在10元以上的，末位数是95定价最受欢迎；产品价格在100元以上的，末位数是98、99定价最受欢迎。当然，尾数定价策略对那些名牌商店、名牌优质产品就不一定适宜。

2.整数定价策略

整数定价策略即企业在定价时，采用合零凑数的方法制定整数价格，这也是针对消费者心理状态而采取的定价策略，如把一套西装的价格定在500元而非499元。因为现代商品太复杂，许多交易中，消费者只能利用价格辨别商品的质量，特别是对一些名店、名牌商品或消费者不太了解的商品，整数价格反而会提高商品的“身价”，使消费者有一种“一分价钱一分货”的感觉，从而利于商品的销售。

3.声望定价策略

声望定价策略即针对消费者“价高质必优”的心理，对在消费者心目中有信誉的产品制定较高价格。价格档次常被当作商品质量最直观的反映，特别是消费者识别名优产品时，这种心理意识尤为强烈。因此，高价与性能优良、独具特色的名牌产品比较协调，更易显示产品特色，增强产品吸引力，产生扩大销售的积极效果。当然，运用这种策略必须慎重，这种策略绝不是一般商品可采用的。

4.招徕定价策略

商品定价低于一般市价，消费者总是感兴趣的，这是一种“求廉”心理。有的企业就利用消费者的这种心理，有意把几种商品的价格定得很低，以此吸引顾客上门，借机扩大连带销售，打开销路。

采用这种策略，仅从几种“特价品”的销售看企业不赚钱，甚至亏本，但从企业总的经济效益看还是有利的。

综上所述，市场上具体的营销价格是变化多端的，最易使人“捉摸不定”，企业必须十分重视价格手段的应用。但也应该指出，企业在制定价格时要注意与其他非价格竞争手段的协调配合。单纯的价格竞争可能引发企业间的价格战，使企业形象受损，而且对现实中市场营销活动来说，价格本身也仅是吸引顾客的因素之一，过分夸大价格的作用也是片面的。

拓展阅读6-1

三、国际市场营销价格调整策略

（一）产品的提价策略

国际市场供求关系及竞争状况的变化使产品价格在不断地变动。企业产品价格的提高可能会引起消费者和国外中间商的不满，甚至本公司的销售人员也会表示异议。但是，成功的提价策略可以提高企业的利润。除了追求更高利润外，还有一些其他因素会导致企业不断提高产品价格。

1.通货膨胀

通货膨胀的发生使得企业的经营成本不断提高，压低了出口企业的创汇幅度，使得许多企业不得不提高产品价格。为了应付国际上普遍存在的通货膨胀趋势，企业可以采取很多方法来调整价格：

（1）推迟报价，即企业决定暂时不规定最后价格，等到产品制成时或交货时再规定最后价格。在工业建筑和重型设备制造等行业中一般采取这种定价策略。

（2）签订短期合同，或者在长期合同中附加调价条款，即企业在合同上规定在一定时期内（一般到交货时为止）可按某种价格指数来调整价格。

（3）把产品供应和定价分别处理。在通货膨胀、物价上涨的条件下，企业不改变原有产品的报价，但将原来免费提供的某些服务另外计价，不包括在原有定价范围内，实际上提高了产品的价格。

（4）提高最小批量，减少价格折扣，即企业削减正常的现金和数量折扣，限制销售人员以低于价目表的价格来签订合同。

（5）取消那些以前为增加产品种类，而实际上为企业带来的利润比较低的产品。对成套出口的系列产品，可以在中间增加一些利润高的品种。

（6）降低产品质量或者减少产品功能和服务。企业采取这种策略短期内能够获得一定的利润，但有可能影响企业的声誉和形象，失去顾客的忠诚。

需要注意的是，企业提高产品价格后，应该使用各种沟通渠道，向客户说明提价原因并听取反映。企业的外销人员应该帮助客户解决因提价而带来的各种问题。

2.供不应求

有时企业的产品会供不应求，不能满足所有顾客的需要。在这种情况下，企业也必须提价，或者对客户限额供应，或者两种措施同时采用。

3.市场竞争

在国际市场营销实践中，企业会出于对竞争者产品价格的考虑而提价。当同行业主导企业提价时，为了避免与其抵触而造成损失，必须考虑随之提价。当企业产品在与竞争产品的抗衡过程中，已在顾客心理上确立了某种差别优势时，企业可以考虑利用自己的独特优势提价。但此时提价幅度必须是顾客能够承受且能够维系顾客忠诚的。提价幅度过大，差别优势就可能丧失，顾客将依据价格另选品牌，转向竞争产品。

（二）产品的降价策略

在经济全球化背景下，由于诸多因素的交织作用，企业有时不仅会提高产品价格，也会降低产品价格。如下情况就可能会导致企业降低价格：

1.供过于求

当国际市场产品供过于求时，企业为了追加出口额，可能会千方百计地改进产品，增加促销手段或者采用其他措施。这些均不能奏效时，就要考虑降低售价。

2.竞争加剧

国际市场上出现了强有力的竞争者，往往会导致企业市场占有率的下降。例如，由于日本竞争者的产品具有质量高、价格较低的竞争优势，美国的汽车、消费电子产品、照相机、钟表等行业产品丧失了一些市场份额，在这种情况下，美国一些公司就不得不降低价格竞销。

3.成本优势

企业在进入国际市场的成本比竞争者低时，一般会考虑通过降低价格来扩大市场或提高市场占有率，从而扩大生产和销售量及排挤竞争者。

总之，企业在采取降价策略之前一定要考虑降价对整个产品线的影响以及对企业利润的影响。由于价格高低常常被视为产品质量的象征，当产品降价时，顾客可能以为产品质量出了问题，且怀疑原先是否受骗了，从而影响到产品线其他产品的销售。同时，降价势必减少企业的收益，因此，必须权衡利弊，慎重选择此策略。

四、购买者和竞争者对价格调整的反应

（一）购买者对价格调整的反应

企业在国际市场无论是提高价格还是降低价格，都必然影响到国外消费者的购买，进而影响到企业产品的销量。

一般来说，产品降价时，消费者的购买量会增加，但也可能由于其他因素影响顾客的购买量。例如，消费者认为降价的这种产品的式样老了，将被新型产品所代替；消费者认为这种产品有某些缺点，销售不畅才降价；消费者认为企业财务困难，难以继续经营下去才会降价销售；消费者认为价格还将进一步下降；消费者认为现售的这种产品的质量下降了。

企业提高产品价格通常会使销售量减少，但是购买者也可能因提价而购买，其原因是：（1）消费者觉得提高价格，表明这种产品很畅销，不赶快买就买不到了；（2）消费者认为提价表明这种产品很有价值。

一般来说，购买者对不同价值的产品价格变动的反应有所不同。购买者对价值高又是必需品的产品的价格变动比较敏感，而对价低、不经常购买的商品的价格变动不大注意。购买者对产品的价格变动，虽然会产生直接的反应，但他们通常更关心取得、使用和维护产品的总费用。因此，如果企业能使顾客相信某种产品购买、使用和维护的总费用较低，消费者就会积极购买，企业就可能会把这种产品的价格定得比竞争者高，并取得较多的利润。

（二）竞争者对价格调整的反应

企业改变价格策略时，不仅要考虑到购买者的反应，还必须考虑竞争者的反应。当某一行业中企业数目很少，产品差别不大，购买者颇具辨别力与知识时，竞争者的反应就显得更为重要。

企业如何去估计竞争者的可能反应呢？我们可以通过竞争者的内部资料或借助其他方法来进行估计。内部资料来源于竞争者以前的员工、顾客、金融机构、供应商、代理商或者由其他渠道获得。企业要调查研究竞争者目前的财务状况、生产和销售能力、顾客忠诚度以及企业目标等。如果竞争者的目标是提高市场占有率，其就可能随着本企业产品价格的变动而调整价格。如果竞争者的目标是取得最大利润，其可能会采取其他对策，如增加广告预算、加强促销或者提高产品质量等。总之，企业在变动价格时，必须善于利用企业内部和外部的信息，判断竞争者的反应，以便采取适当的对策。

针对竞争者作出的价格反应，企业可以采取如下的应变措施：

（1）维持原价。企业的产品一再降价，造成较大的利润损失时，便可采用这一措施。

（2）提高感受价值。企业可以通过改进质量、加强和用户之间的联系等手段，提高用户对产品的感受价值。

（3）降价。当企业发现市场需求弹性很大，夺回失去市场的代价远远高于降价所造成的损失时，企业可以采取降低价格的策略，以求扩大销售量。

（4）提高产品质量和价格。这种措施是指企业在竞争中采取主动进攻的策略，推出高质高价产品到国际市场上销售，同时加强广告宣传，从两个方面来夹击竞争者。

案例窗 6-2

第四节　国际市场营销价格发展趋势与企业对策

一、价格升级

同在国内销售产品相比，产品在国际市场上的最终价格要比国内销售价格高很多，我们把这种外销成本的逐渐加成所形成的出口价格逐步上涨的现象称为价格升级。价格升级主要是由于出口到国际市场上的产品地理距离的增加及经济差异的加大，导致了国际市场营销需要更多的运输和保险服务，以及更多的中间商和更长的分销渠道服务，还需要支付出口所需的各种案头工作费用。以上各种费用都作为成本加在产品的最终售价上，从而导致了产品内销、外销价格的巨大差异，这是由国际销售比国内销售需要增加更多的营销职能而决定的。出口过程中各环节费用的逐渐增加是造成价格升级的根本原因。

从上述分析可以看出，价格升级并没有给出口企业带来任何额外的利润；相反，由于价格升级，企业目标市场的消费者需要花高价购买同样的商品，高价格抑制了需求，减少了企业产品的销售量，会对生产企业本身产生不利的影响。因此，价格升级也是企业要想办法解决的一个问题。企业可以采取相应的措施来减少价格升级所造成的消极影响，常用的方法有：

1.降低净售价

这是指通过降低净售价的方法来抵销关税和运费，但这种策略常常行不通：

一是因为减价可能使企业遭受严重的损失；

二是企业这种行为可能被判定为倾销，被进口国政府征收反倾销税，使价格优势化为泡影，起不到扩大销量的作用。

2.改变产品形式

例如，将零部件运到进口国，在当地组装，这样可以按照比较低的税率缴纳关税，在一定程度上降低了关税负担，从而使价格降低。

3.在国外建厂生产

这样可以在很大程度上减少运费、关税、中间商毛利等价格升级造成的影响，但也会面临国外政治、经济形势变动的风险。

4.缩短分销渠道

这可以减少交易次数，从而减少一部分中间费用。但是，有时渠道虽然缩短了，成本却未必会降低，因为许多营销的职能无法取消，仍然会有成本支出。在按照交易次数征收交易税的国家，可以采用这种办法来少缴税。

5.降低产品质量

这是指取消产品的某些成本昂贵的功能特性，甚至全面降低产品质量。一些发达国家需要的功能在发展中国家可能会显得多余，取消这些功能可以达到降低成本从而控制价格的目的。降低产品质量也可以降低产品的制造成本，不过这样做有一定的风险，决策时一定要慎重。

二、政府价格管制加强

随着经济全球化的发展，一方面，各国市场进一步扩大开放度；另一方面，各国政府为了保护国内市场，对价格控制力度加强，控制的形式多样化。政府对企业定价的调控是多方面的，既可以是宏观的，也可以是微观的；既可以是法律形式，也可以是行政命令形式。国际营销中的定价受本国政府和外国政府的双重影响。国内政府多半采用价格补贴形式来降低企业出口产品价格，增强其竞争实力；国外政府对价格的管制主要通过立法形式或行政手段规定产品价格的上限与下限，以反倾销法来反对倾销或通过直接定价来限制进口货的消费及保护国内市场。例如，日本政府曾一度对进入日本市场的美国小麦定价高于日本国产小麦定价的2倍。此外，各国政府对国际市场上某些产品定价起着日益重要的作用，如部分小麦价格通过政府间谈判来决定。

面对政府价格管制的加强，企业既要遵循东道国的立法，也必须善于运用“大市场营销”策略，特别是要注重运用政治力量来赢得对企业有利的定价环境。

三、倾销问题日益突出

对倾销的解释多种多样，没有统一的法律定义。一种公认的说法是，倾销是指出口到东道国市场上的产品按低于当地市场的价格销售，致使当地市场上生产和销售同类产品的企业受到实质性的损害和威胁。倾销可分为4种类型：

1.零星倾销

这是指制造商抛售库存，处理过剩产品。这类制造商既要保护其在国内的竞争地位，又要避免引发可能伤害国内市场的价格战，因此，必然选择不论定价多低，只要能减少损失就大量销售的办法，向海外市场倾销。

2.掠夺倾销

这是指企业实施亏本销售，旨在进入某个外国市场，而且主要为了排斥国外竞争者。这种倾销持续时间较长，一旦企业在市场上的地位确立，该企业便依靠其垄断地位而提价。

3.持久倾销

这是指企业在某一国际市场持续地以比在其他市场低的价格销售，其是持续时间最长的一类倾销。持久倾销的使用前提是，各个市场的营销成本和需求特点各不相同。

4.逆向倾销

这是指母公司从海外子公司输入廉价产品，以低于国内市场同类产品的价格销售海外产品而被控告在国内市场倾销，这种情况在国际营销实践中时有发生。

国外许多公司事实上都曾进行过倾销。它们为了逃避反倾销调查，除了通过给进口商回扣、把出口产品伪装成进口国国内生产的产品、开具假文件隐瞒出口产品真实价值等手段隐瞒倾销行为外，还经常通过如下措施“合法”地逃避反倾销控告：

一是设法使出口产品从表面上看与在国内市场销售的产品有差别，即对实质上的同一产品，通过促销宣传，使之差异化，在国内市场上也就没有相应产品作为价格比较的基础，从而使倾销行为被掩盖。这种对策不可取。

二是采取多种国际营销方式，变单纯的出口为在东道国生产，这样可以降低成本、低价销售。这是一种积极的对策。

关键术语

成本加成定价法（cost-plus pricing method） 需求导向定价法（demand-oriented pricing method） 竞争导向定价法（competition-oriented pricing method） 撇脂定价策略（skimming pricing strategy） 渗透定价策略（penetration pricing strategy） 满意定价策略（satisfaction pricing strategy） 差价策略（differential pricing strategy） 折扣定价策略（discount pricing strategy）

主要观点

◆ 国际企业在定价之前必须先确定定价目标。

◆ 产品成本是产品定价的基础因素，但国际市场营销与国内市场营销某些相同的成本项目对两者的重要性可能差异很大。

◆ 企业定价一般有成本导向定价法、需求导向定价法和竞争导向定价法等。

◆ 企业定价要在基本价格的基础上，根据目标市场状况和定价环境的变化作出适当调整。

基本训练

一、思考题

1.影响国际市场营销定价的因素主要有哪些？

2.什么是成本导向定价法？其包含哪些具体方法？

3.什么是需求导向定价法？其包含哪些具体方法？

4.竞争导向定价法的特点是什么？

5.企业进行价格调整应该注意哪些问题？

二、案例分析题

苹果手机的定价策略

苹果公司研发的iPhone智能手机，搭载的是苹果公司研发的iOS移动操作系统。第一代iPhone于2007年6月29日正式发售。2007年以来，苹果手机在中国市场很受欢迎，其强大的影响力使苹果公司节约了在中国市场的推广费用。2018年9月，苹果公司推出iPhone XR、iPhone XS、iPhone XS Max；2019年9月推出iPhone 11、iPhone 11 Pro、iPhone 11 Pro Max，首次引入Pro后缀；2020年4月推出iPhone SE 2；2020年10月推出iPhone 12 mini、iPhone 12、iPhone 12 Pro、iPhone 12 Pro Max；2021年9月推出iPhone 13 mini、iPhone 13、iPhone 13 Pro、iPhone 13 Pro Max。根据统计机构IDC公布的数据，2020年，苹

果手机销量全球排名第二，达到2.06亿部，占据全球总销量的15.9%，同比增长7.9%。

（一）苹果手机的撇脂定价策略

苹果手机采用撇脂定价策略，定价偏高，一般都在五六千元以上。苹果手机每代新产品问世前，先在广大消费者心里激起无限的好奇与期待，而当新产品刚投放市场时，其价格也相当高，但其销量并没有因此而减少，反而更加巩固了“苹果”在消费者心中的高端形象，在市场上处于畅销状态。同时，苹果手机吸引了越来越多的“苹果粉丝”“苹果迷”，给苹果带来了更多的忠实顾客。

1.产品更新

2007年，当时的iPhone手机是一款使用触摸屏控制技术，支持音乐、视频播放，配备了20万像素摄像头，可以浏览互联网，运行Mac OS X电脑操作系统的智能手机。当时的iPhone手机有两款：一款内置了4GB的内存；另一款内置了8GB的内存。显然，iPhone手机也具备了iPod的全部功能，“智能+音乐”构成了iPhone的最大卖点。两款iPhone手机的定价分别为499美元和599美元，明显高于市场上同类智能手机，而在功能和具体应用上没有太大的特色。当时索尼爱立信中国公司一位高管认为苹果手机并不会对索爱产生多大影响，“手机的核心功能还是手机，这方面索爱有着无可比拟的优势”。

随后iPhone3和iPhone4发售，标志着App Store应用商店等软件以及硬件的成熟。为了保证iPhone的创新性与细节，苹果公司投入了大量时间和资金。在iPhone刚进入市场时，定价很高。苹果公司之前的产品帮助公司积累了一批“果粉”，作为“粉丝”，他们的需求缺乏弹性，即使手机的价格很高，市场的需求也不会大量减少。苹果公司一直注意保护自己的专利技术，使得在专利保护期间，最具独创性的产品暂时没有竞争对手推出同样的产品，所以高价销售产品仍然有很大的市场需求。很高的价格给苹果公司带来了高利润，尽管最初的销售量不太多，这些利润也能够帮助公司迅速收回研发投入，并且有足够的资金开发新一代手机。同时，苹果公司每推出一款新产品，都会提前在消费者心中铺垫好奇与期待，不仅使产品很快销售出去，同时由于新产品新的特质吸引一批又一批“果粉”。

苹果手机的目标顾客群是高端消费人群，高定价也满足了大部分高端消费人群的“时尚”“尊贵”的自我追求。高价位的产品让人们更加相信苹果产品的质量，事实也的确如此。苹果每次推出新一代手机都按照内存大小区分三类市场，对价格敏感的顾客或者对手机内存需求不高的顾客会选择较低价格的手机（较小的内存），而对价格不敏感的顾客或者对手机内存需求高的顾客会选择较高价格的手机（较大的内存）。除了内存不同之外，苹果公司的新一代手机会有不同的颜色，而人们对于特定颜色的喜爱会使该颜色的手机在新机型发售时“一机难求”。

iPhone通过App Store应用商店支持用户自助下载应用程序，改变了最初厂家预装软件的做法。顾客可以根据自己的需求在应用商店购买并下载所需软件。与Android应用商店免费下载软件不同，苹果手机的App Store应用商店中大部分应用程序是收费的，通过软件开发者和苹果公司分成的方式，保证了软件的质量和用户的手机使用体验。优秀的应用程序为苹果手机带来持续的收益，形成了具有巨大价值创造力的iPhone+App Store盈利模式。

2.对苹果“撇脂”的争议

苹果手机的新机型定价日益走高，从649美元到699美元，再到749美元等，一路攀升，iPhone X更是首次将基准价定在1 000美元，超出以往传统650美元门槛价的50%。应该说，苹果手机的定位策略整体上是成功的，但一味追求利润的高定价策略，也给它带来种种负面影响。

（1）定价过高使得市场需求被压抑。作为差异化非常明显的手机品牌，苹果公司具有一定的市场势力，因此它不像多数国产手机厂商那样作为市场价格的接受者。它可以根据自己的意志来给自己的产品定价，从中获取最大的利益。但目前看来，苹果手机近年来价格节节高升，特别iPhone X突破了1 000美元，使得其用户群体的基数下降。很多消费者在高昂的定价面前，只好退而求其次，选择没有最新黑科技但性价比更合理一些的iPhone 8或iPhone 8 Plus系列。

（2）在客观上帮助竞争对手创造侵占自己市场的机会。苹果手机定价不断上扬，这就为三星、华为等手机品牌提供了上升的市场空间。近年来华为、小米等手机纷纷企稳4 000元以上市场，与原来苹果手机传统基准定价650美元的用户群体相重合。而三星Galaxy S9在国内的售价突破了1 000美元大关，达到了6 999元。苹果公司的高定价策略客观上为其他竞争对手撑起了越来越大的价格空间，而它们利用这个机会开始蚕食苹果手机的市场份额。

（3）打乱了价格体系，损害了品牌形象。iPhone X成为苹果手机上市后最早开始价格松动的新机型。尽管官网价格仍然坚挺，但在经销商处随处可见直降的广告。比如当年在京东上，64G的iPhone X打出了直降689元的优惠，相当于价格下调到了7 699元。苹果公司的价格控制能力极强，这种现象在以前是不可想象的事，因为这样的做法难免会损害苹果品牌的形象。只能说，在整体销量不佳的情况下，苹果公司默许甚至支持了经销商降价促销的做法，毕竟品牌想获取更大的利益还是得靠销售规模。

（4）过度掠夺消费者剩余的做法不可持续。长期以来，苹果智能手机的定价一直保持着物料成本占比35%左右的机械计算方式。也就是说，只要物料成本上涨，新机型的定价就会自动按比例上浮。这种机械式的定价方法显然有些过于自信，完全以我为主，忽视了市场竞争状态和用户感受。在全球价格较低的美国市场，苹果手机的门槛价在两三年中从649美元迅速上升到999美元，年化增长速度达到15%，而美国近年来GDP的增速不超过3%。对于普通美国消费者来说，原来不到一周工资就能买到一部苹果手机，而现在要花大约10天的工资。苹果手机作为中端商品的定位正在消失，它正走向高端商品。而在中国，苹果手机的定价攀升让它从高端手机走向了近乎奢侈商品。

长期以来，苹果手机占据着全球智能手机市场的绝大部分的总利润，甚至一度达到80%以上。而不断快速上涨的定价过度挤压了消费者剩余的空间，其负面作用也逐渐显现：市场增长乏力甚至下降，用户口碑和形象下降等，“降频门”事件更是缩短了用户的换机周期。如果不从根本上改变以前机械式定价的做法，更加尊重市场和用户，苹果就很难规避这些负面影响。

（二）苹果手机未来的定价

2018年9月，iPhone XS手机面世，售价从64G的8 699元至512G的11 899元不等，而iPhone XS Max的售价更是从9 599元至12 799元。相比另外两家全球知名手机制造商主要旗舰产品的定价，比如华为Mate 20 Pro从5 399元至6 799元、三星Galaxy Note 9从6 999元至8 999元，动辄过万的苹果新旗舰产品的售价比后两者要高出很大的幅度。

苹果公司发布的2019年第一季度（截至2018年12月29日）财报显示，公司净销售额下滑15%。随后，苹果公司CEO库克承认iPhone手机的售价过高，影响了销量，并表示公司会重新考虑iPhone手机的定价。库克表示，为缓解用户对高售价的焦虑，苹果公司将在一些特定国家实行iPhone降价政策。苹果公司将不再紧盯以美元计的价格，而是按照每个国家当地的货币情况来为iPhone定价。库克用iPhone XS、iPhone XS Max和iPhone XR为例解释了苹果公司的定价策略：iPhone XS的定价与iPhone X相当，iPhone XS Max高于这个价格，而iPhone XR的价格应该在iPhone 8和iPhone 8 Plus之间。

苹果公司的iPhone手机销售量下滑的原因是多方面的，无论是价格、技术还是消费习惯，都直接影响到苹果手机的销售。iPhone XS系列高昂的定价俨然超过了大众消费者的消费临界点。不论苹果公司多么认为消费者仍有太多理由去购买或者更换最新的iPhone手机，这些理由都不足以抵消定价过高给消费者带来超出消费心理阈值的结果。

目前全球智能手机市场增长速度并不乐观，加上用户对于手机升级换代的频率已逐渐缩减，消费者对高价手机的兴趣不高，加上替代品众多，尽管以往苹果都在走高价高端路线，但为了抢占市场，降低“身价”未必不是一件好事。

资料来源　[1] 许海清，申秀清. 国际市场营销案例精选 [M]. 北京：经济科学出版社，2019. [2] 王瑞丽. 浅析苹果公司的撇脂定价策略 [J]. 商情，2014 (6)：2. [3] 车满. 苹果公司正在重新考虑iPhone定价 [J]. 计算机与网络，2019，45 (4)：1. [4] 陈徐毅. 苹果重挫：定价过高引爆雷，创新乏力难回天 [J]. 中关村，2019 (2)：2.

讨论：

（1）你认为影响苹果手机定价的因素有哪些？

（2）苹果手机定价策略的主要优点有哪些？

（3）从本案例中你得到哪些启发？

[第七章]
国际市场营销的渠道策略

学习目标

◆ 重点掌握国际市场营销渠道结构、类型及渠道开发影响因素；掌握现代国际物流对国际营销渠道的影响；了解网络营销渠道在国际渠道建设中的作用。

引　例

拓展全球渠道：小米手机突围困境实现强增长的法宝

2020年3月，小米集团公布了截至2019年12月31日的第四季度财报以及2019年全年财报，集团总营收达到了人民币2 058亿元，同比增长17.7%；经调整，净利润达到人民币115亿元，同比增长34.8%。这是小米集团第一次全年超2 000亿元营收。归属于海外市场的总收入为人民币912亿元，同比增长30.4%，占比为44%；智能手机业务收入达到人民币1 221亿元，同比增长7.3%。据小米集团发布的2020年第三季度财报，小米海外市场首次超过国内市场。

在国内手机市场竞争激烈的严峻市场环境下，小米得以在2019年实现营收强增长，原因是小米集团在海外市场的全面胜利。Canalys数据显示，2017年中国智能手机年出货量第一次下跌，信号已明显：中国这个全球最大的手机市场在接近饱和，中国智能手机市场的高速增长态势已经结束。各家TOP厂商都不约而同选择了“出海”，希望用海外市场的增量来弥补国内市场可能出现的损失，小米是其中最积极的一家。

一、多元化分步拓展海外市场渠道

小米的国际化最早可以追溯到2014年。时任小米全球副总裁的Hugo Barra担任国际化负责人，首站为新加坡。随后小米全球化分为几个阶段，先拿印度试点，然后进入东南亚，再到独联体国家，最后是欧洲。截至2018年第二季度，小米已进入82个海外市场，其中在25个市场成为行业前5。非洲虽然有超过12亿人口，但网络基础设施很差，智能手机保有量较低。对小米而言，非洲市场的渠道成本高昂，想做低价手机只能在当地建厂；物流和安全成本很高，需要长期操作。海外硬件出货量提升，直接带动了小米MIUI用户的增长。2019年第四季度末，MIUI月活用户高达3.1亿人，同比增长28%。

二、迥异的海外市场渠道策略

小米在拓展海外渠道过程中，在每个区域都会建立区域总部，同时会在当地培养当地的团队。比如，小米在印度尼西亚95%的产品是当地制造，在印度和印度尼西亚甚至投资了几十家创业公司，以完善移动互联网产业的发展。

在印度，小米复刻性价比的模式，毕竟“性价比”与新兴市场不谋而合。2014年底，小米进入印度，第二年就遭遇爱立信的专利诉讼，导致采用联发科芯片的低端机型被禁售，小米在印度的销量陷入停滞状态。同年它开始在印度建厂，在本地制造手机，推动供应商建立配套工厂，投资手机相关的生态链系统。手机可以在当地进行组装，组装完成后直接在线销售。2016年小米在印度开始复苏，印度成为小米的避风港。2017年小米手机出货量重回全球前5名，全年出货9 141万台。小米在财报中引用IDC的数据，2019年第四季度，小米智能手机在印度连续10个季度保持出货量第一，当季市场份额约为28.7%。

小米在西欧则是完全不同的市场策略，手机采取直接进口的方式。欧洲地区是一个强运营商和强渠道的市场，小米的方式是和长江和记组成全球策略联盟。按照双方协议，小米产品将在奥地利、丹麦、爱尔兰、意大利、瑞典和英国的长江和记旗下的“3集团”店铺推出，同时在丹麦、爱尔兰与瑞典等地为智能手机作特定优先安排。小米目前在西欧的重点放在西班牙、希腊和法国市场，那里的公开渠道更加开放，对没有运营商资源的小米来说销售阻力更小。Canalys数据显示，2019年第四季度，小米智能手机出货量在西欧市场同比增长115.4%。其中，西班牙市场同比增长65.7%，法国和意大利市场分别同比增长69.9%和206.2%。

资料来源　[1] 品玩. Are you OK？小米2019年的海外市场非常OK［EB/OL］.（2020-04-08）［2021-01-04］. https://www.sohu.com/a/386261602_114837. [2] 腾讯科技. 小米海外收入已经超过国内，它的智能手机在欧洲卖火了！［EB/OL］.（2020-11-24）［2021-01-04］. https://tech.qq.com/a/20201124/011934.htm.

第一节　国际市场营销渠道概述

国际市场营销渠道决策是企业管理层面临的最重要的决策之一，直接影响所有其他营销决策。国际市场营销渠道不仅能满足需求，而且能通过渠道成员的促销活动创造需求。企业无论是以何种渠道方式参与国际市场竞争，都需要处理渠道管理问题。有效管理国际分销渠道可以提高企业国际市场营销的绩效。

一、国际市场营销渠道的主要结构

营销渠道（marketing channel）是促使产品或服务顺利地被使用或消费的一整套相互依存的组织，也被称为分销渠道（distribution channel）。美国营销协会将营销渠道定义为“执行联系生产者和用户以完成营销任务的活动的组织机构网络”[①]。菲利普·科特勒认为：营销渠道是指某种货物或服务从生产者向消费者移动时，取得这种货物或服务所有权

① BENETT P D. Dictionary of marketing terms［M］. Chicago：American Marketing Association，1988：29.

或帮助转移其所有权的所有企业或个人。简单地说，营销渠道就是产品或服务从生产者向消费者转移过程的具体通道或路径。国际市场营销渠道是实现国际产品或服务附加效用的个人或企业组成的协调组织。

了解渠道的基本结构是一项复杂的工作，国际市场营销渠道的结构由渠道中不同要素的不同组合来决定，我们可以从营销渠道的结构要素去考察渠道的结构及特点。企业在进入一个国外市场以前，肯定要考虑渠道的结构问题，因为渠道的建立需要投入许多宝贵的资源，错误的决策将导致资源的浪费，对企业今后的发展产生不利影响。一般来说，渠道的结构可以分为以下三种类型：

1.渠道的长度结构

渠道的长度结构又被称为层级结构，是指按照其包含的渠道中间商（购销环节），即渠道层级数量的多少来定义的一种渠道结构。通常情况下，根据包含渠道层级的多少，可以将一条营销渠道分为以下层级情况（如图7-1所示）：

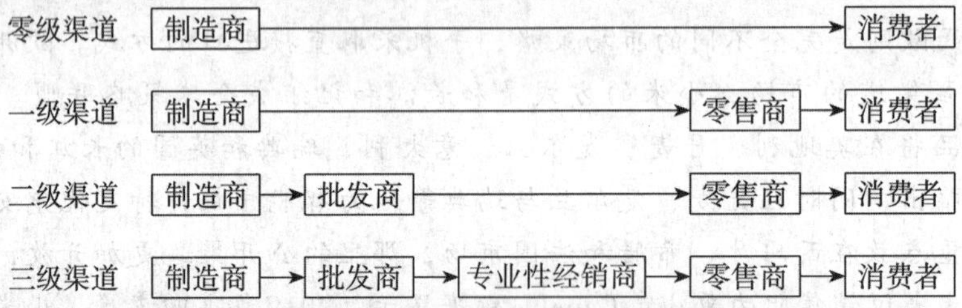

图7-1 营销渠道层级结构（以消费品市场为例）

（1）零级渠道，又叫直接渠道，是指没有渠道中间商参与的一种渠道结构。在零级渠道中，产品或服务直接由制造商销售给消费者。大型或贵重产品，以及技术复杂、需要提供专门服务的产品销售主要采取该渠道。

（2）一级渠道，包括一个渠道中间商。在工业品市场上，这个渠道中间商通常是代理商或经销商；在消费品市场上，这个渠道中间商通常是零售商。

（3）二级渠道，包括两个渠道中间商。在工业品市场上，这两个渠道中间商通常是代理商及批发商；在消费品市场上，这两个渠道中间商则通常是批发商和零售商。

（4）三级渠道，包括三个渠道中间商。这类渠道主要出现在消费面较宽的日用品中，如肉食品及包装方便面等。在IT产业链中，一些小型的零售商通常不是大型代理商的服务对象，因此便在大型代理商和小型零售商之间衍生出一级专业性经销商，从而出现了三级渠道结构。

一个现象就是在经济越发达的国家，渠道的长度越短。这只是一个总的趋势，因为决定渠道长度的因素还有很多。比如在日本，由于单个中间商的仓储空间十分有限，需要在渠道的若干节点建立库存，这就导致较长的分销渠道，从第一级自营批发商和大批发商到渠道末端的四五级批发商，有时多达五层。

2.渠道的宽度结构

渠道的宽度结构是根据每一层级渠道中间商的数量来定义的一种渠道结构。其有如下三种类型：

（1）密集型分销渠道（intensive distribution channel），是指制造商在同一渠道层级上选用尽可能多的渠道中间商来经销自己产品的一种渠道类型。其多见于消费品领域中的便利品，如牙膏、牙刷、饮料等。

(2) 选择型分销渠道 (selective distribution channel)，是指在某一渠道层级上选择少量的渠道中间商来进行商品分销的一种渠道类型。在IT产业链中，许多产品都采用选择型分销渠道。

(3) 独家分销渠道 (exclusive distribution channel)，是指在某一渠道层级上选用唯一的一家渠道中间商的一种渠道类型。在IT产业链中，这种渠道结构多出现在总代理或总分销一级。同时，许多新品的推出也多选择独家分销的模式。当市场广泛接受该产品之后，许多公司就从独家分销渠道模式向选择型分销渠道模式转移，如东芝和三星的笔记本产品渠道等。

渠道的宽度结构受产品的性质、市场特征、用户分布以及企业分销战略等因素的影响。渠道宽度由渠道中各种类型的中间商的数量决定。相似类型的中间商数量越多，渠道的宽度就越大，渠道中的竞争就越激烈。宽度大的渠道带来的好处就是供应商的选择面较大，容易找到效率高的中间商。

3.渠道的密度结构

渠道的密度结构是指同一渠道层次上中间商数目的多少，这是为了有效进行市场渗透所需要的销售网点数量。实际上它是渠道的一种多元化选择。比如，有的公司针对大的行业客户，在公司内部成立大客户部直接销售；针对数量众多的中小企业客户，采用广泛的分销渠道；针对一些偏远地区的消费者，则可能采用快递、邮寄等方式来覆盖，即采用了混合渠道模式来进行销售。在国外市场上，必须达到一定的网点数量才能保证营销行为是有利可图的。

二、国际市场营销渠道的类型

对一个国际企业来说，在国外直接从事经营，就意味着更高的风险。企业应根据自身的实际情况、目前所处的国际化阶段以及自己的国际化经验来选择一种最适合自己的渠道。另外，渠道选定后也不是一成不变的。在传统营销渠道中，中间商是其重要的组成部分。中间商可以全部或部分参与分销渠道的实物流、促销流、市场信息流，按照不同的标准对分销渠道进行分类。按照销售对象的不同，中间商分为批发商和零售商；按照中间商是否拥有商品所有权，可将其划分为经销商和代理商。

一般国际市场营销渠道的中间商包括：

(一) 批发商

顾名思义，批发就是一批批进货，然后往外一批批地发。批发商最主要的标志是一端联结制造商，另一端联结零售商。批发商又可分为：

(1) 普通商品批发商，即经营的商品范围较广、种类繁多，批发对象主要是中小零售商店，在产业用户市场上直接面对产品用户。

(2) 大类商品批发商，即专营某大类商品，经营的商品花色、品种、品牌、规格齐全，通常是以行业划分商品品类，如酒类批发公司、专营汽车零配件的公司、仪器批发公司等。

(3) 专业批发商，其专业化程度高，专营某类商品中的某个品牌，经营商品范围虽然窄而单一，但业务活动范围和市场覆盖面十分广，一般是全国性的，如商品粮批发商、石油批发商、木材批发商、纸张批发商等。

（4）批发交易市场，即介于零售业和批发业之间的一种经营业态，交易行为也不十分规范，以批发价格对商品进行批量交易，有产地批发市场、销地批发市场和集散地批发市场。

（二）零售商

零售商是指将商品直接销售给最终消费者的中间商，处于商品流通的最终阶段。其主要有以下几种：

1.零售商店

其又分为：

（1）百货商店，是指综合各类商品品种的零售商店；

（2）专业商店，是指专门经营某一类商品或某一类商品中的某一品牌的商店，突出“专”；

（3）超级市场，是指以主、副食及家庭日用商品为主要经营范围，实行敞开式售货，顾客自我服务的零售商店；

（4）便利商店，是指接近居民生活区的小型商店，营业时间长，以经营方便品、应急品等周转快的商品为主；

（5）仓储商店，是20世纪后期才出现的一种折扣性质商店。

2.无店铺零售

其又分为：

（1）上门推销，即企业销售人员直接上门，挨门挨户逐个推销。

（2）电话、电视和互联网销售，是比较新颖的无店铺零售形式。

（3）自动售货，即利用自动售货机销售商品。第二次世界大战以来，自动售货已被大量运用在多种商品上，如香烟、糖果、报纸、饮料、化妆品等。

（4）购货服务，主要服务于学校、医院、政府机构等大单位特定用户。零售商凭购物证给该组织成员一定的价格折扣。

3.联合零售

其又分为：

（1）批发联号，是指中小零售商自愿参加批发商的联号，联号成员以契约作联结，明确双方的权利和义务。批发商获得了忠实客户，零售商按比例在批发联号内进货，保证了供货渠道。

（2）零售商合作社，由一群独立的零售商按照自愿、互利互惠原则成立，是以统一采购和联合促销为目的的联合组织。

（3）消费合作社，是指由社区居民自愿出资成立的零售组织，实行民主管理。其按低价供应社员商品，或制定一定价格，社员按购物额分红。

（4）商店集团，是指在一个控股公司的控制下包括各行业的若干商店，通常采用多元化经营。这是零售业的组织规模化形式，没有固定的模式。

4.零售新业态

其又分为：

（1）连锁商业，是指众多的、分散的、经营同类商品或服务的零售企业，在核心企业或连锁总部的统一领导下，以经济利益为连接纽带，实行集中采购和分散销售，实现规模经济效益的现代流通组织形式。

（2）连锁超市，是指连锁商业形式和超级市场业态两者的有机结合。

（3）特许经营，是指一种根据合同进行的商业活动，一般是由特许授予人按照合同要求、约束条件给予被授予人的一种权利，允许受许人使用特许人已开发出的经营技术、诀窍及其他工业产权等。

（4）商业街，是指由经营同类或异类商品的多家独立零售商店集合在一个地区，形成零售商店集中区，也有集购物、休闲、娱乐综合功能于一体的商业街。

（5）购物中心，是指由零售商店及其相应设施组成的商店群体，通常包括一个或多个大的核心商店，并有许多小的商店环绕，有庞大的停车场设施，顾客购物来去方便。

（三）代理商

代理商一般是指赚取企业代理佣金的商业单位。代理商代企业打理生意，不是买断企业的产品。它们不拥有商品所有权，而是在销售中起媒介作用，以赚取佣金。代理商的类型主要有：

1.按代理权是否具有排他性分类

（1）总代理商，是指代理权具有排他性，被代理人不得再行指定其他代理商的情形；

（2）普通代理商，是指代理权不具有排他性，被代理人可以再行指定其他代理商进行代理活动的情形。

2.按代理业务的不同分类

（1）商品代理商，是指从事购买或销售或两者兼备的洽商工作，但不拥有商品所有权的代理商。其又可以进一步细分为购货代理商与售货代理商。前者指受被代理人委托以购买货物为业务内容的代理商；后者指受被代理人委托以销售货物为业务内容的代理商。

（2）运送代理商，是指受被代理人的委托招揽货物或客人，并为被代理人运送货物或人的代理商。其又可以进一步细分为陆上运送代理商、海上运送代理商及航空运送代理商。在国际贸易中，运送代理商主要是海上运送代理商，也称船务代理商。

（3）输出代理商，是指对输出国而言，受本国商业主体委托，以该商业主体名义向海外出卖商品的代理商。

（4）输入代理商，是指对输入国而言，受国外商业主体委托，以该商业主体名义在输入国从事商品售卖业务的代理商。输入代理商在国际贸易中非常普遍，往往是出口商打开国外市场进行促销而经常借助的一条有效渠道。

（5）广告代理商，是指受被代理人委托并以被代理人名义为其计划、创造、制作及安排广告业务的代理商。

（6）投标代理商，是指代理厂商参加国内外招标业务的代理商，在发展中国家数量较多。

（7）保险代理商，是指受保险人的委托通过订立保险合同代理业务的代理商。其在发达国家数量较多。

（8）旅行代理商，是指以旅客名义为旅客办理一切旅行手续的代理商。

（四）国际中间商

在企业规模较小时或者进入国际市场的初期，企业国际市场营销经验不足或者没有实力直接进入国际市场，通过本国中间商进入国际市场是一条费用省、风险小、操作简便的有效途径。根据国内中间商是否拥有商品所有权可将国际中间商分为两类：出口经销商和出口代理商。前者对出口商品拥有所有权；后者接受委托，以委托人身份买卖货物，而不拥有商品所有权。

1.出口经销商

出口经销商是以自己的名义在本国市场上购买商品，再以自己的名义组织出口，将商品卖给国外买主的贸易企业。其自己决定买卖商品的品种和价格，自己筹集经营资金，自己备有仓库，自己承担经营风险。出口经销商经营出口业务有两种形式：①先买后卖，即先在国内市场采购商品，再转售给国外买主；②先卖后买，即先接受外国买主的订货，再根据订货从国内企业购买。常见的出口经销商主要有三种类型：

（1）出口行（export house），是指在国外市场上从事经济活动的国内批发商，有的国家称之为国际贸易公司，有的国家称之为综合商社（如日本、韩国），我国一般称之为对外贸易公司或进出口公司。出口行在国外有自己的销售人员、代理商，并往往设有分公司。由于出口行熟悉出口业务，与国外客户联系广泛，拥有较多的国际市场信息，一般在国际市场上享有较高的声誉，而且拥有大批精通国际商务、外语和法律的专业人才，因此对一些初次进入国际市场的企业来说，通过出口行进行贸易往往是比较理想的选择。对国外买主来说，由于出口行能够提供品种齐全的商品，他们也愿意与出口行打交道。日本的综合商社是出口行的典型形式，是日本在世界各地经营进出口业务的主要企业，业务活动涉及面广，包括工业、商业、进出口贸易、进出口融资、技术服务、咨询服务等。

（2）采购（订货）行（buying house/indent house），主要依据从国外收到的订单向国内生产企业采购，或者向国外买主指定的生产企业订货。它们拥有货物的所有权，但并不大量、长期地持有存货，在收购数量达到订单数量时，就直接运交国外买主。因采购（订货）行是先找买主，然后向生产企业采购，而且不大量储备货物，所以其风险较低，资金周转快，成本较低。

（3）互补营销（complementary marketing），又叫猪驮式出口，是指这样一种出口情况：一个生产企业叫“负重者”，另一个生产企业叫“乘坐者”。“负重者”利用自己已经建立起来的海外分销渠道，将“乘坐者”和自己的产品一起销售。这通常有两种做法：第一，“负重者”将“乘坐者”的产品全部买下，再以较高的价格转卖出去，起到出口商的作用；第二，“负重者”在佣金基础上为“乘坐者”销售产品，起到代理人的作用。互补营销对那些没力量进行直接出口的小企业来说，是一种简单易行、风险小的出口经营方式。而对“负重者”来说，扩大了产品的范围，填补了季节性短缺，从而增加了利润。

2.出口代理商

出口代理商（export agent）是接受出口企业的委托，代理出口业务的中间商。出口代理商并不拥有货物所有权，不以自己的名义向国外买主出口商品，而是接受国内卖主的委托，按照委托协议向国外客商销售商品，收取佣金，风险由委托人承担。在国际市场上，出口代理商的类型有：

（1）综合出口经理人（combination export manager）。其为出口企业提供全面的出口管理服务，如进行海外广告、接洽客户、拟订销售计划、提供商业情报等。其以生产企业的名义从事业务活动，甚至使用生产企业的信笺，实际上起到了生产企业出口部的作用。其一般负责资金融通和单证处理，有时还要承担信用风险。综合出口经理人一般同时接受几个委托人的委托业务，其获得的报酬形式一般是收取销售佣金，此外每年还收取一定的服务费用。如果企业海外销售额占企业总销售额的比重不大，或者企业不愿意设立外销部门处理国外市场业务，选择综合出口经理人是一条理想的渠道。

（2）制造商出口代理商（manufacturer's export agent）。这是一种专业化程度较高的出口代理商，执行生产企业出口部的职能。它们接受生产企业的委托，为其代理出口业务，以佣金形式获得报酬。制造商出口代理商以自己的名义而非制造商的名义进行贸易，其提供的服务一般少于综合出口经理人，通常不负责出口资金、信贷风险、运输、出口单证等方面的业务。由于制造商出口代理商同时接受许多生产企业的委托，其销售费用可以在不同厂家的产品上分摊，因此它们的佣金率较低，制造商对其有较大的控制权。例如，在美国，凡数量大、已打开销路的产品，制造商出口代理商都收取占销售额一定比例的佣金。

（3）出口经营公司（export management company）。其行使类似制造商出口部的职能，提供服务的范围很广，包括寻找客户、促销、进行市场调研、运输货物等。它还可以为制造商讨债和寻求担保。不过，其最主要的职能是和国外的客户保持接触，并进行信贷磋商。出口经营公司的优点是厂商可以以最小的投资将产品投放到国际市场，并可借此检验产品在国外市场上的被接受程度，而制造商本身无须介入。其缺点是分销渠道极不稳固，出口经营公司为了自己的利益不会为销售产品作长期努力，一旦产品在短期内难以盈利或销量下降，就很可能会被出口经营公司所抛弃。

（4）出口经纪人（export broker）。其只负责给买卖双方牵线搭桥，既不拥有商品所有权，也不实际持有商品和代办货物运输工作，在双方达成交易后收取佣金，佣金率一般不超过2%。出口经纪人与买卖双方一般没有长期、固定的关系，其一般专营一种或几种产品，经营的对象多是笨重货物或季节性产品，如机械、矿山、大宗农产品等。

国际市场营销渠道是产品由一个国家的生产者流向国外最终消费者所经历的渠道。在国际市场剧变的今天，每个企业都不可能孤立运作，只有相关企业联合行动，才能真正增强市场反应能力。由此产生的竞争优势在未来的企业竞争中将具有决定性作用。企业在国际化进程中与国外分销商的合作是必要的。多数情况下，企业自建的营销渠道都无法达到广泛的市场覆盖面，所以仍需要与当地分销商合作，通过中间商进入国际市场仍然是一条最主要的国际市场营销渠道。

国际市场营销渠道由以上各类国际中间商组合起来，组成间接营销渠道和直接营销渠道两类（如图7-2所示）。

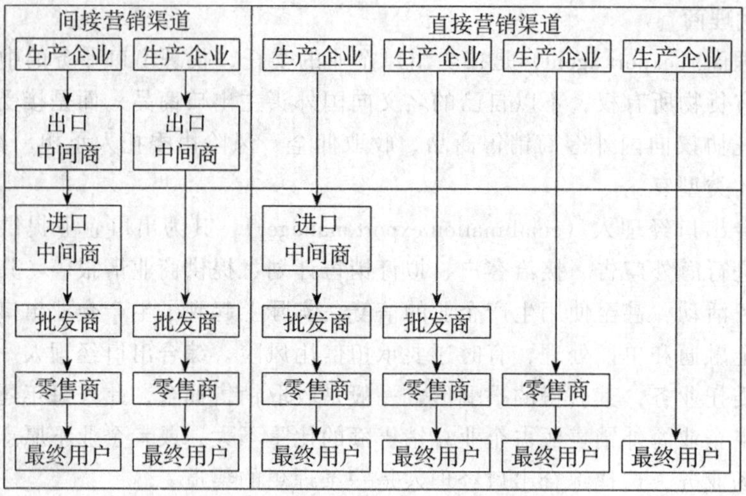

图 7-2 国际市场营销渠道示意图

第一类是由出口生产企业直接向国外出口，称直接营销渠道，包括：

① 出口国生产企业—进口国最终用户；

② 出口国生产企业—进口国零售商—进口国最终用户；

③ 出口国生产企业—进口国批发商—进口国零售商—进口国最终用户；

④ 出口国生产企业—进口国进口中间商—进口国批发商—进口国零售商—进口国最终用户。

第二类是出口生产企业通过国内出口中间商向国外出口，称间接营销渠道，包括：

① 出口国生产企业—出口国出口中间商—进口国批发商—进口国零售商—进口国最终用户；

② 出口国生产企业—出口国出口中间商—进口国进口中间商—进口国批发商—进口国零售商—进口国最终用户。

第二节 国际市场营销渠道的开发与创新

企业建立国际市场营销渠道的目的是为顾客创造效用，这些效用是产品价值和竞争优势的基本来源，具体包括：

(1) 地点效用，即在对潜在的顾客来说比较方便的地点提供产品或服务；

(2) 时间效用，即顾客一旦提出要求即可获取产品或服务；

(3) 形态效用，即产品经过分类和加工处理，保管良好并随时可以提供使用；

(4) 信息效用，即回答顾客询问，保证顾客能够了解产品的特征。

企业在国际市场上自设渠道的成本过高时，可委托当地分销商分销。当地分销商可以成为企业营销渠道的一部分，为企业的全球战略服务。当然，所有这些都有赖于选择正确的分销商。一般来说，应注意以下几个关键问题：

一是在选择代理商或中间商的时候，一定要注意其规模大小，其规模应与企业自身的规模相适应。

二是一个追求国际化的企业在选择分销商时一定要注意选择那些在代理进口产品方面

有丰富经验的代理商。

三是在选择代理商之前，出口企业就要做好充分的甄别代理商准备工作。

四是企业需要考虑代理商的营销方式以及由谁来负担营销成本。例如，日常消费品营销渠道的开发原则是能够方便地将产品传递到人们的手中，供消费者个人使用；工业用品营销渠道的开发原则是通过它将产品传递到制造商或其他机构，方便它们在生产过程和日常操作中使用这些产品。

越来越多的企业认识到，只有与当地分销商建立长期稳定的合作关系，才能够不断增强其竞争力，实现其全球战略。

一、国际市场营销渠道开发影响因素

国际市场营销渠道在受到企业目标影响的同时，也是企业实现其目标的工具。任何渠道策略都必须与企业的整体目标相适应，为企业更高的盈利目标和扩大市场份额而服务。然而，渠道不是固定不变的，随着企业在国外市场的扩张，渠道也会随之发生变化。比如，企业最初通过代理商在国外市场销售，稍后可能建立自己的销售队伍。最后，如果企业在国外取得了足够大的市场份额，它甚至可能在目标市场国打造自己的销售网络。企业在打造自己的国际营销渠道时，在合同关系、盈利潜力、信用风险、控制权、市场信息等方面有不同的打算，应当根据企业不同的经营目标开发与之相适应的营销渠道。影响国际市场营销渠道开发的主要因素包括：

（一）成本

成本在分销渠道战略选择中起着重要作用。供应商需要考虑的既有财务成本问题，也有管理成本问题。一般说来，出口企业（即供应商）将海外分销的工作交给中间商去做要比自己亲自操作的成本低。供应商自己在海外建立销售机构是一笔昂贵的投入，如果把分销交给中间商来做，中间商可以把分销成本分摊到其所代理的诸多产品上。如果一个供应商选择单打独斗，它的分销成本只能由其自身有限的产品来承担。单打独斗的程度越高，供应商的初始成本就越高。

建立分销渠道的成本主要包括对海外市场的考察、拜访中间商、谈判与选择。即使渠道建立以后，对渠道进行维护也会产生不小的成本，如对海外市场经常性的巡视、对渠道成员提供产品促销方面的支持等。另外，还要考虑的是物流方面的成本，比如建立与补充库存。对供应商来讲，其投入成本的多少与其相对中间商的博弈能力有关。中间商的博弈能力越强（换句话讲，就是比起中间商对供应商的依赖来说，供应商更多地依赖中间商），促销和库存方面的成本就会越多地分摊到供应商头上。

还有就是渠道中的现金流问题。究竟由谁负担对终端客户的授信（即让终端客户欠谁的钱）呢？由供应商还是中间商来当债主呢？在这里，债主并不是一个让人羡慕的角色，它意味着更大的财务成本。这个问题最终也取决于双方博弈能力的高低。

（二）控制

供应商如果使用中间商，就意味着失掉对海外市场的控制权。供应商与中间商之间的关系越松散，供应商的控制权就越小。此外，如果分销渠道环节过多，供应商会丧失对具体营销工作的话语权。所以，对海外市场参与度的高低还取决于供应商希望在多大程度上取得对分销渠道的控制权。如果要获得强有力的渠道控制权，对海外市场的直接融入是不可缺少的。如果站在企业战略的高度来看，供应商必须作出权衡，即在控制权和投入成本之间作出选择。如果对渠道的控制权对企业来说是至关重要的，那么企业只能选择以高成本亲自建立自己在海外市场的分销渠道，而不是找中间商。不过通常的做法是，一个新的、没有经验的企业在其国际化的初始阶段往往依靠海外经销商，因为后者在当地市场很有经验。随着时间的推移，企业的学习成效开始显现，对海外市场也越来越了解。这时，企业往往终止与中间商的合作，在海外市场建立自己的销售机构，取得对分销渠道的全面监督与控制。

（三）投入度

投入度对渠道战略的影响不可低估。如何判断投入度的高低呢？可以观察供应商采取何种方式、花多大力气在海外市场推广自己的产品。具体方式有：使用尽可能多的中间商在尽可能多的细分市场上推广产品，在某一细分市场指定有限几个中间商，选择一个中间商同时负责几个细分市场，或者指定一个中间商负责所有海外细分市场。这几种方式对中间商意味着可以获得不同程度的利润。中间商可能要求取得对产品在所有海外市场的独家代理，否则便无利可图。从供应商的立场来看，如果进入某个新的海外市场，那么独家代理可能是比较好的战略选择，原因如下：

（1）独家代理可以让目标市场的客户感受到产品来源的一致性。

（2）独家代理出货量大，可以吸引比较大的经销商。

（3）在宣传推广中容易统一口径，不需要和其他代理商商议。

（4）有更好的销售协调性。

（5）有更经济的物流。

（6）由于有在整个海外市场的独家代理权，独家代理商往往愿意照顾到那些虽然目前不盈利但有未来发展前景的细分市场，即可以避免短期行为。

（7）供应商和中间商的关系会更加稳固，因为双方的利益被紧密地联系在一起，一方的成功也意味着另一方的成功。

（四）市场变化

1.经济环境

分销策略受到目标市场国的整体经济环境的影响，因为不同的分销方式所需要的资源投入是不一样的。供应商要根据目标市场国的经济环境选择最经济的资源投入模式。如1997年以前，当印度尼西亚还处在东南亚金融危机前夜的时候，不少跨国公司就在该国建立了自己的分销渠道，雅加达遍布跨国公司的销售办事处。但这一切在1998年彻底改变了，危机中的印度尼西亚市场一片混乱，各国供应商只得把分销工作更多地交给当地的代理商来做，直到金融危机和随后的政治骚乱得到平息。

2.政治形势

另一个需要考虑的问题是分销渠道对政权变化是否有免疫力，有没有可能被宣布为非法或者被收归国有。有些国家（如利比亚）是不允许中间商存在的，在某些国家也只有国有企业才能从事中间商的业务。还有一些国家（如日本），零售业受到政府的严格控制，不允许自由竞争（即限制新加入者和行业龙头），以便保护那些既有的、小规模的零售商。这些国家将这些小规模的零售商视为社会稳定的基石。政府常用的一些控制措施有限制商店的选址（特别是大型超市和大型连锁零售企业）、规定营业时间、制定严厉的健康与安全标准。一些国家的政府甚至直接参与到零售和批发业务中去，如加拿大酒精饮料监察局所开设的零售连锁店和泰国烟草专卖局的批发生意。

3.顾客特点

海外市场的顾客特点决定了顾客的购买行为。供应商需要知道顾客需要什么，他们为什么购买、何时购买、以怎样的方式购买等。比方说在日本，食物的销售模式与欧美完全不同。日本消费者总是每日小批量购买食物，因为他们的住房面积狭小，所使用的冰箱的容积也很小。而在美国则刚好相反，美国人住的是大房子，用的是大冰箱，他们不像日本人那样频繁地购买食物，一旦购买就是大批量采购。

4.销售潜力

供应商的产品在海外市场的销售潜力决定了供应商要在多大程度上取得对渠道的控制权。销售潜力越大，供应商越要投入更多的资源去搭建渠道，以获得控制权。当然，如果目标市场国的卡特尔（Cartel）组织或行业协会对国外产品的进入有许多限制，供应商也只好把渠道的控制权让给当地的中间商。

（五）文化

渠道在客观上起到了一国供应商的产品和另一国消费者之间的桥梁作用。这一桥梁所连接的不仅是买卖双方在地理上的距离，还有观念和心态上的距离。而后一种距离表现为一种心理差异，更多地受到文化因素的影响。这种文化因素影响的源头正是由渠道各环节的人际关系所构成的链条体系。Gatignon 和 Anderson 在研究中发现，供应商与海外目标市场在心理上的差异越大，供应商亲自参与到渠道中去的可能性就越小，它们倾向依赖目标市场的代理商。心理距离还和供应商所预见的海外市场风险以及其对海外市场的了解程度有关。预见的风险越高，对海外市场的了解越少，供应商越有可能选择通过中间商来销售。[①]如日本人非常注重细节和服务质量，希望零售商能送货上门，商店每天能营业十多个小时、终年无休，顾客可以自由退货，商家能对老客户提供信贷消费等。日本人的消费文化通过分销渠道反馈到批发商，再通过批发商影响制造商。

（六）产品与服务特性

产品的特性，如标准化程度、损耗期限、体积、售后服务要求和单价等，都会影响渠道设计和分销策略。单价高的产品一般都会直接销售给终端用户。体积大、重量重的产品也适合直接销售。一些比较复杂的电子、电气设备则适合交给中间商销售，因为这些产品往往涉及安装和售后服务。大型的、技术复杂的产品需要尽可能短的渠道，而日常消费品可以采用长一点的渠道。化妆品最好采用直销方式，因为推销人员需要比较高的提成才能得到足够的激励。鲜活、易腐产品，市场生命周期较短的产品，多采用较短的分销渠道。

---

① GATIGNON H，ANDERSON E. The multinational corporation's degree of control over foreign subsidiaries：an empirical test of a transaction cost expansion［J］. Journal of Law，Economics and Organization，1988，4（2）：305-336.

单价低、数量大的产品要尽可能缩短渠道，因为每增加一个中间商，价格就会被提高一些，而这些产品的用户对价格是非常敏感的。

对基础工业品来说，运输和仓储是需要重点考虑的问题。技术含量高的工业品要求提供直接的销售与售后服务，如计算机、数控设备、交通设备。耐用消费品的用户对商品的使用期限、售后服务的便利性与服务的方式比较在意。

二、国际市场营销渠道创新

（一）市场营销渠道创新的时机

企业在选择与开发国际市场营销渠道方面，要下大功夫进行创新。一般说来，如果企业的国际市场营销渠道出现以下信号，就说明市场营销渠道创新已经迫在眉睫了：

1.终端用户对渠道的满意度降低

当终端用户抱怨渠道不能解决其所面临的问题时，由于渠道本身存在的层级分隔，这种抱怨很难被企业直接觉察到。尤其是当终端用户的抱怨是行业里的普遍现象，而非针对某一特定企业时，终端用户的需求更易被企业所忽视。著名的电脑直销模式创始人戴尔在购买自己的第一台电脑时，发现经销商的电脑知识比自己还贫乏。他从用户对经销商的不满中发现了商机，首创了电脑的直销模式，大获成功。企业如果在分销系统的建设上不思进取，将越来越难以满足终端用户的需求。

2.分销渠道过于单一化

不同的分销渠道所带来的顾客期望值是有差别的，其所包含的服务成本与服务标准也迥然不同。全球有数十亿的消费者，其个人喜好与支付能力都不尽相同，妄想用同一渠道通吃所有的消费者是不切实际的。要取得好的销售业绩，最大化地合理利用销售投入，多样化的渠道设计是必不可少的。地域、文化、历史的差异造就了不同的细分市场，分销渠道应充分考虑这些多样性。在这点上考虑得越充分，所能涵盖的细分市场就越多。经过多年的发展，国际市场的分销渠道已日趋完善，在零售环节常见的形式有大型零售商场、连锁店、超市、量贩店、便民店和大型仓储式超市等。由于各种各样的原因，很少有哪个企业能同时使用到这些丰富的分销形式。

3.渠道费用日益昂贵

相当长一段时间以来，企业在费用的分配上都是向分销渠道倾斜。当渠道建设经费短缺时，企业首先想到的不是降低渠道自身的费用，而是通过节省其他地方的费用，把经费拿来填营销渠道这个“无底洞”。这种做法似乎成了所有企业的共识。对渠道倾斜的经费分配政策一方面体现了当今企业对渠道的重视，另一方面暴露了目前企业对渠道的系统竞争性认识不足。一个竞争性强的渠道不仅是一个有效率的渠道，而且是一个费用合理的渠道。把渠道费用当成“无底洞”是一种陈旧观点。提高渠道竞争力的正确做法不是一味地对其增加资金投入，而是通过改善渠道管理来提高渠道的收益。无数实践证明，改善渠道管理比盲目的金钱投入更有成效。对当今的很多企业来讲，应该考虑的不是从何处筹钱来支付日益昂贵的渠道费用，而是通过改善与创新渠道管理来降低渠道费用。

4.经销商故步自封

同企业一样，企业产品的分销商也容易犯路径依赖（path-dependence）的错误。有经验的经销商往往在一个成熟的行业里取得了许多成功的经验，依靠这些经验，经销商无须花费多少力气就能赚取尚可的利润。但生产企业和生产企业之间面临的是你死我活的竞争，提高渠道的竞争力成为一个企业击败另一个企业的有效武器。犯了路径依赖错误的分销商往往不思进取，满足于自己的盈利目标，而将企业目标和终端用户的需求放在次要的位置上。

5.客户关系管理没有与时俱进

当今世界的信息化已经深入各个领域，虽然很多企业口头上都强调信息化建设的重要性，但一旦落实到客户关系管理上面，信息化又停留在了口号上。其原因就是企业对传统的面对面管理运用得更加得心应手，而不愿花时间和精力去学习它们不熟悉的电子化管理方式。从长期来看，购买、安装与维护一个常用的客户关系管理系统在成本上是低于面对面管理方式所产生的差旅与通信费用的。不过，适应新系统所产生的学习成本使许多企业产生了懈怠心理，不能在客户关系管理方面做到与时俱进。

（二）市场营销渠道创新的途径

企业可以通过以下四条途径来推行国际市场营销渠道的创新：

1.渠道管理创新

对传统渠道和海外经销商进行改造，由交易型向伙伴型转变，使分散的经销商形成一个整合体系。对传统渠道和国外经销商进行改造的基本方法一般包括：

（1）对渠道成员的数量、其所承担的工作任务以及渠道本身的数量进行调节。

（2）加强企业与分销商之间的关系。

（3）扶植有潜力的经销商，使其获得特定地理区域内的垄断地位。

（4）建立渠道内多个经销商之间的联盟关系，停止相互混战、拆台和压价的局面。

（5）跳出高交易成本的合同管理模式，尝试低交易成本的关系管理模式。

（6）将层级繁多、关系混杂的渠道网络简化为层级合理、关系清晰的网络。

（7）积极利用连锁加盟和特许生产的模式。

（8）打造多功能的区域物流中心。除了传统的补货功能外，还应该让区域物流中心具有陈列、门店宣传、售后服务、品牌提升和维护等多种功能。

2.渠道运作创新

尝试新的渠道策略，在既有基础上创新，推行渠道多元化战略。推行渠道多元化策略的同时，逆向批发商（超级终端供应商）将因终端变革而应运而生。可对批发商作如下分类：

（1）从事“正向批发”的经销商，即我们所熟悉的从大型生产厂家进行大批量采购，再小批量地分销给下线经销商。

（2）从事“逆向批发”的经销商，即把中小厂家的小批量产品采购过来，以集中形成规模，再打包转售给下线经销商。

第一类经销商正逐渐退出历史的舞台、取而代之取得主导地位的是“逆向批发”经销商。经销商对其渠道进行细分化和专业化改革是未来渠道创新的主流方向。以前那种靠“走量”来获取利润的方式很可能行不通了，终端客户的不同需求、客户对专业化服务要求的进一步提高使得经销商不得不重视分众市场。随着经销商对渠道管理能力的提升，渠道将持续下沉至最终端客户。

3.渠道体制创新

由金字塔向扁平型转变，即精简渠道层级、压缩渠道长度，经销商对其渠道进行细分化和专业化改革是未来渠道创新的主流方向，由总经销商向终端市场建设为中心转变。扁平化营销渠道的例子如戴尔的直销模式和日本电气公司的城市代理制度。众多企业把渠道改革的方向放在优化供应链、减少不必要环节上，同时给必需的中间商足够的盈利空间，以实现渠道结构扁平化。渠道扁平化旨在优化结构，降低分销成本，增加利润，同时拉近厂家与最终消费者的距离，以更好地满足消费者的需求。

企业的变革会遇到一定的阻力，分销渠道结构的变革同样如此。因此，在渠道扁平化之前，应该让企业和渠道成员同时意识到，它们无须对渠道扁平化恐惧，因为渠道扁平化的实质是削减冗长无用的环节，提高渠道运作的效率，在厂家、商家、用户间构筑一个完整、有机、高效的网络体系，使成千上万的用户通过这个网络同厂家、商家进行信息交流和互动。渠道是为销售服务的，无论渠道如何扁平化，优秀的分销商都能适时调整自己的策略，找到适合自身生存的空间。

渠道扁平化是企业渠道变革与创新的趋势和方向，但也不是一蹴而就的。企业应根据自身资源状况和产品特征，在“压扁”渠道结构过程中，充分利用互联网，尝试直销模式，或者加快企业渠道电子化和电子平台的建设以实行网络营销，或者减少经销商中某些效率低下的层级等。

4.渠道关系创新

在渠道内的利益相关者之间营造互动关系，由重结果变为更重过程，包括厂家与经销商之间互动和厂家与终端消费者之间互动。渠道关系互动包括厂家与经销商之间互动和厂家与终端消费者之间互动。厂家通过人际交往、有组织的联系、沟通等手段邀请经销商参加本企业的公关活动，并对经销商提供的及时反馈（如销售状况、消费者投诉等）给予激励，以强化这种行为。可以利用互联网技术使销售活动电子化，提高供货、配货等环节的效率和准确性，而且可以及时了解市场情况，以利于企业制定营销策略，还可以建立厂家与终端消费者之间的双向互动。

网络技术的日益成熟，使厂家可以越过中间商直接建立与消费者之间的互动。厂家可以通过在微信公众号、微博、官网主页、门户网站设立链接、网络广告、电子邮件等把信息准确无误地传递给消费者，也可以通过网上论坛与留言板、网上问卷调查、电子邮件投诉信箱等来接收消费者的反馈信息，以了解消费者的需求和产品的不足之处，便于改进和实现供需一致。值得一提的是，与消费者的双向互动还有利于实现渠道终端的个性化，即企业可以按照消费者的特殊要求定制生产。针对消费者的产品定制不仅可以减少中间环节，消除产品积压，而且个性化的产品价格缺乏弹性，可以为企业带来较高的利润。

案例窗 7-1

第三节　国际网络营销渠道概述

21世纪网络营销已成为营销发展的趋势。网络营销（internet marketing）就是以互联网为基础，利用数字化的信息和网络媒体的交互性来辅助营销目标实现的一种新型的市场营销方式。互联网技术的发展为企业的营销活动开辟了新的空间。如今，许多企业尝试开展网络营销，网络渠道这一新型渠道正在与传统渠道争夺国际市场份额，一场渠道的变革正悄然而至。

一、网络营销渠道的定义

网络营销渠道的全称是网络直复营销，属于直复营销的一种形式，是企业营销实践与现代信息通信技术、计算机网络技术相结合的产物。网络营销是企业以电子信息技术为基础，以计算机网络为媒介和手段而进行的各种营销活动的总称。网络营销渠道就是商品和服务从生产者向消费者转移过程的网络渠道或路径，是相对以前面对面实体店的一种全新的营销渠道形式。

同传统营销渠道相比，网络营销渠道有许多更具竞争优势的地方：

（1）利用互联网的交互特性，网络营销渠道从过去单向信息沟通变成双向直接信息沟通，增强了生产者与消费者的直接链接。

（2）网络营销渠道可以提供更加便捷的相关服务。生产者可以通过互联网提供支付服务，顾客可以直接在网上订货和付款，然后就等着送货上门，这一切大大方便了顾客。生产者可以通过网络营销渠道为顾客提供售后服务和技术支持，既方便顾客，又可以最小化成本。

（3）网络营销渠道大大减少过去传统营销渠道中的流通环节，有效降低成本。对网络直接营销渠道，生产者可以根据顾客的订单按需生产，实现零库存管理。同时，网络直接销售还可以减少过去依靠推销员上门推销的昂贵的销售费用，最大限度地控制营销成本。

但是，引入网络渠道也会威胁原有的分销伙伴利益。这种威胁主要体现在跨区销售、网络低价冲击，以及信息平台发布的市场信息不一致。这种威胁会形成冲突，使中间商的利润受损，导致分销商对企业不信任，对分销产品失去信心，甚至拒绝销售。同时，地区价格悬殊，使消费者对产品产生畏惧心理，对企业的品牌造成损害。导致这些局面出现的原因主要是渠道各成员间角色定位不清晰以及各顾己方利益。

二、网络营销渠道的特点

互联网在促进国际营销渠道功能发挥和加速流程方面具有明显的技术优势。网络营销渠道一旦通过互联网实现了制造商和中间商之间的无缝链接，就会更好地实现渠道效率和渠道效益的提升。

（1）互联网的发展和商业应用，使得传统营销中间商凭借地缘原因获取的优势被互联网的虚拟性所取代。

（2）互联网的高效率的信息交换，改变了过去传统营销渠道的诸多环节，将错综复杂的渠道关系简化为单一关系。

（3）互联网的发展改变了传统营销渠道的结构，作为一种工具大大提高了营销渠道的运作效率。

（4）互联网技术改变了营销渠道中人与人、物与物、人与物之间沟通与联系的方式。

三、网络营销渠道的功能

营销渠道是与提供产品或服务以供使用或消费这一过程有关的一整套相互依存的机构，它涉及信息沟通、资金转移和事物转移等。和传统营销渠道一样，以互联网作为支撑的网络营销渠道也具备如下功能：

1.订货功能

它为消费者提供产品信息，同时方便厂家获取消费者的需求信息，以求达到供求平衡。一个完善的订货系统可以最大限度地降低库存，减少销售费用。

2.结算功能

消费者在购买产品后，可以通过多种方式方便地付款，因此厂家（商家）应有多种结算方式。目前，国内外流行的几种结算方式有信用卡、借记卡、电子货币转账，以及货到付款等。

3.配送功能

一般来说，产品分为有形产品和无形产品。对无形产品，如服务、软件、音乐等，可以直接通过网络进行配送；对有形产品的配送，要涉及运输和仓储问题。国内外已经形成了专业的配送公司，有良好的专业配送服务体系作为网络营销的支撑。

四、网络营销渠道的类别

随着互联网技术的日新月异，更多的网络营销方法得到利用。利用互联网的信息交互特点，网络直销市场得到大力发展。因此，网络营销渠道可以分为以下两大类：

（一）网络直接营销渠道

在网络直销中，生产企业可以通过建设网络营销站点，使顾客直接从网站进行订货；可以通过一些电子商务服务机构的合作，如网上银行等，直接提供支付结算功能，解决资金流转问题；还可以利用互联网技术，通过与一些专业物流公司进行合作，建立有效的物资体系。网络直销渠道一般适用于大型商品及生产资料的交易。其与传统直销渠道一样，都没有营销中间商。

1.网上支付方式

网上支付是指电子交易的当事人，包括消费者、厂商和金融机构，使用安全电子支付手段通过网络进行的货币支付或资金流转。网上支付方式主要有三类：

第一，电子货币类，如电子现金等。电子现金是一种以数据形式流通的货币，它把现金数值转换成一系列的加密数据序列，交易时类似实物现金，具有匿名性。

第二，电子银行卡类，包括信用卡、借记卡等。其中，芯片式信用卡和借记卡在卡片内安装了嵌入式微型控制芯片，可以存储数据，卡上的价值受个人识别码（PIN）保护，只有用户才能访问。

第三，电子支票类，如电子支票、电子汇款（EFT）、电子划款等。

2.网上支付系统

传统交易中个人购物时的支付手段主要是现金。网上商店的交易是在网上完成的，交易时交货和付款在空间和时间上是分割的。消费者购买时一般必须先付款后送货，付款时可以用网上支付系统完成。网上支付系统包括四个主要部分：

（1）电子钱包（e-wallet），负责客户端数据处理，包括客户开户信息、货币信息以及购买交易的历史记录。

（2）电子通道（e-POS），主要指从客户端电子钱包到收款银行网关之间的交易部分，包括商家业务操作处理（负责商家与客户的交流及订购信息的发出）、银行业务操作处理（负责把交易信息直接发给银行，来往信息的保密）。

（3）电子银行（e-bank），是指在网上交易过程中完成银行业务的银行网关，包括接受信用卡、借记卡、电子现金等支付方式，保护银行内部主机系统，实现银行内部统计管理功能。

（4）认证机构（certificate authority），负责对网上商家、客户、收款银行和发卡银行进行身份的证明，以保证交易的合法性。

3.网上支付的安全控制

在网络商店购物时，消费者面对的是虚拟商店，对产品的了解只能通过网上介绍完成，交易时消费者需要将个人重要信息（如信用卡号、密码和个人身份信息）通过网上传送。由于互联网的开放性，网上信息存在被非法截取和非法利用的可能，存在一定的安全隐患。同时，在购买时消费者将个人身份信息传送给商家，还存在个人隐私被侵犯的危险。随着技术的发展和网上交易的规范，现在出台了一系列的网上交易安全规范。例如，SET协议通过加密技术和个人数字签字技术，保证交易过程信息传递的安全性和合法性，有效防止信息被第三方非法截取和利用。

4.物流管理与控制

对开展网上直销的生产企业而言，有两种途径管理和控制物流：

第一，利用自己的力量建设自己的物流系统，如IBM公司的蓝色快车拥有自己的“e物流”。

第二，通过选择合作伙伴，利用专业的物流公司为网上直销提供物流服务。这是大多数企业的发展趋势。美国的戴尔电脑公司就与美国的联邦快递公司合作，利用联邦快递的物流系统为戴尔公司配送电脑。

（二）网络间接营销渠道

网络间接营销渠道是指通过电子中间服务商，把商品由中间商销售给消费者的营销渠道。传统中间商在融合互联网技术后，大大提高了交易效率、专门化程度和规模经济效益。由于网络信息资源丰富、信息处理速度快，基于网络的服务可以便于搜索产品。以智能手机为代表的网络终端，可以提供完善的网上销售渠道，具有订货、结算和配送三大功能。目前出现许多基于互联网的提供信息服务中介功能的新型中间商，可称之为电子中间商。下面分类介绍这种以信息服务为核心的电子中间商。

1.新媒体服务

随着智能手机、平板电脑等新媒体终端的普及，各种应用程序（App）通过网络迅速传播开来。应用程序在带来大量广告收益的同时，也因其区别于一般网络媒介的特点为企业的网络营销提供了一种新的渠道。如“微信”是腾讯公司于2011年年初推出的一个应用程序，在短短几个月内实现用户量过亿，成为下载量最大的应用程序之一。

2.目录服务

目录服务是指利用互联网上的目录化的Web站点提供菜单驱动进行搜索。现在这种服务是免费的，将来可能收取一定的费用。现在有三种目录服务：

第一，通用目录，可以对各种不同站点进行检索，所包含的站点分类按层次组织在一起；

第二，商业目录，提供各种商业Web站点的索引，类似于印刷出版的工业指南手册；

第三，专业目录，针对某个领域或主题建立Web站点。

目录服务的收入主要来源于为客户提供互联网广告服务。

3.搜索服务

与目录不同，搜索站点利用大型数据库分类存储各种站点介绍和页面内容，为用户提供基于关键词的检索服务。搜索站点不允许用户直接浏览数据库，但允许用户向数据库添加条目。

4.虚拟商业街

虚拟商业街是指在一个站点内连接两个或两个以上的商业站点。虚拟商业街与目录服务的区别是，其定位于某一地理位置和某一特定类型的制造商和零售商，提供各种产品和服务。站点的主要收入来源是其他商业站点对其的租用费用。如我国的新浪网开设的电子商务服务中，就包含提供网上专卖店店面出租。

5.网络出版

由于网络信息传输及时而且具有交互性，网络出版Web站点可以提供大量有趣和有用的信息给消费者，如联机报纸、联机杂志。由于内容丰富而且基本上免费，此类站点的访问量特别大。因此，出版商利用站点作互联网广告或提供产品目录，并以广告访问次数进行收费，如ICP。

6.虚拟零售店（网上商店）

不同于虚拟商业街，其拥有自己的货物清单并直接销售产品给消费者。通常这些虚拟零售店是专业性的，定位于某类产品，直接从制造商进货，然后以一定的折扣销售给消费者（如亚马逊购物网站）。目前虚拟零售店主要有三种类型：

第一，电子零售型，直接在网上设立网站，网站中提供一类或几类产品的信息供选择购买。

第二，电子拍卖型，提供商品信息，但不确定商品的价格，而是通过拍卖形式由会员在网上相互叫价确定，价高者可购买该商品。

第三，电子直销型。这类站点是由生产型企业开通的网上直销站点，绕过传统的中间商环节，直接让最终消费者从网上选择购买。

7.站点评估

消费者在访问制造商站点时，由于内容繁多、站点庞杂，往往不知如何选择。提供站点评估的站点，可以帮助消费者根据以往数据和评估等级，选择合适站点访问。通常一些目录和搜索站点提供站点评估服务。

8.虚拟市场

虚拟市场提供一个虚拟场所，任何符合条件的产品都可以在该站点内进行展示和销售，消费者可以在站点中任意选择和购买，站点主持者收取一定的管理费用。当人们交换产品或服务时实行等价交换而不用现金，就形成以货易货的虚拟市场——交换网络。

9.智能代理

其根据消费者偏好和要求预先为用户自动进行初次搜索，软件在搜索时还可以根据用户自己的喜好和别人的搜索经验自动学习、优化搜索标准。用户可以根据自己的需要选择合适的智能代理站点为自己提供服务，同时支付一定的费用。

与传统中间商一样，电子中间商起着连接生产者和消费者的桥梁作用，帮助消费者进行购买决策，满足消费者需求，帮助生产者掌握产品销售状况，降低生产者的交易费用。

五、国际网络营销渠道建设

（一）构建新型合作伙伴型营销渠道关系

在网络直接营销渠道中，传统中间商的职能发生了改变，由过去环节中的中间力量变成为直销渠道提供服务的中介机构，如提供货物运输配送服务的专业配送公司、提供货款网络结算服务的网上银行，以及提供产品信息发布和网站建设的ISP。网络直接营销渠道的建立，使得生产者和最终消费者直接连接和沟通，既节省了传统渠道中昂贵的人力资源成本，又给消费者更大的比较购买信息的空间，实现传统渠道、网络营销渠道与消费者的三方共赢。

（二）实行多元化的营销渠道模式整合

消费需求与消费形式的多样性决定了消费者的渠道也是错综复杂的。同时，国际商业结构目前也处于急剧变革之中，多元化渠道等交织在一起，形成了复杂多变的渠道环境。贴近国际市场渠道发展实际，因地制宜地灵活运用多种渠道模式，缩短与国际消费者的距离，更多、更好地掌控各类渠道客户是渠道拓展的根本要求。在营销渠道的设计和安排上必须因地制宜地实施多元整合渠道策略，根据不同国际市场的特性采用不同的渠道组合。戴尔公司借助互联网，节省了大量的销售开支，以相当低廉的运营成本创造出高于业界平均水平的利润。此举在很大程度上改变了计算机业的运作格局。戴尔成功的关键在于实施了多渠道交流策略：除了大胆应用互联网之外，还建立了一支大规模的直销队伍，向不同领域的潜在客户发送大量促销邮件，同时为销售和服务部门分别设立了自己的资讯中心等。

（三）建立高效的物流配送体系

随着网络渠道的推广，如何建立一个高效率、低成本运行的物流配送体系来保证网络渠道的通畅发展，已成为人们重视的问题。

第一，随着国际市场营销在全球范围内展开，物流业必然跨越国界发展。国际化物流是物流业发展的方向，要发展国际化高效物流必须实现国内物流与国际物流标准的接轨，包括物流术语标准化、物流条码标准化和物流设备标准化。

第二，建立现代化的物流配送体系，实现物流配送手段机械化、自动化和现代化，并实现物流配送管理现代化、规范化、制度化。

第三，加强物流配送的国际化和产业化是指流通代理制与配送制相结合，通过合理化布局的国际物流网将分散的物流集中起来，形成产业，实现物流的规模效益和零库存生产。

第四，完善消费者方便地进行付款的多种结算方式。国外已经形成了专业的配送公司，如著名的美国联邦快递公司的业务覆盖全球，实现全球快速的专递服务，以至于从事网上直销的戴尔公司将美国货物的配送业务都交给它完成。

（四）构建基于客户关系管理的渠道信息系统

渠道整合会产生渠道之间业务的分流。例如，有些银行已经应用了信用卡客户的客户关系管理（CRM）系统或者其他一些个人客户的CRM系统，但都是独立运作的，客户的信息并没有得到整合，银行甚至连这个客户在银行内的资产和负债都搞不清楚。这种情况下，优质的客户享受不到优质的服务。为客户提供周全的、个性化的服务是吸引客户的一种手段。渠道整合带来了空间上的整合。其目的不在于渠道自身，而是要提高对客户的服务质量。

第四节　国际物流概述

国际物流作为现代物流业的重要部分，是指实现货物在两个或两个以上国家（或地区）间的物理性移动而发生的国际贸易活动。从国际贸易的一般业务角度来看，国际物流表现为实现国际货物交易最终目的的过程，即卖方交付单证和货物、收取货款，而买方接受单证、支付货款和收取货物的贸易对流条件。国际物流是为国际贸易和跨国经营服务的，即选择最佳的方式与路径，以最低的费用和最小的风险，保质、保量、适时地将货物从某个国家（或地区）的供方运到另一个国家（或地区）的需方。

一、国际物流的特点

国际物流是为跨国经营和对外贸易服务的，使各国物流系统相互接轨，因而与国内物流系统相比，其具有国际性、复杂性和风险性等特点。具体来讲，国际物流的特点主要表现在以下几方面：

1.物流环境存在差异

国际物流一个非常重要的特点是各国物流环境有差异，尤其是物流软环境有差异。不同国家的物流适用不同的法律，这使得国际物流的复杂性远高于国内物流；不同国家经济和科技发展水平有差异，这又造成国际物流处于不同科技条件的支撑下，从而迫使国际物流整体系统水平下降；不同国家的标准不同，也造成国际接轨的困难，从而使国际物流系统难以建立。

2.物流系统具有国际性

国际物流跨越不同国家和地区，跨越海洋和大陆，运输距离长，运输方式多，这就需要合理选择运输路线和运输方式，尽量缩短运输距离和货物在途时间，加速货物的周转并降低物流成本。国际物流在物流这个复杂系统上增加了不同国家的要素，不仅是地域和空间的广阔，而且涉及的内外因素更多了，所需的时间更长了，难度和复杂性增加了，风险增高了。

3.国际物流必须有国际化信息系统的支持

国际化信息系统是国际物流非常重要的支持手段。国际信息系统建立的难度是管理困难、投资巨大。另外，由于世界上不同地区物流信息水平差距较大，信息水平不均衡，这使得信息系统的建立更为困难。

4.国际物流的标准化程度高

要使国际的物流畅通起来，统一标准是至关重要的。目前，美国和欧洲各国基本实现了物流工具、设施的统一标准，既降低了物流费用，又降低了转运难度。

5.国际物流具有风险性

这主要包括政治风险、经济风险和自然风险。政治风险主要指物流所经过国家的政局动荡；经济风险主要指从事国际物流必然发生资金流动，因而产生汇率风险和利率风险；自然风险则指在物流过程中由自然因素如海风、暴雨等引起的风险。

二、国际物流系统的构成

目前，国际物流系统主要由商品的包装、储存、运输、检验、加工和整理、再包装及国际配送等子系统组成。其中，储存和运输子系统是国际物流的基础和核心。国际物流通过商品的储存和运输，实现自身的时间和空间效益，满足国际贸易和跨国经营的要求。

1.运输子系统

国际货物运输是国际物流系统的核心。国际货物运输主要是运输方式的选择、运输单据的处理以及投保等。国际货物运输方式很多，如陆、海、空、多式联运等，以海运为主。国际货物运输具有路线长、环节多、涉及面广、手续繁杂、风险大、成本高、时间性强等特点。

2.仓储子系统

商品储存、保管使商品在流通中处于一种相对停滞状态，这种停滞是国际物流所必需的，是国际物流的基础条件。它主要是在各国的保税区、保税仓库、海关监管仓库、堆场进行的，主要涉及保税制度、保税仓库、堆场建设等方面。从物流角度看，应尽量减少储存时间、数量，加速货物和资金周转，保证客户需要，实现国际物流的高效率运转。

3.商品检验子系统

商品检验是国际物流系统重要的子系统，商品检验证书也是议付货款的重要单据之一。通过商品检验，确定交货品质、数量和包装条件是否符合合同规定；如发现问题，可分清责任，向有关方面索赔。

4.流通加工子系统

流通加工是国际物流中具有特殊意义的物流形式，作用是使商品更好地满足消费者的需求，主要是在出口加工区、保税区和保税仓库进行的。包装加工是流通加工子系统的重要内容。国际市场和消费者是通过商品来认识企业的，而商品的商标和包装就是企业的面孔，它反映了一个国家的综合科技水平。

5.信息子系统

国际物流信息的主要内容包括进出口单证的操作信息、支付方式信息、客户资料信息、市场行情信息等，特点是信息量大、时效性强、交换频繁。信息的作用是使国际物流向更低成本、更优服务、更大数量、更精细化方向发展。在国际贸易中，EDI的发展是一个重要趋势，建设国际贸易和跨国经营的信息高速公路，适应国际多式联运和“精细物流”的要求，是国际物流信息子系统发展的方向。

6.装卸、搬运与配送子系统

国际物流装卸、搬运与配送作业，相对国际运输来讲，是商品短距离的搬移，是仓储、运输、交货等环节的纽带和桥梁，能实现物流的空间效益。搞好国际物流中商品的装船（机）、卸船、进库、出库，以及库内的清点、查库、转运转装等，对加速国际物流十分重要，是降低物流成本的重要环节。

案例窗7-2

三、国际物流发展趋势

1.第四方物流的竞争

与提供实际物流服务的第三方物流不同，第四方物流主要是指由咨询公司提供的物流咨询服务。咨询公司应物流公司的要求为其提供物流系统分析和诊断，或提供物流系统优化和设计方案等。第四方物流以知识、智力、信息和经验为资本，为物流客户提供一整套物流系统咨询服务。在第四方物流模式下，一个外部的物流整合者会承担顾问、咨询、计划、控制以及将程序链维持在最佳状态的任务。在理论上，第四方物流提供者是完全中立的，它的任务是提供交换数据的信息平台、挑选合作伙伴、为客户提供更加透明的程序、削减成本，以及提供完整的管理服务。在实践中，第四方物流能同时成为专业的组织者、不同服务的整合者、流程的控制者、数据的提供者以及资本运作的“无麻烦”管理者。除了必不可少的信息技术，它还必须（在与第三方物流合作的基础上）具备实际的运输能力和仓储网络。

2.全球物流的一体化整合趋势

对以往分散的功能进行一体化整合是当今世界运输物流的重要趋势。传统上，运输物流的四项基本功能包括：后勤保障、库内搬运、货运和客运。电子化管理在这四种功能的整合中起到了重要作用。高效的计算机系统和与其相连的外部网络能快速地提供人员、货物的运输方案，并使仓库内部的物流和空间利用更加合理。现代通信与控制技术使得运输的准时率大大提高。这些都大大提升了物流企业的竞争力。

3.新技术的运用

条码标签的出现使现代物流业得到了极大的发展。其低廉的成本使得条码在几乎所用的货物运输中都得到了使用。众多的信息都可以依附在那些粗细不一的条码中，它们记录了货物的产地、数量、重量、尺码、生产日期、装车（船）日期、必须满足的搬运与储存环境等。这样，无须开箱验货，只要凭借扫描器就可以得知关于货物的一切必要信息，并将这些信息自动地、实时地传输至电脑数据库中。条码标签给物流业的发展带来了巨大的好处。

4.增值服务的多样化

比正常速度更快地收到信函或包裹是我们所熟知的一种邮政增值服务。邮政机构通过收取额外费用来获得更多的利润。全球物流业似乎也得到了传统邮政机构的启发，开发出了多样的增值服务。今天的物流业所提供的服务不再仅仅是将货物从甲地运往乙地，它们甚至可以将货物的采购、简单加工、仓储、配送、售后服务等功能整合在一起，提供一条龙的服务。客户可以选择这些多样化服务中的一种或是全部。多样化的增值服务在电子信息技术的辅助下，使得客户可以实时获悉有关自己货物的存放地点、运输进程和产生的费用等信息。

关键术语

渠道（channel）　分销渠道（distribution channel）　中间商（intermediary）　国际物流（international logistics）　网络营销渠道（internet marketing channel）

主要观点

◆ 企业是依靠自己建立国际渠道还是依靠中间商建立渠道归根结底是一个交易成本的问题。

◆ 处于国际化初始阶段的企业离不开与中间商的合作。

◆ 影响国际市场营销渠道开发的主要因素包括成本、控制、投入度、市场变化、文化及产品与服务特性。

◆ 现代国际物流与网络营销渠道在国际渠道的建设中扮演着越来越重要的角色。

基本训练

一、思考题

1.简述中间商的类型。

2.国际市场营销渠道的开发需要考虑哪些因素？这些因素有跨行业的适用性吗？

3.试比较依靠自己和依靠中间商开拓海外市场的优缺点。

4.如何判断国际市场营销渠道何时需要创新？

5.互联网给国际市场营销带来了什么样的变革？

6.网络营销渠道的有利和不利影响分别是什么？

7.国际物流和国际市场营销如何实现有效的融合？

二、案例分析题

数字化赋能渠道转型："一代鞋王"百丽国际的浴火重生

1992年刚创立时，百丽只是一家有200万港元资产的港资小厂。它凭着迅速占领商场和街边店等市场渠道，经过短短15年的发展，于2007年5月成功在港交所上市，上市之初市值便高达670亿港元。百丽国际在最辉煌的2013年，市值更是一度超过1 500亿港元，成为中国最大鞋履零售商，“鞋王”的名号更加响亮。百丽国际鞋类业务的自有品牌主要包括Belle、Teenmix、Tata、Staccato、Senda、Basto、Joy & Peace、Millie's等。除了自有品牌外，百丽国际还代理包括Bata、Clarks等在内的品牌。百丽国际涵盖了国内鞋服行业的大部分市场份额，尤其是占据国内女士鞋类市场的半壁江山。

1.兴于开店，衰于开店

纵观百丽国际的发展史，其实也是快速开店的扩张史。2009年其新增鞋类自营零售网点681家。2010—2012年，百丽国际每年净增门店数目都在1 500至2 000家。2011年，其发展处于巅峰时期，也最为疯狂。这一年，百丽国际平均不到两天便会开设一家新店，在绝大部分的百货商场里都有百丽的店面。由于品牌覆盖了各种年龄层，再加上店面数量众多，百丽国际不仅拥有了大量的客户，还成为百货商场青睐的对象。一时间，百丽国际的利润暴涨，市值狂增，巅峰时候达到了1 500亿元。

当年百丽国际的核心竞争力之一就是零售网络的最大化。百丽国际的十几个创始人，每人负责一个区域，带来整个集团的快速发展。时任百丽国际首席执行官兼执行董事盛百椒曾豪气地说：“凡是女人路过的地方，都要有百丽。”“只要有百货商场的地方，就有百丽的身影。”

然而百丽国际大举扩张店铺数量，也为日后单店产出的凋落埋下了伏笔。就在百丽国际达到巅峰的时候，另一股新商业渠道势力——电子商务开始崛起。面对电子商务的出现，百丽国际并没有认可这种模式，继续以线下渠道为王，而这种顽固让百丽国际付出了惨重的代价。自2012年开始，集团净利润增长放缓至2%。疯狂的开店模式也在2014年有所放缓，但依旧新增零售网点876家。2015年，百丽国际上市9年以来首次利润下滑。2015财年，百丽国际鞋类业务同店销售下降比例超过10%，鞋类业务销售规模同比上年下降8.5%；也是在这一年，一向强调开店数量的百丽国际，鞋类零售网点减少了300多家。之后集团虽积极转型，但仍未能改变关店、业绩下滑的颓势。截至2016年年末，百丽国际的门店数量与高峰时的20 738家相比减少了7 000多家。2017年5月，百丽国际发布了退市前的最后一份年报，截至2017年2月28日，营收为417.07亿元，净利润为24.03亿元，同比下降18.1%；鞋类业务销售规模同比下跌10%，内地鞋类零售网点减少700家。2017年7月27日，“一代鞋王”百丽国际控股有限公司正式宣布退出港交所。

2.“消费者变了，我们却还在原地”

2013年，电子商务的发展彻底爆发，这种商业渠道颠覆了传统商业的线下单渠道模式。百丽国际错过了2013—2016年的电商平台黄金窗口期，也错过了在天猫、京东等大型电商平台迅速拓展生意的最佳时段。面对电商的到来，百丽国际丝毫没放在心上，当真正意识到冲击的时候，已经为时晚矣。实际上，百丽国际所受到的冲击不只来自电商，它还面对着自身的品牌老化和口碑问题。消费大环境下，女性的消费能力和品位都在发生转变，她们更注重和追求个性化，百丽的设计和款式已经不能满足女性顾客的“消费升级”了。

在首席执行官的主导下，2016年百丽国际曾试图转型，包括调整定价，打破以往“高标价、低折扣”的策略，加强线上渠道销库存的能力，但最终收效甚微。首席执行官表示，过往集团未能转型成功，自己不会用电脑，连微信都没有，对市场的变化没有作出很好的预判，欠缺应对市场更加复杂情况的能力，进而导致了如此局面。尽管当时百丽国际创建了自己的电商平台淘秀网、优购网等，试图涉足电商，但更多的是一种跟随策略，它的侧重点仍然在线下渠道。在线下，从百货商场向购物中心的转向，让百丽国际20多年积累的渠道优势不断弱化。

2017年百丽国际从港交所退市后，许多公司高层做的第一件事就是到基层作调研。调研发现随着互联网经济的崛起，客户对消费便捷性、高性价比以及个性化的需求发生了急速变化。但基于原有的战略、业务包括品牌定位，百丽国际并没有作出相应调整。由于生产系统、品牌总部、零售和电商板块之间割裂，导致8个大区各自为政，组织结构、组织语言与目标各不相同。组织上的割裂，不仅体现在组织和人力资源管理上，更深刻影响了品牌的运营和管理。“我们更像一家零售公司，而不是品牌公司。”由于各零售大区有自由采货权，所有大区终端形象的展露、价格甚至是营销方式都不尽相同。零售地区承担起了很多品牌需要承担的责任，百丽国际一直处在“小中央，大地方”的运营管理模式中。因为没有专业的品牌运营，集团就失去了对客户的聚焦，导致对自身角色的错误定位，集团就会继续在错误的方向上投放资源。

3.数字化转型再立潮头

百丽国际的成功源于百货商场的兴盛，其失败也源于对百货商场的无限执着。随着电商平台和购物中心的崛起，面对日益下滑的业绩，百丽国际还在原有的百货商场不断开店，既没有抓住消费场景的转移与线上渠道的拓展，更忽略了购物中心对品牌综合实力的深远意义。退市后，百丽国际用了3年时间，相对平稳地完成了组织调整。也几乎是从确定转型之日起，百丽国际开始重视数字化。百丽国际的时尚鞋类业务适时提出了新战略：在数字化赋能基础上，以客户为中心，重构核心竞争力，实现“品牌+零售”双核驱动、全渠道网络最大化、多品类全价值链快速反应。

在3年的迭代试错中，集团高层逐渐形成了对传统企业数字化转型的理解：在业务逻辑形成闭环、业务语言及组织目标实现相对标准化的前提下，即打通业务及组织各板块后，数字赋能才能发挥效果。随着3年组织结构的调整，品牌与零售、电商及生产系统，以及总部各职能部门的权责变得越来越清晰，组织内部的语言更统一，流程逐步标准化。

与此同时，高瓴资本派驻了一个以技术人员为主的团队，主要在系统产品化、门店数字化、客户运营等业务运营的前端和电商板块上投入资源，作了许多探索，并且帮助百丽国际建立与行业内外的沟通与合作，扩大百丽国际的“朋友圈”和视野。组织被打通后，无论是前端的设计研发、品牌营销还是链路后端的生产，都能被数字化的这根线串在一起。内外合力之下，系统数字化的赋能开始显现出力量。3年间百丽国际鞋类业务的转型，还是主要依赖零售效率和电商渗透率的提升。如今，百丽国际要做的就是从以往线下网络最大化转变成全渠道网络最大化。

资料来源　高若瀛. 数字化转型亲历者讲述：鞋王百丽如何转身［N］. 经济观察报，2020-12-31.

讨论：

（1）拥有强大的渠道资源的百丽国际为何会“黯然退市”？

（2）百丽国际的“小中央，大地方”的运营管理模式存在哪些缺陷？

（3）百丽国际如果要实现推行全渠道网络最大化，则应如何进行数字化创新？

[第八章]
国际市场营销的促销策略

学习目标

◆ 重点掌握国际整合营销传播的概念及策略、国际广告的决策程序、国际市场人员推销策略及销售促进策略；掌握促销类型、影响国际广告的因素、国际市场公共关系的概念、国际市场人员推销的策略；了解国际市场公共关系的传播过程及误区，国际人员推销的主要特点，国际市场销售促进的概念、作用及需要注意的问题。

引　例

淘宝网之二次元

淘宝网是亚太地区较大的网络零售商圈，由阿里巴巴集团在2003年5月创立。淘宝网是深受中国网民欢迎的网购零售平台，拥有近5亿的注册用户数，每天有超过6 000万的固定访客，同时每天的在线商品数超过8亿件，平均每分钟售出4.8万件商品。根据阿里巴巴集团2019年12月31日的季度业绩，其中国零售市场移动月活跃用户达8.24亿人，较2019年9月增长3 900万人，创12个季度以来新高；年度活跃消费者达7.11亿人，同比增长1 800万人。随着淘宝网规模的扩大和用户数量的增加，淘宝也从单一的C2C网络集市变成了包括C2C、团购、分销、拍卖等多种电子商务模式在内的综合性零售商圈，成为世界范围的电子商务交易平台之一。

2016年“双12”，淘宝网海报用二次元展示了“淘的N种乐趣”，用90后的喜好方式和用户沟通。其表现方式为用动态漫画展现淘宝移动市集，而且漫画以“丑蠢贱”以及夸张的方式表现淘宝市集无奇不有、无所不卖；通过使用动态漫画的形式，突破传统静态漫画的形式，更吸引眼球。淘宝推出有点神转折意味的动态漫画，目的是推广淘宝的移动市集，但呈现的方式是一些只有在二次元漫画里才有可能出现的蠢萌场景。

二次元早期出现在日本动画、游戏作品里，是以二维图像构成的，其画面是一个平面，所以被称为二次元世界，简称二次元。二次元是人类幻想出来的唯美世界，用各种憧憬的体验虐袭观赏者的视觉感受。《三联生活周刊》在一篇以“二次元”为主题的文章里指出：“以ACG内容产业为核心的日系二次元文化，在和高速发展的中国互联网擦出火花之后，成为两亿中国年轻人（通常指90后、00后）的娱乐和社交方式。当这种亚文化进一步登堂入室时，二次元也逐渐进入主流舆论的视线，乃至成为日常使用的语言。”

“二次元”们交流时，会共用一套带有浓厚二次元色彩的词语甚至表情符号，外人望去如坠云里雾里，这也是“二次元”被长辈视为异类、怪咖的原因之一。但无论如何，二次元作为一种新兴文化，近几年的市场规模和成交人数都保持着快速的增长，行业发展迅速，这个群体正不断壮大……

资料来源　[1] 淘宝网．淘宝简介 [EB/OL]．[2017-07-27]．https://www.taobao.com/about/intro.php?spm=1.22350.1998624660.8. [2] 墨鱼茄汁饭．“双12”将至，淘宝用二次元展示了“淘的N种乐趣” [EB/OL]．[2017-07-27]．https://socialbeta.com/t/1212-taobao-case-study. [3] 佚名．二次元 [EB/OL]．[2017-07-27]．https://baike.baidu.com/item/二次元/85064.

现代国际市场营销要求企业不仅要开发适合国际消费者需求的产品，制定适当的价格，以适宜的分销渠道提供产品给消费者，还要通过各种促销手段，让消费者及时、充分地了解本企业及其产品的情况，从而对本企业产品产生购买动机和购买行为。所以，每个企业都必须同时扮演信息传播者和促销者的角色。国际市场营销由于突破了单一国家或地区地理的限制，涉及不同的消费群体，而且由于民族信仰、文化、地理环境等的差异，企业与消费者之间的沟通就更为重要，能够在国际市场营销中担当企业与消费者之间的沟通的重要途径之一便是国际市场促销活动。借助国际市场促销活动来建立企业、企业产品、品牌与消费者、供应商、其他利益相关者等之间的联系，是当前企业国际市场营销成功的必要工具之一。通常企业选择的国际市场促销策略主要有广告策略、公共关系策略、人员推销策略、销售促进策略及网络促销。为实现最大的沟通影响，企业有时也把上述几种促销工具有机地或有选择地结合起来，从而形成一种最有效的促销组合。

第一节　国际市场促销概述

一、促销的含义

促销（sales promotion）顾名思义就是促进销售，其概念虽然在表述上各有不同，但其内涵都是指为刺激消费者购买欲望或者为改进零售商或中间商工作的有效性和加强相互之间的合作的营销活动。①其目的在于为企业打开市场、扩大产品销售，把有关本企业产品和服务的信息，通过相适应的方式和手段向目标顾客传递，促使其了解、熟悉、信赖企业的产品和服务，从而达到激发顾客购买欲望、促成顾客购买行为的目的的一系列活动。实质上，促销活动是一种有效的信息沟通活动。国际市场促销的实质同样是提供一种在国际市场范围内有效的信息沟通。

二、促销的功能

促销的基本功能包括告知功能、说服功能和影响功能。

① 改编自：凯特奥拉，格雷厄姆．国际市场营销学 [M]．周祖城，赵银德，张璘，译．12版．北京：机械工业出版社，2005：327.

1.告知功能

告知功能是指促销活动能把关于企业的产品或服务、价格、品牌、企业的信誉、交易的方式和条件等有关企业或产品的信息告知广大消费者，使消费者从对产品或企业从无知变为有知，并且有所了解、认知，促进其购买本企业产品。

2.说服功能

说服功能是指在消费者犹豫时帮助消费者作出决策的手段或功能。其一般通过提供有力证据、证明产品效果、解释其疑惑或者表示承诺等方法说服消费者，加强他们对本企业产品或服务的信心，以促使其迅速采取购买行为。

3.影响功能

影响功能是指通过对公众心理的影响，形成一种社会舆论，从而对目标市场的消费者产生舆论导向，使他们加强对本企业或产品的认知，并对企业或产品产生好感，购买其产品甚至成为忠诚消费者。[①]

三、促销的方式

促销的方式主要包括两类：人员推销和非人员推销。非人员推销又包括广告、公共关系、销售促进及网络促销等具体形式。

几种促销方式各有特点，适应于不同企业、不同产品、不同时机、不同场合的促销需要。一般来讲，广告往往较适用于消费品的促销，而人员推销更适用于生产资料的促销。但这并不是绝对的，在某一个具体的促销活动中，人员促销和非人员促销往往是同时存在、相互补充的。将上述促销形式根据营销目标的要求进行搭配、调整，形成一套针对特定的目标市场的促销策略，即促销组合策略。

在选择促销方式时，需要考虑的主要因素有：

1.营销目标

企业具体的营销目标有很多，如为提高企业和产品或服务的知名度、使顾客了解本企业的产品或服务的相关信息、扩大产品或服务的销量、提高市场占有率等。广告和公共关系在提高企业知名度方面远远超过人员推销。在促进顾客对企业及产品或服务的了解方面，广告和人员推销的成本效益最好。在促销订货方面，人员推销的成本效益最大，销售促进则起协调、辅助作用。

2.市场状况

不同的市场需求应采取不同的促销方式。规模小、距离近的本地市场，以人员推销为主，而规模较大的市场则应采用广告和公共关系方式。消费品市场主要靠广告宣传介绍产品、吸引顾客，而工业品市场的用户数量少，购买量却大得多，应以人员推销为主。此外，目标市场的购买习惯、文化水平、经济状况、信息接收的便利程度、市场竞争的强弱程度都会对各种促销方式、效应的发挥产生不同的影响。

3.产品类型

不同类型的产品如日常生活必需品、耐用消费品、奢侈品或工业品等，其消费者购买要求及信息要求都会有所不同，因此应选择不同的促销方式。通常，消费品比工业品更多

---

① 改编自：科特勒，等．市场营销管理［M］．何志毅，等译．亚洲版．北京：机械工业出版社，2006：390.

地使用广告，工业品多使用人员推销，而公共关系、销售促进的方式对工业品和消费品来说同等重要。

4.产品生命周期

（1）在产品的引入期，由于产品刚投放市场，因此最主要的任务是扩大产品的知名度，企业一般会选择以广告和销售促进为主。因为广告能以较快速度获得较大覆盖面，在短时期内让目标受众对产品产生印象，而销售促进会加强这种印象，使部分消费者愿意试用这种新产品并产生认知，从而产生购买欲望。

（2）在产品的成长期，单有广告不能满足产品营销的需要，还必须加强推销人员的积极推销，这样才能更深入地宣传产品或服务的特点，并能争取那些犹豫不决的购买者，迅速扩大产品的销量。

（3）处于成熟期的产品，必须巩固其市场地位，配以积极的公共关系，并辅之以一定的销售促进手段，往往能有效地巩固和扩大企业的市场份额，增强企业的竞争优势。

（4）产品到了衰退期，随着企业营销战略重点的转移，对剩余的产品一般采取以销售促进为主的促销手段，以求迅速销售产品，回收资金。

5.营销环境

菲利普·科特勒认为，一个国家或地区对大众传媒的控制程度，以及该国家或地区居民接触传媒的程度（如报刊订阅率、电视机的拥有率等），会极大地影响广告的宣传效果；大型的社会活动（如体育运动会、旅游节、博览会等），会为销售促进和公共关系创造良好的机会；当地的消费者偏好以及风俗习惯会不同程度地影响促销方式的选择。因此，企业所选择的促销方式一定要充分注意其对营销环境的适应性。

6.促销预算

不同的促销方式需要不同的促销费用，有的促销费用开支较大，如电视广告、大型展会等；有的费用较少，如发送电子邮件广告、商场展销等。增加促销费用有利于扩大销售，但也增加了销售成本。企业在权衡促销费用和促销目的时，必须充分做好预算，以保证收入大于支出。

拓展阅读8-1

第二节　国际市场整合营销传播

一、整合营销传播概述

（一）整合营销传播的概念

从20世纪80年代开始，一些企业意识到，要与消费者更好地进行沟通，就有必要对促销工具进行策略性整合，由此产生了整合营销传播的观念，整合营销传播理论也因此应运而生。整合营销传播主张把一切企业的营销和传播活动，如广告、促销、公关、新闻、直销、CI、包装、产品研发等进行一元化的整合重组，让消费者从不同的信息渠道获得对某一品牌的一致信息，以增强品牌诉求的一致性和完整性。

整合营销传播（integrated marketing communication，IMC）是指以消费者为核心构建企业的市场行为，综合协调地使用多种传播形式，以统一的目标和传播形象，传播一致的品牌信息，实现与消费者的双向沟通，从而建立起品牌与消费者的长期关系。[①]

"整合"包含多重的意义，表现为：

1.不同工具的整合

不同工具的整合即在利用各种不同的营销传播工具（如广告、公关、销售促进等）时，要注意各种营销传播工具的相互配合，使之达到能够用"一个声音说话"（speak with one voice），从而实现营销传播的整合。

2.不同时间的整合

不同时间的整合即使用整合营销传播的企业在与消费者建立关系的各个不同时期、不同阶段，传播的信息、传播的理念等应该协调一致，而不应在各个不同时间表达出不同的意思。

3.不同空间的整合

不同空间的整合即要求能够经营全球品牌的企业在不同国家和地区，传达统一的定位、形象和个性等。

总之，整合必须围绕企业的营销目标，将可利用的各种营销资源或系统要素加以统一整合，从而形成系统结构，最终产生出最佳的传播效应，实现系统功能。

（二）整合营销传播的特征

1.消费者处于核心地位

整合营销传播说到底是以顾客价值为导向的，它不仅要求把消费者作为整个营销传播过程中每一环节的焦点，并继续贯穿于下一次整合营销传播的始终，还用各种形式和方法与消费者进行沟通，建立起多种联系，并最终影响消费者的行为，从而由实现顾客价值而实现品牌价值。

2.统一的形象、统一的声音

整合营销传播整合了各种不同的营销传播工具，目的在于使营销摆脱传统的、粗放的、单一的状态，走向高效、系统和整体。营销与传播之间关系密切，而整合营销传播恰恰要求的就是这些传播必须达到能够为同一个营销目标而努力。因此，整合营销传播要求必须综合地使用各种形式的传播方式，并要求用统一的形象、统一的声音来实现统一的营销目标。

3.传播过程始于消费者，终于消费者

整合营销传播过程从建立消费者的资料库开始，通过多种与消费者沟通的方式，与消费者建立关系，并对之加以分析，再利用多种形式影响消费者的行为，并使之再次反应，再将整个流程循环下去。

---

① 甘碧群. 国际市场营销［M］. 北京：高等教育出版社，2006：422.

（三）整合营销传播的过程

整合营销传播的一般过程如图8-1所示。

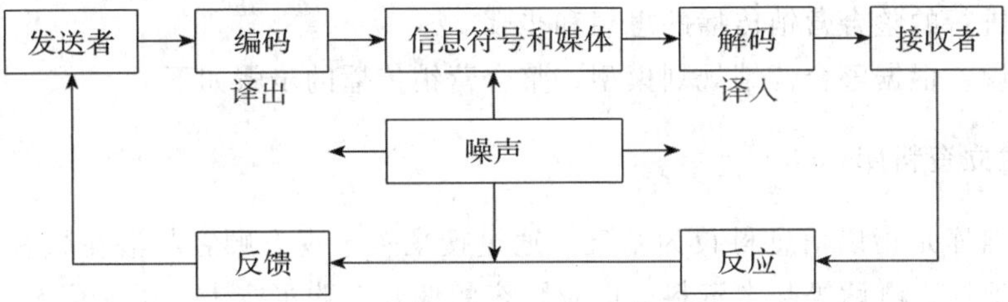

图8-1　整合营销传播的过程

资料来源　沈铖．全球营销学［M］．武汉：武汉大学出版社，2004：301.

信息的传播过程包括五个要素、三个阶段。

五个要素为发送者、接收者、信息符号、媒体和噪声。发送者一般为促销活动的发起者，即促销企业；接收者指接收到信息的相关群体或个人，可能是目标市场的消费者，也可能是与销售活动无关的群体或个人。这是整合营销传播过程中的两个主体。信息符号可通过如语言、文字、图像甚至网站信息等来表现，是发送者表达思想的途径。媒体是用以复制和在短时间内传递信息符号的各种载体，如报纸、广播、电视、网络等。噪声干扰信息传播，可能影响信息的传播，引起接收者的误解。

三个阶段为信息译出阶段、信息译入阶段和信息反馈阶段。信息译出阶段是将发送者的思想转变为接收者可感知的信息符号的活动或过程。信息译入阶段是接收者对信息符号进行理解和接受的过程。这是传播活动能否成功的关键环节，接收者据此作出反应。信息反馈阶段是在接收者作出反应后的过程，是检验信息传播质量的重要依据，能够通过反馈渠道反馈接收者对信息的反应行为，为发送者据此制定下一次营销传播策略提供依据。①

要使信息有效，发送者的编码过程是十分重要的，必须与接收者的解码过程相吻合。发送的信息符号是营销传播的关键要素，必须能够为接收者所熟悉，能够全面、准确地表达发送者的思想，从而保证译出和译入的质量。另外，噪声的存在是客观和必然的，使目标接收者接收到一些无关的信息，不但干扰了接收者，对发送者的信息干扰更大。

二、国际市场整合营销传播策略

整合营销传播有多种策略，但都是运用不同的促销方式去实现整合营销传播的目标。

（1）同一外观策略是指在营销传播中通过各种促销组合采取多种形式的营销工具时采用同一的颜色、图案及识别符号等。营销人员在协调所有围绕其广告的营销传播形式时采用主题线策略，目的在于利用非广告的营销传播形式去激发消费者记住广告信息。

（2）供应面策划策略是指利用配套广告（如当地电视台、广播电台、报纸和互联网等广告），使广告以统一的外观、主题同时投放到不同的媒体上。

---

① 改编自：科特勒，等．市场营销管理［M］．何志毅，等译．亚洲版．北京：机械工业出版社，2006：390.

基于消费者的整合营销传播策略主要分为三种：莫尔-梭森模式、施吉模式及舒尔茨模式。舒尔茨认为，尽管整合营销传播理论的基本框架相同，但会随着时间和研究程度而有所变化，该理论涉及具体的操作时又会有所不同。本书主要介绍依据舒尔茨的整合营销规划模型而进行的整合营销传播的思想和步骤。

一般来说，根据整合营销规划模型，整合营销传播的步骤如下：

（一）建立资料库

建立资料库是指以信息科技为基础，通过搜集关于现有顾客与潜在顾客的各种资料，包括姓名、地址、电话等基本资料，以及顾客的偏好、购买行为、生活形态、促销反应行为以及人口统计等衍生性资料，建立起企业自己的顾客资料库系统。资料库的内容应该至少包括人口统计、心理统计、购买历史及产品类别网络。资料库是国际整合营销传播的基础，是进行研究及发展营销传播计划的最基本的要件。市场营销活动的过程如市场调研、产品研发、市场预测、定位、策略分析等营销传播活动都离不开资料库。[①] 建立资料库的步骤如图8-2所示。

建立和发展资料库的主要目的是：

1.发现目标顾客群

各国顾客群千差万别，其消费习惯、偏好、收入水平甚至信仰等都会影响其购买决策。资料齐全、翔实能够使目标企业迅速发现目标顾客群，制订营销计划时就能有的放矢。

2.了解顾客的需求

利用统计分析和模式分析技术来分析顾客资料库的内容，能提供给顾客所需要的商品，并且预知其下次可能购买的商品与时间区隔，以便与顾客进行长久的交易。当然，资料库的顾客信息要变动更新，以确保其有效性。

3.提高顾客忠诚度

利用资料库可以投顾客所好，根据不同顾客的不同需求，营造出与顾客有效互动的场景，从而增加顾客对企业或产品的好感，提高其顾客忠诚度。

4.预测国际市场发展趋势

通过对资料库的及时修订与更新，加之统计分析等工具，能够根据资料库的数据分析出顾客所需产品的国际市场消费现状及国际市场的发展趋势，从而为下一步的营销计划提供依据。

（二）对顾客进行细分

依据资料库的数据对既有顾客或潜在顾客进行评估，以获得新的目标顾客，留住现有顾客。整合营销传播与传统营销最大的不同之处在于，其将整个策划的焦点集中在顾客或潜在顾客身上，而不是公司的营业额或利润上。舒尔茨认为，顾客的行为才是决定营销者成功与否的主要因素。顾客可分为三类：本品牌的忠实顾客、竞争品牌顾客、游离顾客（即摇摆不定的顾客）。企业对顾客进行分类，并按照这些分类采取适当的促销措施，以获

① 改编自：甘碧群．国际市场营销［M］．北京：高等教育出版社，2006：428.

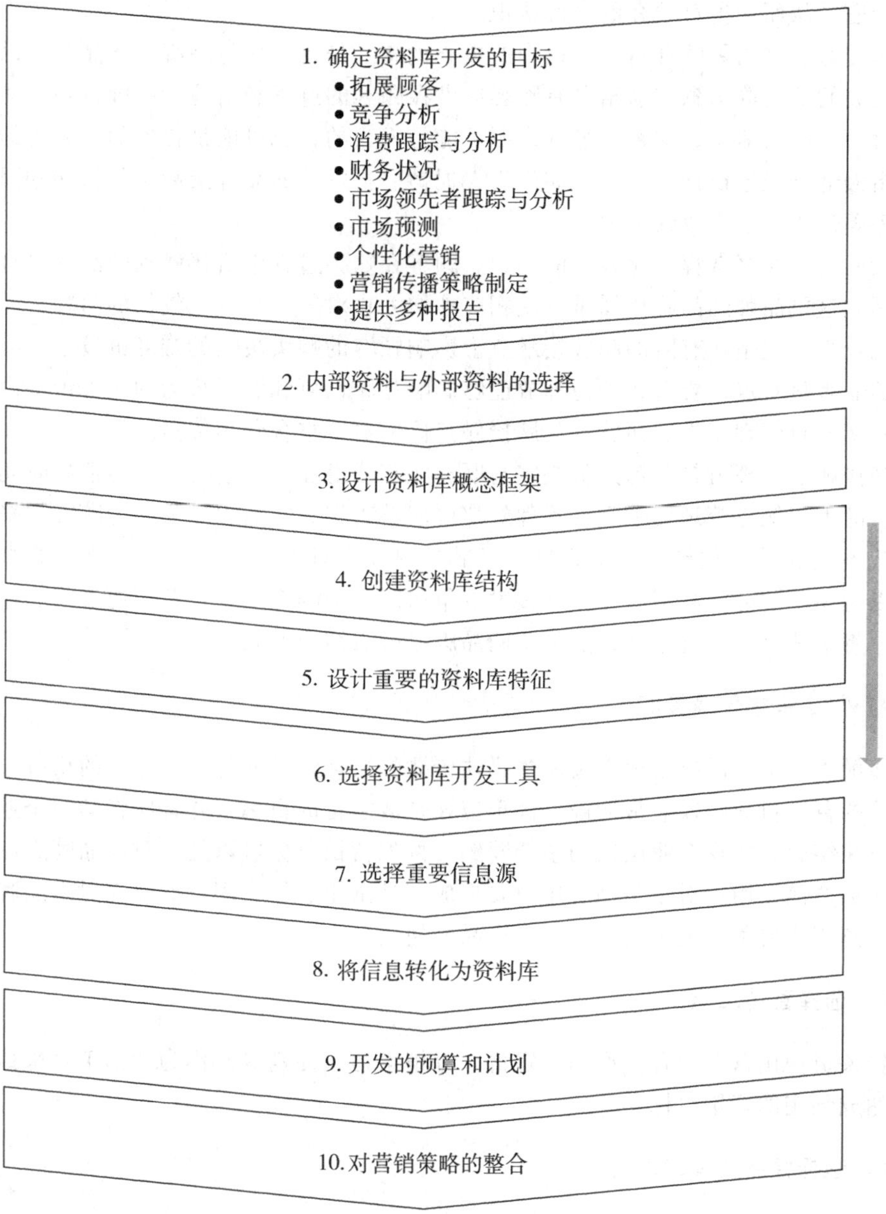

图 8-2　资料库（数据库）建设步骤

资料来源　改编自：甘碧群．国际市场营销［M］．北京：高等教育出版社，2006：428．

取更多的销售量及销售利润，并据此对资料库进行进一步的整合，为采取下一步的营销决策提供依据。

（三）接触管理

对顾客进行评估之后，就要对各种促销方式进行选择或者组合。这要求企业首先从品牌接触点开始管理；其次围绕既有顾客或潜在顾客与品牌接触，考察其广告相关性及是否接受广告词、促销相关性及促销接受程度，以此选择适当的促销方式；最后选择适当的媒体进行传播，从而产生对顾客的全面认识。

品牌接触点是国际整合营销传播中的核心概念，是指一切将品牌、产品类别以及任何与市场相关的活动等信息传递给既有顾客或潜在顾客的过程和情境。品牌接触点使顾客有机会面对一个品牌信息，这种信息的来源可能是人为的，也可能是自发的。人为的品牌接触点是指大部分经过设计的信息，如广告、促销。自发性的品牌接触点是指那些因购买产品及服务等过程自动生成的情境。

一般而言，对复杂程度比较高的品牌，顾客在购买过程中所接触到的品牌接触点会比较多，因此这类品牌的品牌传播难度就相应地增大；对复杂程度比较低的品牌，品牌接触点就会比较少，但是在有限的品牌接触点上影响顾客的购买决策的难度也较小。因此，针对不同的品牌接触点，要有目的地释放能够影响品牌认可和购买行为的品牌识别内容，并做好品牌接触点管理工作。而管理品牌接触点恰恰需要整合营销传播。①

品牌接触点管理就是营销人员决定与既有顾客或潜在顾客进行营销传播的时间、地点与场合。品牌接触点管理要求重点管理好那些能够直接影响品牌形象、为顾客带来美好体验以及提升销售的“关键”品牌识别。品牌接触点管理在市场营销方面重要的原因之一是，可以避免不同部门利用同一品牌接触点争取同一个顾客。整合营销通过跨职能的监督和企划，将这些部门结合起来，加强不同品牌接触点结合的利益。

（四）制定营销传播策略

在接触管理中，需要营销人员清楚描述传播的目标以及期待的接触者的反应。此步骤要求企业的营销目标必须非常明确，甚至应该是数字化的目标，并且应将其与企业战略及其他业务相结合，实现企业层次的整合营销。例如营销目标可以是：对本品牌忠诚用户要维持或增加产品使用；对竞争品牌用户要形成产品试用、扩大用量或建立对本品牌的忠诚度；对游离用户要争取或扩大对本企业产品的使用。

（五）选择营销工具

营销人员使用营销组合（产品、定价、分销渠道、促销等）作为营销工具来执行传播策略和达成预定的营销目标。

（六）选择营销传播战术

传播手段相当广泛，如广告、直销、销售促进、公共关系、事件营销、店头促销、商品展示、产品包装等，对这些传播手段进行整合，用以执行传播策略，有效达成营销目标。

舒尔茨强调，整合营销传播的中心是利用各种形式的传播手段，完成设定的传播目标，而且要将营销转化成传播，在营销者与消费者之间开通一条双向沟通的通道，形成良性循环系统，实现顾客与营销者的双赢。

① 改编自：舒尔茨．新整合营销［M］．吴垒，等译．北京：中国水利水电出版社，2004：189.

第三节　国际市场广告策略

一、国际广告概述

迄今为止，在企业的促销活动中，广告是使用最为广泛的促销工具之一。广告是指企业为促进销售、增加盈利而采取的借助大众媒体传播本企业及其产品或服务的付费活动。国际广告（international advertisement）是指为了配合国际市场营销活动，在产品出口目标国或地区所做的商品广告。其目的在于使出口产品迅速地进入国际市场，为产品赢得声誉，扩大产品的销售，实现销售目标。

广告同企业其他促销组合手段相结合，可以更有效地实现企业的营销目标。其为人员推销打下基础，增加产品、企业和品牌的知名度。由于广告设计一般是针对某个商品或某个品牌而进行的，目的在于使接触广告的群体产生是否购买的心理作用，因此，广告在消费品市场上的促销作用比在工业品市场上的促销作用更大。一些购买频率较高、价格低廉的产品一般需要更多的广告来提醒顾客。国际广告的原理同国内广告基本相同，但会受到更多因素的限制，如文化、风俗习惯、传播媒介、竞争以及各国政府的限制等，使其影响程度和效果受到制约。但是，随着国际市场竞争的日渐激烈以及国际市场营销活动的日益复杂，国际广告具有了更加重要的地位。企业如何成功运作国际广告并且获得促销效果，成为企业获得竞争优势的重要条件。

国际广告的费用基本呈现不断增长的趋势。1950年，世界广告费用约74亿美元，其中美国占了57亿美元。到20世纪70年代末期，世界广告费用猛增至720亿美元，其中美国为380亿美元。2000年世界广告费用为3 220亿美元。[①]自2010年以来，全球广告行业投入费用呈现出逐年增长的趋势。2016年全球广告行业投入费用突破5 000亿美元，达到5 036.7亿美元；2017年、2018年和2019年的投入费用分别为5 213.8亿美元、5 437.1亿美元、5 630.2亿美元。

二、国际广告的影响因素

（一）语言因素

广告无论将何种媒介作为载体，都必须借助语言来沟通。如果广告接收者接收不到信息，或虽然能接收到信息但对信息含义不明白，那么这种沟通就是无效沟通或者沟通不充分。由于国际广告面向使用不同语言的接收者、不同国家的不同语言、同一国家的不同语言或方言以及语感和个人语言习惯等，所以语言因素成为广告促销的最主要障碍之一。广告语因翻译而造成的笑话时而有之，很多国家的文盲率也会导致原本富有创造力的广告变得一文不值。[②]

① 甘碧群．国际市场营销［M］．北京：高等教育出版社，2006：420.
② 改编自：凯特奥拉，格雷厄姆．国际市场营销学［M］．周祖城，赵银德，张璘，译．12版．北京：机械工业出版社，2005：336.

（二）文化多样性因素

文化多样性包括传统习惯、道德价值观、宗教信仰等在各个国家或地区呈现出的多样性，这同样会影响到国际广告的效果。如联合利华公司曾在印度做过一则电视广告，促销其面霜，结果两个月后被迫撤回该广告。原因在于当地妇女民主协会称，该广告的内容涉嫌种族歧视、重男轻女及对工作女性的侮辱等。如果不能很好地解决广告中的文化多样性问题，就会出现对同一广告语、广告故事等内容的不一致理解，从而造成误解，影响广告的效果，甚至使广告完全失败。当然，也有些企业注意到了当地顾客的文化差异，因此，将其广告融入本土化策略，从而实现了广告的预期效果。如肯德基在中国采用本土化的广告故事情节，结合中国本土化的产品如老北京鸡肉卷、粤味咕咾肉等，取得了广告促销的成功。

（三）政府控制因素

许多国家的政府对广告管理严格，并不断地对其管理规则进行修改，因而对产品、媒介、广告信息以及广告预算等方面造成了很大影响。如果企业不了解当地政府对广告的有关政策和法规，不仅不能达到预期的促销效果，还可能由于广告方面的行为违反法律而受到处罚。在欧洲，控制比较广告的法律因国而异。如在德国，广告中使用比较性的术语是犯法的。例如某企业做肥皂广告，如果说用其生产的肥皂洗衣服会比用其他肥皂干净，那就意味着其他肥皂洗衣服不干净。如果某企业宣称自己的产品是最好的，则随时可能受到竞争者起诉。意大利不允许在电视广告中出现“除臭”“排汗”等普通的字眼。在科威特，政府控制的电视网每天只允许播放32分钟的广告，而且是在晚上。表8-1列出一些国家的广告限制。

表8-1　　**一些欧洲国家对具体产品的广告限制**

国家	烟草产品	酒精饮料	药　品
英国	•禁止出现在广播中 •在任何被赞助的体育赛事中的广告需要被批准	•在儿童节目前后和中间禁止播放 •在非儿童节目时段允许播放，但受到许多管制	•禁止处方药物广告 •严格管制，如禁止促销代言人
爱尔兰	•禁止在所有宣传媒体中刊登（包括在任何赞助中）	•只允许在针对成人的广播中出现，并有许多限制	•禁止处方药物广告
德国	•禁止任何形式的广告	•允许酒精含量低于2.8%的饮料做广告 •有严格的条件限制	•禁止处方和非处方药物的电视广告 •广播中播放此类广告受到严格限制
葡萄牙	•仅允许在国际性体育赛车活动中	•7：00—10：30禁止在电视和广播中做广告 •禁止出现在少数民族参加的体育赛事中	•禁止处方药物广告 •非处方药物广告受到严格管制

资料来源　津科特，朗凯恩．国际市场营销学［M］．曾伏娥，刘颖斐，译．8版．北京：电子工业出版社，2007：349.q

除此之外，国际广告还会受到其他因素的制约，如广告公司的选择、竞争程度、广告是否受到公众的关注，以及消费者对广告的反应程度等。由以上讨论可以看出，由于受到诸多限制，国际广告的创造力受到约束，因而直接影响企业国际促销活动的开展，导致国际营销任务更为艰巨。

三、国际广告的决策程序

企业在制定国际广告策略时，通常需要考虑目标（mission）、资金（money）、信息（message）、媒体（media）、评测（measurement），即5M。其决策过程如图8-3所示。[①]

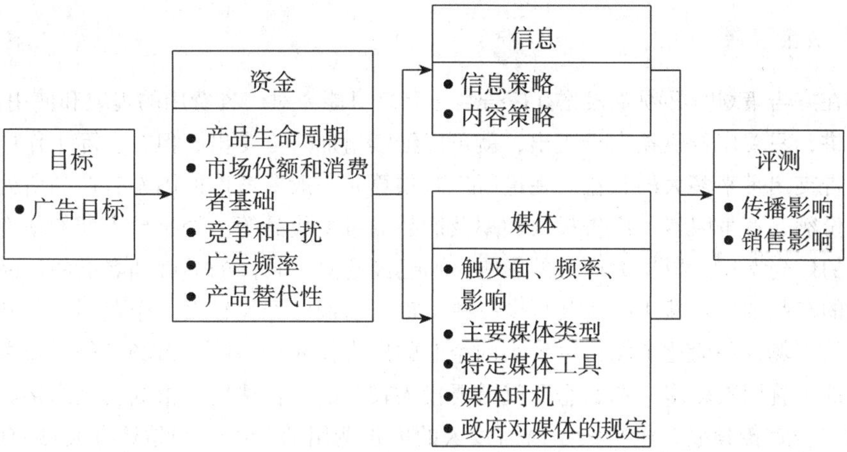

图8-3　国际广告的决策程序

（一）目标

广告目标是指企业借助广告活动，在规划期内所期望达到的最终效果。广告目标对广告总体活动具有指导意义，是制定广告策略的首要步骤及准则。首先需要根据企业的经营目标和市场状况，如产品所处的生命周期、竞争对手策略、企业的市场地位等，明确广告活动的目的，再根据广告活动的目的来选择和确定广告目标。广告活动的目的体现了企业经营目标和市场竞争的要求，相对比较抽象；广告目标则把广告活动的目的进行具体化、数量化，比较实际。完整的广告目标包括时间跨度、地域、目标受众、性质描述、数量指标。

一般而言，按沟通传播的目的，国际广告的目标是告知信息、劝导购买及巩固使用。

1.告知信息

告知信息主要是为了使企业确立在国际市场上的形象，消除顾客的误读或误解，提供产品的正确信息，介绍新产品及其使用方法等。产品在刚进入国际市场时，一般其广告的主要目标是使顾客能对企业及其产品的相关情况等有一定的知晓，并希望借此引导顾客的早期购买欲望。

2.劝导购买

劝导购买是为了说服诱导顾客实施购买行为，建立品牌偏好，并加强企业与顾客之间的联系。劝导购买型的国际广告主要是当产品在某个国家或地区已经有了一定的知名度，并且产品正处于产品生命周期的成长期时所采取的广告手段，目的在于介绍产品的特色和用途，使企业与顾客或品牌与顾客之间建立起一定的联系。

---

① 刘生峰. 国际市场营销［M］. 广州：暨南大学出版社，2006：205.

3.巩固使用

巩固使用主要是维持品牌最佳形象和知名度，促进顾客多次购买本企业产品，甚至使顾客相信在不远的将来需要此产品等。其主要目的在于突出产品自身的优势，维持或加深顾客对企业或品牌的形象认识，刺激或鼓励其多次或继续使用该产品。[①]

总体而言，只有在明确企业的销售目标的基础上，确定企业的广告要实现的目标，才能进一步做好广告的定位，指导广告促销活动的进行。

（二）资金

企业在广告策划时必须要根据其广告目标和自身能力对广告费用的提取和使用作出预算。从理论上讲，只要广告收益大于支出，就可以继续增加广告支出。但在实际工作中，企业很难确定广告支出带来多大的收益。在进行广告预算时一般要考虑的因素有产品所处的生命周期、市场份额、竞争因素、广告投放频率及产品的可替代品等。处于导入期的新产品一般要投入大量的广告费用，以扩大产品的影响，而已经建立了较高的品牌知名度的产品，或已处在成长期的产品的广告费用投入就可少一些；市场份额已经比较大的企业不需要利用广告去拓展很大的市场，一般比市场份额较小的企业的广告投入少一些；市场竞争者众多，对企业广告宣传的干扰因素较多，那么企业就需要投入较多的广告费用；根据受众的接收规律，安排一定的广告宣传频率，也决定了所需投入的广告费用的大小；产品具有大量的可替代品，如服装、鞋帽、化妆品等，就需要投入大量的广告费用进行促销宣传，而同类替代产品比较少的产品的广告就可少做一些。

在实践中，企业在进行广告预算时采用的主要方法有：

1.定率提取法

这是指企业依据产值、销售额或利润的适当比率提取广告费。该方法的优点在于简便易行，使企业的广告费用能有相应的保证。其缺点是根据已取得的经济收益，而不考虑未来的经济效果，因此可能造成不满足将来的需要。该方法主要适用于那些产品品牌和整体经济实力较强的大企业。

2.量力支出法

这要求企业在考虑广告预算时以企业自身的经济能力为基础。其优点在于简单、实际，能根据企业现实情况作出广告费用预算；缺点在于忽略了广告与销售业绩之间的因果关系。

3.目标达成法

这是指根据实现未来经济的需要来提取广告费用。这种方法能真正为广告活动的开展提供足够的资金，也有助于合理地进行广告预算。但采取这一做法的企业必须有较强的经济实力。实际上，一些企业往往将定率提取法和目标达成法结合起来使用。首先根据企业的实际经济效益提取一笔总的广告费用，然后根据本年度各种广告活动的实际需要用目标达成法来确定广告预算。

4.竞争对比法

这是指企业根据其在目标市场国主要竞争对手的广告费用水平来确定自己相应的广告费用。一般来讲，企业应尽可能保持同竞争对手差不多的广告费用水平，这样可以避免竞

---

① 改编自：沈铖．全球营销学［M］．武汉：武汉大学出版社，2004：304．

相提高广告费用，而使竞争各方的广告总成本上升。

（三）信息

国际广告传播的信息是在跨国、跨文化基础上进行的，因此，国际广告的传播面临着如何使信息有效传递并被正确解读的问题。图8-4是一般信息传播沟通的过程，但是也具有国际信息传播沟通的特征。

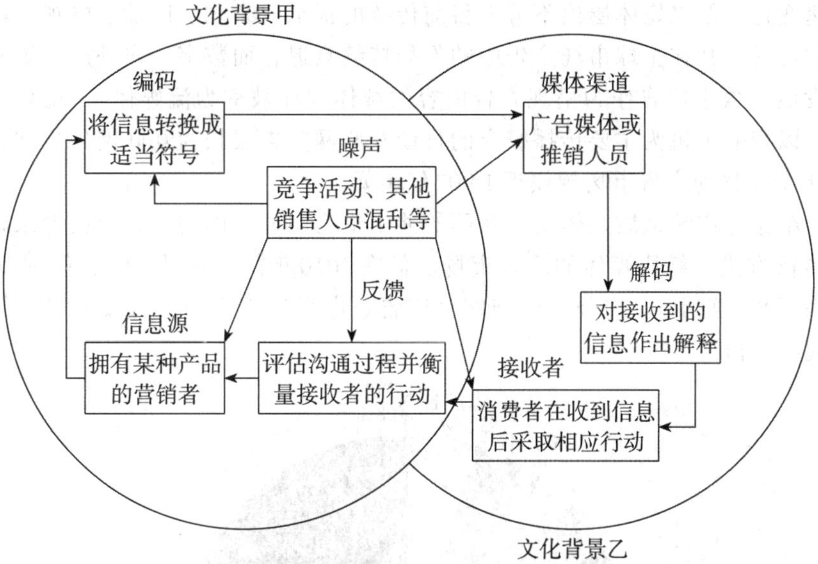

图8-4　信息传播沟通的过程

资料来源　凯特奥拉，格雷厄姆．国际市场营销学［M］．周祖城，赵银德，张璘，译．12版．北京：机械工业出版社，2005：334.

图8-4表明，多种因素都会影响国际广告信息沟通的准确性。因此，在国际广告信息决策时，往往采取标准化策略和差异化策略加以解决。

1.标准化策略

标准化策略是指企业在不同国家或地区的目标市场上，使用主题相同或形象相同的广告宣传。如麦当劳和可口可乐等宣传基本上采取标准化策略，看到M标志就联想到麦当劳，看到Coca-Cola就知道是可口可乐。该策略的主要优点是：（1）决策简单易行；（2）降低企业广告促销活动的成本；（3）与企业总体目标保持一致，把统一的整体形象传递给目标市场；（4）强化目标市场消费者对企业、产品或品牌的形象。但是，由于不同国家或地区存在不同的政治、文化、经济、法律、消费者认知程度等市场环境，保持一致的标准化策略有时会无法满足这种多元化的需求，因此，差异化策略就显得较有优势。

2.差异化策略

差异化策略是指企业针对各国或地区市场的特性，使用主题或形象不同的广告信息。如宝洁和雀巢公司都在世界各国市场上针对不同产品作不同的广告宣传。该策略的优点在于：针对不同国家市场的特点进行宣传，甚至可能采用本土化策略，很好地适应当地消费者的偏好；有较强的针对性，可以根据不同侧重点修改广告内容；灵活性较强，不局限于一种广告内容，把更多的信息传递给目标市场的消费者。但该策略的缺点也较为明显，如不能保持企业的统一形象，在各国或地区的广告宣传可能出现矛盾之处，有损公司的整体形象。

另外，除了上述两种策略外，还必须考虑信息如何选择、如何设计广告以及如何进行广告创意等问题，这样才能保证国际广告的信息能够满足广告目标。

（四）媒体

在国际市场广告促销活动中，可以利用的渠道和媒体的种类繁多，而且国际广告媒体领域在飞速变化，新兴媒体层出不穷。目前传统的报纸、杂志、广播、电视等四大媒体地位受到严重挑战，其在全球市场广告中的份额持续衰退，而数字、户外广告等其他广告媒体在迅速发展。数字广告作为呈现广告内容的载体（亦被称为流媒体），正呈现出逐年增长的态势。以智能手机为主要传播媒介的移动互联网广告成长为互联网广告增长的主要动力，2019年全球移动广告市场规模近1 902亿美元。

报纸、杂志等传统纸质媒体受互联网的冲击最为明显，国内外受众已越来越习惯数字化的信息传播方式。纸质媒体的广告市场份额在2010年前还超过40%，但到2019年已不足12%（如图8-5所示）。户外广告与网络广告、电视广告不构成直接冲突，但也受到网络广告崛起的冲击。

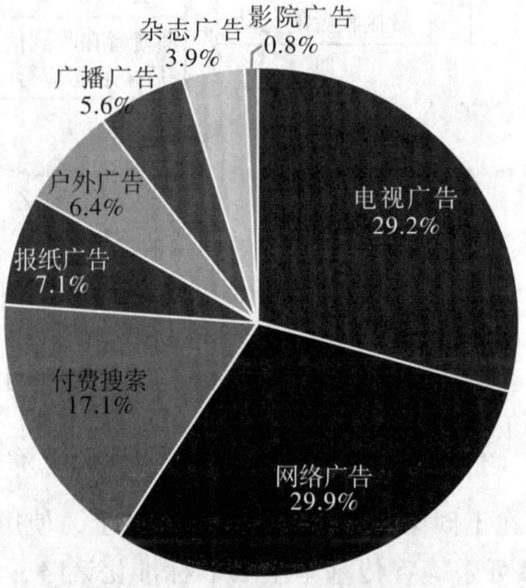

图8-5　2019年全球广告消费构成（%）

资料来源　佚名. 2020年全球广告行业发展现状分析 市场规模已超5 600亿美元且网络广告占据主导地位［EB/OL］.（2020-10-28）［2021-01-04］. https://www.sohu.com/a/427825383_120868906.

在市场结构方面，全球广告行业经历由互联网技术所带来的历史性改变。网络广告（涵盖了互联网营销业务和移动互联网营销业务）自20世纪90年代起步以来就持续快速增长。全球网络广告市场规模为3 332.5亿美元，市场份额从2006年的7%上升到2019年的29.9%，超越了电视广告，成为全球第一大广告市场媒介主体。电视广告的花费占比为29.2%。在英国、中国、挪威和加拿大等国家，网络广告已占据了广告市场的主导地位，其中中国的网络广告占比达到69.5%。①

国际广告媒体决策就是寻找成本效益最佳的媒体。世界各国的广告媒体类型基本相

① 前瞻产业研究院的《中国广告行业市场前瞻与投资战略规划分析报告》。

同，但又各有特点。在选择广告媒体时应着重考虑以下问题：

（1）媒体的传播与影响范围；

（2）媒体的社会威望与特点；

（3）媒体发布广告的时间是否适宜；

（4）媒体费用；

（5）媒体组合形式。

世界各地的媒体的特点不同，广告管理法规不同，因此，在运用媒体组合策略时必须考虑各地媒体的具体情况。日本八卷俊雄等人曾对世界主要国家的广告实践进行统计分析，结果发现，总的来看，主要采用混合型广告的国家主要有美国、英国、加拿大、日本等，其信息传播业比较发达，各种广告媒体运用比较均衡，市场竞争程度比较自由，因此受限制较少；主要采用报纸型广告的国家有瑞典、挪威、澳大利亚等，其报纸业比较发达，而电视、广播等播放广告受到不同程度的限制；杂志型广告国家有德国、意大利等，其杂志出版业比较发达，而电视、广播同样受到不同程度的限制；电视、广播型广告国家如爱尔兰、希腊、墨西哥等，其出版业欠发达；其他型广告国家如法国、瑞士等。[①]尽管随时间的推移可能会有所变化，但是选择广告媒体的基本思路还是不会改变的。

（五）评测

虽然广告效果的评测属于事后评价，但它可以在总结前期活动的基础上，有效地指导下一步的广告计划和策略。广告效果的评测包括三个方面的内容：

1.传播效果

传播效果是指广告被接受的情况，如广告的覆盖面、接触率、注意度、记忆度和理解度等。只有达到一定的传播效果，广告的其他效果才可能产生。

2.促销效果

促销效果是指广告所引起的产品销售增长情况。这往往是广告最为明显的实际效果，也是大多数企业开展广告活动的直接目的。无论促销效果还是传播效果，最终都是为了实现心理效果。

3.心理效果

心理效果是指广告所引起的广告受众的心理反应，如产品知名度的提高、顾客消费观念的转变、对企业好感的增强或某些误解和疑虑的消除。广告心理效果的理想目标是建立消费者品牌忠诚度，使企业拥有一个稳固的市场。

这些内容在国际广告领域同样适用。

第四节　国际公共关系策略

一、国际公共关系概述

公共关系与广告、人员推销及销售促进的不同之处在于，它不能产生立竿见影的促销

---

① 改编自：沈铖．全球营销学［M］．武汉：武汉大学出版社，2004：309.

效果，但对企业未来的发展以及企业良好形象的树立有至关重要的作用。国际市场公共关系在全球营销中更是具有举足轻重的地位。

（一）国际公共关系的概念

公共关系（public relation，PR）简称公关，一般指组织与其内外各种公众的关系。对企业促销而言，它是一个企业或组织为了搞好与公众的关系，增进公众对企业的信任和支持，树立企业良好的声誉和形象而采取的各种活动和策略。

作为市场营销的一个重要手段，公共关系以大众传播媒介为主要工具，以真诚的态度、周密的计划、客观的信息、持久的努力与组织周围的公众相互交流；在交流中产生理解、信任和合作，在塑造组织良好形象的同时，达到企业、公众与社会共同利益及目标的实现。企业公共关系的结构由如下三个要素构成（如图8-6所示）：

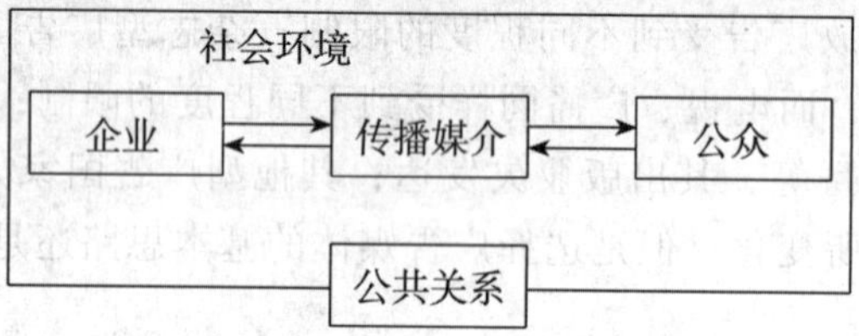

图8-6 企业公共关系结构图

1.企业

企业处在一个复杂多变的环境中，因此必须不断地与环境相互作用，最终依靠环境生存并获得成功。这里的环境既包括自然环境，也包括政治、经济、文化、宗教等环境，以及影响和控制这些环境的社会公众，其时时刻刻作用于企业，并影响企业目标的实现。

2.公众

公共关系中所指的公众是与组织具有某种直接或间接利害关系的人或人群的总和，如消费者、竞争对手、中间商、股东、员工、政府官员、金融机构及贸易团体等。公众的良好意愿是任何一个企业最宝贵的财富，对任何一个企业而言，良好的公关出发点是执行符合公众利益的市场营销政策。当然，公众的理解与支持必须通过争取才能得到。

3.传播媒介

企业利用各种传播手段，加强与公众的信息、思想和观念的传递与交流，促进与公众的相互了解与情感沟通，以获得真诚的合作。在竞争激烈以及复杂多变的社会环境中，如果企业缺乏公关意识和公关行动，必然会使市场营销人员或公关人员的努力付诸东流，导致在本来可以避免的问题上花费更多的时间和精力。企业必须能够充分利用环境中的多个因素的积极效应，随时准备对付逆境和危机。

国际公共关系是企业在国际市场上的公共关系的应用，主要是指企业要搞好与国外社会公众的关系，树立企业在国外的良好形象。国际市场上的竞争程度及环境的复杂程度比国内市场更为激烈，因此，企业要面临更加困难的公共关系。许多国际企业公众危机事件也引起了人们对国际公共关系的更多认识。国际企业必须针对国际市场环境，迎合国际文化、生活习惯、宗教信仰及道德标准等开展国际公共关系。[①]

① 改编自：基根．全球营销管理［M］．段志蓉，钱君，译．6版．北京：清华大学出版社，2004：457.

（二）国际公共关系的特征

公共关系作为社会关系的一种表现形态，具有情感性、双向性、广泛性、整体性及长期性等特征。在国际市场营销领域，公共关系还具有以下特征：

1.目标是宣传企业，树立企业的良好形象

企业形象的建立和扩展是企业公共关系活动的核心。广大公众尤其是国际市场上的公众，只有对企业有比较深刻的印象和比较强烈的好感，才会对企业的营销活动给予积极的支持。

2.沟通对象主要是全球范围内的公众

这些公众既包括目标市场上的消费者以及潜在消费者，也包括企业内部员工和股东，企业外部的供应商、国外进口商、国内出口商、经销商、代理商、竞争者、保险公司、咨询公司、新闻媒体、当地政府部门等。这些公关对象构成了企业公关活动的客体，企业与公关对象之间关系的好坏直接或间接地影响企业的发展。

3.是一种间接促销行为

其作为国际市场营销的一部分，促销效果不会立竿见影，而只能在一段时间内或一段时间后才会在市场上有所反应。公共关系不是单方面的企业行为，而是需要更多的社会公众的互动，因此，会有一定的滞后性。建立起来的企业形象也非一朝一夕之事，必须经过长期的宣传和积累。因此，公共关系的营销所引起的销售促进不可能很快就见效。

4.体现企业与公众之间的互动

通过国际公共关系的传播，企业能够与公众之间建立起一种联系制度，即答复公众向本企业提出的各种问题，形成企业与公众之间的互动。同时，因为这种互动机制，企业在国际市场营销领域发生某些失误或问题时，可以利用公共关系进行危机公关予以补救。

二、国际公共关系的传播过程

国际公共关系是以公众或顾客为出发点的关系营销方法之一，目的在于通过将企业或产品的信息正确传播给公众，使其能够作出购买或善意的决策，以实现树立企业良好形象的目的。传播起着至关重要的作用。传播（communication）是指企业使公众了解企业及其产品或者企业的营销目标、政策、宗旨等，将这些信息、思想和理念等传递给公众的过程。

美国政治学家哈德罗·拉斯韦尔以5W模式界定了传播学的研究范围和基本内容：谁传播（who）、传播什么（say what）、通过什么渠道（which channel）、向谁传播（to whom）、传播效果（what effect）。国际公共关系传播同样可以用此来分析。对以上5个要素的解释是：

（1）“who”是指传播者，在传播过程中担负着信息的搜集、加工和传递的任务。在国际公共关系中，传播者应为国际企业的营销人员或公关人员。

（2）“say what”是指传播的信息内容，是由一组有意义的符号组成的信息组合。符号包括语言符号和非语言符号。在国际公共关系中，传播的信息内容主要是指企业或产品的形象、产品的性能及用途、营销目标及策略等。

（3）“which channel”是信息传递所必须经过的中介或借助的物质载体，可以是如信件、电话等人际媒介，也可以是报纸、杂志、广播、电视、网络等大众传媒。

（4）“to whom”是指受众，是传播的最终对象和目的地。在国际公共关系中，受众主要指对企业的营销目标和发展具有某种直接或间接影响的利益相关者，如消费者等。

（5）“what effect”是指信息到达受众后在受众的认知、情感、行为各层面所引起的反应，是检验传播活动是否成功的重要尺度。在国际公共关系中，其主要分析与评价的是公关传播是否有效果。如果消费者未正确理解或反馈收到的信息，企业则要修正原有信息或者传播途径，使之符合企业与消费者的一致利益。

国际公共关系传播的基本过程可用图8-7表示。企业对营销和公关信息进行设计与规划，通过传播媒介传播给目标受众，并对传播效果及反馈信息进行评价，再为下一步的公关及营销活动提供参考。一般来说，公关成功在于传播内容的准确性、传播时间的及时性以及反馈的发生并推动一连串的传播行为等。传播过程中的“噪声”干扰是传播的障碍，尤其面对复杂的国际市场环境，“噪声”干扰更加强烈。例如不同国家的文化传统、社会和政治背景及经济环境的差别，甚至不同国家的传播媒介的差别，都会产生“噪声”。

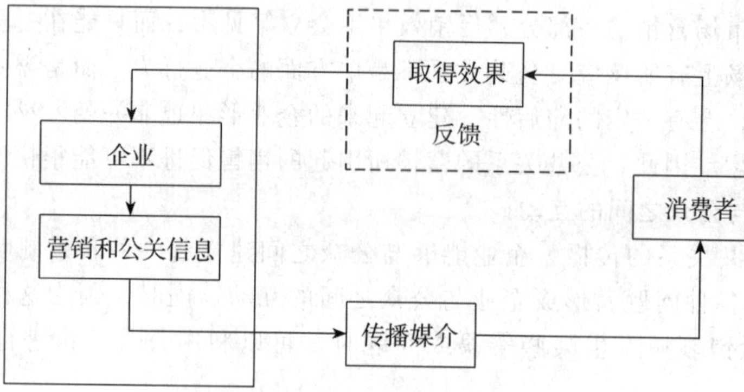

图8-7 国际公共关系传播的过程

三、国际公共关系的主要策略

一个企业开展国际市场公共关系的内容和任务与目标市场所在的国家或地区，企业在国际市场所处的地位，产品性质，经营范围，进出口的复杂程度，市场供求和竞争状况，市场营销的政治、经济、社会和文化环境，本国的对外贸易政策等密切相关。一般而言，企业公共关系的策略可分为三个层次：（1）公共关系宣传，即通过各种传播媒介向社会公众进行宣传，以扩大企业的影响；（2）公共关系活动，即通过支持和组织各种类型的社会活动来树立企业在公众心目中的形象，以获得公众的好感；（3）公共关系意识，即企业营销人员在日常经营活动中所具有的树立和维护企业整体形象的意识。

国际公共关系促销的主要策略有很多种，对企业而言，应该根据不同目标市场国或地区的环境特点，结合自身的营销任务和促销目标，采取相应的具有针对性的公共关系策略。

（一）宣传性公共关系策略①

该策略是指企业在目标市场国或地区利用各种传播媒介和沟通方式，进行对内、对外

① 本部分改编自：刘生峰．国际市场营销［M］．广州：暨南大学出版社，2006：217.

信息传播，让各类公众了解企业及其产品，进而形成有利于企业良好发展的社会舆论及树立良好形象。具体的宣传方式可通过新闻宣传、广告宣传及自我宣传等。

1.新闻宣传

企业可通过新闻报道、人物专访、记事特写等形式，利用各种新闻媒体对企业进行新闻宣传。新闻宣传的重要条件是：所宣传的事实必须具有新闻价值，即应具有时效性、接近性、奇特性、重要性和情感性等特点。因此企业必须十分注意提高各种信息的新闻性，使其具有被报道的价值。企业可通过新闻发布会、记者招待会等形式，将企业的新产品、新措施、新动态介绍给新闻界，也可有意制造一些新闻事件，以吸引新闻媒体的注意。制造新闻事件并不是捏造事实，而是对事实进行适当的加工。如利用一些新闻人物的参与，创造一些引人注目的活动形式，在公众所关心的问题上表态亮相等，都可能增强事实的新闻色彩，从而引起新闻媒体的注意并予以报道。

2.广告宣传

广告宣传是指公共关系广告，其与一般广告的区别主要在于：

（1）以宣传企业的整体形象为内容，而不仅仅是宣传企业的产品和服务；

（2）以提高企业的知名度和美誉度为目的，而不仅仅为了扩大销售。

公共关系广告一般又可分为：（1）直接宣传企业形象的声誉广告；（2）响应某些重大的社会活动或政府的某些号召的响应广告；（3）通过广告向社会倡导某项活动或提倡某种观念的倡议广告。

3.自我宣传

企业还可以利用各种能自我控制的方式进行企业的自我形象宣传。例如，在公开的场合进行演讲；派出公共关系人员对目标市场及有关方面的公众进行游说；印刷和散发各种宣传资料，如企业介绍、商品目录、纪念册等，有条件的企业还可创办和发行一些企业刊物。

另外，需要注意的是，宣传不仅是对企业外部的公众，对企业内部的公众如员工、股东等，也必须及时、准确并且与外部一致地进行宣传，以便使内部公众对企业的形象、产品及服务有深入的理解。

（二）社交性公共关系策略

该策略主要是指在国际市场上，企业应通过同社会各方面的广泛交往来扩大企业的影响，改善企业的经营环境。企业的社交活动不应当是纯业务性的，而应当突出情感性，以联络感情、增进友谊为目的。如对各有关方面进行礼节性、策略性访问；逢年过节发礼仪电函、送节日贺卡；进行经常性的情况通报和资料交换；举办联谊性的舞会、酒会、聚餐会等；组建或参与一些社团组织，如俱乐部、研究团体等，同社会各有关方面发展长期和稳定的关系。

社交性公共关系策略除与基本公众团体的交往外，还应该注意社会性公共关系，即通过各种有组织的社会性、公益性、赞助性活动体现企业对社会进步和发展的责任，扩大企业的社会影响力，表明企业的社会责任感，为企业赢得赞誉，如参加一些捐赠、赞助等活动。

（三）危机性公共关系策略

危机事件包括消费者投诉、法律诉讼、不合格产品引发事故、对企业不利的信息传播及谣言等，其会引起企业产品销售下跌及企业信誉下降等恶劣后果。危机公关要求企业做到以下几点：

（1）开展公关活动，主要关注点在于如何增加社会效益和经济效益；

（2）随时准备以负责任的态度利用企业的最高权力对批评或责难作出迅速反应；

（3）避免出现不道德行为；

（4）尽量寻找与那些批评公司的人进行沟通的方式，消除他们的敌意。

（四）互联网公共关系策略

互联网的高速发展及不断应用，使一些关于企业、产品或品牌的形象可以“瞬间传遍地球”。消费者可以在网上发现或发起各种感兴趣的活动，也可以参与在线讨论，更可以结成社区。消费者可以在网上发表自己的看法，访问不受限制，消息散播迅速，并且具有极大的鼓动性，足以强烈影响其他人的看法。因此，这种新的沟通必须引起企业的足够重视，企业的公关人员必须及时跟踪相关信息，对其传播的重要性进行考证，并在必要时采取相应的行动。

四、国际公共关系的误区

1.每次公关活动都是为了盈利

一些企业认为，企业的公关活动同其他活动一样，其首要原则是为了企业的盈利。其实公关活动必须是一种长远的、持续的企业行为，不能半途而废。

2.将公关与广告等同

一些企业认为公共关系等同于广告宣传，甚至简单地把广告部换成公关部。事实上，对外广告与宣传是企业公共关系中的一个重要内容，但不等于可以把广告作为公关的全部。

广告是企业以付费的方式，借助传播媒介向公众进行的一种有助于商品或服务销售的宣传活动。它以吸引顾客、促销商品、增加企业盈利为目标，追求的是立竿见影的效应。

公共关系则恰好与之相反，是借助传播媒介树立整个组织的形象和信誉，主要通过公关人员策划，对内、对外进行宣传及传播，社会认可性强，信誉度好，影响更大，对组织来说也更经济实惠。如果是新闻媒介对组织的正面宣传报道，那么一方面反映了企业的成就，另一方面反映了以内部公关为基础的总体公关水平，对企业而言其良好的效果远大于广告。

3.公关庸俗化

公关庸俗化表现在：

（1）认为公关就是拉关系、吃吃喝喝、重金送礼等行为；

（2）认为公关就是选美，用一些美女做招牌或者用明星、名人做招牌、充门面；

（3）认为公关就是纯粹社交，公关人员等同于“交际花”等。

事实上，这些“公关”不但不能达到树立企业良好形象的目的，还会损害企业或者品牌的形象，尤其在一些重视市场规律、懂得市场规则的目标市场国家或地区，可能导致企业形象的彻底失败。

公共关系的误区还有很多种，如认为公关万能化、公关事务化、公关外部化等。在实践中，企业必须认识并走出公关误区，调整好公关工作中的种种关系，处理好公关活动中的障碍，促进公关功效的充分发挥。

案例窗8-1

第五节 国际市场人员推销策略

一、国际市场人员推销概述

（一）人员推销的含义

人员推销（personal selling）又称派员推销或直接推销，是一种古老的但很重要的促销形式。它是指企业派出或委托推销人员、销售服务人员、售货员，亲自向国际市场顾客（包括中间商和用户）介绍、宣传、推销产品，以满足消费者的需求、实现企业营销目标的一种直接销售方法。

作为生产者和消费者之间相互联系的桥梁和纽带，推销人员具有维护双方合法利益的责任，其工作既要使生产企业获得令人满意的不断增长的销售额，又要使消费者取得满意的使用效果，并要培养与顾客的友善关系，及时、准确反映市场信息和购买者反馈的意见或建议。

（二）推销人员的具体任务

（1）积极寻找和发现更多的现实购买者和潜在购买者；

（2）把企业产品和服务方面的信息传递给顾客（包括既有顾客和潜在顾客）；

（3）灵活运用营销技术和手段（如加强与顾客沟通、展示产品、宣传品牌特点、解答顾客问题等），千方百计扩大产品销售；

（4）向顾客提供咨询、技术、融资、质量保险等方面的服务，以诚相待，帮助解除顾客忧虑，提高顾客满意率和忠诚度；

（5）进行市场调查，搜集市场情报和顾客对本企业产品的意见，及时向企业营销主管报告（口头或书面形式）。

（三）人员推销的特点

基于推销人员所做的主要工作，人员推销的主要特点包括：

（1）具有很强的适应性。推销人员本身是信息传播的媒介，因此，他们会根据具体的顾客或其他对象的情况，适时地调整信息传播的方式和内容。推销人员还可以根据不同的对象制定不同的推销策略，以配合广告和其他促销方式，适应各种不同的情况，增进推销效果。

（2）可以实现与顾客的面对面双向沟通。其他非人员促销方式如广告、公关等并不能直接反馈，可能造成对传递的信息的某些错误理解，或者不能及时处理反馈信息。而人员推销则是推销人员与顾客面对面双向沟通，能够迅速将意见或理解在双方间进行交换。推销人员可对顾客的意见进行解释或说服，也及时将顾客的意见与建议反馈给企业，以便作出适时调整。

（3）能够促进与顾客的情感交流。通过面对面沟通，人员推销可以通过良好的形象和服务促进与国际市场顾客保持良好关系，进而促进情感交流，甚至建立深厚的友谊。特别是对工业品的销售，由于购买者少而集中，商品技术性强，人员推销是最有效的促销方式。

（4）要求推销人员有较高的素质。由于人员推销是以推销人员作为传递信息的载体，因此，推销人员必须具备较高的素质，具备与顾客沟通的能力，并能够开拓市场，搜集市场信息，对市场进行研究，提供市场信息的准确反馈等。由于各个目标市场国或地区的顾客的文化、经济实力、传统、宗教信仰等都有所不同，推销人员还必须具备理解顾客的详细情况及交际礼仪等方面的能力。

二、国际市场推销人员的类型

1.企业经常性派出的外销人员

外销人员在国外专门从事推销和贸易谈判业务，或在定期到国际市场调研、考察和访问时代为推销。这是国际市场人员推销的一般形式。他们可以是以下外销人员：

（1）厂商的外销人员，主要为各种产品厂商，尤其是工业用品的厂商服务。他们的主要工作是寻找新顾客、发掘新的市场机会、协助建立和巩固渠道关系等。

（2）批发商的外销人员，主要为商业批发商服务。他们的主要工作是开拓客户、寻找订单，为公司或零售商提供咨询服务等。

（3）零售商的外销人员，主要与消费者面对面，影响消费者的购买意向，并向消费者解释产品的质量、服务或其他意见反馈等。

2.企业临时派出的有特殊任务的推销人员

一般来说，主要有三种情况需要临时推销人员和销售服务人员：

（1）国际目标市场出现特殊困难和问题，其他办法不能解决；

（2）企业需要一个专门推销小组打开一个目标国家或地区的较大市场；

（3）企业需要特派推销人员或技术人员从事专业咨询或服务。

如厂商经常利用特派推销人员从批发商那里获得广泛的销路，这些特派推销人员未必长期驻外，却因为与批发商之间的某种关系而能够保持良好的信息甚至利益的沟通。

3.企业在国外的分支机构的推销人员

跨国公司在国外都设有分支机构，如子公司、分公司、代理处等，在这些机构中常驻一些推销人员。特别是从事国际贸易的一些公司，为能够熟悉东道国的市场一般都会在其分支机构设有推销人员，专门负责本公司产品在当地或其他地区的推销工作。这些推销人员可能是公司所在国或地区人员，因为他们对公司的战略、制度、文化、技术、产品等比较熟悉，容易与公司沟通，也可能是业务所在国或地区人员，因为他们熟悉东道国或地区的市场环境，有利于推销。随着世界经济一体化进程以及企业国际化程度的提高，很多企业也会用熟悉当地市场的第三国人员充当推销人员。[①]

4.利用国际市场的代理商和经销商进行推销

在许多情况下，企业不是自己派员推销，而是请国外中间商代为推销。聘请国外中间商代为推销，一般可能因为企业不熟悉国际目标市场的情况，或者新产品进入国际市场时无法打开销路，请国外中间商代为推销，可利用其原有渠道打开销路，降低风险。但是，聘请国外代理推销人员，必须有适当的监督和控制。

三、国际市场人员推销策略

人员推销策略系指企业根据外部环境变化和内部资源条件建立和管理销售队伍的系统工程。其主要包括：

（1）确定人员推销在企业市场营销组合中的地位，为销售人员制定适当的销售组合；

（2）根据企业资源条件和销售经费预算等合理确定销售队伍规模；

（3）根据顾客、产品和销售区域分配资源和时间；

（4）制定奖惩办法，对销售人员进行激励和约束。

人员推销策略是一个循环的、双向的流动过程；销售队伍的目标影响销售队伍的规模，而销售队伍规模又影响企业销售目标。同时，销售规模受资源和时间在产品、顾客、区域等方面的分配以及营销人员积极性的发挥等方面的制约。为了增加利润，企业应将较多的资源分配在人员推销上，并制定对营销人员的奖惩办法，最大限度调动营销人员的积极性和潜能。

基于以上分析，企业可以从国际市场人员推销战略决策和管理决策两个方面对推销人员进行管理，以及使人员推销这种策略更为有效。

（一）国际市场人员推销的战略决策

国际市场人员推销的战略决策需要考虑人员推销的规模、工作安排以及区域设计等方面的内容，从战略角度来设计人员推销方案。

1.人员推销的规模

人员推销中最主要的是根据企业的实际情况，结合当地市场环境及其他因素，确定销售队伍的规模。人员推销的规模将直接影响销售量和销售成本的变动，甚至会影响到企业的整个市场营销战略。因此，必须合理配置推销队伍的规模，以确保营销的顺利进行。一般来说，在大多数国际市场营销企业中，不同国籍的销售管理人员的组合和配置在机构的不同等级层次中是不同的（如图8-8所示）。

2.人员推销的工作安排

这主要是对推销人员在既定销售队伍规模下，能够在产品、顾客、地理区域方面合理

---

① 改编自：甘碧群．国际市场营销［M］．北京：高等教育出版社，2006：409.

分配时间和配置资源。如在时间安排上，应该明确在潜在顾客、既有顾客及忠诚顾客间如何合理分配时间；在资源配置上要考虑到一个销售团队可能需要推销一系列产品，销售人员必须寻求一种最为经济的方式在各个产品间配置推销的资源，既要考虑近期的销售额、利润，又要兼顾新产品推销，着眼于企业长远发展。

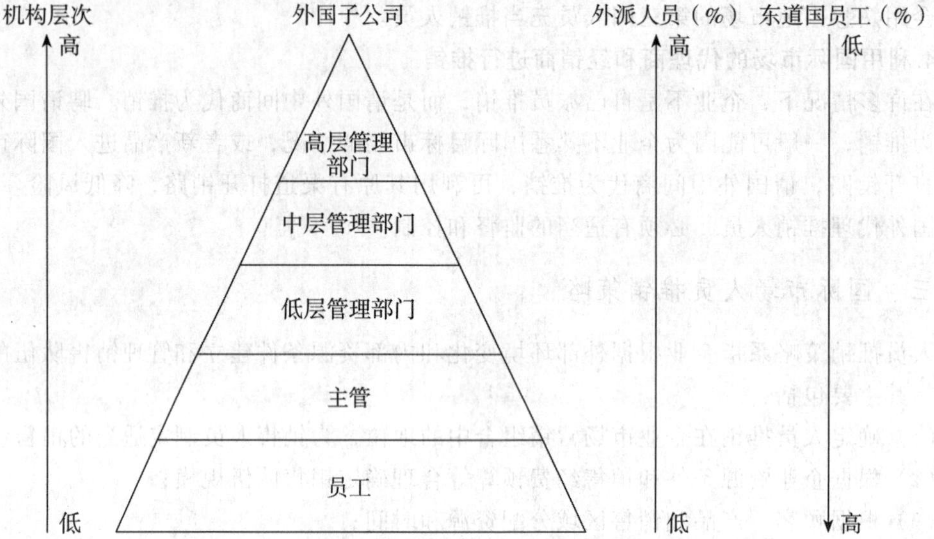

图8-8 国际企业外国子公司人员的国籍组合

资料来源 蔡新春，何永祺. 国际市场营销学［M］. 2版. 广州：暨南大学出版社，2004：264.

3.人员推销的区域设计

企业所委派的销售人员驻到一些地区负责产品销售，这些地区通常被称为销售区域。一般应考虑目标区域的销售潜量、工作量等，具体还要根据目标市场的语言、文化及习俗是否为推销人员所熟悉，而选择熟悉目标国或地区市场的推销人员等。

（二）国际市场人员推销的管理策略

1.推销人员的聘任

推销人员的素质高低直接影响到员工的工作效率和企业的经济效益。优秀的国际推销人员除具有强烈的进取心、熟练的沟通技巧外，还要具备对文化的适应力及独立工作的能力。国际企业推销人员的聘任比较复杂。一般而言，其来源有：在国内招聘人员外派到东道国、招聘东道国人员、招聘第三国人员。目前，国际市场营销人员本地化已成为一种趋势，但多数国际企业仍会选派本国人员担任外销人员，以便能够与企业保持较为紧密的联系。如果企业能够将上述三种不同来源的推销人员聚集到一个部门共同工作，优势互补，进行团队合作，那么就能更有效地执行促销任务。但是，也可能不同国家、文化背景、语言使工作变得复杂，需要企业多方协调。

2.推销人员的培训

训练有素的推销人员所增加的销售业绩要比培训成本更高，尤其是在顾客自主意识日益增强和自由选择度日益加大的今天。如果推销人员不经过系统的培训，就很难掌握与顾客沟通的知识和本领。推销人员的培训类型分为两种：（1）对企业外派人员的培训，重点是了解、适应东道国的文化，进行语言、礼仪、生活习惯和商业习俗方面的培训。（2）对外籍人员的培训，重点是了解企业的情况、产品性能，熟悉技术资料，以便向顾客提供咨询和技术服务等。

3.推销人员的激励

激励用于管理中是指组织采取各种手段和措施，使员工产生一种持久、自觉、内在的动力，调动员工的积极性、主动性和创造性，以实现组织目标。显然，激励使员工的个人目标导向组织目标的轨道，并增强组织凝聚力，促进内部的协调统一。激励过程是指个体对某种具有吸引力的结果产生需要，由需要激发出动机（即个体希望通过努力实现目标的愿望），在动机驱动下，个体努力通过行为来实现目标，在目标得到实现后，个体感到满足，再经过强化，以致产生新的需要、动机、行为的过程（如图8-9所示）。

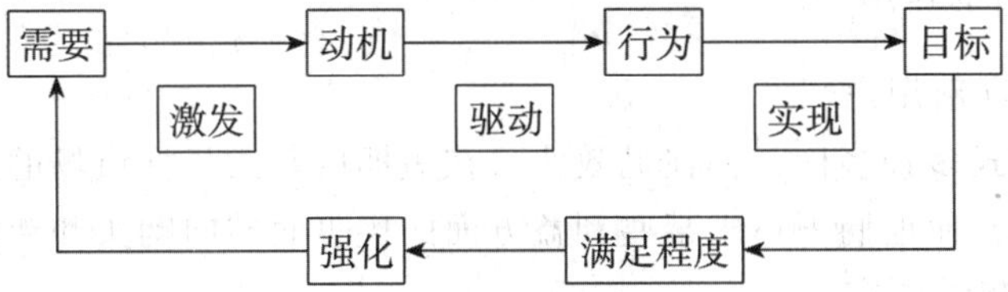

图8-9　激励过程

在企业实践中可以应用西方的各种激励理论来激励员工。在国际市场营销中，激励理论对推销人员同样适用，根据具体的情况实施具体的激励措施，以充分调动推销人员的积极性。

4.推销人员业绩的评估

企业对推销人员的定期评估，不仅是给推销人员分配报酬的依据，也是企业调整营销策略，促使推销人员热爱本企业及其产品，更好地为企业服务的良策。对海外推销人员的激励，是建立在对他们推销业绩进行考核与评估的基础上。但是企业对海外推销人员业绩的考核与评估，不仅是为了表彰先进，而且要发现推销效果不佳的市场与人员，分析原因，找出问题，加以改进。企业在对人员推销效果进行考核与评估时，还应考虑到当地市场的特点以及社会文化因素的影响。若企业同时在多个海外市场上进行推销，可按市场特征进行分组，规定小组考核指标，从而更好地分析比较不同市场条件下推销人员的业绩。

第六节　国际市场销售促进策略

一、国际市场销售促进概述

国际市场促销策略中，除广告、人员推销、公共关系外，所有鼓励最终消费者购买产品、增强零售商和中间商推销能力的市场营销活动，都属于销售促进。

（一）销售促进的概念[①]

销售促进（sales promotion）又称营业推广，是指企业在国际目标市场上，为了刺激需求、扩大销售而采取的能迅速产生激励作用的促销措施。销售促进的形式一般是发放赠

① 改编自：辛普．整合营销传播——广告、促销与拓展［M］．廉晓红，等译．6版．北京：北京大学出版社，2005：434.

品、优惠券，进行有奖销售，以旧换新，组织竞赛和现场示范等，以鼓励中间商、零售商或最终消费者等更快、更频繁、更大量地购买特定的产品，或者其他可以使厂商、中间商或零售商从销售促进中得益的行为。销售促进改变产品的预期价格，但只是暂时性的，今后最终消费者每次购买不都如此。

需要说明的是，销售促进是在营销学术界通常使用的术语，从业者则简单称其为促销。学术界与实务界的这一差别可能来源于：学术界常用的4P营销组合（产品、价格、分销渠道和促销）概念中的促销元素包括营销传播中的所有形式（即广告、公共关系、人员推销及销售促进等），而不单指销售促进。

（二）销售促进的作用

1.吸引新顾客和新用户

销售促进的形式多种多样，往往见效快，在短期内刺激目标市场的需求，从而吸引一部分新顾客的注意，使他们因追求某些利益方面的优惠而转向购买和使用本企业的产品。

2.回报企业的忠诚顾客

由于产品市场出现的买方市场局面，以及各品牌间相似程度的提高，消费者面临着品牌转换的问题，因此，越来越多的企业意识到忠诚顾客是企业难得的宝贵资产。销售促进中实施的赠券、奖售、退款促销等手段所体现的利益让渡，受惠者大多是企业的品牌忠诚者，这就有可能提高这部分顾客的“回头率”，稳定企业的市场份额。

3.可能使竞争者的促销无效

销售促进还可利用各种促销手段，有效抵消竞争者的广告等其他促销活动，使竞争者的促销无效，稳定市场占有率。

4.配合其他促销方式，实现企业的营销目标

由于广告等手段的促销效应是长期的，而销售促进的效果是即时的，因此，各种促销方式结合起来，才能够更有效实现企业的营销目标。

在实践中，企业还必须注意开展国际市场销售促进，必须在适宜的条件下，以适宜的方式进行；否则，可能会被顾客认为是因为产品质量问题或价格定得过高而降价，或者卖主急于出售，降低了产品或者品牌的声誉。在大多数情况下，品牌声誉不高的产品多采用销售促进方式，而名牌产品若过多地采用销售促进方式，则有可能降低其品牌声誉，所以企业在运用销售促进策略时必须慎重。

二、国际市场销售促进的基本策略

国际企业应根据营销目标确定到底采用何种销售促进手段，并要考虑这种手段是否适合国际目标市场，能否实现预定的具体目标，以及产生的费用是否合理等。具体的国际市场销售促进的基本策略根据不同的实施对象分为如下两种：

（一）消费者导向型销售促进

不管是耐用品还是消费品，最终都由消费者选择购买。不同的促销目标决定企业在选择销售促进手段时会有所不同。对消费者的销售促进大多数是造成一种轰动效应，使一部分消费者的购买欲望高涨，然后进一步驱动更多的消费者购买。消费者导向型销售促进的主要手段有：

1.赠送样品

这是产生试用的首要促销方法，能够为消费者提供一个亲身体验新产品的机会，感受产品的特性。因此，企业会选择将一部分产品免费赠给目标市场的消费者，使其试用；可以选择直接赠送、邮寄赠送、随购赠品等。

2.赠送优惠券

优惠券是一种通过提供减价和赠品来奖励消费者购买产品的促销工具。优惠券在销售促进中的应用很广。企业向目标市场的部分消费者发放一种优惠券，凭券可按实际销售价格折价购买某种商品。优惠券可采取直接赠送、广告附赠的方法发放，还可以选择自动打印发放或者网络发放等。这种方式可用来推广新产品，当然也能刺激消费者购买品牌成熟的商品。

3.开展奖售

企业对购买某些商品的消费者设立特殊的奖励，如凭该商品中的某种标志（如瓶盖）可免费或以很低的价格获取此类商品或得到其他好处，也可按购买商品的一定数量（如十个以上），赠送给消费者一份礼品。奖励的对象可以是全部购买者，也可用抽签或摇奖的方式奖励一部分购买者。这种方式的刺激性很强，常用来推销一些品牌成熟的日用消费品。

4.组织展销

企业将一些能显示企业优势和特征的产品集中陈列，边展边销。由于展销可使消费者在同时同地看到大量的优质商品，有充分挑选的余地，所以对消费者的吸引力很强。展销可以一个企业为单位举行，也可由众多生产同类产品的企业联合举行。若能对某些展销活动赋予一定的主题，并同广告宣传活动配合起来，促销效果会更佳。

5.折扣销售

企业在某一特殊时间或特定时段，如圣诞节等实施优惠折扣，会引发消费者更多地购买。

（二）中间商导向型销售促进

中间商导向型销售促进是指厂商的销售促进对象是批发商、零售商及其他中间商，目的是促进其增加销量，从而更多购买厂商的产品。厂商销售促进的目标是推广新产品或改进的产品、增加新包装或新型号的分销、形成零售商的存货、保持或增加生产商的货架空间份额、减少过量存货、抵抗竞争者行为及尽可能多地向最终消费者销售产品。[①]结合这些目标，中间商导向型销售促进的手段主要有：

1.商业补贴

商业补贴主要有三种形式：

（1）商业折扣，是指厂商会暂时降低特定品牌商品对中间商的价格，如周期性地提供优惠，或允许零售商支付低于发票数目的价格或者批发折扣，即厂商为争取中间商多购进自己的产品，在某一时期内可按中间商购买企业产品的数量给予一定的折扣，从而吸引中

① 改编自：辛普．整合营销传播——广告、促销与拓展［M］．廉晓红，等译．6版．北京：北京大学出版社，2005：459．

间商增加对本企业产品的进货量。

（2）推广津贴，是厂商为促使中间商购进本企业产品，并帮助本企业推销产品，还可支付给中间商一定的津贴，以鼓励和酬谢中间商在推销本企业产品方面所作的努力。推广津贴对激发中间商的推销热情是很有效的。

（3）市场开拓补贴，是厂商为使中间商接受自己的一个新品牌而给予中间商的一笔补贴。

2.销售竞赛

销售竞赛往往由厂商发起，用以鼓励中间商取得更好的销售业绩。根据各个中间商销售本企业产品的实绩，分别给优胜者以不同的奖励，如现金奖、实物奖或较大的批发回扣。这种竞赛活动可鼓励中间商超额完成推销任务，从而使企业产品的销量大增。

3.交易会或博览会

厂商通过举办或参加各种商品交易会或博览会来向中间商推销自己的产品，以吸引中间商的注意力，达到销售促进的目的。由于交易会或博览会能集中大量优质产品，并能形成对促销有利的现场环境效应，对中间商有很大的吸引力，所以是一种对中间商进行销售促进的好形式。

除了上述两类销售促进策略外，国际企业还可以对国际市场推销人员实施销售促进策略，鼓励他们积极推销新产品，开拓新市场，发展新客户。企业可根据具体情况，在红利及利润分成、高额补助等方面给推销人员优惠条件，还可采取推销竞赛、提成、奖金等促销形式。

三、国际市场销售促进应注意的特殊问题

1.注意各国的法律限制

企业必须认真检查各种销售促进手段是否违反了当地的法律和法规。很多国家对销售促进方式在当地市场上的应用加以限制。如法国政府规定，禁止抽奖，赠送的物品不得超过消费者所购买商品价值的5%；德国禁止优惠券。

2.充分了解在各国有效的销售促进形式

销售促进的形式多种多样，但有些形式只能在特定的国家使用，而不能用于其他国家。一项研究表明：在法国，最有效的销售促进形式是降价、贸易折扣和免费样品；在巴西，最有效的销售促进方式是附送礼品；在匈牙利、荷兰和希腊，最有效的销售促进方式是贸易折扣。

3.加强与国外零售商的合作

出口企业的销售促进活动多半是同中间商合作举办的，因此，赢得或加强与国外零售商的合作，对国际市场销售促进会起到更好的效果。例如，可与零售商合作发放优惠券、安装展览地设备、安排包装内礼物、现场示范等。

4.市场的竞争程度

企业进行销售促进，有的是意在扩大市场份额的主动性行为，有的则是迫于竞争对手的压力。市场的竞争程度、竞争对手在促销方面的动向或措施，将会直接影响到企业的销售促进活动。注意当地市场上竞争对手的策略和反应，据此制定有效的销售促进策略，才不至于使销售促进劳而无功。

关键术语

整合营销传播（integrated marketing communication）　接触管理（contact management）　国际广告（international advertisement）　公共关系（public relation）　人员推销（personal selling）　销售促进（sales promotion）

主要观点

◆ 国际市场整合营销传播是以顾客为出发点的将促销策略及企业行为整合起来的一种新兴促销方式，但它有自己的适用条件。

◆ 国际市场广告策略必须结合国际目标市场的当地情况。

◆ 国际公共关系策略的实施要注意避开一些误区。

◆ 国际市场人员推销策略必须注意对国际市场推销人员的管理和激励。

◆ 国际市场销售促进策略的选取必须区分开是对消费者进行的还是对中间商进行的。

基本训练

一、思考题

1.国际市场整合营销传播的具体含义是什么？

2.在营销实践中整合营销传播的步骤是怎么样的？

3.怎样理解接触管理？它对营销实践的意义是什么？

4.影响国际广告的因素有哪些？具体到各个国家有什么不同？

5.国际广告的决策程序是怎么样的？

6.国际公共关系的主要策略有哪些？实施时要注意哪些误区？

7.国际市场人员推销策略有哪些？如何对国际市场推销人员进行管理和激励？

8.国际市场销售促进策略中消费者导向型及中间商导向型销售促进的具体方法分别是什么？

二、案例分析题

疯狂动物城：疯狂背后的营销心计

2016年3月4日北美、中国同期上映的迪士尼动画巨作《疯狂动物城》可谓“逆天”而降！北美上映首周揽金7 506万美元（3天内累计票房），挤下《死侍》登顶北美票房冠军，超越《冰雪奇缘》，开创迪士尼动画影片首映新高，并刷新北美影史3月最高首映的票房纪录；同步上映的中国市场首周亦取得1.5亿元的漂亮成绩，领先《超能陆战队》，成功跻身迪士尼动画影片在华最高首映票房。

《纽约邮报》《西雅图日报》《芝加哥太阳报》等多家媒体也纷纷打出满分——“至今为止的年度最佳影片”“不论是大方向还是小细节，《疯狂动物城》都是如此让人喜悦”“几乎每一帧都值得我们反复观赏和体会，影片主题足以让大人和小孩都陷入沉思”……

究竟这部动画影片何以这般疯狂？

1.疯狂背后的匠心巨作

《疯狂动物城》的主创阵容简直强大到“跪”——获第81届奥斯卡最佳动画长片提名的《闪电狗》导演拜恩·霍华德，获第85届奥斯卡最佳动画长片提名的《无敌破坏王》导演瑞奇·摩尔、编剧菲尔·约翰斯通，迪士尼动画工作室主席安德鲁·米尔斯坦以及动画部总监Renato Dos Anjos等。

筹备初期，主创团队先是花了18个月的时间研究超过60个种类动物的天性，在此之后，更是花了一年的时间去精心构思故事。在动物城的设计上，主创人员从香港、北京、东京、巴塞罗那、巴黎、纽约等汲取城市风格灵感，最终创造了一个由撒哈拉广场、冻土城、雨林区等6个区域组成的全新的国际城市，有不同物种和体型的动物在各种奇特的建筑里共同生活。

整个设计团队的成员不仅有从非洲草原回来的动画师们，还有生态学专家、城市规划专家，甚至是研究残疾人法案的专家和学者。电影中出现的那些大小运输系统——相互套叠交错的管道、闸道和升降梯构成的复杂交通网络，甚至是一些大大小小不同的出入口，无不出自严格的建筑图纸规划。

整部电影由500人用了两年半的时间倾心制作，全程共耗时5年才最终奉上这部“超标”水平的《疯狂动物城》。

2.利用社交媒体整合营销

2014年11月，迪士尼宣布其最新动画长片《疯狂动物城》定档2016年，凭借其2013年《冰雪奇缘》和2014年《超能陆战队》的超强人气和爆好口碑，迪士尼借势打响了《疯狂动物城》的定档首炮。

2015年3月，距《疯狂动物城》上映前整整一年，迪士尼首先在官方推特上曝光了一张该影片的概念图，揭开了这个动物大都市的神秘面纱；同年6月，片方在全世界最大的视频网站YouTube上放出了一段在电影中出现的树懒“闪电”和兔朱迪、狐尼克在动物城车管所的爆笑片花，并正式曝光了《冰雪奇缘》《超能陆战队》原班人马的制作团队背景，成功激发了舆论关注热点，一举在国内外各大社交媒体网站引起转发热潮；发布首支预告片，时光网亦同步发布其中文预告“你从未见过的动物世界”，自此《疯狂动物城》开始国内外的大规模预热。

2015年下半年，迪士尼陆续放出多张概念图与电影海报，动物世界的城市风光一览无余，并曝光了各类动物生活在虚构大都会里的种种细节，影迷期待指数进一步升高。

在临近2016年中国的传统节日春节期间，迪士尼联合各大门户网站及微博、微信发布了定档中文海报以及新春海报，并以动物们的第一视角用谐音给国内的观众送上祝福，引爆了社交媒体用户一轮又一轮自发性的转发狂潮，传播效应逐渐蔓延。

2016年奥斯卡金像奖颁奖典礼前的一段时间，片方又放出各种致敬彩蛋，制作了一系列成熟而富有创意的“奥狮卡”海报，并在《疯狂动物城》中文官方微博上为2016年奥斯卡提名的多部电影制作了各种“动物城”版海报，宣传热度持续升温。

3.口碑效应下的“自来水”传播

创新且成熟的社交媒体宣传成功地为电影做足了高频的吸粉传播，然而，口碑传播的成功才是《疯狂动物城》叱咤票房、大肆疯狂的最重要因素。

电影正式上映前，专业人士观影后的烂番茄评分高得蹿上了天，从而带动了第一批迪士尼粉以及动画电影爱好者的观影体验。

电影正式上映后，首周内依赖第一批观众的“自来水”、有增无减持续给力的媒体宣传和很棒的北美票房成绩，“动物城”的疯狂势头愈来愈强劲。随后，在微博、微信等各大社交平台上的案例和宣传，以及各类专业分析文章、知乎的动画技术分析、影片内的彩蛋、兔朱迪和狐尼克的官方CP、致敬情怀等的出现，最终成功营造了如此一个“现象级电影”的舆论趋势。

所以，只要有精彩和丰富的内容作支撑，电影的宣传点甚至都不用刻意提出来就能引爆首页，宣传点互相影响的道理一点儿都不假。但说到底，《疯狂动物城》的疯狂还是归功于火眼金睛的观众们对电影本身的认可和主创团队脚踏实地、精益求精的幕后制作，而非像部分中国电影，不管电影本身质量好坏，宣传工作先做“壕”了再说，而结果只能是上映头两天票房爆炸，之后便式微，渐渐在舆论的“差评”下“消失殆尽”。

资料来源　杨留原. 疯狂动物城——疯狂背后的营销心计［J］. 销售与市场（管理版），2016（9）：76-78.

讨论：

（1）什么是整合营销传播？在本案例中，整合营销传播有哪些方法？对我国企业有什么启发？

（2）你认为还有哪些方式可以实现整合营销传播？

[第九章]

国际市场营销的计划、组织与控制

学习目标

◆ 重点掌握国际市场营销管理的过程、国际市场营销计划的含义、国际市场营销组织结构的类型、国际市场营销控制的程序及方式；掌握国际市场营销的目标与战略、国际市场营销控制实施的影响因素；了解国际市场营销组织结构演进的阶段。

引　例

联想集团的奥运营销始末

2008年奥运期间，可口可乐的货架上出现一款以特制联想电脑为奖品的可乐产品，而联想集团也首次制造了印有红色可口可乐Logo电脑产品作为抽奖奖品。两大“奥运TOP赞助商”——可口可乐公司和联想集团在上海举办了合作签约仪式，正式宣布结成市场战略合作伙伴关系，就共同助力北京2008奥运会签署合作意向。

在2008年4月到6月，双方发动了名为“揭金盖，畅饮畅赢，欢享我的数码世界”的全国性促销活动，这也是可口可乐、联想集团在中国有史以来规模最大的跨品牌联合推广活动。而联想集团为此提供了特制的1 000台联想台式电脑、1 000台联想笔记本电脑、10 000台联想台式打印机等共计12 000台联想数字产品作为大奖。可口可乐与联想集团的负责人均表示：“这是一笔巨大的投入。”

一、联想展开奥运营销

据时任可口可乐（中国）饮料有限公司北京2008奥运会总经理鲁大卫透露，此次可口可乐与联想集团的合作是在全球200多个国家同时进行的，但作为2008年的主力市场，中国是两者合作的主要范围。

对急需打开国际市场的联想集团来说，此次活动成为利用可口可乐的全球渠道进行市场营销的大好时机。由于两种产品的消费性质和消费者存在很大的差异，因此联想集团并不是要利用可口可乐的渠道去销售电脑，而是要利用此机会让Lenovo的品牌形象深入全球市场。对可口可乐来说，通过联想集团的客户资源占领数码时代年轻人的市场，是此次合作的目的之一。

二、奥运营销的终结

北京奥运会之后，联想集团将不再续约“奥运TOP赞助商”，转而强化策略性目标市场的赛事赞助。联想集团此举可以说是“功成身退”，不管赞助奥运会有没有达到目标，有如下几大因素决定其应该退出：

第一，对目前国际化程度还不是很高的联想集团来说，过多的赞助费用投入的产出效果并不好。从营销理论的角度说，市场的竞争者一般可以分为领先者、挑战者、跟随者和补缺者。联想集团目前在中国是市场的领先者，而在海外的大部分市场其仅有不足两位数的市场占有率，只能算是跟随者和补缺者，连挑战者都算不上。“奥运TOP赞助商”作为高端的体育营销模式最适合市场的挑战者和领先者，因为挑战者可以借此问鼎领先者宝座，而领先者可以借此屏蔽挑战者。另外，“奥运TOP赞助商”投入惊人，除了赞助费用要花费8 000万美元左右，后续的宣传推广要产生好的效果必须要再投入数亿美元。因此，联想如果过多地投入奥运会赞助，一方面北京奥运会后效果并不理想，另一方面将给企业造成强大的资金压力。

第二，中国品牌的国际化需要一个循序渐进的过程，对海外市场应该采取逐个击破的策略，想要通过奥运会赞助遍地开花，最终的结果可能像大旱天搞“喷灌”，效果甚微，还不如把“好钢用在刀刃上”，珍惜企业有限的广告资源进行“滴灌”，即针对要主攻的目标市场大力度地投入，赞助目标市场的体育赛事。

第三，作为中国品牌的国际化，联想集团借用北京奥运会这个契机成为“奥运TOP赞助商”，有利于其造国际知名度；已经有一定国际知名度的联想集团，下一步急需解决的问题是借用知名度加强营销网络布局，强化海外市场渠道建设。也就是像联想集团发言人所说的第一步的目标初步达成，接下来没有必要再通过这种高空战斗机狂轰滥炸了，而应该建设地面渠道，回过头来进行品牌的提升宣传后再赞助奥运会，那么自然水到渠成。

第四，从“品牌传播3W”的角度考虑，联想集团这次赞助奥运会是完成第一个W，即who，告诉全球消费者“我是谁”；第一个W的工作初步完成，接下来应该开始启动第二个W，即what，告诉消费者“我的优势是什么”；第三个W，即why，告诉消费者“我为什么”。因此停止“奥运TOP赞助商”，接下来联想集团需要做的事是针对海外目标市场进行第二和第三个W的传播活动，力争在海外市场打造出与国内一样的联想品牌美誉度和忠诚度。

资料来源　[1] 赵媛. 联想展开国际营销　借可口可乐罐全球做广告 [N]. 竞报，2006-03-21. [2] 吴世昌. 功成身退　联想将挥别“奥运TOP赞助商” [EB/OL]. (2008-07-25) [2017-07-13]. https://money.163.com/08/0725/16/4HN8D6R300251OBF.html.

第一节　国际市场营销计划

一、国际市场营销的经营过程

企业能否成功打入国际市场，取决于企业的市场营销计划与国际市场环境变化的适应和协调程度，而企业的国际市场营销管理过程能够协调两者，使之相互适应。国际市场营销人员必须对国际市场营销的经营过程进行有序、有效的管理。系统的国际市场营销经营过程包括以下几个环节：

（一）国际市场营销机会的发现

国际市场营销机会是指在国际市场上，市场营销系统出现了有利于企业进入目标市场的时机。例如，通过分析国际消费者的类型，发现其对该企业产品或服务有潜在需求，这种潜在需求形成了对企业有利的市场机会。

发现国际市场营销机会，是国际企业市场营销人员的主要任务。企业只有找到市场营销的机会，才能更加有效地利用企业资源，最经济地满足市场需求。

（二）国际目标市场的选择

国际市场是一个复杂的体系，由于地理、文化、经济、政治、法律等方面的差异，各国市场需求存在差异，任何一个企业都不可能全部占领它，只能有效占领某一部分。因此，企业发现和选择了有吸引力的国际市场营销机会后需要对国际市场进行细分，根据自己的资源和竞争优势从中选出国际目标市场。一般来说，一个好的目标市场必须具备以下条件：（1）有潜在的消费者需求，发展潜力大；（2）具有一定的差别利益和竞争优势；（3）企业能力与市场需求相匹配。

（三）目标市场进入

企业一旦决定进入某个国家或地区的目标市场，就要在企业的国际市场定位基础上选择进入国际市场的最佳方式和策略，其制约着企业国际市场的调研、产品或服务的研发以及营销组合的设计与实施。

国际市场进入方式随着国际贸易与投资活动的发展而不断演进，可分为两种基本类型：（1）国内生产、国外销售；（2）国外生产、国外销售，其具体可分为出口模式、契约模式和对外直接投资模式等。

（四）国际市场营销组合策略的设计

国际市场营销组合是指企业针对目标市场的需求特征、竞争状况，在考虑自身资源条件的基础上，对自身可控制因素进行系统的设计和安排，以实现国际市场营销战略目标。企业可以控制的因素主要包括产品、价格、分销渠道和促销，简称4P。

一般说来，国际市场营销组合是为实现国际市场营销战略而设计的策略，体现了系统的管理思想，具有整体性、多变性和协调性等特点。由于市场情况和营销因素多变，没有一个适用于所有市场营销态势的营销组合，也没有固定的模式可循。制定一个有效的国际市场营销组合，不仅需要科学的方法，还需要制定者具有丰富的国际市场营销实战经验，并遵循下列原则：

（1）目标性，即要有明确的目标市场，同时要求组合中各个因素都围绕这个目标市场进行最优组合。

（2）经济性，即根据组合杠杆作用的原则，认真考虑各因素对销售促进的作用，这是优化组合的关键。

（3）协调性，即协调组合中的各个因素，使其有机地联系起来，同步配套地组合起来，以最佳的匹配状态为实现整个市场营销目标服务。

（4）反馈性，即及时反馈市场信息，追踪市场营销环境的变化。信息反馈及时，反馈效果好，就可随着市场营销环境的变化，及时对原市场营销组合进行反思、调整，进而确定新的适应市场和消费者需求的组合模式。

（五）国际市场营销计划的执行与控制

不管国际市场营销策略和计划制定得多么周密、科学，如果没有得到有效执行，也是白费周章。因此，增强市场营销执行力也是增强企业国际市场营销能力的重要环节。在国际市场营销计划的执行过程中，首先要做好国际市场营销组织的建设工作，市场营销组织是合理利用企业市场营销资源的重要保证。为了保证计划有效执行，还必须做好市场营销人员的选拔、任免和激励工作，他们才是计划执行的主体；在执行过程中，应对过程进行监督，以便在产生偏差时及时纠正。

案例窗9-1

二、国际市场营销计划概述

（一）国际市场营销计划的含义

国际市场营销计划是国际企业对未来经营所要达到的目标，以及实现这些目标所需方法的设计与决策。对不同的企业而言，国际市场营销计划占据不同的地位，这是由于不同的企业在营销环境、营销战略、营销策略和组织结构等方面存在差异。但对现代国际企业，特别是大型国际企业而言，要想正常运转是离不开国际市场营销计划的，它是营销活动正常进行必不可少的保证。

国际市场营销计划是企业实行跨国经营的重要手段，它规定了预期的营销结果，减少了营销过程中的盲目与不协调状况。营销计划从资源的充分利用和协调各部门联系两方面改进了营销的过程，使之能够正常进行。

（二）国际市场营销计划的分类

1.根据规划期限的长短，可分为短期计划和长期计划

短期计划一般也称经营计划、年度计划，包括年度营销目标、地区营销目标、产品营销目标，以及实现这些目标所采用的方法与手段。短期计划的执行期一般为1年。

但随着国际竞争的日趋激烈，企业若想在竞争中保持长久竞争力，就需要制订长远的营销计划，即长期计划。相比短期计划，长期计划的执行时间一般较长，可分为5年、10年、20年计划等。同样，长期计划包括长期营销目标、企业成长计划、竞争计划等，以及实现这些计划的方法与手段。

2.根据制订和执行的主体，可分为母（总）公司计划和子（分）公司计划

母公司偏重战略规划，子公司则偏重经营规划。两者的区别主要在于，前者的目的是决定营销目标和基本战略，而后者的目的是将前者的目标和战略付诸实施。后者作为具体计划从属于前者创始性的原则计划。如果公司在国际上推行标准化战略，那就需要制定出一套统一的营销战略和步骤，用以指导各个目标市场的营销活动。如果公司推行的是差异化战略，则要针对某个国家或地区的目标市场制订市场营销计划和方案。

三、国际市场营销计划的制订

国际市场营销计划来源于国际市场营销战略，有着特定的制订方法。根据高层管理者和各部门子公司在制订计划中的分工，制订国际市场营销计划可实行以下方法：

1.由上至下计划法

在计划制订中，高层管理者为企业的各级部门和子公司制订计划并确立目标。在这种方法中，总部人员在制订计划中起到了重要的作用。总部人员负责提出计划、协调和整合各项活动。总部对缺乏经验的下级或子公司考虑周详。但由于各方面信息不对称和不完全，该计划法可能会缺乏长远性，并与其他方面的工作产生冲突。若是总部人员能够比较充分地了解整个企业的所有经营状况，这种计划法就能够合理地利用分布在各个子公司的资源，从而避免经营中“各自为战”。

2.由下至上计划法

在计划制订中，企业的各大部门和子公司根据自己的预测定出目标和计划，并提交高层管理者以获准实施。相比由上至下计划法，这种方法突出了子公司在制订国际市场营销计划中的重要作用。这种方法借助的是公司管理者所掌握的当地知识和管理技能，可以保证公司在制订总体计划时对当地情况给予适当考虑。在制订计划的过程中，基层管理者也能够借此机会提高其制订计划与独立运营的能力，同时提高子公司参与计划实施的积极性。但该方法的负面效果在于，子公司均根据自身利益而不是总体利益来制订相应计划。建立协调各区域工作的计划部，有助于克服该方法的缺点。该方法被广泛实行于分散管理的企业，它们享有进行营销方案确定、分销商选择、人员管理等活动的权利。

3.目标计划法

该计划法兼顾总公司和子公司的作用，高层管理者下达总体目标，实现这些目标的具体计划则由各个具体部门来制订，是对前两种方法的有益补充。

第二节 国际市场营销组织结构

一、国际市场营销组织结构演进的阶段

随着国际市场环境的变化，企业的国际市场营销战略不断地调整，与之相适应，国际市场营销组织结构必然随着战略的改变而不断地调整。国际市场营销组织结构的发展及转换大致可分为以下四个阶段：

1.间接出口阶段

间接出口是企业将自己生产的产品通过国内的出口中间商出口。它是一种偶然的、被动的出口，是企业进入国际市场的最初学习过程。企业向国外出售的产品与国内销售的产品相同。如果仅限于等待买主上门，就不需要专门的国际市场营销组织结构；如果需要寻找买方，企业可以利用外贸公司之类的服务机构与海外市场建立业务关系。因此，这一阶

段的企业组织结构与一般的国内企业并无实质性的差异。

2.直接对外销售阶段

在这个阶段，企业倾向积极主动、直接地寻找海外客户，与其保持联系，建立销售网络，开拓海外市场。因此，在这个阶段企业需要建立出口部来经营全部或部分出口业务。起初可能是小规模处理出口业务的销售机构，隶属于营销部；随着出口规模的扩大，逐步成为一个与出口业务相关的综合部门，与国内营销部平级。只要企业能基本上在一个国家内实现生产并向若干国外市场销售，这种结构就能产生良好的效果。这时国内生产与国外市场之间的协调通过加强出口部和生产部门之间的协调得以实现。如果企业在国外设立生产基地或销售网络，则应采用另一种组织结构。

3.投资国外市场阶段

在这一阶段，企业以各种投资形式进入国际市场，将大量的人力和物力投入海外经营，与海外法人企业建立正式的联系，建立合资企业，或独资建立若干生产性和销售性的子公司，这就更需要紧密地协调研发、财务、生产和国际市场的活动。因此有必要在国内母公司组织框架内设置国际部，代替原来的出口部，以加强与海外子公司的联系和协调。

4.全球战略阶段

随着国际业务的不断增大，子市场数量越来越多，国际部已不能胜任协调各个子市场的任务，也无法协调和处理母公司与子公司之间的矛盾冲突，因此有必要建立新的与公司战略相适应的组织结构，将国内经营和国际经营融为一体。在这种战略思想的指引下，企业选择建立全球产品型组织结构、全球地区型组织结构、全球职能型组织结构、全球混合型组织结构，以追求全球利益的最大化。

二、国际市场营销组织结构的基本类型

如上分析，企业的国际市场营销组织在不同国际化阶段的结构类型是不同的，其构建要考虑到外部经济环境和企业自身的特征。其主要有以下六种常见类型：

（一）出口部

出口部通常出现在企业国际化的早期阶段。随着企业国际销售业务的不断扩展，企业需要建立出口部来统一处理其国际业务。出口部与国内销售部同级，主要负责与所有海外市场和海外顾客的联系，解决出口中遇到的问题，履行管理和财务职责，聘任并监督代理商。为了避免企业在销售业务逐渐展开的过程中，出口部缺乏公司总部和其他职能部门强有力的支持，以致影响其海外业务的扩展，出口部应随着业务量的扩大而扩大。图9-1及图9-2反映了两种典型的以出口部为基础的国际市场营销组织机构，前者在营销部门设立出口部，后者将其独立，变成国际营销部，地位与国内营销部等同。

（二）国际部

随着国际业务不断增加，企业进入国际市场的方式日益呈现出多样化，如许可证贸易、管理合同或直接投资，这将造成协调国际市场活动的职责超出出口部所能涉及的范围。同时，由于出口部在国际业务方面与日俱增的权力会引起与国内业务部门的摩擦，原有的出口部已不足以解决这些问题，而需要设立一个能统一管理及协调生产和财务

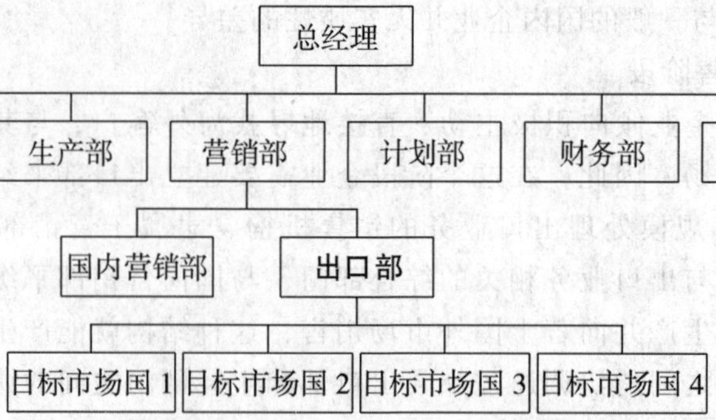

图 9-1　隶属于营销部的出口部

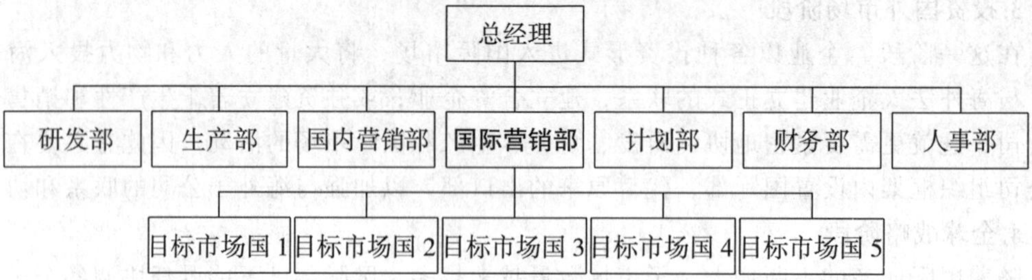

图 9-2　独立的国际营销部

等各职能部门之间差异的组织机构，这个机构在许多公司里被称为国际部。于是，公司活动分为了两部分：国内部与国际部。国际部的主要职能是分管公司在国外的业务活动。

国际部与公司其他职能部门平级，由研发、生产、国内营销、计划、财务及人事部门组成。国际部与国外的客户保持直接关系，其职能是制订与实施促销计划，向生产部门提供产品信息，为确定财务政策出谋划策。国际部有两种组织形式：职能型的国际部组织结构（如图 9-3 所示）和部门型的国际部组织结构（如图 9-4 所示）。

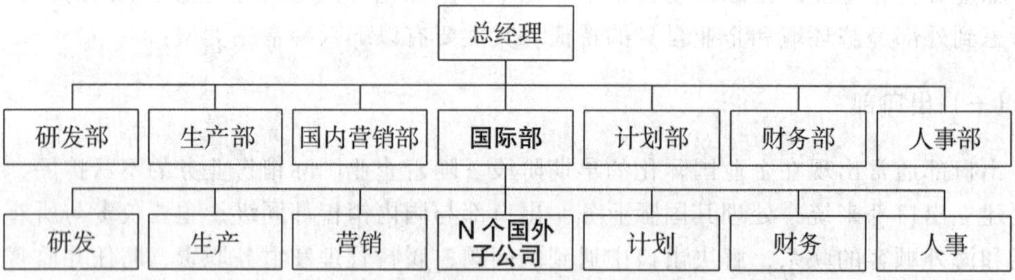

图 9-3　职能型的国际部组织结构

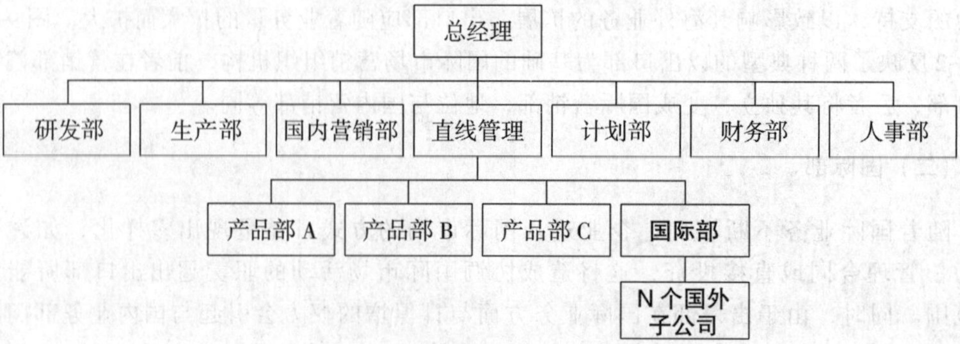

图 9-4　部门型的国际部组织结构

和出口部相比较，国际部的主要长处在于国际部经理拥有更大权力，能够更加有效地运用自身领导力领导公司在国际市场上竞争。但国际部也存在一定弱点：

第一，国际部仍是从属于公司的一般业务部门，那些在国内市场占绝对重要地位的企业可能限制其在国外市场发展。

第二，国际部不可能参与企业总体战略的制定，这就导致用于特殊产品、促销计划和商业渗透的资源的获取能力更加减弱。随着海外业务的扩张，高层管理者之间的摩擦也将增加。

第三，由于企业的研发工作以国内为导向，海外市场的研发往往沦为简单的产品改良。因此，这种组织结构不能适应国际业务进一步发展的需要。

（三）地区型组织结构

随着公司国际业务的发展，国际部逐渐演变为地区型组织，介于涉外子公司和总公司的国际部之间。当公司在某个地区的业务达到一定规模，并且该地区在经济、社会、地理和政治方面具有一定程度的相似性时，就有必要建立一个地区管理中心来进行价格和资源配置的决策，参与每个国别市场的经营计划和控制，以保证公司的资源在该地区内达到最优配置。地区管理中心的作用是：

第一，有效地协调各个子公司之间的冲突，在有效地完成公司目标的前提下实现地区、产品和职能之间的最佳平衡；

第二，在将经营和控制的决策权力授予地区管理中心后，公司可以较好地取得内部优势。

目前区域化的市场营销组织正在被许多大公司作为进行全球有效竞争的重要保证。最典型的例子是欧盟在经济、社会、政治和地理上的一体化，促使欧盟国家的许多市场营销活动也趋于一体化。

地区型组织结构有利于发挥公司的整体效益，有利于职权和职责的明确和委派，有利于产品销售和生产的协调发展等。但其运行需要大量的管理人才，而且在单项产品管理上容易造成混乱，也可能导致各地区以自身利益为重，而忽视全局的利益。

（四）产品型组织结构

产品型组织结构依据其经营产品种类的不同来设计国际市场营销组织结构，在实际操作中将从事国际化经营的责任赋予产品经理，在一个区域内各种活动由企业管理层的专家来进行组织和协调。这种组织结构的重点在于产品，而非地区差异。企业依据产品线划分为多个独立的利润区域，各个利润区域的领导直接为其盈利状况负责。这种组织结构的关键在于分权，为了获取更大的激励效用，地区经理被赋予较多职责。拥有多样化的企业用户类型、产品线，并且其产品更适合在当地生产的企业，比较倾向采取产品型组织结构。

这种结构的优点主要在于权力分散，地区经理有较大的主动权，能够提高其积极性。另外，其独特的组织结构方式使得企业具有较高的灵活性，新产品的添加和老产品的撤出可以以较低的成本完成，利用产品生命周期对产品进行管理和控制也更为容易，有助于企业对各个产品系列给予足够多的重视。这种结构的缺点主要在于各产品分部之间合作与协调困难，各分部之间也会出于各自利益而经常出现摩擦，因此要求企业高层管理者对各产品分部的情况保持密切关注。此外，由产品分部经理提拔上来的管理者可能会对他们从前工作的产品领域有特殊的偏好，由此忽视其他产品领域，所以许多跨国公司采用雇用某产品领域专家的方法来克服这一缺陷。

（五）矩阵式组织结构

矩阵式组织结构提升了地区和产品两大要素在组织结构设计中的重要性，取长补短，其组织结构比较复杂。

采用矩阵式组织结构的跨国公司一般具有以下特点：

（1）各分部的经营活动对两方面因素均有较大的依赖性，如产品因素与地区因素；

（2）企业的经营活动面临很大的不确定性，对信息处理的要求很高；

（3）企业对资本和人力资源的使用有严格的限制。

矩阵式组织结构融合了几种不同的组织结构，其复杂性在一定程度上使得企业能够更加有效地应付复杂的经营环境，提升企业的应变能力，较好地解决了反应的灵活性与规模经济之间的矛盾。同时，该组织结构加强了企业内部之间的协作，充分利用各专业人员的知识技能。这种组织结构的缺陷主要来源于其结构的复杂性，这造成了产品部和地区部之间的矛盾，也使得管理费用增加，而且容易引起指挥混乱。

案例窗 9-2

（六）全球型组织结构

随着企业国际业务的日益发展壮大，总部需要从全球的角度来组织营销及协调整个公司的生产、财务、计划、人事和营销工作，统一安排资金和利润，使国内经营与国外经营融为一体，并使得各个部门都必须服从于全球营销的目标和任务。

1.全球型组织结构的特征

全球型组织结构具有以下两个特征：

一是全球范围的经营决策权不区分国内、国外，都集中在总部；

二是公司总部的所有部门都是从全球利益的角度按公司在世界范围内的需要而设置，为国际企业实施全球战略提供了组织条件。

全球型组织结构往往被大公司尤其是跨国公司所采用。

2.全球型组织结构的类型

全球型组织结构具体可分为以下类型：

（1）全球产品型组织结构。采用这一组织结构的国际企业在划分部门时按产品系列进行，各产品部的经理负责该产品在全球范围内的各种职能。国际企业在总部一级还另设有地区专职人员负责协调该地区内的各种产品的业务活动。这种组织结构在产品种类繁多、市场分布广泛、技术要求较高的国际企业中广泛使用。国际企业总部首先确定企业的总目标和发展战略，然后由各产品部据以制订各自的业务发展计划。

（2）全球地区型组织结构。其按地区业务划分部门，并将主要经营责任由地区总部承担。总部及其所属的职能部门从事全球性发展战略的设计和控制，地区业务部有权控制和协调该地区的所有职能。这种组织结构在产品种类较少，并且各子公司所在市场销售条件、技术基础、生产方式较为接近的国际企业中使用，如某些食品加工、医药和石油企业。

（3）全球职能型组织结构。其按照职能划分部门，如按市场、财务、人事、研发、生产等职能划分。各部由一副总经理负责该方面的全球业务。这种组织结构在产品系列不是很多、企业规模不是很大的国际企业中较为适用，其特点是对各种职能本身控制很紧，但各种职能之间互不联系。由于这类形式的企业对其所属各子公司进行多头控制，因而有些国际企业转向采取按地区划分的组织结构。

（4）全球混合型组织结构。当公司规模庞大、产品线众多或包括不同行业时，由于不同业务有不同的全球性需求、供给和竞争形态，因而必须根据不同业务需要来采取不同的组织结构。和前三个组织结构相比较，全球混合型组织结构弥补了按某单项划分的不足，能够较好地包容不同种类的经营活动。

三、影响国际市场营销组织结构的因素

1.外部市场环境

企业组织是一个开放系统，其在国际市场营销中从宏观、微观两方面受到国际化的影响：从宏观方面要受到不同国家和地区的社会、经济、文化、政治、法律和技术等环境因素的影响；从微观方面要受到供应商、中间商、消费者、竞争者和公众等因素的影响。同时，外界环境的差异性愈大和动态性愈强，组织内部的差异性愈大和复杂性也愈强。例如来自竞争者不断创新的压力，必然迫使企业内部增设新产品研发部门，从而增加了内部组织结构的复杂性。对许多国际企业来说，东道国政府为了本国利益往往要对其施加压力，这就迫使这些企业相应设立公关部门。

2.企业自身的性质

企业的规模和产品的性质也能影响企业的组织结构。企业规模越大，市场营销组织越复杂。例如，大型跨国公司的组织结构随着其经营的地理范围的增大和业务的多样化而显现出复杂的网络结构。企业的不同产品对部门有着不同的要求。

3.企业所采取的国际市场发展战略

企业进入国际市场的深浅程度决定着组织结构的变化。间接出口、直接销售、与国外市场相结合、全球经营等战略需要相应的组织结构才能实现其目标。企业的国际市场发展战略在整个企业总战略中的作用直接影响企业的国际市场营销组织结构。

4.企业所在的市场的性质

企业在同质市场上经营，所需要的产品同质化倾向很高，企业所要求的国际市场营销组织结构的复杂性就较低。而当企业想满足很多差异性细分市场的需求时，其提供的业务就复杂多样，需要内部各个部门相互协调、相互配合。例如，一些产品和地区多样化的跨国公司采用矩阵式组织结构。

5.国外子公司的地理位置

如果企业的子公司是设在文化、经济差异不大的国家或地区，如加拿大与美国，那么

地理因素就不成为子公司设立的影响因素。但是如果企业的子公司是设在文化、经济差异很大的国家或地区，如美国和古巴，那么这两个子公司的组织结构的差异就很大。

6.重要地区经济集团的出现

随着世界经济一体化进程的发展，地区经济集团如欧盟、北美自由贸易区、东南亚国家联盟等相继成立和发展，某些国际企业的总部从原来按国设立改为按地区设立。例如，布鲁塞尔、纽约、伦敦等已成为很有吸引力的设立地区总部的地方。

四、选择合适的国际市场营销组织结构

由于国际市场环境多变，为了使企业能够迅速地适应这种变化，必须设立国际市场营销组织，并且它可将企业在国内经营活动中所获得的知识、经验及能力拓展到整个国外市场的经营体系之中。因此，应选择合适的国际市场营销组织结构，使得企业的国际市场营销组织与企业的资源条件、技术能力以及外部市场的相关条件相适应。企业在选择国际市场营销组织结构时，一般要考虑以下几个因素：

（一）企业的目标市场经营环境

1.目标市场的竞争状况

如果一个企业在目标市场中面临的竞争压力较大，就会倾向选择较为集权的国际市场营销组织结构，或者采用与竞争对手相同的组织结构；反之，则可以选择较为分权的国际市场营销组织结构，或与竞争对手不同的组织结构。

2.目标市场的容量

销售量较大的目标市场一般需要较大的市场营销结构，以组织销售队伍推销产品；相反，则无须花大量财力、人力去设置专职销售人员和部门，只需寻找当地的代理商。

3.目标市场的管理政策

如果一个企业所面临的目标市场的法律和法规等干预较多，则会考虑选择一种适应性较强的国际市场营销组织结构或易于内部灵活处置的混合型组织结构；反之，则可以较为自由地依据自身的状况选择一种较为适合的组织结构。

（二）企业的规模

一般来说，企业规模越大，国际市场营销组织就会越复杂。大企业需要较多的各类市场营销专职人员、专职部门以及较多的管理层次，如设立销售、广告、市场调研、实体分销等专职人员及部门。企业规模较小，国际市场营销组织也就相对简单，不需要很多专职人员和部门，因而可以少设或者不设专职人员。

（三）企业的类型

从事不同行业的企业，其国际市场营销组织结构也有所不同。如服务业企业的主要市场营销职能是市场调研与广告；原材料行业企业，如木材和初级农矿产品出口企业，它们的主要市场营销职能是做好储存和运输工作。

（四）国际业务的比重

如果国际业务在整个企业业务中占很大比重，企业就很有必要设置完善的国际业务部门；如果企业的主要业务是在国内，其国际业务可以通过简单地设置一个出口部来完成。例如，雀巢咖啡的90%以上的销售收入来自海外，因此采用的是全球型组织结构。

（五）企业经营业务的性质及相关战略

当企业在全球范围内运用类似的分销渠道和促销手段将类似的产品销售给类似的消费者时，即当国际市场营销组合策略采用无差异策略时，将国内的职能型组织结构简单地扩展到海外即可满足国际市场营销的需要。而当小批量、多产品的方式满足目标市场各个子市场的特定需求时，企业更适宜采用地区型组织结构。

（六）合适的营销管理人才的储备

如果企业无法找到足够多的具有国际市场营销经验的营销经理，就会制约企业在各细分市场营销策略的成功，企业有可能使国际市场营销组织结构从按国别设立改为按地区设立。例如，如果企业要建立地区型组织结构，那么需要企业储备大量的同时拥有客户知识、地区知识的营销管理人才。在长期内企业可通过培训解决这个问题，不过在培训方面的投资必须与今后的国际市场营销发展战略相适应。

（七）企业的权力分配模式

1.集权制

集权制是指将公司的重大决策权集中在总部，实行集中化管理。

集权制的优点在于总部能从企业的整体利益出发，综合考虑公司的资源状况，制订出最优的营销策略方案，敦促目标市场分公司执行营销策略；同时，能对营销活动保持高度的控制力，以便及时纠正偏差。从营销实践来看，以本国市场为中心的企业大多数实行集权制。

但是，集权式管理也有其不足：

首先，由于国际市场营销环境变幻莫测，企业的营销策略要经常作出调整，调整是否及时制约着营销策略的成功与否，仅仅通过一个决策中心及时协调海外各子市场的营销活动几乎是不可能的。

其次，在信息的传递和沟通方面存在困难，而且随着组织层次的增多，这种困难会不断增大。

2.分权制

分权制是指授权各地区或各职能部门，实行分散化管理。它赋予各管理层、海外子公司的负责人制定营销决策的权力，让他们支配资源，自主解决问题。

分权制的优点是所制订的营销决策方案比较贴近客观实际，决策速度快，适应环境变化的能力强，能够提供一种评价各地区、各职能部门工作绩效的方法，使各部门能了解自己所面临的环境和自身的情况。

然而，分权制也有其缺陷。它易于造成多头管理，从而造成公司总部对所属机构业务管理的失控。

企业应结合集权制和分权制的优点来设计一种新的权力决策机制。例如，倾向地区中心和全球中心的公司总部可以把事关全局的重大决策权和管理权集中在公司董事会和总经理处，强化自上而下的统一管理；同时，把需要对海外各地市场作出反应的职能和经营业务的权限分散在各子公司，扩大分支机构和子公司的经营自主权。这样既发挥了分权制的优点，又能保证一定的控制力。在具体确定集权和分权的程度时，关键要看是否符合该公司的国际化程度、行业性质、母公司所在的位置和附属机构的规模等。

第三节　国际市场营销的控制

组织结构的职能是提供一个实现既定目标的框架。然而，实现这一目标需要采用一整套控制工具和程序来影响组织成员的行为和表现。控制就是采取行动对那些偏离了既定计划的行动进行核实或纠正。在组织内部，控制是一种整合机制。使用控制是为了减少不确定性，增加可预见性，确保组织中各个机构的行动协调一致，并保证符合共同的组织目标，而无论它们之间在空间、心理以及时间上存在多大差异。理想的控制程度要满足的条件是：总部需要信息，以确保国际活动实现整个组织的收益最大化；控制不应被视为法律准则，从而抑制在当地的创新。

一、国际市场营销控制的含义与作用

国际市场营销控制是指在营销计划的执行过程中，为了保证营销目标的顺利实现而进行的监督、组织、调整和纠正偏差等管理活动。它是国际市场营销管理过程的重要环节。

国际市场营销控制与营销的计划和组织密不可分。国际市场营销计划明确了企业在一定时期内开展国际市场营销活动的目标、基本措施和方法，但在计划执行过程中，企业外部环境会发生不可预见的变化，包括随机因素的干扰，如目标市场经济形势的变化、目标国政治动荡、新企业加入等，这些变化势必制约市场营销活动的顺利、有效执行。为了保证国际市场营销活动的顺利开展，必须对营销计划作出适时的调整，以适应变化了的环境。

国际市场营销控制的作用主要体现在以下方面：

（1）控制是完成国际市场营销计划、实现国际市场营销目标的保证，能有效地使计划更符合环境现实。

（2）控制是发现问题、提高组织效率的重要手段，有利于企业少走弯路，降低失误对企业目标的影响。

（3）控制是一种动态的、适时的信息反馈过程，强调信息沟通，通过沟通发现问题、解决问题。解决问题的过程其实就是创新的过程，所以它是营销创新的推动力。

二、国际市场营销控制的程序

（一）确立控制方案

1.确立控制目标

控制目标有两层含义：

一是指控制本身的目标，即企业对经营活动进行控制的目的。控制本身的目标是保证企业制定的方针、政策得以贯彻、执行，使得企业市场营销活动能够顺利进行。控制本身的目标会随着不同的环境而有所不同。

二是指被控制对象应该实现的目标，即一定时期内企业经营应当达到的目的。企业若是缺乏明确的市场目标将会严重影响其参与市场竞争和长期发展，所以，企业在进入竞争激烈的国际市场之前，必须明确企业的目的以及国际市场营销活动的长期和短期目标。

2.确立控制方法

国际市场营销的控制方法一般为两种：直接控制和间接控制。前者是指企业总部有关管理人员直接参与下属机构的经营管理。后者是指总部有关管理人员通过各种杠杆机制干预、调节下属的经营活动。直接控制能够准确把握下属企业的发展方向，但会挫伤下属企业的经营积极性，其使用范围也十分有限。相形之下，间接控制有其灵活性，但实行难度比较大。企业可根据自身不同的情况采取不同的控制方法。

3.设立营销控制标准

确定营销控制标准时要注意：

一是金额、数量要明确；

二是要充分考虑国外企业的当地经营环境，因地制宜；

三是要兼顾某些抽象目标。

4.分配责任及指定责任人

国际市场营销组织的复杂性使得任何一项营销活动都可能需要多方人员的合作，这就造成分配责任的难度。因此，各个不同部门必须密切关注其他部门的活动，紧密合作。责任人对建立控制系统具有重大意义，在指定责任人时必须遵守责、权、利三者结合的原则。

（二）绩效评估

绩效评估包括以下两个过程：

1.搜集资料，建立信息反馈系统

国际市场营销信息反馈系统作为跨国公司的中枢神经系统，对有效地搜集和传递信息起着至关重要的作用。它主要是对企业的各种国际市场营销信息，如顾客信息，生产、销售和服务信息，各地区和各公司的营销活动信息，竞争者信息，市场环境信息等，在系统中进行分类、处理和存储，并作为目标营销控制的基础数据。

2.评估营销活动的结果

在搜集到足量资料的基础上，将对象单位的经营业绩与公司的相关目标进行比较，并对其工作作出评估。评估应严格遵循标准，同时应充分考虑被评估单位的经营环境，如政治、经济等因素。

（三）纠正偏差

对搜集到的营销信息与企业所制定的标准进行比较，如果存在不符合的现象，就应采取措施对不正确的营销活动进行纠正，或者对控制标准加以纠正。由于国际业务单位所处的地区与总部在文化背景、经济环境等方面存在较大偏差，纠正的实际操作难度较大，这就要求控制部门建立现代化的纠正机制。

三、国际市场营销控制的类型与方式

（一）国际市场营销控制的类型

国际市场营销控制按照对象可分为以下类型：

（1）销售额控制，主要是将固定时间单位内的销售数字进行汇总，将它们与预期指标进行比较，判断各种因素对销量的影响，进而找出造成差异的原因，以便对症下药。

（2）价格控制，主要集中于控制不同国别市场和销售产品的盈利状况。

（3）产品控制，包括建立统一的产品质量标准、设立质量控制部分进行定期或不定期质量检验、监控经销商服务质量和建立完善的信息反馈系统。

（4）促销控制，主要针对人员推销的目标、广告的目标以及其他形式的目标等。

（5）分销渠道控制，主要针对中间商在代理销售、供应订货、售后服务等功能方面的执行情况。

（6）人员控制，是指对下属机构的经理人员的控制。

（7）投资控制，是跨国经营的基础和基本特征，它源于海外投资前景的不确定性与风险。

（8）利润控制，从企业的盈利水平和利润的来源国别两个方面进行。

（9）销售能力控制，主要对不同产品、市场的销量，新老客户的比例，新老产品的比例以及市场份额进行控制。

（二）国际市场营销控制的方式

在设计国际市场营销控制系统时，一个主要的决策是确定控制的目标。其主要有两种：（1）产出控制，包括收支状况、市场范围、销售数据、生产数据、销售人员绩效等。产出的评价要分阶段、有规律地进行，并从国外机构汇总至总部，然后由总部参照计划或预算对其进行评价。（2）行为控制，是一种事后的控制。理想的行为控制是在行为发生之前对行为施加影响，这种影响可通过向子公司的员工提供销售手册或对新员工进行培训的方式融入公司文化。

为实施以上这两种控制，公司经理必须决定采用何种控制方式。通常的选择是程式化控制和文化控制。程式化控制由一套简明扼要的规则和条例组成，简要列出了期望的绩效水平。而文化控制不很正式，是组织内的成员彼此信任和合作的结果。

1.程式化控制

程式化控制的基本内容是国际预算与计划制度、职能报告制度、用来指导职能活动的政策手册。

预算是指在投资、现金流和人事方面的短期方针，而计划一般是指超过一年的长期安排。预算与计划是总部对子公司实施控制的主要工具，规定了海外子公司市场营销活动的目标及手段。预算周期一般是一年，因为预算通常与公司的会计制度密切相关。预算制度的功能主要体现在：在各子公司之间分配资金；计划与协调全球生产能力和供给；评价子公司业绩；在子公司、生产组织和公司总部之间进行沟通和信息交流。而时间跨度较长的计划及其内容，与预算相比就带有判断性和经验性。由于各国市场环境的不确定性，长期计划的期限往往缩短，如可定为两年。虽然企业控制海外子公司生产和经营的欲望较强，但不存在固定模式的预算和计划，其制定过程可采取进度表的形式，以便各子公司遵照执行。

职能报告是国际企业采用的又一种重要的控制工具。全球化进程使子公司所作报告的次数和类型很可能增加，因此，子公司经理必须认识到这项常常要耗费很多时间的工作所具有的意义。职能报告的内容有资产负债表、现金流量表、利润表、市场份额、员工的绩效等。改进对职能报告的态度有两种方法：参与和反馈。职能报告的撰写者参与到职能报告的最终使用中来，就可以避免子公司“为报告而报告”的想法。当这一点难以做到时，可采用将结果反馈的方法，通过反馈使交流得到加强。

在具体运作时，总部可能对子公司的决策和战略实施方式进行指导，公司政策手册是海外各子公司开展活动必须遵守的标准。例如，海外子公司招聘销售人员时，除了要考虑公司的岗位要求之外，还应遵守母公司的招聘政策和招聘计划，确定招聘范围、选拔和激励标准。销售人员开展促销活动时，必须以公司统一的销售工作手册为行动指南。

2.文化控制

在大部分国家中，程式化控制常被认为过于生硬和太注重量化而不被重视，而是提倡注重公司的价值观和文化，评估也以个人或实体对这种价值观和文化的接受程度为根据。企业的发展已由产品运营阶段、资本运营阶段进入品牌运营阶段。品牌的一半是文化，企业文化的培育对企业的发展是非常重要的。非正式的、个人的交流是文化控制的核心，大量的资源必须用来培训员工，以共享公司文化。为了树立共同的价值观，很多国际企业情愿花较长的时间对员工进行岗前培训，包括公司的经营理念、发展目标、规章制度等。

文化控制的主要手段是对公司员工的精心挑选和训练，以及企业意识形态的灌输。人员活动率低的公司往往选择文化控制，而不选择程式化控制。

跨国公司不仅在本国而且在他国进行文化控制。国际企业认为，经理已经接受了公司的规范和价值观，他们会以一种更加全球化的视角在该国经营一家子公司。在某些情况下，使用总部的人员可以保证决策的统一，如沃尔沃公司下属子公司中的财务主管总是由本国人担任。子公司在当地聘用本国居民的目的，不仅是控制，也是适应变化，培养当地人才。公司可通过薪酬、晋升和撤换政策来对管理人员进行控制。

总部也可以通过其他手段进行控制，如通过海外经理的管理培训项目和邀请他们对总部访问，向这些经理灌输公司的办事方式。同样，总部小组去子公司访问，也会增加后者的归属感。这种访问可以是正式的（如进行战略审计），也可以是非正式的（如投放一种新产品）。有些富于创新的全球营销公司把精英组成一个临时团队来指导和提高当地员工的技能。

一般来说，公司很少单纯地使用一种控制机制，定量和定性的评价都应该受到重视。但是，不同公司可能对绩效评价的类型和评价方式的重视程度有所不同。

四、国际市场营销控制的实施

国际市场营销控制的实施是一个综合的复杂过程，以下因素是实施过程中尤其要注意的：

（一）数据的获得与使用

许多跨国公司在其国际运营中注重可获得的数据。虽然数据可以较好地与原先指定的计划进行比较，也可以在各子公司之间进行横向比较，但在实施过程中仍存在一些缺点，如新的因素，像通货膨胀率、税率的差异和汇率的波动等可能会扭曲对个人或组织所作绩效评估的数据，所以数据不能说明企业的一切问题。对全球性公司而言，现时的投资从短期来看，回报与风险相比甚至可能是负值，但从长期来看，该项投资对公司的长期绩效、全球战略的实现具有重要作用。因此，奖励或惩罚等控制制度可能会很不恰当，导致企业经营者目光短浅。如果控制标准的调整随着环境变化而频繁进行，那么所得信息的标准化就可能有困难。

注重数据带来的更复杂问题是：虽然公司的定量信息可以每月或每一季度搜集，但市场环境数据的搜集可能是不定期的，同时，搜集难度较大，容易遗漏重要变量，尤其是当危机已渐露端倪，而公司的数据没有反映出来，使得国际企业的控制调整滞后于市场环境的变化。

因此，为了设计出一个不仅总部而且海外子公司和员工都可以接受的控制系统，企业必须极为谨慎地使用有关数据，要密切关注数据搜集的方法、分析的目的和能说明的问题。

（二）部门结构

在大多数企业中，不同的部门结构有不同的规章制度，其原因是每个部门职能的性质不同，从事的活动不同，受到的限制也不同，限制的变化程度也有所不同。例如，生产和财务等职能部门有着严格的计划和标准，而销售部门在很大程度上取决于销售人员的素质、行为方式，带有很强的主观色彩。因此，许多跨国公司采用对各个部门的各种要求很敏感的控制系统。但是，控制系统的差异有时更多地来自职能部门自身的特点，生产部门的控制比销售部门更严格，这是因为生产本身更适合集中指导，而且技术人员和工程师能比销售人员更加严格地遵守标准和规则。

（三）环境变量

设计控制时还必须考虑环境的影响。

首先，控制系统应当只衡量企业可以控制的因素，如产品营销组合等。如果奖惩的依据是与公司总体业绩有关但又属于公司不可控的因素，如东道国的经济变化，那么奖惩就没有多少意义。因为这种变化属于系统性风险，可能不反映个人的经营能力，这样做可能损害个人的积极性。

其次，控制系统应该和当地的规定和习俗相协调，这样可以更好地与当地企业展开竞争。不过，有时企业的行为控制不能服从当地的习惯。例如，可口可乐公司就没有完全服从当地的消费习惯，而是曾经以一种产品、一种包装打开了各国市场。

最后，控制系统要考虑文化差异。在当今的商业环境中，随着当地政府对跨国子公司的控股权的需求越来越大，控制将变得越来越复杂，尤其当跨国公司是由少数股权方组成时。甚至在跨国并购时，如联想集团收购IBM公司的个人电脑业务、中国吉利控股集团收购美国福特汽车公司旗下的沃尔沃轿车业务等，并购能否成功很大程度上取决于企业双方文化能否吻合。双方文化背景的差异也制约着控制的顺利、有效实施。因此，控制系统的实施要充分考虑各种环境变量。

（四）控制成本

控制系统的建立和实施需要很高的成本，如组织费用、管理费用等，因此，管理人员在设计控制系统时必须考虑到系统的建立和维护成本，并把成本和可以获得的收益进行权衡。任何控制系统都需要对管理结构和系统设计进行投资。例如，与文化控制相关的成本（如个人交流、培训项目等）都需要很大的支出，而且这种支出不一定能够得到回报。而人员的低流动率、广泛的全球信息系统和改进的控制系统所获得的节约，使以上的投入物有所值。如果控制出现错误或耗时太长，就会减缓或者误导战略的实施，并由此削弱公司的总体实力，导致机会的丧失或增加外来威胁的数量和程度。此外，报告所耗费的时间也会挤掉其他工作的时间。如果报告的用处不大，那么撰写报告的积极性也就不强，因此必须设计出精简的报告。

关键术语

国际市场营销管理（international marketing management） 出口部（export division） 国际部（international division） 地区型组织结构（geographic organization structure） 产品型组织结构（product organization structure） 矩阵式组织结构（matrix organization structure） 全球型组织结构（global organization structure） 国际市场营销控制（international marketing control）

主要观点

◆ 系统的国际市场营销经营过程包括以下环节：国际市场营销机会的发现、国际目标市场的选择、目标市场进入、国际市场营销组合策略的设计、国际市场营销计划的执行与控制。

◆ 国际市场营销计划是国际企业对未来经营所要达到的目标，以及实现这些目标所需方法的设计与决策。对现代国际企业，它是营销活动正常进行必不可少的保证。

◆ 企业的国际市场营销组织的构建要考虑到外部经济环境和企业自身的特征，其结构主要有以下六种类型：出口部、国际部、地区型组织结构、产品型组织结构、矩阵式组织结构和全球型组织结构。

◆ 营销控制的目的就是把企业国际市场营销活动控制在营销目标允许的范围之内。任何国际市场营销控制都包括三个环节：确立控制方案、绩效评估、纠正偏差。

基本训练

一、思考题

1. 描述国际市场营销经营的过程。

2. 简述国际市场营销计划、国际市场营销控制的含义。

3. 简述国际市场营销组织的类型及形成要素。

4. 简述国际市场营销控制的程序、方式与实施的影响因素。

二、案例分析题

大型跨国公司组织结构变化

（一）西门子确立已久的德国事业部体制

西门子公司于1874年成立，它在德国电气工业史上发挥了核心作用，并成为德国工业最具声望的品牌。其早期历史与德国工业的发展是密切联系在一起的。西门子公司是多国多分部管理最初的代表之一。

第二次世界大战后西门子公司经历了两次重大的结构变化，两次变化的目的都是加强分权化和运营的灵活性，同时保持利用和发展组织协调的能力。第一次结构变化发生在1966—1969年，起初组建了6个事业部，后来增加到了7个。公司组建了5个总部职能部门，分别是计划/组织、财务、人事、研发和分配。这一结构实行到1989年，由于规模的扩张以及电气和电子市场的快速变化，西门子于1989年采纳了一种修正结构，即引入更小、更为专业化的"事业部"。值得注意的是，和许多其他组织部门不同的是，这种事业部大多数不具有独立的法律地位。

（二）联合利华公司组织结构变化

英-荷联合利华是一家国际食品、家庭及个人卫生用品集团。该集团在20世纪90年代经过了彻底重组。在过去，联合利华是高度分权化的，各国的子公司均享有高度的自治权。在20世纪80年代后期和90年代初，公司开始引入新的创新和战略流程，同时清理其核心业务。然而，1996年启动的杰出绩效塑造计划也造成了公司结构的实质性改变。直到1996年，由荷兰和英国的董事长以及他们的代表组成的一个特别委员会和一个包括职能、产品和地区高管的15人董事会一直独揽集团的决策大权，整个结构是矩阵式的，其中产品协调人（经理）负有西欧和美国的利润责任，地区经理则负有其他地区的利润责任。责任经常是模糊不清的，根据一部分内部报告："我们需要明确的目标和角色：董事会使自己过多地卷入了运营，从而对战略领导造成了损害。"

杰出绩效塑造计划废除了特别委员会和地区经理这一层级，代之以一个8人（后变为7人）的董事会，由董事长加上职能和大类产品（即食品、家庭和个人卫生用品）的经理组成。向他们报告的是13位（后来是12位）负有明确利润责任的业务集团总裁，后者在特定地区对其管理的产品类别负有完全的利润责任。全球战略领导被明确地置于执委会一级；运营绩效则是业务集团的直接责任。

在这种正式结构调整之后，国际协调是由许多正式和半正式的网络促成的。研发由国际网络创新中心负责实施，其领导责任通常属于中心的专家，而不是自动地属于英国或者荷兰的总部机构。产品和品牌网络——国际业务小组——在全球范围内协调品牌和营销。同时，职能网络开展一系列计划，以便就一些关键问题，如录用和组织效能，实现全球协调。所有这些网络均大大依赖非正式的领导和社会过程，同时依赖电子邮件和内部网络方面投入的增加。是否参与这种协调在很大程度上是由业务集团而非公司总部确定并资助的。

（三）英国钢铁公司：从职能组织到多分部专业化

英国钢铁公司成立于1967年，由14个国有化钢铁生产商组成。该公司尝试过多种组织形式——按地区或者按产品构造，但为了整合其凌乱的业务，一直在加强中央的控制。到1983年，英国钢铁公司拥有了"事业部"，但管理权仍牢固地保留在总部，贸易、采购和工业关系职能都是集中化的。在事业部缺乏对投入或产出政策控制的情况下，英国钢铁公司实际上是以职能模式组织的。1988年，该公司进行了私有化，因而转向一种更注重盈利的组织形式。1990年该公司收购了英国主要的钢铁批发商Walker Group，随之组成了批发事业部。1992年英国钢铁公司发动了名为"组织、深度变革、风格"的重组。该计划旨在大幅度地消减总部职能和成本，并将管理责任分散到12个业务单位。其中关键的一条是业务领导不再在董事会任职，而是向相对独立的执委会成员报告。

资料来源 罗宾斯．组织行为学［M］．孙健敏，李原，译．10版．北京：中国人民大学出版社，2005.

讨论：

（1）3家大型跨国公司组织结构变化后分别属于哪种国际市场营销组织的类型？

（2）分析3家大型跨国公司组织结构变化的启示。

↘主要参考文献

［1］崔新健．国际市场营销［M］．3版．北京：高等教育出版社，2020.

［2］基根．全球营销管理［M］．傅慧芬，杜颖，译．8版．北京：中国人民大学出版社，2020.

［3］王晓东．国际市场营销［M］．北京：中国人民大学出版社，2019.

［4］凯特奥拉，等．国际市场营销学［M］．赵银德，等译．17版．北京：机械工业出版社，2017.

［5］科特勒，等．营销管理［M］．何佳讯，等译．15版．上海：格致出版社，2017.

［6］王赛，等．数字时代的营销战略［M］．北京：机械工业出版社，2017.

［7］李海琼．国际市场营销实务［M］．2版．北京：高等教育出版社，2015.

［8］甘碧群，曾伏娥．国际市场营销学［M］．3版．北京：高等教育出版社，2014.

［9］辛普．整合营销传播——广告、促销与拓展［M］．张红霞，译．8版．北京：北京大学出版社，2013.

［10］王朝辉．国际市场营销案例［M］．北京：北京邮电大学出版社，2011.

［11］拉斯库．国际市场营销学［M］．马连福，赵颖，高楠，译注．3版．北京：机械工业出版社，2010.

［12］津科特，朗凯恩．国际市场营销学［M］．曾伏娥，刘颖斐，译．8版．北京：电子工业出版社，2007.

［13］闫国庆．国际市场营销学［M］．2版．北京：清华大学出版社，2007.

［14］刘生峰．国际市场营销学［M］．广州：暨南大学出版社，2006.

［15］贝内特，布莱斯．国际营销［M］．刘勃，译．3版．北京：华夏出版社，2005.

［16］科塔比，赫尔森．全球营销管理［M］．刘宝成，译．北京：中国人民大学出版社，2005.

［17］寇小萱，王永萍．国际市场营销学［M］．2版．北京：首都经济贸易大学出版社，2005.

［18］阿克，库马，戴．营销调研［M］．魏立原，译．7版．北京：中国财政经济出版社，2004.